"荷"坛悦拾

——快节奏工作下的慢思考

姜建锋　主编

文汇出版社

图书在版编目(CIP)数据

"荷"坛悦拾/姜建锋主编.—上海：文汇出版
社,2018.5
ISBN 978-7-5496-2556-7

Ⅰ.①荷…　Ⅱ.①姜…　Ⅲ.①小学教育-文集　Ⅳ.
①G62-53

中国版本图书馆 CIP 数据核字(2018)第 077855 号

"荷"坛悦拾

主　　编／姜建锋

责任编辑／熊　勇
封面装帧／姜羽洁

出版发行／ **文汇**出版社
　　　　　上海市威海路 755 号
　　　　　(邮政编码 200041)
经　　销／全国新华书店
排　　版／南京展望文化发展有限公司
印刷装订／启东市人民印刷有限公司
版　　次／2018 年 5 月第 1 版
印　　次／2018 年 5 月第 1 次印刷
开　　本／720×1000　1/16
字　　数／440 千
印　　张／28.5

ISBN 978-7-5496-2556-7
定　　价／48.00 元

《"荷"坛悦拾》编委会

主　编　姜建锋

副主编　金　秀

编　委　朱薇薇　李夏萌　施文江　蔡珠萍

　　　　杜秋萍　朱晓珍　金　雯　蔡玉兰

　　　　陆春泓

序

　　姜建锋校长在上海市第三期名校长培养基地学习了五年,作为基地主持人,我带着校长们先后两次来到上海市宝山区罗南中心校学习交流,每一次都能感受到学校生气勃勃的发展。

　　多年来,罗南中心校打造"小荷"校园文化,如今"小荷已露尖尖角",《"荷"坛悦拾》是老师们教育教学实践与思考的集萃,是老师们快乐地捡拾起的一段段"成长片语",是老师们在美丽荷塘里掬起的一泓清水……

　　《"荷"坛悦拾》里有学校管理的实践体会、有教学研究的积极探索、有骨干教师的课堂实录;还有老教师宝贵经验的总结、中年教师钻研业务的独到之见、青年教师初探教学的深刻感悟……《"荷"坛悦拾》在一定程度上体现了学校教师扎实的教科研水平和锐意进取的专业精神。

　　在名校长基地学习期间,我与姜校长多有交流,姜校长为人朴实、办学用心。他紧紧把握教育发展的方向,重视教师和学生的发展。他提出的办学思想是"愉快学习,成功发展",就是让每个孩子愉快学习,让每个孩子成功发展。

　　校长对学校的领导不只是思想理念的领导,更要身体力行付诸实践。他在办学实践中先后主持了部级、市级和区级重点课题,如教育部规划课题《基于"支架式教学"的小学学科单元练习设计的实践研究》、市教研室课题《基于德育特色项目的校本课程探索》、区重点课题《小荷社团建设及其学生文化的研究》《"集优化教学"及其提高新农村小学教学效能的研究》《基于国学经典诵读课程促进小学生人格素养提升的校本实践》等,这些课题涉及学校文化建设、教学方式变革、校本课程建设、教学效能管理等。这些课题研究都取得了实实在在的成效,引领了学校发展。在《"荷"坛悦拾》中,我们能够看到学校科研给老师们带来

的收获。

罗南中心校倡导"小荷文化"建设，塑造"小荷精神"和"小荷品质"，姜校长结合学校特点，构建了"小荷课程"健美育人、诚信育人、创造育人和自信育人系列，老师们从内心感受到"小荷"文化建设给学校注入的勃勃生机，这种文化的气息在学校里弥漫，浸润到每个学生的心灵。阅读《"荷"坛悦拾》，我们深切感受到罗南中心校的校园文化正发挥着积极的育人功能。

校长在办学中应该重视学生的全面发展，而学生全面发展的基础首先是教师的发展。在《"荷"坛悦拾》中，我们看到了教师的发展，所以罗南中心校的学生必定会茁壮成长。

（上海教育学会小学教育管理专业委员会主任
打虎山路第一小学校长、正高级教师、国家督学）
2018 年 3 月 2 日

目　　录

文化与管理篇

教育与教学篇

·语文学科·

目录

· 英语学科 ·

文化与管理篇

——育一池荷叶田田，谱一曲百年长歌

愉快学习·成功发展

——学校办学理念与学校文化的传承与发展

姜建锋

罗南中心校是一所百年校龄的农村老校,有着较深厚的文化底蕴。进入二期课程改革实验后,学校抓住机遇,获得了跨越式发展。学校在顺利完成了课改试点的同时,也迈上了一个新台阶,办学质量走在了农村小教前列。

一、学校发展的自我剖析

学校的发展靠的是积淀和创新。作为青年校长,我首先要做的就是要珍惜,要继承好,发扬好。同时我也在思考,学校要向更高的水平发展还需要我们不能沉浸于已有的成绩,不能满足于现状,而是要有更高的精神追求。目前校园文化建设有了较高的基础,但是学校内涵建设无止境,学校与任何社会组织一样,在发展的不同时期会碰到各种各样方方面面的问题。找到学校发展中的问题,它就会对学校可持续发展产生重要的影响。

我们采用 SWOT 策略分析法,从优势(S)、劣势(W)、机遇(O)和挑战(T)四个方面进行系统思考,对学校进行一个剖析。

优势 S:	劣势 W:
A. 办学地理位置优势,罗店镇南部唯一一所小学。 B. 教师具有质朴品质、实干精神,43 岁上下的中青年教师占大多数,师资较成熟。	A. 教师梯度建设不足,中年教师安于现状,办优质教育的紧迫感不足。 B. 农村和外来人口的生源素质、家庭教育环境明显不足。

文化与管理篇

续　表

C. 二期课改实验中积累下的先发优势，有一些区内外较有名望的教师。 D. 年轻实干的领导层渐渐形成。	C. 管理需要改进，队伍建设、教师评价在机制建设上还不够完善。 D. 教学质量提升体现教科研的实效性不够，有效教学探索力度期待加强。
机会 O： A. 罗店镇大型社区开发及美兰湖新镇开发优势，校园新建带来的发展契机。 B. 新学校在周边地区即将开设，期待在新校成立过程中，我校师资能流动，提升教育的活力。 C. 争取更多同伴相助的机会和各级领导对农村学校的关注。	挑战 T： A. 同类学校发展竞争的挑战。 B. 各学科不能均衡发展的挑战。 C. 师资发展均衡化、师资老龄化趋势的挑战。

二、学校办学理念与学校文化的传承和发展

（一）传承先进理念，创新时代寓意

每所学校都有自己的办学理念或教育主张。理念是人们对教育本质、特点、规律和社会功能的认识与看法，是学校教育应遵循的最高准则。她是办学者根据自己的办学思想设计而成的，或者是学校实践浓缩、提炼和孕育而成的。良好的学校办学理念或教育主张与时代相适应并对人的发展起着促进作用。

一个良好的办学理念应该贯穿十年，乃至几个十年。20 世纪 90 年代初，愉快教育作为我校龙头课题带领下的积淀，追求师生愉快生活、愉快学习，共建和谐校园取得较大收获。

附：

规划时间	办 学 理 念	办 学 目 标
2002—2004 年三年规划	为每一位学生的愉快学习和终身发展奠基	以课程教材改革为核心，以课堂教学观念转变为突破口，从学生发展需要出发，主动、积极而又全面的实施素质教育，学校整体发展水平在宝山区农村小学中居前列。

规划时间	办 学 理 念	办 学 目 标
2005—2007年三年规划	为每个孩子拥有美好的童年服务，为每个孩子拥有幸福的人生奠基。做成功、快乐的学生。	将学校办成具有精神感召力和文化品位的场所，成为学生成长的乐园，成为教师成功的乐园，成为有一定影响力的农村小学。
2008—2010年三年规划	让每一个学生愉快学习；让每一个学生成功发展。（人人有成功，个个有发展）	努力将学校办成：管理科学、基础扎实、校园环境高雅、人文气息浓郁，在地区有一定影响的文明学校。
2011—2013年三年规划	让每一个学生愉快学习；让每一个学生成功发展。实现一个目标——人人有成功、个个能成才。	围绕"德育核心、质量为先、艺体见长"的总目标奋发有为，求得更多家长及社会各界的认可，成为地区有一定声望的好学校。
2014—2016年三年规划	让每一个学生愉快学习；让每一个学生成功发展。实现一个目标——人人能成功、个个有成功。	以"小荷"课程建设为抓手，努力把学校建设成为"环境优美的花园、激扬生命的乐园、幸福成长的家园"，成为老百姓家门口的好学校。
2017—2019年三年规划	以校训"德识博健，香满华韵"为办学理念，实现"人人能成功、个个有成功"的办学目标。	以"小荷"课程建设为抓手，努力把学校建设成为"环境优美的花园、激扬生命的乐园、幸福成长的家园"，争创一流的上海市郊示范性小学。

纵观每三年规划实施的轨迹，十多年来每一轮三年规划是对前期成功实践的发展与延伸。我们所寄予的核心办学理念就是让学生愉快学习和成功发展。每个阶段的三年规划既体现时代性又体现了一定的发展性。

2002—2004 年的三年规划，正值学校成为上海市二期课改试点单位，我们确立了"愉快学习、终身发展"的办学理念，以课改实施起步之机，从理念上首先赢得巨大转变，以课堂教学为切入口实施素质教育新途径，学校于 2005 年获得宝山区首批素质教育示范校称号。

2005—2007 年的三年规划，我们的立足点又上一层，为孩子的幸福人生奠基，做成功快乐学生。我们精心策划的以小荷精神为特色的校园文化建设开始起步。

2008—2010 年的三年规划，我们突出了对办学理念的传承，终身发展的基础在于起好步，让小学生在学校生活中获得成功发展的体验，这

文化与管理篇

第一步就是为终身发展奠基。学校进一步形成了"小荷"文化建设的成果,颇有收获。

2011—2013 年的三年规划,是随着国家和上海市 2010 年至 2020 年教育中长期发展规划的出台,我们必须站在新起点,取得新进步。义务教育不是精英教育,面向的是全体学生,新课程的核心理念是"一切为了每一位学生的发展",就是说关注每一位学生。关注学生的情绪生活和情感体验。关注学生的道德生活和人格养成。让每一个孩子获得成功,享受愉快的学习是我们教育的理念。这一理念的支撑点是基于两个信念——学生观:"没有差生,只有差异;各有特长,人人成才。"教师观:"岗位不同,各展所长,人尽其才,合作共赢。"

2014—2016 年的三年规划,在"以人为本,追求优质"的绿色教育核心理念指引下,正努力把学校建设成为"环境优美的花园、激扬生命的乐园、幸福成长的家园",成为老百姓家门口的好学校。为实现学校的可持续发展,我们正以"小荷课程"建设为抓手,构建适合学生发展的绿色教育课程体系,进一步发展学校特色,打造品牌课程,提升办学质量,让每一个孩子愉快学习,让每一个学生成功发展!

2017—2019 年的三年规划,在学校百年华诞之际,我们继续发扬"团结协作,勇争一流"的学校精神,在学校党政班子务实领导下,全体教职工团结协作,全面贯彻党的教育方针,积极推进素质教育。

学校校训是:"德识博健,香满华韵。"

从学生培育来说:

德:培育的学生从德行处世上要行方智圆。

识:培育的学生从学问知识上要学高识远。

博:培育的学生从才识积累上要博闻多识。

健:培育的学生从志趣身体上要志高体健。

从师资要求来说:

香:荷香藕洁,立德育人。君子立身,谱写人生追求。

满:荷果满满,智慧育人。德业双展,成就人生价值。

华:荷叶无华,博爱育人。春华秋实,奠基人生幸福。

韵:荷韵悠悠,艺术育人。博雅尚美,铸就人生成功。

历年来我们始终关注的是学生的愉快校园生活,突出学生成功的喜悦感受。罗南中心校吸引了绝大多数教师扎根于这块土地,学生学业负担总体较轻,校园活动丰富多彩。

（二）建设文化载体,培育学校特色

我们非常明确,要用先进的办学理念引领学校发展,以多元文化载体培育学校特色。我们培育的学校特色就是以塑造"小荷精神"为灵魂的校园文化。我们追求的"小荷"精神是:人人有快乐的追求、队队有奋进的目标、天天有攀登的行动、时时有成功的喜悦。

学校文化有着非常深广、丰富的内涵,但我们立足于、起步于加强校园的艺术、体育、科技、音乐舞蹈、琴棋书画、游戏游艺、主题教育等显性活动来培育学校精神。

1. 以"小荷社团"活动为抓手的学校文化建设,践行"愉快学习、成功发展"的办学理念。

学生社团作为学生以相同或相似的,或自身需要为基础而自愿组成的组织,是校园文化建设中不可分割的一部分。注重学生社团建设,充分发挥社团的德育功效,对活跃校园生活,丰富校园文化,营造良好的育人氛围,起到了极为关键的作用。

"小荷"文化社团建设是从学生需要出发,以培育兴趣为重点,把兴趣转化为动力,以动力促进学生个性发展,引导学生树立正确的价值取向和发展目标,培养自主学习的习惯和自我发展的能力,实现"小荷"文化精神的追求。

通过社团的发展,从以下两个方面推进了学校文化的建设:

一是丰富了现有的学生文化。社团活动是超文本学习的一种方式,是对现有的大量的文本学习的补充,有助于改变学生学习行为和方式,开发学生的学习潜能,激发学习兴趣。让学生感受校园生活的愉悦,获得成功的快乐。

二是从学校发展的角度来看,学生社团是推动学校整体发展,促进教师专业化发展和学生全面发展的系统工程。课程化学生社团的开发,本着尊重、引导学生的个性和发展需要,尽可能地以课程形式为学生发展服务,尽可能地避免出现学生盲目兴趣的现象,尽可能地挖掘学生的学习潜能。

在"社团"这个舞台上,孩子们充分展示了自我,性格得到张扬,才

文化与管理篇

华得以施展,潜能得到发挥。我们教师精心准备,各个社团有计划地组织好每次活动。学生们在紧张的学习之余在社团活动中既放松心情,又陶冶了情操。"快乐330"活动、"小荷"快乐晨练是面向全体学生的活动,这其中包括体育活动、游戏活动、集体舞蹈等,学生在大规模的活动中,享受到共学共乐,伙伴关系更为融洽,校园氛围更为和谐。同时,许多学生在社团学习中很有收获,几年来这些孩子在体、艺、科等方面取得很多成绩。同学们相信,"我们不一定在'语数英'取得高分,但可以在'体艺科'中收获成功。"

2. 以"小荷文化"为主题的系列活动,实践"德育核心、质量为先、艺体见长"的办学目标。

"十三五"已然开局,学校发展又一次进入了战略机遇期。进一步提升教育质量,全面实现教育现代化,需要我们认真研究、拓宽视野、创新思路,以学校文化品牌建设为切入点,以学校文化传承为根本,构建一条内涵式发展之路,促进师生的共同发展!

学校的文化建设体现在社团,体现在课堂,也体现在学校每月、每周、每天的所有活动中。学生们在学校每年的主题月活动中频频亮相,展示技能,创新发展,收获成功。

学校的"小荷"主题活动主要有:每年五月"小荷"读书节、十月"小荷"诗歌会、十一月"小荷"科技节、十二月"小荷"书画节、"小荷"体育节等。

五月"小荷"读书节以"读书好,读好书,好读书"为主题,以"活动"促"习惯",开展丰富多彩的读书活动。"小荷"读书节至今已举办六届,我们深刻地认识到建设书香校园就是为孩子们构建一种最理想的文化生态。在历届读书节的基础上,重点培养学生日常良好的阅读习惯,促进读书班级的形成,进一步提高学生的阅读兴趣,让读书成为学生生活的重要组成部分,提高学生的人文素养。拥有快乐积极的人生,进一步树立"小荷"少年新形象。

"小荷"十月诗歌会主旨是为了进一步加强对少年儿童思想道德教育,弘扬民族精神,落实生命教育纲要,活跃校园文化活动。学校以爱国主义教育为着力点,以体验教育为基本途径,在学校师生中开展活动。通过集体歌唱、颂诗、体育等活动,讴歌伟大祖国,激发全校师生自强不息、奋发向上的民族精神,树立"我歌唱、我运动、我快乐"意识,增强体质,勤奋学习,促进良好校园文化氛围的形成。十月诗歌会作为学校传统文化建设的主要项目至今也已办到第十三届。

十一月"小荷"科技节主要目的是为了深入贯彻《中华人民共和国科学技术普及法》和《全民科学素质行动计划纲要》等文件精神,学校的"小荷"科技节主题活动,旨在鼓励全校同学的热情参与,倡导节约能源、保护环境、文明生活、科学创新的意识与行为,培养青少年勤动手、善动脑、爱科学、乐创造的科技素养,为创造美好未来、推进社会和谐而努力。

十二月的"小荷"书画节主要是为加强校园文化建设、丰富校园文化生活,提高学生人文艺术修养、培养发展学生兴趣特长,以书画活动的形式激发学生对祖国、对生活的热爱,充分发挥艺术教育的育人功能,使学生生动、活泼、健康发展。至今已举办八届书画节。

学校文化建设更需要高度重视教师与学生的思想建设。教师首先必须具有正确的价值观、道德观和教育思想,才能引领学生养成正确地价值追求、民族精神、学习观念、思维方式和良好的日常行为方式、人际关系、礼仪、文明习惯等,体现出学校文化浸润的成果。历年来我们紧紧围绕"一个目标、两个策略、三个框架、六好实践",实施德育教育新方式。具体地说,就是围绕以"健全人格发展"为德育目标,以"重激励、重体验"为德育工作策略,构建了活动化德育、课程化德育、校本化德育工作的框架。我们以注重德育建设的实效性,重在"六好"内容的训练、体验和实践,所谓"六好"分别是"扫好地、行好礼、唱好歌、读好书、写好字、做好人"。我们把"六好"教育贯彻到学习与生活的各个方面,让孩子体验细微入手,落实民族精神、珍爱生命的教育。

十年磨一剑,良好的办学理念与学校文化的传承是学校进一步发展的灵魂,适切的办学目标是学校逐步走向成功的根本,显性的教育活动和隐性的思想建设是我们实践办学理念、达成办学目标的抓手。我们的追求是:让每一个学生愉快学习,让每一个学生成功发展。

人人能成功·个个有成功

——罗南中心校的办学思考与实践

姜建锋

一、对教育的认识

1. 什么是教育

教育是培养新一代准备从事社会生活的整个过程,也是人类社会生产经验得以继承发扬的关键环节,主要指学校对适龄儿童、少年、青年进行培养的过程。广义上讲,凡是增进人们的知识和技能、影响人们的思想品德的活动,都是教育。狭义的教育,主要指学校教育,其含义是教育者根据一定社会(或阶级)的要求,有目的、有计划、有组织地对受教育者的身心施加影响,把他们培养成为一定社会(或阶级)所需要的人的活动。

2. 办学背景分析

(1)从国家大背景说:《国家中长期教育改革和发展规划纲要》提出的教育的指导思想与工作方针是:"全面贯彻党的教育方针,坚持教育为社会主义现代化建设服务,为人民服务,与生产劳动和社会实践相结合,培养德智体美全面发展的社会主义建设者和接班人。"我从内心对她产生一种强烈的认同并努力实践与探索。我认为通过"小荷"文化建设为抓手,是提升学生文化素养,追求人人成功理念,培养学生德智体美全面发展的有效途径之一。

(2)从宝山教育实际说:宝山教育把"用文化的方式发展有灵魂的教育"作为抓手,这是一个大教育观、大文化观的体现,这是文化宝山、素质教育的代名词,理应成为学校建设文化校园的"魂"。

(3)从我校实际说:学校文化建设的内容和追求"人人能成功·个

个有成功"的学生发展理念应有切合自己学校实际的具体内容和载体。学生社团建设是学校思想教育、文化建设、氛围营造等一系列工作的重要载体。通过学生社团建设，既能充分发挥社团的德育功能，活跃校园生活，丰富校园文化，更能让学生在不同的实践活动中发展兴趣，感受成功的快乐。

二、我的办学思考与教育理念

以"小荷"社团课程建设为抓手，追求"人人能成功·个个有成功"的学生发展理念。进一步培育小荷校园文化，努力把学校建设成为"环境优美的花园、激扬生命的乐园、幸福成长的家园"。

环境优美的花园——即不断美化、优化校园硬环境，同时充分发挥"小荷"校园环境布置的育人作用。

激扬生命的乐园——即以社团课程研究为先导，创建生动活泼的、兴趣盎然的学校课堂，在学校营造出师生个性发展、激扬生命乐趣的小荷校园氛围。

幸福成长的家园——即努力促进教师专业成长，全面提高学生的综合素质，着力构建和谐的校园人际关系，做到班子和谐、干群和谐、同事和谐、师生和谐、家校和谐，形成浓烈的爱校如爱家的氛围，使学校成为师生成长的家园。

我把培育"小荷"校园文化，促进师生成长的目标确定为两个层面：

第一，学生发展目标：

学生观："没有差生，只有差异；各有特长，人人成才。"

学生培养目标——人人能成功·个个有成功

成就四个自我——

像荷花一样绽放，做健康美丽的我！

像湖水一样清澈，做诚实友善的我！

像雏鹰一样飞翔，做放飞梦想的我！

像园丁一样用心，做能行最棒的我！

基于多元智能理论下人的发展观，努力贯彻"人人能成功·个个有成功"的培养理念，以小学生的个性要素得到发展为宗旨，学校通过学科及活动的开展和综合实践活动课的实施，为学生打开一个开放的学

习途径,培养学生学会做人、学会求知、学会生活、学会创造,将来成为一个具有终生学习能力的人。

第二,教师成长目标:

教师观:"岗位不同,各展所长,人尽其才,合作共赢。"

以"人人要发展·个个有提高"的师资发展思路,以教师专业化发展为出发点,以学习型、研究型教师梯队建设为突破口,关注三种能力的培养(即,教学设计能力、课堂驾驭能力、总结反思能力),把教师队伍建设成为一个具有高度责任心和人文素养的群体。

三、我的办学实践

宋朝著名诗人杨万里"小荷才露尖尖角,早有蜻蜓立上头"的佳句启发了我们无限的遐想,我们心中所有的美好希冀和愿望,都像美丽、快乐的"小荷",正在展露出"尖尖角"。"小荷"是积极向上、奋发有为、努力进取的象征,"小荷"是寻找快乐、追求成功、体现价值的代名词。

在学校文化建设和追求"人人能成功·个个有成功"的学生发展理念的实践中,我们初步积累了一些经验:

(一)打造"小荷精神",构建"小荷"校园文化。

我们精心打造以"小荷精神"为灵魂的小荷校园文化,就是让每一位学生在"小荷"文化的熏陶下,通过自主性的实践体验,感悟人与人、人与社会、人与自我的情感,以此塑造自己,培养自己健全的人格。通过实践,初步形成的"小荷"文化精神是:人人有快乐的追求、队队有奋进的目标、天天有攀登的行动、时时有成功的喜悦。"小荷文化"是对"小荷精神"在精神形式、制度形式和物质形态上的实践,并以此实践来影响和发展学生群体的活动方式、精神面貌与文化素养的提高。

学生学习生活的场所就是校园。校园环境的设计与布置要为学生身心健康的发展提供优良的引力场。为此,学校花大力气全面改造校园绿化,美化教师办公室,建设好教室读书角,创建温馨教室,努力发挥校园优美环境的育人功能。校园、教室是学生学习、生活的场所,更是学生进步、成长的摇篮。一个充满和谐文明、健康向上的校园,一个充满温馨的学习生活氛围,能够让每一位学生在接受知识和思想教育的同时,感受到温馨校园文化的气息,促使自身身心和谐发展。学校为教师办公室的美化专项拨款,全校教师动脑出力,把办公室变成不单纯是教育学生,批改作业的地方,而是愉悦的教育生活乐园。另外,在学校教学楼的走廊、墙面等处布置了与"小荷"文化相关的图片、语言,使学校的每堵墙壁、每块绿地、每个角落都成为会"说话"的老师,让学生在学校生活中的处处潜移默化地接受着"小荷"文化的熏陶,让"小荷"文化随时随地深入学生心灵,使学生受到感染。同时温馨教室的布置评比也应运而生,教师们根据班级学生年龄的不同个性需求和班级的需要,结合"六好"的教育目标,为我们的学生营造一个催人奋进、温暖舒适的"家"。他们把对学生的要求和学生自身发展的需求融入于班级环境布置中,通过生物角、图书角、卫生角、墙报等精心策划,让教室的每一个墙面、每一个墙角都在说话,时刻鞭策着学生的行为,培养学生的"家庭"责任感,激发他们为"家"而努力攀登的行动,享受"家"给他们带来的成功的喜悦。

如果说学校文化建设是个庞大的软件工程,那么校园环境设计与布置就是一个至关重要的硬件系统。建设"校园与环境文化",要以"文化品位、现代信息、人文精神"为理念,着眼于学校总体布局的和谐统一,着眼于环境文化氛围对学生的熏陶和感染。(《文化品位与学校品位》载于《教育文化战略构建》)有优秀的硬件提供优良的运行场所,那么软件的实施就会更加完美和出色。"小荷"文化校园环境设计与布置正是这样一个优秀的硬件系统,它为"小荷"文化的深入人心奠定了扎实、有效、稳定的基础。

(二)建立"小荷"评价,建设"人人成功"的激励机制。

"人人能成功",是我们坚强的信念,让每一个孩子获得成功的体验是我们坚定的追求。"人人有成功",是我们实践的收获,让每一个孩子在学习与生活的所有领域中都能"扬自己之长,获个性发展",获得切实的成功体验。

实践中我们建立了小荷评价激励机制,目的就是激发师生的积极动机,诱发他们的工作与学习积极性,使其发挥内在的潜力功能,为实现所追求的目标而努力奋斗。我们通过以下的方式来实现工作的目标。建立了每学期一次的"小荷之星"评比机制,如小荷规范之星、学习

之星、科技之星、书画之星等活动评比制度;完善了星级中队的评比制度;开展"温馨教室"评比活动;规范了各种主题活动的评比制度等。良好的激励机制激发了师生参与学校各项活动的积极性,学生能享受到成功的快乐,人人树立快乐的追求,班班有奋进的目标,时时有攀登的行为意识和行动。

以上的一些初步实践还不够。我们觉得我校的"小荷"校园文化建设必须进一步向纵深推进,我们就以"小荷文化"社团为载体,来提升和建设校园文化,促进学生全面发展。

(三)依托社团建设,进行"人人成功"的课程实践。

从学校发展的角度来看,学生社团是推动学校整体发展,促进教师专业化发展和学生全面发展的系统工程。

学生社团作为学生以相同或相似的,或自身需要为基础而自愿组成的组织,是校园文化建设中不可分割的一部分。注重学生社团建设,充分发挥社团的德育功效,对活跃校园生活,丰富校园文化,营造良好的育人氛围,起到了极为关键的作用。

课程化学生社团的开发,应本着尊重、引导学生的个性和发展需要,尽可能地以课程形式为学生发展服务,尽可能地避免出现学生盲目兴趣的现象,尽可能地挖掘学生的学习潜能。让他在擅长的领域获得成功体验,感受成功的快乐。

学校的"小荷"学生文化社团分为四大系列:"志高体健,健美育人""博闻多识,创新育人""学高识远,自信育人""行方智圆,诚信育人"系列。

列举课程如下:

罗南中心校"小荷社团"名片与文化内涵

序号	名　称	口号(名片)	文　化　内　涵
1	小荷足球队	快乐足球 健康你我	乐趣是儿童足球的精神,合作是儿童足球的核心。
2	小荷篮球队	你传我投 强健体魄	爱篮球,无需理由;比风采,超越自我。加油加油,力争赢球,让篮球成为强健体魄的挚友。

序号	名 称	口号(名片)	文 化 内 涵
3	小荷羽毛球队	羽球虽小 技艺甚大	羽球舞动练眼力,羽球往返练臂力,战胜对方练智力,持之以恒练体力。
4	小荷象棋队	手谈交友 智慧博弈	"河界三分宽,计谋万丈深。"在方尺棋枰上交友,在32子中博弈。修身养性,健脑增智。
5	小荷五子棋队	智趣一线 黑白之间	黑白世界,你攻我守,方格纵横,五子争辉!棋枰虽小,却博大精深,魅力无限。在对弈中学会全局观,锻炼洞察力,感悟人生哲理。
6	小荷射箭队	挽弓瞄靶 箭定心中	射以观德,射练心力,射养淡定。顽强、果断、沉着、冷静、专注、一往无前……优良品质在射箭中培养。
7	小荷乒乓队	银球往返 快乐无限	与飞舞的银球相伴,与无限的快乐相随,尽情享受着乒乓运动的无限快乐。
8	小荷田径队	炼中长智 赛中立志	田径运动给你带来良好的健康和获得正确的动作能力。竞技体育的魅力,就是在对抗中立志、长智,在竞赛中实现自我。
9	小荷绳键队	绳飞键舞 智长志坚	在独自练习中,炼技能、炼意志;在合作练习中,炼智慧,炼品质。器件虽简,技能精深。
10	小荷航模队	体验中做 经历中学	作品,在这里诞生;能力,在这里发展;理想,从这里远航。
11	小荷头脑OM社		像能工巧匠一样精心制作;像科学家一样潜心研究;像运动员一样不断挑战自我。
12	小荷儿童画社	绘出理想 画好明天	培养儿童对美的认知和对艺术的兴趣,培养儿童的观察力、想象力、组织力、创意及表现能力。
13	小荷素描社	绘出理想 画好明天	点线面,展现理想和生活的美,黑白灰,立起意志和品质的美。用简洁的线条,勾勒出美的事物,表达出美的追求。
14	小荷铅笔画社	绘出理想 画好明天	拿起铅笔,无拘无束地畅游在绚丽的色彩中;展开想象,自由自在地漫步在斑斓的世界里。画出梦想,绘就希望。
15	小荷书法社	写好每笔 走好每步	一撇一捺写个人,一生一世做真人。写字也是写人生,培育的是规矩,陶冶的是情操。
16	小荷剪纸社	精雕细剪 传承经典	简单的材料,简单的工具,简单的表现手法,却精雕细琢着美的世界,传承着民俗风情的国粹经典,扮靓了美的生活情趣。

文化与管理篇

续　表

序号	名　　称	口号(名片)	文　化　内　涵
17	小荷折纸社	折出趣味,叠出精彩	一张纸,一双手,折叠出一个充满魔力的世界。
18	小荷丝袜花制作社	一双小手,创意无限	丝袜花色彩艳丽,造型丰富,富有独特的艺术表现力和感染力。丝袜花制作是一种"陶冶情感"的艺术。
19	小荷立体纸艺社	立体纸艺立起美丽	五彩纸条,是孩子们美好的愿望。在耐心、静心、精心的粘贴中,立起的是纸艺,展现的是理想,塑造的是美丽,陶冶的是情操。
20	小荷厨艺社	酸甜苦辣品"味"人生	把每一次厨作当作厨艺,就会乐此不疲;把每一份菜肴当作艺术品,就会更加有滋有味。生活中处处充满艺术元素,需要的是去发现,去品味,去享受。
21	小荷点心制作社	甜蜜行动快乐烘动	没有很华丽的外表,只有最真实的感受;每一块"粗制"点心,都会带来一份"细致"的感受,在动手中快乐着,在成功中喜悦着。
22	小荷地毯绣社	飞针走线编织童年	那一针一线的艺术,亲手 DIY 的作品,毛茸茸的质感,暖洋洋的手感,我们能获得成功的喜悦,享受那份难得的静谧。
23	小荷钩针手艺社	巧手钩花扮靓生活	一双灵巧的手,只凭一针一线,就能钩出一个个七彩缤纷的"小世界"。
24	小荷刺绣社	我行我绣美丽追求	一针一线,耐心、细心。绣出我的美,传递我的情。
25	小荷十字绣艺社	一纵一横绣出人生	悠久的历史,简单的绣法,却能让孩子感受美的享受,锤炼着耐心、细心和毅力。
26	小荷纸贴社	五彩纸片艺术再现	折、剪、粘……灵巧着孩子们的手,训练着孩子们的脑,展现着孩子们的美。
27	小荷广播电视台	尽显口才播报你我	铺设自主展示的舞台,开创自由翱翔的天空。自信中沟通,制作中协作,体验中发展。播报学习生活,尽显出色口才。
28	小荷舞蹈团	舞动肢能舞动身心	少儿舞蹈是一种"陶冶情感"的艺术,学生通过优美的舞蹈,促进对美的认识、欣赏和追求。
29	小荷拉丁舞社	快乐舞蹈快乐生活	朝气蓬勃是我们的特点,让我们用舞蹈来尽情演绎快乐。

序号	名　称	口号（名片）	文　化　内　涵
30	小荷口琴队	吹出理想 奏出欢乐	用简单的乐器，奏理想之歌。在吹奏中掌握节奏、理解音准、培养听觉、体验乐感。
31	小荷合唱团	合唱舞台 有你精彩	整齐动听激情，合音合心合唱。合唱大舞台，有你更精彩。
32	小荷电脑班	网罗知识 网络未来	你是未来的比尔·盖茨，在玩中成才，在乐中学本领。
33	小荷故事社	通晓古今 锻炼表达	学讲小故事，明白大道理；让故事塑造心灵、活跃思维、增强自信、锤炼修养、学会鉴赏，收获智慧，提升能力，促进发展。
34	小荷朗诵团	熟诵于口 濡染于心	在诵读中，传承经典，弘扬国粹，陶冶情操，锤炼修养。
35	小荷读书社	阅中获趣 书海淘经	读书可以作为消遣，可以作为装饰，最重要的是可以增长见识和才干。
36	小荷英语原版电影赏析班	赏析原版 原汁原味	赏析原版电影，捕捉蕴含信息，感受语言魅力，体验原汁原味！
37	小荷创意游戏影视社	流行经典 影视尽显	观影赏析，开阔视野，了解四海风情，增强艺术欣赏能力。
38	小荷泥塑社	舞动你的手指，捏出你的色彩	开动脑筋，发挥创意。用一双小手，捏出心中浩瀚的宇宙。
39	桌面游戏社	一起动手，齐心动脑	培养兴趣，增强反应能力、个人独立思考能力，锻炼团队精神。
40	小荷 3D 立体贴画社	手眼协调，放飞梦想	在制作过程中，培养孩子先动脑构思，再动手去做的良好习惯。通过用眼看，动手贴，加强孩子的想象能力，提高孩子的认知能力。
41	小荷船点与面人社	缤纷色彩，非凡创意	小小双手，无限创意，捏出梦想和希望，塑造美丽的心灵，让孩子们在想象的天空中翱翔，在动手中获得成功的喜悦。
42	小荷石头画吧	石头享乐绘，画出我风采	与大自然手牵手，赋予小石头生命，让石头绽放光彩，动脑动手起来，在过程中享受乐趣，培养能力。
43	小荷儿童画社	缤纷色彩天地，绘出绚烂童年	通过绘画培养儿童想象力、创造力以及艺术的兴趣。陶冶情操，丰富情感。

文化与管理篇

序号	名 称	口号(名片)	文 化 内 涵
44	小荷数独游戏社	胸中有数,独具匠心	小游戏培养大兴趣,小学数字蕴含大能量,小脑瓜开发大智慧。
45	小荷环保手工艺社	巧手改造,畅想未来	最简单普通的材料,最天马行空的想象。用奇思妙想巧手改造身边废旧材料,用细心耐心打造属于自己的艺术城堡。奇妙的创意手工也能与环保同行。
46	小荷线描画社	舞动画笔,绘出精彩	运用千变万化的线条,进行风格独特的线描创作,丰富学生的想象空间以及艺术美感。

在"社团"这个舞台上,孩子们充分展示了自我,性格得到张扬,才华得以施展,潜能得到发挥。我们教师精心准备,各个社团有计划地组织好每次活动。学生们在紧张的学习之余,在社团活动中既放松心情,又陶冶了情操,特别是让每个人享受到成功的喜悦,发展了各自的兴趣,培育了未来发展的"空间"萌芽。

"小荷"文化社团的建立、形成到欣欣向荣,凝聚着学校教师的智慧和心血。从无到有,从有到盛的历程显露了"小荷"文化在罗南中心校这块沃土上强劲的发展势头。实践证明,我们践行的"人人能成功,个个有成功"的理念,社团活动是实践这一理念的有效抓手。学生喜欢这些社团活动,在活动中他们的自主性、自觉性都得到显现,自身的素养、能力都有了进一步的提高。

近年来,学生综合素质明显得到了提高。我们虽然是农村学校,事实证明农村的孩子同样具有文化细胞,在教师的培育下,许多学生在市区书法、绘画、科技创新、歌舞比赛中,均有突出表现,成绩斐然,近年中小荷社团的成员获得市区级以上奖项不计其数。

总之,在实践小荷社团建设中促进小荷校园文化建设的道路上,我们学校自上而下全面地积极地参与。扎扎实实地开展研究与实践,令每一位投身于研究的教师,也可以说是全校教职工有了全新的体验与深刻的反思。全校师生上下一致认同"小荷"的校园文化主题,从内心感受到"小荷"文化给学校注入的勃勃生机。教师在平时的教育、教学工作中把"小荷"文化的点点滴滴,通过自己的言传身教输送给学生,学生又把在各种各类的"小荷"文化社团以及"小荷"主题活动中的感同身受在伙伴间共享。这种文化的气息,就在彼此的学习生活中弥漫、流淌,直至到达每个人的心灵。

和谐文明有特色
继承创新求发展

《中国社会观察》记者　采　桦

教育是一项事业,事业的意义在于奉献;

教育是一门科学,科学的价值在于求真;

教育是一种艺术,艺术的生命在于创新。

一路春风化细雨,一路鲜花一路歌。在百年的历史变迁中,上海市宝山区罗南中心校风雨兼程,怀着对教育事业孜孜不倦、执着追求的毅力和决心,秉承着学校"让每个学生愉快学习,让每个学生成功发展"的教育理念,不断探索根植华夏,开创具有上海农村教育特色的新局面,让花更繁,叶更茂,越办越精彩。

罗南中心校地处城乡结合的宝山区近郊,虽然由于地域限制使得居住人口结构复杂,大量外来农民工子女的涌入使得生源的质量有所下降,但是学校本着深厚的文化底蕴,锐意进取,敢为人先。学校构建了"小荷"校园文化,"小荷"是积极向上、奋发有为、努力进取的象征,是寻找快乐、追求成功、体现价值的代名词,是心中对所有美好的希冀和愿望。"小荷"精神的营造与渲染,就是要人人有快乐的追求、队队有奋进的目标、天天有攀登的行动、时时有成功的喜悦,让每朵"小荷"都能展露她的"尖尖角"。

一直以来,罗南中心校作为上海市第一批二期课改基地学校、上海市愉快教育研究基地等,走在宝山区区域教育的前列。以二期课改为抓手,以注重实效为准则,扎实推进素质教育。学校连续十多年被评为宝山区文明单位,近年又被评为上海市文明单位、上海市红旗大队、上

海市行为规范示范校、上海市安全文明示范单位、上海市爱国卫生校园、上海市军民共建先进集体、宝山区素质教育示范校、宝山区师资发展示范校、宝山区德育工作先进集体、宝山区德育标兵校、宝山区文体工程示范校等。

"小荷"文化——绽现和谐校园特色亮点

"小荷才露尖尖角,早有蜻蜓立上头。""小荷"文化,借鉴以荷花洁白无瑕,出淤泥而不染的品质熏陶,以"润物细无声"的环境陶冶,激发师生对学校、对社会的热爱;同时作为物化的、系统的、立体的人文教材,更形成了罗南深厚的文化积淀。和谐的校园文化是师生在学校教和学的过程中所创造的物质财富和精神财富,是显形文化和隐性文化的相互渗透。良好的校园文化,不仅可以为广大师生提供一个良好的学习、工作环境,陶冶师生高尚的道德情操、提高师生文明程度,更能潜移默化地培养健康情绪,形成良好的心理品质,从而通过学校示范家庭、辐射社会,积极推动整个社会的精神文明建设。

多年来,学校各级领导共同努力,在"小荷"文化的推广和升华过程中倾注了大量心血,一直坚持与时俱进的工作态度,努力探索,形成了小荷文化的校园特色,确立了"小荷"精神:人人有快乐的追求、队队有奋进的目标、天天有攀登的行动、时时有成功的喜悦。并把这作为学校的德育灵魂和校园文化灵魂。为了营造良好的育人环境,罗南中心校的师生们努力让校园内的一草一木、一墙一坛、一事一景都充满浓郁的育人氛围。走廊、过道、墙壁、教室、办公室,随处可见的名人画像、名人名言,那一句句富有人文色彩的话语,那一幅幅师生们书、画、创意作品,无不用美熏陶着学生。"小荷"精神使校园文化形成了一个良性循环,为师生们创造了优雅、文明、进步的校园气息。

不仅如此,学校一直坚持"天天"用优雅午餐音乐告示学生文明用餐;用"日日"的书法练习,陶冶学生高雅的情趣;在"周周"的"红领巾Do、Re、Mi"中,让学生放飞心灵,愉悦身心;以"月月"出版的《小荷报》,为学生提供施展才华的舞台;"年年"的"金色十月诗歌会",让学生留下幸福的童年记忆。在自编《小荷报》的启迪下,学生们还自主、自创了许多"小荷"俱乐部活动——"小荷"书画社、"小荷书虫沙龙"、小荷科技探索组、小荷电脑爱好者、"小荷"广播电台、"尖尖角"午间俱乐部、"小荷"读书俱乐部、"小荷"运动队、"小荷"足球队、"手拉手,友谊中队"活动、"小荷"师生论坛、"小荷志愿者"服务队,每一个学生社团都成为自我教育的主体。

学校在丰富学生们课余生活的同时,不忘孩子们的道德教育。学校的各种活动与重大节假日相结合,创设情境,晓之以理,动之以情,使中华民族的传统美德潜移默化到每一个学生的心田,使学生从内心真正理解、接受各种道德规范和文明礼仪,明白做人的道理,增强了他们的道德责任感,也培养了他们良好的行为习惯。使学生在不知不觉中受到了教育,真正做到让每一个学生成功发展、愉快发展。

让书香弥漫校园,是学校重塑校园文化的又一举措。书香校园建设是学校精神文化建设的重要组成部分。"阅读好书能升华人格,触及心灵,是最有效的自我教育,这对孩子的思想品质、道德情操的陶冶起着重要作用。"姜建锋校长如是说。为了让孩子有书可读,学校除开放阅览室外,各班都建立了班级图书角,并安排了专门的读书报时间。学校为低年级孩子专买了童话、语言及传统文化导读等书籍;为中高年级学生添置了名人故事书、科普丛书、中外名著等书籍,同时让学生拿出家里的好书与伙伴们分享,让孩子们在知识的海洋中自由翱翔。

"六好"实践——形成德育教育有效载体

人才,是以"人"为前提的"才",是"人"与"才"的统一,是做人与做事的统一。作为培养和造就人才的重要场所——学校,罗南中心校注重内涵的发展,结合二期课改给学校注入了新的活力,明确树立了"知识蕴育能力,文化塑造人格"的德育教育方针,确立了课程化、活动化、校本化的"三化"育人阵地,老师们努力做到教书育人,授人以渔,知情并重,合作创新。积极鼓励学生自我教育,自主发展,做知书达理的文明人、身心和谐的健康人、堂堂正正的中国人、开拓进取的现代人。

在采访过程中,姜建锋校长也向记者透露,他自毕业以来一直在罗南任教,从教师到一名管理者,他见证了罗南中心校二十年的发展,所以姜校长对罗南有着深厚的感情,对于学校德育教育有着自己的见解:小学生处于幼儿教育到基础教育的转型期,学校给予学生的不只是课本上的知识,更是赋予其在实践活动中得到的情感交流,养成良好的人格品质。因此对于学校在构建德育教育体系上,姜校长的思考是,我们是不是有更生动的德育教育方式? 是不是能再多点投入,多点童趣,多点形式,多点体验,真正地让学生成为德育建设的主体,主动参与到学校的道德实践活动中来,而不仅仅是生硬的灌输。因此,在全校师生的共同努力下,学校提出了"六好实践"。

姜建锋校长认为,"学做人,是学校教育的根本",学校的德育教育要从最基本的行为规范教育入手。行为规范教育的载体就是实践"六个好",这"六好"分别是:扫好地、行好礼、唱好歌、读好书、写好字、做好人。针对学生孩子活泼好动、注意力难集中的年龄特征,如何将抽象生涩的德育语言转变成具体内容,如何将"大道理"转变成小学生能理解易接受的形式,罗南的探索有其成功之处。

从表面上看,这些不过是微乎其微的小事,而在它们背后却有着深远的意义。教会孩子扫好地,是希望他们学会简单的劳动,养成好习惯,树立环保的意识;行好礼是希望学生懂得礼仪,对长辈和伙伴懂礼貌、文明有礼;唱好歌是培养孩子们欣赏美、创造美、陶冶美的情操,增强艺术的熏陶;读好书是希望学生们吸取优秀书籍的营养,养成读书的好习惯,从而做一个知识渊博的人;写好字是教会孩子字如其人,养成良好书写习惯,传承中华传统文化;做好人则是希望学生们尊敬师长、团结同学、乐于助人,富有奉献和创新精神。"六好"的根本和归结点在于"做好人",就是要让每一个孩子明白,在世为人要对自己的生命负责,对自己的行为负责,做一个爱家、爱校、爱国的人。

我们深深地体会到罗南中心校老师们的良苦用心。"六好实践"为学生的学习、生活、礼仪等方面建立了明确的行为准则,"六好实践"为学生如何生活、如何做人奠定了一生的行为基础,因为培养好习惯将使人生一辈子得益。罗南中心校"六好"教育的实践得到了各级领导的好评与肯定。该实践成果也获得多个奖励。

优化师资——构建"小荷"文化管理机制

学校的发展,教师是关键,坚持不懈地抓好队伍建设,为提高教育教学质量提供坚实保证。教育发展到今天,学校对"好老师"的需求在特定层面上已经超过了对物质条件的要求,提高教师的综合素质和专业化水平是学校发展的重中之重。多年来,学校组织了各种形式的学习、宣传和制度保障,促使全体教职员工树立完美的师表形象,使教师成为学生学习和模仿的楷模。

姜校长说:"打造一支优质的师资队伍是学校发展最关键的因素。我们不能要求每个人一下子提高,但是每年要有进步,做到积小步成大步。"为此,学校提出的师资队伍发展理念是"人人有发展,个个有提高"。罗南中心校作为一所曾经下辖了十多所乡村小学的"总校",在教育改革过程中,随着"村小"不断撤并,全部师资涌入了中心校,导致了学校教师大量超编,新鲜血液无法导入。为此学校通过挖掘内部潜力,丰富校本培训模式来打造师资队伍。如近年来学校实施"名师带教,师徒结对,共学互助"的形式为师资发展创设了一条途径,学校邀请了区内知名的教师对学校教师进行辅导,聘请退休的区教研员老师对青年教师带教,学校内的骨干教师与年轻教师进行师徒结对,同时,对于年龄相仿、资历相当的教师实行"共学互助"结对等等,使教师真正做到"人人有发展,个个有提高",努力建设一支在区域层面上具有辐射作用的骨干教师队伍,为学校再发展积淀优秀的人力资源。

学校领导与教师相互尊重、信任,形成了真诚、关爱、积极向上的和谐的人际关系。校长室和党支部作为学校的"头脑"和"心脏",统一协调与指挥,形成了两条腿走路的管理方式,即德育室、大队部——年级组长——班主任的管理线,和教导处——教研组长——科任老师的管理线。全校教职工各司其职,齐抓共管,进行全方位的规范教育,避免产生管理死角,把各种任务、要求和教师的态度、情感、利益、发展的需要结合起来,从而激发了教师的积极性和能动性。教师间的互帮互助,团结友善,以公平的信念各尽所能,各得其所,营造了学校文明、祥和、关爱的教育氛围,使教师们的积极性、主动性、创造性得到了充分发挥。

罗南中心校的教师对教育的追求是："满足童趣,贴近生活,锤炼情操,快乐和谐,为孩子的幸福人生奠基。"这其中凝聚了对教育内涵的深刻理解和勇于实践、敢于创新的品质。"小荷"育人,凝练百年精粹,姜建锋校长也谈道:"作为一所农村学校,学校取得了阶段性成功,这离不开全体师生表现出的高文明素养和良好的道德规范水平。但是罗南中心校的全体师生并不满足,在未来,我们将开始新一轮的探索与实践,为使学校成为一所高质量、有特色的上海市农村示范小学而不懈努力。"让我们共同期待"小荷"——这朵基础教育的"鲜花"能在罗南这片沃土上夺目绽放,吐露芬芳!

在课程中培育"能"成功的信念
在课程中实现"有"成功的体验
——宝山区罗南中心校课程与教学报告

姜建锋

第一部分　"小荷课程"源自的一个理念

通过课程的设计与执行,我们的目标是培育以"小荷"为特色的校园文化[注1],让学生"在课程中培育能成功的信念,在课程中落实有成功的体验",追求的是学生在校园生活中获得愉快学习和成功发展。

基于多元智能理论下人的发展观,努力贯彻"人人能成功·人人有成功"的培养理念,就是要"在课程中培育学生能成功的信念,在课程中落实学生有成功的体验",通过课程来培养学生学会做人、学会求知、学会生活、学会创造,建立"能成功"的信念,获得"有成功"的体验,为未来的幸福人生奠基。

我们的学生观是:"没有差生,只有差异;各有特长,人人成才。"我们提出"四个成就"——像荷花一样绽放,做健康美丽的我!(健美育人)像湖水一样清澈,做诚实友善的我!(诚信育人)像雏鹰一样飞翔,做放飞梦想的我!(创造育人)像园丁一样用心,做能行最棒的我!(自信育人)

注1:"小荷"校园文化诠释:宋朝著名诗人杨万里"小荷才露尖尖角,早有蜻蜓立上头"的佳句启发了我们无限的遐想,我们心中所有的美好希冀和愿望,都像美丽、快乐的"小荷",正在展露出"尖尖角"。"小荷"是积极向上、奋发有为、努力进取的象征,"小荷"是寻找快乐、追求成功、体现价值的代名词。

"小荷"精神:人人有快乐的追求、队队有奋进的目标、天天有攀登的行动、时时有成功的喜悦。

"小荷"品质:像荷花一样绽放,做健康美丽的我!像湖水一样清澈,做诚实友善的我!像雏鹰一样飞翔,做放飞梦想的我!像园丁一样用心,做能行最棒的我!

我们的校训是:德识博健,香满华韵。

就是说,从学生培育来说:

德:培育的学生从德行处世上要行方智圆。

识:培育的学生从学问知识上要学高识远。

博:培育的学生从才识积累上要博闻多识。

健:培育的学生从志趣身体上要志高体健。

从师资要求来说:

香:荷香藕洁,立德育人。君子立身,谱写人生追求。

满:荷果满满,智慧育人。德业双展,成就人生价值。

华:荷叶无华,博爱育人。春华秋实,奠基人生幸福。

韵:荷韵悠悠,艺术育人。博雅尚美,铸就人生成功。

第二部分 "小荷课程"设计的两个层面

我们把"小荷"课程确定为两个层面:

文化与管理篇

一、建设"小荷文化",凸显校园文化在隐性课程中的教育作用

"小荷才露尖尖角,早有蜻蜓立上头。"借鉴荷花洁白无瑕,出淤泥而不染的品质熏陶,学校以"小荷"文化校园建设为重点,确立了以"小荷"精神品质作为学校的德育灵魂和校园文化灵魂,不断完善文化内涵,让文化走进课程,探索"课程保障、活动育人、文化浸润"的运作模式,通过"润物细无声"的环境陶冶和丰富多彩的文化活动,激发师生对学校、对社会的热爱。

（一）发挥人文文化的教育功能,成为师生成长的精神家园

学校环境设计布置是门隐性课程,是物化的文化。学校十分重视文化校园环境的建设。学校以小荷文化为主题,一方面,强化校园优美环境的建设,从校园的"小荷雕塑"到科普书画长廊;从"小荷广场"的匠心布置到"国学特色"的走道设计;从墨香浓浓的书法教室,到儿童气息浓郁的少先队室、小荷电视台……无论是教室、办公室、科技室、美术室,还是墙壁、走廊、宣传栏、师生作品等,小荷文化元素鲜明,充分体现小荷文化,让每一堵墙壁会说话、每一幅作品能传情,每一处设施具有教育功能,使走进学校的每一个人切实感受小荷文化的气息。

人人会唱校歌《快乐的小荷少年》,少先队员自主创办的《小荷报》历经十二年,成立"小荷广播台""小荷电视台",开设小荷社团课程,学校全面的课程文化正在进一步实践发扬小荷精神。积极营造温馨教室,创设温馨、和谐、有特色的教室环境,为学生心理和人格健康成长,教师生涯的发展创造一个和谐氛围,使教室、校园成为师生共同成长的精神家园。

（二）注重小荷文化的内涵发展,强化小荷精神凝聚主流价值

《小荷报》创刊于2002年,经过两任校长的精心打造,逐渐孕育了丰富的精神内涵。十二年间,我们不断拓展小荷精神内涵,强化小荷文化的整合渗透,拓宽师生发展的开放、动态、生动、多元化的发展空间,形成了促进师生发展的学校文化主流价值取向。

学校深入挖掘"小荷精神"内涵,寻求树根立魂的结合点,坚持"强过程、重体验、抓习惯、塑人格"工作思路,全力促进学生全面发展。

1. **德育教育,凸显学校小荷特色**

结合学校小荷文化,拓展教育平台与载体,学校以市《两纲》教育、多年评为市行为规范示范学校为契机,通过学科渗透与融合,将民族精神教育和生命教育落实到课堂上,充分利用校外资源,拓展教育的内容和方式,将民族精神教育和生命教育延伸到生活中。如,学校重视学生心理健康教育与心理疏导工作,重视特殊学生转化工作。每年落实行政和党员与特殊学生结对活动,落实爱生月活动,开展赏识教育,实践让每个孩子愉快学习、成功发展理念。

2. **特色教育,提升学生内在素养**

依托小荷文化的丰富内涵,学校每月设立不同的教育主题,以班队特色墙报、专题班会、队会、小荷广播电视台、小荷报、小荷网和小荷微信平台等为宣传阵地,使学生与家长了解与认识学校的发展与成绩,宣传正确的办学理念。学校自编校本德育教材《六好教育》,分年级、分阶段落实教育内容。学校落实骨干教师、有专长教师及聘请校外辅导员等形式担任社团辅导员,通过每周五下午全校性社团活动与平时相结合、校内与校外并举的方式,促进学生的个性、特长与素质的发展。社团活动的有效开展促进了学生的发展,取得丰硕果实并形成了学校的特色。

学校中午自主活动时间与午会课有"好歌天天唱"与"国学天天诵"活动,实施国学经典诵读进课堂实践,初步取得一定的效果。2016年5月东广电台对我校的国学教学进行了报道。

3. **活动体验,领悟小荷文化内涵**

结合小学的培养目标及孩子的成长规律,学校统筹校内外资源,按照"大目标、小活动、成系列"的整体思路,将德育内容分解为主题月活动,规范求新,形成方案。如:二月"感恩活动月";三月"扬雷锋精神,建美丽家园"学雷锋活动月;四月"缅怀革命先烈,弘扬民族精神"民族精神活动;五月"与好书为伴,驾梦想起航"读书活动月;六月"放飞缤纷理想,共筑五彩中国梦"展示活动月;九月"尊师爱生,情满校园"尊师活动月;十月"领巾飞扬,共筑中国梦"爱国活动月……学校各部门各司其职,通力合作,通过"宣传发动营造氛围—分层参与增才智—评价表彰促提高—反思总结再完善"的运行机制,激励学生在参与、体验中激发兴趣,提高能力,切实感受、领悟小荷文化的深刻内涵。

4.社区资源,拓宽教育教学渠道

学校依托中国人民解放军61800部队、宝山看守所等教育基地,并与少先队雏鹰争章结合起来,分年级落实实践内容与要求,每学期通过学生社会实践形式开展相关活动。依托家长,开设家长微课堂。

二、建设"小荷课程",构建聚焦学生核心素养培育的课程架构

学校课程体现学校的办学特色,代表学校对教育的基本理解,是学校未来发展与追求目标得以实现的重要载体。目前,我们对学校的课程体系进行了顶层设计,将基础型课程、拓展型课程、探究型课程进行了分类和梳理,逐步确立形成了学校的课程基本架构。如图所示,横向是我校的小荷"六大素养"课程,纵向是对应的三类课程。从这个结构图中,我们可以清晰地看到学校三类课程的开设和分布情况。我们将与"小荷课程"(注2)相对应的学生"四个育人"(健美、诚信、创新和自信)培养,渗透到学校的课程之中,形成了围绕学校特色、教师特长、学生培养所需要的课程体系、课程内容。我们的学校课程正在不断完善着结构、提升着品质,向着全课程育人的方向迈进。

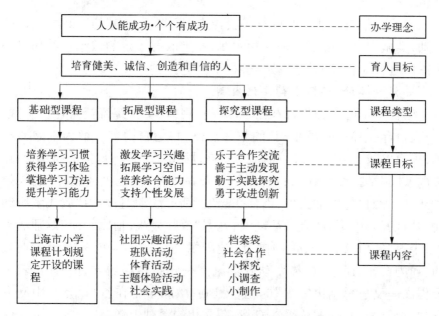

图1　宝山区罗南中心校课程结构基本框架图

注 2："小荷"课程是学校根据国家课程分类下的基础型课程、拓展型课程和探究型课程,对它们进行了统整和二度开发而形成的校本化课程体系。之所以将其命名为"小荷"课程,是基于以下两点思考:学校文化是以"小荷"命名的,学校课程与学校文化是一脉相承的;这些课程承担着学校对学生发展的美好期望,是学校对学生发展的基本要求,具有奠定基础、对学生进行启蒙教育的"小荷"的含义。

(一)学校课程实施的基本框架

首先,我们坚持对"上海市小学课程计划"规定开设的基础型课程进行符合教育规律和学校自身特点的校本化实施。其次,我们对拓展型课程、探究型课程进行了自主型开发。其中,拓展型课程包括社团兴趣活动、班队活动、体育活动、社会实践和各类主题、专题教育活动;探究型课程则涉及心理健康、探究合作等主题。再者,我们对三类课程的目标进行了整合,将基础型课程、拓展型课程、探究型课程的目标统一到"人人能成功·个个有成功"的办学理念和"小荷课程"四个育人目标之中。

(二)学校课程体现的功能目标

"小荷"课程主要为学生的全面发展和个性发展服务,通过三类课程在不同功能领域的实施,来培育学生的核心素养。发展核心素养,就是以培养"全面发展的人"为核心,分为文化基础、自主发展、社会参与三个方面,综合表现为人文底蕴、科学精神、学会学习、健康生活、责任担当、实践创新六大素养。

我们的课程应该越来越关注人的发展,这是基于多元智能理论下人的发展观,我们就是要"在课程中培育学生能成功的信念,在课程中实现学生有成功的体验",通过课程来培养学生学会做人、学会求知、学会生活、学会创造,建立"能成功"的信念,获得"有成功"的体验,为未来的幸福人生奠基。

每个学生都是独立个性的生命体。我们的学生观是:"没有差生,只有差异;各有特长,人人成才。"我们提出"四个成就"——像荷花一样绽放,做健康美丽的我!(健美育人)像湖水一样清澈,做诚实友善的我!(诚信育人)像雏鹰一样飞翔,做放飞梦想的我!(创造育人)像园丁一样用心,做能行最棒的我!(自信育人)

文化与管理篇

构建培育学生核心素养的小荷课程

育人目标	课程类型	健康生活	责任担当	科学精神		实践创新		人文底蕴		学会学习		
		体育	品社	数学	信息	自然	劳技	音乐	美术	书法	语文	英语
像荷花一样绽放，做健康美丽的我！——健康育人	基础型课程（限定拓展）	体育活动／心理健康	少先队活动／班队活动					好歌天天唱		书法	语文／国学天天诵	英语
像湖水一样清澈，做诚实友善的我！——诚信育人		少儿舞蹈	安全教育／六好教育									
	拓展型课程（自主拓展社团活动）	小荷足球队、小荷篮球队、小荷羽毛球队、小荷象棋队、小荷射箭队、小荷田径队、小荷围棋队、小荷跆拳道	小荷阳光心灵活动社	小荷生物与环保社、小荷泥塑社、无土栽培、小荷环保手工艺	小荷电脑班、小荷机器人社	小荷头脑OM社、小荷航模队、小荷摄影	小荷剪纸社、小荷折纸社、小荷丝网花、小荷制作社、小荷纸艺社、小荷地毯社、小荷十字绣社、小荷绣艺社、小荷纸贴社	小荷舞蹈团、小荷口琴队、小荷合唱队、小荷葫芦丝队、小荷鼓号队、小荷民乐班	小荷儿童画社、小荷素描社、小荷铅笔画社、小荷线描社、小荷石头画吧、小荷钻石贴画社、小荷立体贴画3D	小荷书法社、小荷硬笔书法	小荷广播电视台、小荷故事社、小荷朗诵团、小荷读书社	小荷英语原版赏析班

育人目标	课程类型	体育节		民族月		科技节		艺术节		读书节		学科周
		时间	内容	时间	内容	时间	内容	时间	内容	时间	内容	内容
像雏鹰一样展翅，放飞梦想的我！——创造育人	探究型课程（主题活动）	4月	校园运动会	2月	感恩月	11月	科技主题月	6月	"六一"活动	5月	读书活动月	语文周
		12月	跳踢活动	3月	学雷锋月			10月	诗歌会			数学周
像园丁一样用心，做能行能棒的我！——自信育人		12月	长跑比赛	4月	敬先烈扫墓			12月	书画展			英语周
				5月	少年军校活动							
		小眼看世界				课程包创新制作						

实践中，我们发现每个学生由于其认知、行为、身心、经历不尽相同，他们在教育教学过程中所表现的反应和效果存在一定的差异。这种差异恰恰是教师宝贵的教育资源。我们正视这样的差异，面对这样的差异，研究这样的差异。我们认识到：每个孩子都有他自己的长处……学生的多元智能在小荷课程中得到了发展和彰显。

第三部分 "小荷课程"建设的三点成效

学校立足课程改革的价值原点，通过整体规划，为学生提供完整、丰富、切实的学习经历，把课程的内涵建设作为学校转型发展的重头戏，逐步实现从满足标准向满足需求的全面转型。

《上海市中小学学业质量绿色指标》的出台，标志着上海基础教育已进入了以"质量提升"为特征的深化阶段。我校围绕"学业质量绿色指标"，基于实证分析与我校实践的现状，确立了课程、课堂、评价三个关键操作点来推进以校为本的课程改革。

一、基于规范和标准，聚焦"学力均衡发展"的课程实施。

（一）研究基础型课程，夯实学生学力基础

基于标准的教学研究对于推进课程实施具有重要的理论价值和实践意义，它可以深化教师对课程标准的理解，形成以"解决问题"为核心的课堂意识，借此提高教师实施课程的有效性。近两年，我们围绕着课程教学改革主题，开展了许多基于标准的教学研究，如承担的教育部规划子课题《新课程背景下，小学学科学习设计及实施的实践研究》已进入到第三阶段《班级授课制条件下，基于精准学情分析的支架式教学实践研究》，并取得良好成果。

案 例

支架式教学在课堂上的有效应用

学校参加了以教育部规划课题《新课程背景下，小学学科学习设计

文化与管理篇

及实施的实践研究》的研究,设立的语文课题既是这个总课题下的子课题,又得以立项为宝山区区级课题。在课题的引领下,我们开展了一系列的教学研究实践活动。

《南极风光》是三年级(二期教材)语文第二册的一篇知识性散文。这堂课代表我们学校语文课题组参加上海市"乐学杯"教学竞赛,本课的研究设计围绕"合理分配学习任务,提供有效学习支架,创设最优学习课堂"展开。

学习的课堂是在一个动态的环境中进行着的,课文的意义是向每一个学生的生活世界开放的,并在个性化的阐释过程中不断生成和建构新的意义,从而达成学生与文本的相互理解与进入,文本成为学生对话的伙伴。学习活动并非一定要按部就班逐节进行,而是要根据教材本身的特点,依据课文的重点和难点合理分配教学时间和教材本身,有时就需要打破常规,搞一些改革和创新。不是绝对要按照从"整体——部分——整体"进行学习,要研究教材,不同的学习任务要合理地分配,要依据不断衍生的情况而不断调整,不断充实。各种学习支架提供要适时适度,呈现时更要结合课文学习重点和难点,提出有层次的明确的学习目标,让学生在其指引下,有的放矢地学习。

总之,一切的教学活动和教学手段,都是为了学生在学习的过程中,通过学习材料的最优化,学习工具等的最优化达到学习效果的最优化。(此案例详文收录在《愉快学习 有效课堂——愉快教育学科学习设计的实践》)

1. 语数英等学科研究:强调共性与个性结合。

我们一方面坚持以"基于课程标准"和"学生发展需求"为原则,严格执行市教委规定的"一二年级不布置书面回家作业,三至五年级回家作业不能超过一小时;不进行期中考试或考查,学生学业评价严格实行等第制;一、二年级可进行期末考查(一年级不得进行书面考查);三、四、五年级期末考试仅限语文、数学两门学科,其他学科只进行考查,考查形式可灵活多样"等要求,将这些基本的要求通过各种形式传递给教研组、备课组、教师个体。另一方面,我们修订了学校各学科教学基本规范和教学基本要求,明确要求,以校本化实施为途径,探索课堂教学模式,减轻学生学业负担,确保基础型课程教学的有效执行。

我们从语数外三门学科开始，由一个单元起步，研究精准学情分析基础上的单元设计，并进行单元支架式教学实践，开展单元作业设计与辅导，以及支架式教学效果评价研究。我们在各类对内对外的教研、在各级各类的教学开放切磋中，引导教师研究学生，探索教育规律。

我们各学科结合自身特点开展了各个领域的个性化教学研究。语文数学和英语组针对个性化作业进行实践和研究，具体研究了有效作业设计的要点：关注"理解"，关注"素养"，关注"合理"，关注"效率"，关注"效益"。学科作业设计的主要方式：精选、改编、重组、原创。教研组总结了"加强作业精度、梯度、效度"的做法与"三不"(不布置缺少思维的机械作业——把握目标，精选习题；不布置不切实际的超标作业——踏准步子，控制难易；不布置统一规定的拓展作业——自主选择，因材施练)经验；总结了提高订正有效性的一系列策略，构建了作业批改、订正的"方法库"，师生都有酌情选用的空间，使作业订正的个性化操作落到了实处。

2. 音体美等学科研究：突出育人和发展导向。

在音体美等学科的研究过程中，我们以落实学校育人目标为导向，促进学生全面发展为宗旨，探索依据音体美等学科课程标准，在规范完成各学科教学的基础上，将公民素养的相关内容逐步融合于这些学科的课堂教学中。

(二) 开发拓展型课程，提供多样化的选择

1. 限定拓展型课程开发：满足学生兴趣和需求。

在开足开齐各类基础型课程的基础上，我们研究开发旨在满足学生不同兴趣和需要的限定拓展型课程。比如我校的专题教育活动课程——"国学天天诵"，已初步构建了系列校本课程，每天十分钟的朗读经典，长此以往，对于孩子的德行和语文素养的积累一定会有成效的。再如我们的《书法》《少儿舞蹈》课，也已形成课程，在课程实践中取得良好效果。

2. 自主拓展型课程开发：培育学生个性和特长。

我们在充分尊重学生兴趣、个性、特长前提下，根据教师特长、学生需求，开设了自主拓展型课程。校本课程的开发之路是艰辛的。从2011年起，我们提出了拓展型社团兴趣课程的构建，2015年我们结合校内以往的社团活动等实践，提出了切实可行的课程开发要求和行动步骤。2016年起，学校发动全体老师以一人独立或几人合作的方式开

发校本课程,并提供了相关课程方案格式的培训和参考书籍。

历经多年,虽有成果但不满足。校本社团课程的开发与实施,为师资与学生同步成长积累了经验。2015学年起我们尝试了更多利用外聘师资的力量,尝试了应用家长资源开设微课程。2016学年低年级由于年龄和能力因素有限,由教师开展走班制的短课程教学。

目前,"舞蹈、书法、机器人、足球"等都是有一定基础、建设较为规范、活动效果良好的课程。学校将更进一步提出课程实施、资料留存和新课程开发等方面的要求,引导校本课程建设向更科学、更规范、更全面的方向前进。

本学年共开设了六大类55门课程,我校自主拓展型课程科目数与班级数的比率为1.57∶1。分为四大系列:

课 程 类 型	课 程 目 标
"志高体健,健美育人"系列	1. 了解常见的体育活动与艺术活动,学会玩一些自己喜欢的活动项目。感受并学会一门艺术活动。 2. 引导学生在艺体活动中,尝试实践并在不断实践中培养兴趣、获得技能和磨炼意志。
"博闻多识,创新育人"系列	1. 初步学习各类动手技能,增强动手制作与实践探索能力,在活动中体验合作、尊重与分享。 2. 在动手实践中,引导学生自主创作,并从中体会创意的乐趣。
"学高识远,自信育人"系列	1. 学习生活小技能,培养自主意识。 2. 学会交流合作和展示,做一个自主自信的人。
"行方智圆,诚信育人"系列	1. 培养良好思想和生活习惯,增强学生的诚实守信的意识,教育引导学生诚实做人、善良为人。 2. 树立正确的世界观、人生观、价值观,成为有理想、有道德、有文化的人。

3. 家长资源的课程开发:形成家校教育的合力。

我们认为家长是我校教育宝贵的资源。如何开发运用这一宝贵的资源,为学校的课程设置及执行、教育教学优化管理、拓展社会实践活动创造条件,我们在探讨实践中摸索,初显成效。

我们请家长走进学校,形成办学共同体,形成教育的合力。我们的家长委员会和小荷志愿者妈妈们,参与学校发展研究、参与学校课程的教学、参与学校的相关决策、参与学校的重大活动……他们用"第三只眼睛"看学校,进课堂,谈教育,给我们带来新的视角,新的思考。

为了能更好地开掘和形成课程资源,让这些资源能够为"我"所用,让更多的家长能够走进校园,参与学校的课程建设,两年来,家长微课程为学生个性成长开拓了广阔的新天地。

目前,家长微课程已经形成常态机制,每月每个年级每个班级都有家长微课程活动。通过近一年的积累,我们已形成了 20 门家长微课程。家长讲师们从自身的工作、兴趣爱好、个人专长出发,为罗南的孩子们带来了丰富广阔的课程资源。

(三)实践探究型课程,注重体验和内外衔接

由于缺少专职教师,探究型课程的建设一直是困扰我们的难题。我们开展长短课题探究,有研究金罗店文化、金罗店河道的小探究、小调查,有头脑 OM 万人挑战的小制作、小实验,有探究学习包中感受课堂教学的开放,体会与学生互动的乐趣,学习故事、游戏、活动、写作、艺术、音乐、表演及多媒体演示等多种教学手段,激发学生学习兴趣,让我们的教师换一种视角和立场,感受和体验更为丰富的多元文化。

二、基于规范和标准,聚焦"效力充分发挥"的教学探索

(一)研透标准,固化对有效课堂的理解力

有效教学的实施,需要以教师教育理解力的提升为基础。学校组织全体教师通过观测课堂,分析影响课堂效果的问题,从"教学目标的层次性、教学环节的整体性、教学评价的激励性、学习状态的自主性、教学氛围的和谐性、教学特色的艺术性"等多方面进行课堂教学评价,以评价标准的改进推动有效课堂的研究。

要获得对于课程的精准理解,那么钻研教材、精准备课便是必需。每学期初,学校各个教研组会进行教案常规检查;学期中,教案检查与听随堂课相结合;在学期末,"校课程领导力项目组"会进行检查。由此,我们看到各教研组以"绿色评价指标"为基准,定点、定人、定时间开展集体备课活动。备课时依据"课程标准、年段目标、单元目标、教学目标、学情分析、合理的教学时间",确定教学内容,教学重点,难点,进行有效设计;分管行政、教研组长不定时参与集体备课,使备课质量得到提升和保障;语数外教师每课及时记录教学随笔及反思,其他学科老师

则对所授课情况进行汇总,及时记录班级差异,及时调整后续教学。

（二）研磨课堂,强化对有效课堂的执行力

每学期,在学科专家与教研员的指导下,通过捕捉课堂上关键性教学资源,对有研究价值的问题进行实践与反思,共同探索教学规律。近年来,学校有计划地推进课堂改进。老师们立足课堂,围绕课堂改进重点,开展了历练教师教学基本功的"教研组实践课"、基于青年教师成长的"教学汇报课"、基于解决教育教学中难点问题的"骨干教师汇报课"。

我们严格执行课前准备充分,按教案上课,不拖堂,严格执行各项课堂教学规范,着力引导教师有效落实教学目标,构建"少教多学,注重体验学习经历"的有效课堂。一学期,由分管行政、教研组长、学科带头人和专家组成的"听评课组"进班听随堂课,且一并检查教案、反思、作业设计、簿本批改、班级管理、学生培养等常规工作。对于每次听课及其他相关情况都及时给予反馈,并对教师上课水平的提高采取个别化指导。

案　例

鱼缸教研让老师们如鱼得水

教研活动是教师专业发展的重要途径,然而怎样有效地开展校本教研活动,以促进教师教学能力的提升呢?

学校语文组的老师有二十多人,每次大组活动的时间是两节课。时间紧,老师多,要想在教研中让每位老师动起来,几乎不可能。然而,校本教研的主体是教师,教师专业的发展是在一次次开放的实践活动中,逐渐生成的。没有了教师主体的主动参与,就不可能有教师专业的发展。因此,我们倡导人人都是教研的主人,人人有平等交流的机会。于是,针对教研时间短、参与教师多的特点,在我的精心策划组织下,开展了语文大组的"鱼缸教研",旨在让每位老师都有发言的机会,使讨论交流能够再深入一些,使老师们能有聆听到更多意见的机会。

这样的教研活动不但形式新颖,令人耳目一新,更为重要的是针对学校教研时间短、参与人员多的特点,可以让每个老师都有发言机会,也有聆听更多意见的机会。

整个教研活动的形式新颖，参与教研的老师觉得很有趣味。颜色组、字母组、数字组的不断组合，使小组成员的结构不断发生变化，可以有效地破除思维定势，使大家的意见在分散的基础上逐渐集中，"研"的氛围更加浓厚。内圈老师的发言、外圈老师的聆听，使所有的看法在一个空间里交流，同时有效吸纳补充意见。外圈的老师可以举手进入内圈发言，我们将之形象地比喻为鱼儿在鱼缸里游进游出，这，就是"鱼缸效应"，我们也形象地称这种形式的教研为"鱼缸教研"。

纵观整个教研活动，步步深入，层层推进，追求有效。在教研活动中，老师个个是教研的主人，全情投入。在每个个体事先对教材独立研读分析的基础上，再进入合作研读教材的环节，在教研活动的三次分组讨论中，组内老师进行观点的碰撞与交流；最后再来聆听专家的发言，犹如让老师们品尝了一道大餐。因为老师有了主动参与的体验，理解起来也更深刻，由此也使专家的引领落到了实处。

（三）研修跟进，深化对有效课堂的研究力

始终把课堂作为研究的主阵地。如我校英语教研组以问题化教学为研究课题，开展有主题的教研，从《低中年级课堂中有效提问的实践与研究》，逐步过渡到《高年级课堂中学生学习提问的实践与研究》；基于课标，在对教材的"理解与表达，语用与语感，文化与情感"方面进行实践与研究；并以单元整体设计为课堂教学的基线，从低年级的语段设计到中高年级的语篇设计，研究如何进行单元统整、内容整合、语境带动、语用体验，在英语应用性阅读教学再发展的大路上不断实践。以上研究齐头并进，使我校的英语课程逐步朝着以下特点发展：制定单元教学目标——凸显整体性；确立单元内容整合——注重关联性；进行单元语言学习——突出核心性；创设单元语境应用——体现语用性；设计单元有效练习——展现有效性。

小资料

我们的学科工作坊

为了加快我校青年教师成长步伐，发挥骨干教师的示范指导作用，

文化与管理篇

学校成立了语、数、英学科工作坊,工作坊主持人都是宝山区学科带头人。在工作坊主持人的引领下,促进青年教师德业兼修、岗位成长。语文工作坊由 3 位学科基地团队成员和 9 位 35 周岁以下青年语文教师组成。我们以"课堂教学研究"为切入口,在实践课的研究过程中,学习《语文课程标准》,解读教材、研究课堂,提升青年教师的语文素养。开学初,我们制定计划,安排好具体活动,明确活动要求、活动内容。每次活动,青年教师都非常重视,作为一次锻炼和展示自己的机会,上课的教师会多次试教,反复磨课,课后评课非常热烈,常常会有不同观点、不同见解的碰撞。

数学工作坊有 18 位教师,其中中学高级教师 1 人,小学高级教师 11 人。区学科带头人 1 人,区教学能手 1 人。数学工作坊确立的研究主题是:基于数学课程标准,促进数学思维发展。围绕数学组的总课题,低、高年级分别确立了自己的子课题:《如何促进低年级学生数学思维发展》《以问题解决为导向,开展多元化评价,促进学生数学思维的发展》,围绕主题,教研组开展活动。通过这样的主题研究,使我们的教研更有效。

英语组学科工作坊共有 15 名成员,平均年龄 38 岁。在他们中间,有 4 位党员教师,7 位小学高级教师;1 位区学科带头人,1 位校骨干教师。工作坊研究课题是《小学英语课堂教学中有效提问的实践与研究》,然后,低中、高两组分别拟定了子课题《小学低中年级英语课堂教学中有效问题设计的策略研究》和《小学高年级英语课堂教学中有效问题的实践与研究》。围绕课题,两组各自开展了扎实有效的课堂教学实践与研究活动。

(四)研究作业,优化对有效课堂的巩固力

1. 开展学习水平梯度的作业设计,体现丰富有效性。

作业是"课堂转型"的重要环节,它不仅是衡量孩子掌握知识的一个标尺,更应该是孩子学会学习的平台。我校围绕"作业内容的有效性研究",聚焦研究重点,设计了校本练习册。教师设计作业时,将"单元教学目标——课时教学目标——知识点元素——作业目标设计"之间进一步细化,关注班级中不同层次的学生,合理科学地设计作业。

2. 进行学习效度的作业精选设计,体现减负增效观。

我们严格执行一二年级不留书面回家作业,三、四、五年级作业总量不超过一小时。作业内容能兼顾教学重点的落实及相关旧知的巩固;作业形式丰富,有长作业、选择性作业、亲子作业等;备课组统一作业量。我们绝大部分教师能根据学生的不同基础、个性、认知等角度规范批改,正视差异,反观自身教学上存在的问题,给予鼓励,督促进步;教师们注重班级整体习惯与素质培养。学生作业绝大多数书写规范、认真工整,正确率高。老师批改细致,注重过程指导。

三、基于规范和标准,聚焦"人人享有成功"的评价探索

课程评价是学校课程不可或缺的重要组成部分。有效的课程评价应以确立的目标为核心,提高课程评价的过程性。在此过程中,我们坚持以"人人有成功·个个能成功"目标为核心,使课程评价的全程服务于育人价值的体现。评价体现在——

参与性:主要评价学生参与学习的次数、态度和积极性等情况。

过程性:主要评价学生参与学习的方式、主动性和与同伴合作等情况。

创造性:主要评价学生参与学习中创造的意识、方法和成果等情况。

学校积极构建科学、有效、简便、易行的发展性评价体系,努力促进学生的成长、教师的发展和学校的可持续发展。

(一)开展"等第制+评语制"的基础型课程评价

在实践中,对国家课程的实施通过"学生学业评价+教师教学评价+绿色指标评价"来评估。我们努力改变分分计较的弊端,淡化分数,创导合作学习,引导教师关注学生学习过程。

基础型课程,学生学业评价由过程性评价和结果性评价结合而成。过程性评价由任课教师在学生学习过程中,根据上海市学生成长手册的要求,给予过程性的激励评价,并及时做好记录。结果性评价则根据考试(考查)成绩进行等第制的评定。

认真研读修订后的课程标准,以一、二年级为研究对象,关注每个

孩子的认知水平差异和个性特征,全面的多元评价学生,从"激发学生的学习兴趣、注重学生的学习态度、提高学生的学习能力"三个维度建立研究目标,从学校管理层面、教研组研修层面、教师教学层面三管齐下,以研读课程标准、把握教材内容、实施精准教学为重点,围绕"紧扣课程标准,落实知识技能目标;关注资源运用,丰富学生的经历与体验;关注课堂结构设计,促进三维目标有效达成"三个方面立足课堂的有效探索与实践。同时,学校认真学习《小学低年级基于课程标准评价指南》,聚焦不同学科的主题模块,对接学科能力要素,从"学习兴趣""学习习惯""学习成果"三个维度设计单元评价内容和观察点,借助口头作业、课堂观察、单项竞赛、阶段练习等评价内容,关注学生学习过程中的习惯与方法、体验与积累,给予学生更精准的指导。期末,学校一年级开展了多元化主题评价活动,做到基于标准、教学一致、评价激励、家校同步,丰富多彩的评价改革成为学生学习的乐园。

再如一年级教师就学习准备期进行专题学习,还精心组织一年级的家长开放日,将"零起点"精神,融入向家长的汇报与展示课中,引导家长了解相关精神,促进家校携手,形成合力。

在平时,我们开展"成长每一天"(一年级零起点等第制评价)评价手册评价,主要在零起点一年级学生中实施的评价,以过程性和形成性评价为主,记录平时学生课堂表现情况,从学习表现的"认真、积极、自信、合作、思维和创新",从学习动力的"喜欢程度"和"行为"来评定。从口头作业完成情况实行自评与师评。

精心实施"达标度"管理。为了使纸笔测试评价的实施过程真正成为促进学生学习发展的过程,学校坚持以学科课程标准为依据,以学业达标管理为载体,通过对学生知识和能力达成度的数据解读,诊断教学问题所在,有针对性地进行个别化的教学和辅导。学校每学期期末对三、四、五年级的语数外学科进行考试(考查),形成了从"命题、监考、装订、阅卷、数据汇总、质量分析、质量反馈"规范的操作流程。纵向比发展,横向找差距,让教师透过数据看到自身在教学中存在的问题,提醒教师针对性地进行分类指导,适时对每个学生进行个别化的"营养补给"。

(二)执行课改实验下的学生成长记录手册评价

使用上海市教委编制的《学生成长记录手册》对学生发展进行综合

评价。采用等第制和评语相结合的方式,对学业成绩用等第表达。

（三）实施"人人有成功"的拓展型探究型课程评价

对于学校拓展型课程和探究型课程的评价,我们基于"人人有成功"的视角,以培育每一学生的学习兴趣为目标,重点关注课程质量评价、学生学习表现评价和教师教学评价三个方面。

在课程质量评价上,我们组建了项目组,从课程方案设计、课程具体实施、课程资源和课程成效等方面进行评价,确立相应课程质量评价标准,定期对课程质量进行综合评价。有些需要整改的课程,修改后经再次审核通过,方能重新开设。项目组成员还负责日常巡视管理和定期调研反馈,以及学生满意度的调查。聆听学生对于某门科目的具体意见建议,由领导小组进行进一步调查核实,并与相关教师共同分析探讨,提出具体措施。每学期我们还会分批次对校本课程进行重点关注,以期保证每门课程都符合学校课程的目标、要求。

在学生学习评价上,我们对学生学习评价主要包括学习过程评价和学习结果评价。学习过程侧重评价学生的参与程度、学习兴趣、学习态度、能力等,学习结果评价侧重于过程记录、作业、成果的展示汇报等,分别采用自评、互评、家长评和教师评相结合的方式。我们认为,学生需要的,是能够充分活动、充分体验的课堂。在这样的课堂中学习,过程往往比成果更加重要。以往我们关注成果,是为了让最终的学习评价"有理有据";现在我们帮助学生留下的学习轨迹,能够更加全面、客观地评价学生的学习成果。

在教师教学评价上,我们通过课堂巡视、学期抽查、学生问卷等,了解学生对课程的参与度和满意度信息,对教师课程实施的态度与能力进行综合评价。视情况进行学生和教师访谈进一步了解情况,评价结果及时反馈给教师,便于整改。越来越多地注重学习活动形式的多样化,从学生角度考虑,激发学生兴趣,关注他们的体验;学生的阶段成果也被用心保存下来,活动照片也会随时在学校网站上更新。教师们真切地体会到校本课程对学生个性化成长的独特而重要的作用,更逐步发现了两类课程对基础型课程的互补作用,实实在在地感受到了学生综合能力的提高。

为体现"人人能成功·个个有成功"的学生发展理念,学校积极开

展学生学业评价发展性、过程性、全面性、多元性的实践探索。主要通过开展"小荷之星"评比,激励学生自我发展。一般在各个主题节或期末时开展分类评价,评出学期中的小荷之星。

小荷之星评价分类表

小荷之星分类	评 价 办 法	人 数
小荷学习之星	学校各类学科节中表现优秀者	若干人
小荷规范之星	每学期遵守行为规范的优秀者	每班 1 人
小荷努力之星	勤奋好学者	每班 2—3 人
小荷科技之星	市区级科技比赛获奖者、校科技节中最闪亮的明星	每班 1 人
小荷书画之星	书画节上书法与画画的杰出代表	每班 2 人
小荷劳动之星	每学期评比积极劳动者	每班 1 人
小荷进步之星	黑马奖:学习进步者	每班 3—5 人
	大雁奖:行为规范进步者	每班 3—5 人
小荷艺术之星	口琴、舞蹈等特长者,有特殊才能者	若干人
小荷体育之星	区运动会获奖者,体育成绩突出者	若干人
小荷电脑之星	区电脑比赛获奖者	若干人

(四)实践德育"六好素养,快乐养成"的小荷成长储蓄评价

为激励学生德、智、体、美、劳全面发展,促进学生积极进取、乐观向上的精神,促进全校各项活动的开展,提高教育教学质量,学校实施以小荷币为奖励物,鼓励学生在行为、习惯、态度及学业、艺体等各方面求取进步的"小荷成长储蓄"评价制度,主要围绕"六好",即扫好地、行好礼、唱好歌、写好字、读好书和做好人,基本形成了评价方法和奖励制度。

第四部分　师资建设是小荷课程得以执行的坚强保障

教师是课程的建设者和实施者,是提升课程改革长效性的重要保

障。为此,我们成立了以校长、教导主任、教研组长为核心人员的学校课程管理团队,切实加强对课程领导力和执行力的研究与把握。我们组织核心团队采用"走出去""请进来"的方式,加强学习,并采用项目负责制的形式带领教师们开展研究。近年来,在学校课程领导团队的引领下,我们以新课程的基本理念为指导,以教师价值观念和教育理念的变革为核心,通过骨干引领、主题活动、广泛学习,促使教师向研究型转变,逐渐形成了一支具有"高尚的师德修养,锐意的进取精神,扎实的专业知识,娴熟的教育技艺,理性的思辨能力"的教师团队,从而推进学校课程的改革与发展。我们作了如下一些尝试,并取得一些经验。

一、课题引领下的教师校本培训模式的实践

我们在区级课题《"共享经验下内发互动式"校本教研模式的研究》引领下,立足于通过校本教研活动模式的革新,历经摸索、发展、成型三个阶段。根据本校教师特点,我们按照教师发展的状态将其划分为三个梯队,即新教师梯队、成熟型教师梯队和骨干教师梯队,然后实施分层培养,以专业引领专业的方式促进教师的再发展。

我们主要通过"以学促教,知行统一、提升理论""名师带教、师徒结对、共学互助""搭建平台,赛场练马、实践成长""进修培训、提高学历,目标推进""校际交流、专家指导、互动提高"和"树立榜样、评选骨干、奖励激励"等措施和策略,打造优质教师队伍,使每位教师得到了提高发展,使一批青年教师脱颖而出,成为学校发展的中坚,成为区、乃至市的骨干教师。几点做法:

(一)问题带动

教师培训突出问题为中心,找出具有普遍性、代表性的问题,开展专题培训。

案 例

在新教材使用中,老师碰到许多困惑:如知识点不连贯——蜻蜓点水式;训练点不明了——没有配套的练习;达成度难把握——到底教

到怎样的程度为好,拔多少高;新理念下的教学和传统的评价方式的不一致……针对这些问题,开展各种形式的培训。

首先,从把握教材入手,请教研员进行如何研读教材的培训。培训时,教研员从内容、形式、知识点等方面同老教材对照比较,帮助教师理解新教材编写意图和特点,理清知识点、找出重点难点,正确有效的解读教材,进而正确恰当地制定教学的三维目标和采用合适的方法施教。

其次,加强同伴合作备课,用集体的智慧备好每一堂课。一是加强书写教学设计前的讨论,各自解读教材,畅所欲言的讨论,再动笔书写;二是交流各自书写教学设计,再由一人执笔汇总、修改,形成"设计",打印后各人施教;三是执教后交流反思,再改教案,纳入教学资源库。

再次,加强练习设计的研讨,开展练习设计培训。在此基础上进行命题练习设计竞赛,建立题库,供教师选用。同时严禁使用规定外教参、练习册,不印未经选编、修改的练习卷,用外力来推进教师对练习的设计。目前,学校已形成校本学生练习题库,全部来自于老师们的自编。

最后在教学评价上,除传统的笔试外,重视平时的口头考查、在生活情境中考查、在游戏中进行考查、竞赛式考查和实践中考查。为使这些形式的考查取得实效,注重新课程背景下教学评价学习和培训,在实践中不断革新和调整。使评价成为学生全面发展的杠杆。近年来,在绿色评价改革中已有新举措,基本形成低年级学生的评价方式、评价策略,编制了校本的评价手册。

(二) 案例研究

经常反思自己的课堂教学,总结得失,积累案例,深入研究,对教师成长和专业发展有着其他方式培训无法替代的作用。

近年来,我们十分重视案例研究,曾聘请专家就案例研究作了专题培训和讲座,也请了名师、退休的资深教研员来校做案例分析辅导,帮助教师开展案例研究。每学期末对优秀的案例进行评比,通过校园网等形式推荐给大家阅读;每次教研活动,都要求执教老师写好执教后的反思;在教学年会中设立案例评比的奖项;在期末考核中,教学案例作为一个"项目"单独考核。

（三）"需要"培训

大家一定都经历过这样的情景：某老师要上公开课或参加什么大奖赛前的试教，参与者的发言很热烈、很坦率、很针对、不虚伪，执教者呢，也最能听得进别人意见。这是什么原因呢？是需要。还有高水平专家也是吸引老师乐于学习的动力。所以，作为学校，就是要千方百计创造出需要的氛围，引发起教师的需要，只有在需要的状态下，才会有最好的效果。

我们的方法是"走出去、请进来、手把手、人盯人"。如近年来针对长三角信息结对、全国整改委学习平台等，学校多次派出老师学习；邀请进修学院师训部、科研室、德育室等业务部门来校培训教师；邀请本市各级名师来校指点，如市教研员薛峰、语文名师卢雷、特级教师潘小明，还有李跃平工作室多次来校传经送宝，为教师专业发展提供很多学习平台。

（四）经验共享

首先，校本培训中一种有效形式是"同伴互助，经验共享"。从这个意义上讲，"兵教兵"的学习形式有时比听专家讲座更有效。

为了使所有教师都有所发展和提高，我们的方法主要包括"名师带教""师徒结对""共学互助""学科工作坊"四种形式。

"名师带教" 就是主要为骨干教师队伍梯队的教师聘请退休的教研室专家作导师，促进他们自觉开展日常化研究，进入"自然研究"状态，引领他们向"品牌教师"发展。参加教学联盟的语文组三位优秀教师由市教研室专家引领，有两位成为李跃平名师工作室成员，几位年轻的数学教师几年来一直由区教研员带教，对其专业成长有确实的作用。名师带教组主要通过分析教师行为和概括教学策略来形成自己的教学风格；带教的重点是让骨干教师进行自我的深度解读，在实践中深入挖掘自己的亮点、内心。

"师徒结对" 就是由校内一批骨干梯队的教师带教二、三梯队。"师徒带教"的带教思路是通过学习教育理论、选择教学策略，进而转化教师教学行为；带教的重点是教学行为的深度转化，目的是将这些教师培养成为成熟型教师、研究型教师。

"共学互助" 就是由校内一批相同层次但各具特色或特长的教师间

结成共同学习、互相帮助,一起进步的教师发展共同体。其实质就是形成发挥教师间合作共赢、取长补短作用的伙伴互补型学习团队。这个模式也是主要落实于成熟型教师队伍群体中的发展模式。

"学科工作坊" 就是在区学科带头人、区教学能手和骨干教师为主持人团队的引领下,帮助青年教师提高课堂教学水平和教学管理能力,促进青年教师德业兼修、岗位成长。学校主要组建了语、数、英学科工作坊。

以上四种途径的形成和实施盘活了校内教师的资源,使校本化的教师培训课程实施更贴近不同教师的发展需要。

（五）骨干引领

学校每学期举行一次"骨干展示"活动,发挥骨干教师的引领作用。由校长室和教导处共同策划的骨干教师展示活动,既有课堂展示,又有骨干论坛、骨干沙龙和论文交流等,将骨干队伍中个人的亮点和优势不断张扬,将个人的风格或一个教研组的特色不断放大,辐射到整个教师群体中,让亮点亮成一片。每一届骨干教师展示都有相关主题,如第一届骨干教师教学展示系列活动主题是"深化课改展风采";第二届骨干教师教学展示活动月的主题是"读书励志,示范励行";第三届骨干教师教学展示活动的主题是"扎实研究,追求有效";第四届骨干教师展示活动的主题是"展我才华,献我计策,同伴互助,共同进步"。本次展示活动又细化为语文、数学、英语学科的主题是"正确解读教材,有效突破重难点",综合学科主题是"基于学科常规建设的有效课堂教学"。还开设了"习惯培养与转化学困生"论坛,让老师们建言。

（六）青年培养

青年教师是学校师资培养的重点人群,他们是学校的未来与希望,是学校再上新台阶的主力军。我们以"咬定青山不放松,抓住青年不松手"的毅力与勇气来抓这支队伍。

对新老师要求是:一年入轨、三年称职、五年优秀。实施原则是:阶梯培训、小步递进。起步以敬业为先,爱岗敬业是做个好老师的最重要指标。培训以教育教学专业能力发展为重。要培训方式上,我们主要以"学科工作坊"形式开展培训。

二、教研组团队建设是师资培训的重要方式

教师发展的基层组织是教研组团队,它应该成为学校办学思想与教师教育教学行为之间相互转化的关键组织,成为教师最基本的学习互助团队。

(一)扎实教研,有目标地引领教师前行

教研组建设是学校教学能力建设的核心,是学校高质量教学的关键,是学校办出特色的重要突破口。学校高度重视教研组建设,扎实开展教研,有目标地引领教师前行。目前我们经常开展的教研活动有:

引领式教研——在有经验教师引领下,采用名师带教、师徒结对等形式,用手把手、一对一、师徒同上同一内容课等方法,使青年教师迅速成长。

任务式教研——针对某一事件(公开课、参赛课、展示课……)而开展活动,打破原有教研组的形式,邀请有经验的老师参与、指导。

对比式教研——为促进不同教龄、不同层次教师在原有基础上得到不同程度的发展,教研组组织不同层次的对比式教研。主要形式有:"同课异构"和"一式多教"。

问题式教研——针对教学中共性问题,由教导处根据学科组织专题教研活动。

展示式教研——一是以骨干教师课堂教学展示为平台,开展跨学科、跨年级段教研活动。二是以名师带教、师徒结对成果展示形式,进行备课、说课、上课、反思、课件制作等评比,展示特长,凸显成果;三是坚持开展"五个一"系列活动:即每月设计一堂最满意教案、每学期执教一节公开课、每次教研活动认真评析每一堂课、每学期写一则教学案例或一则教学小论文等,满足不同层次教师自我实现的需要,使教师产生自我完善、积极向上的动力。

分析式教研——一是分类式分析。主要是对学校积累的大量优秀案例,进行分类分析,从中寻求共性的经验,加以推广学习,弘扬光大。二是教研组尝试对某一课堂录像(视频)进行微格分析,寻找优点和不

文化与管理篇

足,让教师取其精华、改其不足。

联校式教研——一是以市教委教研室教学联盟、区精细化管理、沪太路区域教学沙龙等为平台,开展校际教研。二是与民办罗希小学结对子,开放教研活动,在帮助罗希小学教师成长的同时,锻炼骨干教师。

电子化教研——利用现代化的教学设施,一是实行电子备课,建立备课包、课件包、资源包,并做到分工合作、定期交流、资源共享;二是进行网络教研,延伸研讨的时间、空间,又"说"出了面对面不便说的更多观点和想法。

(二)开展人人有事做的教研活动

教研活动,不仅仅是组长的事情,也不仅仅是执教者的事情,应该是每一位参与者的事情。人人要有收获,必须人人投入其中。为了人人有"事"做,为了人人做好"事",我们开展了分角度评课活动:事先组长将评课要点分给参与者,评课时侧重一个角度认真分析,如:"教学目标的制定和达成""教材的正确处理""重点、难点的突破""教学过程的设计和任务完成""教学方法、教学手段的选择和运用""驾驭课堂的技能""对学生的关注"……

操作上,连续几次听课,让一位老师一直都注重、关注这角度;一段时间后,再换一个角度关注。这样做,可以让教师一个部分一个部分学会评课,听课时会更认真,评课时会更深入,教研活动中不会有人游离在外。

(三)坚持开展课题研究——在直面问题、解决问题中成长

以课题引领的研修模式,为不同发展水平的教师设不同的研修目标,以此促进教师在实践中逐步形成具有自身特点的教学风格,从而培养出一批优质教师,再通过名师带教等方式托升教师底盘,整体提升教师队伍的专业水平。

"十二五"期间,我们开展的课题有:《"共享经验下内发互动式"校本教研模式的研究》《"小荷"文化社团及其学生文化建设的研究》《基于德育特色项目的校本课程探索》、《"集优化教学"及其提高新农村小学教学效能的研究》等多项区级课题,深入开展《基于"支架式教学"的小学学科单元练习设计的实践研究》(教育部规划课题《新课程中学习

设计的实践与研究》的深化研究课题）。《小学高年级语文预习单的设计与实践的研究》《部分小学生作业恐惧的成因及其对策的研究》《新课程背景下小学数学体悟式学习方式的实践研究》《少年军校在市郊小学运行机制的研究》和《重组教材，提升高年级语文课堂有效教学的研究》等 18 个校级课题的研究。"十三五"起步之年，我们有区级重点课题：《基于国学经典诵读课程促进小学生人格素养提升的校本实践》，区级一般课题：《"成长储蓄"促进"六好素养"养成的实践研究》《基于说明性文章语言表达的学习，提高小学生语言实践能力的策略研究》。

其次，教研组的教学活动是以校级应用性课题研究为主线，每个教研组要求每学期有研究主题，切入口要小，但求有实效。我们把教与研紧密结合，教学和研究又与教师发展紧密结合。如，本学期我们的语文教研组课题：《关注学生学习过程的小学阅读教学目标叙写与课堂实践》，数学教研组课题：《基于数学课程标准，促进数学思维发展》，英语教研组课题：《小学英语课堂教学中有效提问的实践与研究》等。

三、在交流活动中锤炼教师能力

每学期，我校都会承担不同层面的展示或研讨任务。五年中，作为"二期课改实验学校""语文教学联盟基地""见习教师基地""'十二五'教师培训基地""长三角教育结对学校"等承担了市、区研讨活动十多次；教师呈现的教学和互动式的研讨得到了许多专家、领导、教研员和老师们的好评。

如语文学科成为市教研室教学联盟单位重点建设学科，2014 年是语文学科教学联盟主席单位。联盟内教师交流活动频繁，在朱薇薇等多位语文资深教师的引领下，一批语文教学骨干脱颖而出，语文学科成为区教师发展提质工程的学科基地。同样，数学学科也成为区提质工程学科基地。

再如长三角教育结对联盟的活动开始于 2012 年 9 月，我校与安徽铜陵人民小学、浙江三毛小学和江苏城厢镇小学四校结对。至今在本校举办了三轮展示交流活动。大家在相互学习中，取长补短共同提升。

文化与管理篇

这样的活动促进了校际间的交流,提高了我校教师培训的实效性。

四、在主题评比中激励教师成长

我校坚持推出不同主题的教学评比活动,至今在教学领域已经进行了如下评比活动:教学技能大赛,内容有计算机打字比赛、书法比赛,语文教师下水作文比赛,数学教师解题能力测试等;全员参与的教师教学综合能力大赛,通过"说课""上课"和"试卷编制"等不同形式与内容的比赛,让教师挑战自我、发展自我,亮出风采;每一轮名师带教组总会安排青年教师带教成果展示,活动包括说课上课反思、课件制作、特长展示。在班主任成长领域进行了八届"明星班主任"评选,将评选贯穿整个学期,与班主任的日常班队建设结合在一起。通过活动为班主任提供成长平台,开拓成才的空间,使部分班主任脱颖而出,形成一支以骨干班主任为引领,素质一流的班主任团队。我们又坚持每两年一次的"我最喜爱的好老师"评比活动,至今已办至八届。

第五部分　我们的思考与努力方向

依据学校的现状,面对教育改革的日新月异,我们自感在推进学校课程教学的进程中,还有需要关注和改进的地方:

一、改进课程评价手段和课程评价方式,使之既遵循共性又凸显个性

在学校课程评价过程中,我们对基础性、拓展型和探究型课程的评价手段仍然不够丰富,在与之配套的教材评价、教学评价和学生评价方面都存在有待改进的地方。另外,根据这三类课程的不同特点与发展期待,我们在评价方式上也需要作出相应的调整和变革,极力促使其固化为学校特色的模式,使之在遵循共性要求的基础上,充分凸显学校的个性。

二、教师梯队培养的力度与速度有待提升,以满足学校内涵建设和学生生动发展的需求

自 2014 学年至今,学校青年教师逐年增加。青年教师的成长事关学校未来的发展走向,提升教师队伍的文化认同和专业素质迫在眉睫,亟须将学校和教师自身的发展,置于精致教育的追求之中,置于课程改革推进的形势之中。进一步加强教师专业精神和专业修养的培训,根据"定向培养、多元发展、优化特长"的思考拓展教师专业空间,在师德修养、课程意识、教学技术、研究能力等领域夯实基础以追求更好的意愿,用内涵和实力共同提升教师的专业发展和学校发展的品质。

我们将以润物细无声的坚韧与执着,更加认真与严谨,为罗南中心校的孩子们健康成长而努力!

储存快乐　健康成长

——宝山区罗南中心校"小荷成长储蓄"评价的实践与思考

姜建锋

一、背景与思考

（一）背景

当前,评价改革仍然是学校教育的热点与难点。

2002 年 12 月,教育部发布的《关于积极推进中小学评价与考试制度改革的通知》中指出:"建立每个学生的成长记录。成长记录应收集能够反映学生学习过程和结果的资料,包括学生的自我评价、最佳作品(成绩记录及各种作品)、社会实践和社会公益活动记录、体育与文艺活动记录、

文化与管理篇

教师同学的观察和评价,来自家长的信息,考试和测验的信息等。"

2006 年学校开始探索、实践"六好教育",经过近十年的努力,已经编制了"六好教育"校本教材,构建起了学校德育课程体系,形成了学校德育教学特色;教师紧紧围绕"六好教育"开展德育教育,进行扎实有效的训练,取得了良好的实效,学校被评为全国红旗大队、上海市行为规范示范校、上海市安全文明示范校等。在此基础上,如何进一步提升学校德育工作,经过思考与研究,找到了改进德育评价机制这一突破口。

(二)思考

成长记录的核心是对学生进行评价与激励。那么,谁来评价激励? 怎么评价激励? 如何发挥评价的正向激励作用?

◆1. 谁来评价? ——建立"全员全科全能"三全一体化的教育评价机制。

为了在教育教学中记录学生的成长过程,留下成长足迹,改进学生的缺点和不足,激励学生的进步,我们思考并构建了学校在教育管理中"全员、全科、全能"的三全一体化评价机制。其核心是全员参与、全科通行、全能评价。

(1)全员参与。是指教师、家长和学生都要参与到整个教育激励中来,教师和家长是教育激励的主导者,学生和孩子是整个教育激励的主体。

(2)全科通行。是指不管是哪门学科都是促进人的全面发展,我们要在所有学科都推行激励教育。

(3)全能评价。是指对学生评价的内容要多元,既要重视学生的学习成绩,也要重视学生的行为习惯及思想品德,以及多方面潜能的发展,注重学生创新能力和实践能力。

◆2. 怎么评价? ——构建"六好素养"为内容的"成长储蓄"评价体系。

针对教育部的建议,我们也在尝试进行"教育(德育)评价"的改革与实践。我们建立了"小荷成长储蓄",以"小荷币积分制"的形式评价学生的学习过程和结果,把激励性作为成长储蓄应用的着力点。

"积分制"的成长记录更符合学生的生活实际,更具有操作性。"积分制"的成长记录必须发挥"三全一体化"教育评价机制的作用。

二、构建"六好素养"为内容的"成长储蓄"评价体系

为激励学生德、智、体、美、劳全面发展,促进学生积极进取、乐观向上的精神,促进全校各项活动的开展,提高教育教学质量,学校实施以"小荷币"为奖励物,鼓励学生在行为、习惯、态度及学业、艺体等各方面求取进步的"小荷快乐成长储蓄"[注1]评价制度,主要围绕"六好素养"[注2]的养成,形成评价方法和奖励制度。

注1:"小荷快乐成长储蓄"——是立足学校实际,结合课程改革开展的一种教育评价方法。它借鉴银行机构的操作方法和理念,结合学生实际,为每位学生办理一张"小荷成长银行卡",根据"六好素养"的要求,从"读好书"等六个方面进行相应的"小荷币(积分)"的鼓励,学生可以把努力得来的小荷币存入银行存折,积满一定分值的小荷币可以兑换相应的奖品或者奖励活动等。

注2:"六好素养"——以六好教育为抓手,对学生贯彻"扫好地、行好礼、唱好歌、读好书、写好字、做好人"的教育,养成学生良好的劳动、行为、礼仪、学习、读书等习惯,形成学生健康的心理,健全的人格和积极的人生态度等主体道德素质。从表面上看,这些是微乎其微的小事,而在它们背后却有着深远的意义。教会孩子:扫好地——劳动教育;行好礼——礼仪教育;唱好歌——艺体科教育;读好书——知识教育;写好字——情操教育;做好人——人生观教育。"六好"的根本和归结点在于"做好人",就是要让每一个孩子明白,在世为人要对自己的生命负责,对自己的行为负责,做一个爱家、爱校、爱国的人。

(一)"六好素养"对应的评价范畴和意义。如表:

主题	释　义	主要评价范畴	意　义　拓　展
扫好地	学会简单劳动;养成良好的卫生习惯;树立正确的劳动意识、环保意识和责任意识。	劳育激励	养成做事好习惯,做事有始终的习惯,节约时间的习惯,自我管理有条理的习惯。

主题	释 义	主要评价范畴	意 义 拓 展
行好礼	学会基本的礼仪常识,懂"做人"的基本道理。做爸妈的好孩子,做老师的好学生,做伙伴的好朋友。	德育激励	养成礼仪好习惯,有乐于助人的习惯,对待长辈和伙伴文明有礼的习惯。
唱好歌	欣赏美,学会美,创造美。养成积极锻炼的习惯、乐观的生活态度,陶冶美的情操。	体育激励 美育激励	养成艺术欣赏与创造的好习惯。
读好书	培养诵、读兴趣;吸取优秀书籍、报刊的营养,促进健康成长,热爱读书,积累与丰富语言文字素养。	智育激励	养成读书好习惯,做一个知识渊博的人,做一个有文明素养的人。
写好字	养成良好的书写习惯;培养良好的审美意识;传承中国传统文化,培养爱国情操。	美育激励	养成学习好习惯:认真作业的习惯,提问和讨论的习惯,独立思考的习惯,经常阅读的习惯,质疑反思的习惯。
做好人	学习文化知识,尊敬师长,团结同学,乐于助人,遵纪守法。具有奉献精神、协作精神和挑战精神。	五育激励	"六好"的根本在于"做好人"。对自己的生命负责,有一个健康的体魄;对自己的行为负责,做到讲文明有礼貌,遵守纪律,知错就改。做一个爱家爱校爱国的人。

（二）"六好素养"对应"教育激励"的操作点

1. **德育激励**。一般德育激励分为:纪律、文明礼仪、为人处事等日常行为规范激励,好人好事激励等。德育激励的对象是全体学生,一般由班主任、值日老师、家长负责实施。教育者把遵守纪律、文明礼仪、诚实守信等作为评价目标,对完成目标的学生在其"存折"德育板块存入"小荷币"。不管是表扬还是批评都要及时,评价激励的目标要遵循由易到难、循序渐进的原则。

2. **智育激励**。本校的智育激励定位为语文、数学、英语等智力开发学科的教育激励行为。各任课教师根据自己的实际需要设定激励目标,创设激励情景,满足学生需要。智育激励的对象是全体学生,一般由相关任课老师负责实施。对完成目标的学生在其"存折"智育板块存入"小荷币"。包括：① 作业激励。作业激励主要以作业是否完成、作业是否优秀等作为激励目标。对于符合目标预期的学生,教师给予学生"小荷币"奖励。② 点评激励。对上课表现优秀的学生进行现场激励,给学生"小荷币"激励。③ 其他激励。教师可以发挥主观能动性,根据自己的需要设定激励目标进行激励教育。教师也可以配合家长,让家长评价学生在家的学习情况,再根据家长的反馈,对学生做出评价和激励行为。

3. 体育激励。体育激励定位体育技能训练,参与强身健体活动期间的教育激励。具体由体育老师和班主任根据自己的需要,设定激励目标进行激励教育。比如,坚持参加学校体训队,运动员参加比赛获奖了,或某位学生在家积极开展体育锻炼等,我们都可以对其进行体育激励。

4. 美育激励。主要以学生美术、音乐等艺术训练为激励内容,对学生进行美的熏陶。具体由美术、音乐、班主任老师负责实施。激励方式类似于智育激励,有点评激励、作业激励等。教师设定好激励目标,对学生进行激励教育。对完成目标的学生,可以在其"存折"美育板块存入"小荷币"。

5. 劳育激励。主要以培养学生热爱劳动,认真做好值日工作;积极参加社会实践;动手动脑,培养动手能力为激励内容。一般由班主任,自然、科技教师,家长负责实施。班主任、家长负责学生劳动能力、综合实践能力培养,科技学科教师负责动手操作、小制作、小发明等能力培养。对完成目标的学生在其"存折"劳育板块存入"小荷币"。

（三）实践"成长储蓄"评价的实施方法

"成长储蓄"的核心是对学生进行"三全一体化"教育激励,通过学校、老师、家长对学生提出教育目标,在实施过程中引发学生心理变化和行为改变,从而达到对学生某种行为的强化和养成。所以教育激励能否成功的实施离不开学校、社会、家庭三位一体的教育努力。

1. 成立"成长储蓄"评价组织机构。

学校在书记、校长的领导下,在德育室、大队部的具体组织下,建立

小荷成长储蓄评价实施工作小组。

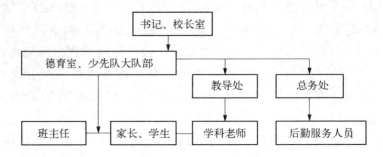

2. 落实"成长储蓄"评价实施措施。

(1) 明确"成长储蓄"评价的方法。

借鉴银行储蓄运行方式,设计制作"小荷成长银行"储蓄存折,让它成为学生评价成长记录的学生喜爱的、有效的评价载体。另外还给每位老师适当数量的小荷币,作为评价激励的手段。

我们探索总结性评价与形成性评价的结合。一方面,我们关注所有的学生,准备设置银行"本金",学生只要经过努力都可以获取"本金";另一方面又设置了"利息",鼓励学生参与市、区、校、班级等各种活动比赛挣取"利息",同时又设置了"小荷加油站"的内差评定,对学生进行形成性评价等。但是"本金""利息""加油站"的开发和使用需要不断实践与研究。

(2) 确定"成长储蓄"评价的内容。

根据不同的"六好素养"内容,每个年级段制定不同的评价标准,形成"成长储蓄"评价要求,体现它的科学性、合理性与操作性。尤其是操作性一定要强,要为学生行为养成提供一个具体标准和坐标,使学生更清楚"我该做什么"。

成长储蓄品种

品 种	存 储 要 求	最高本金	利 息
扫好地	做好每天的班级小岗位劳动;自己刷牙洗脸、穿脱衣服、系鞋带、勤剪指甲;会整理课桌、文具盒、书包;积极参加社区的志愿者服务活动;学做整理房间、擦地板、洗碗等简单的家务劳动。	20个小荷币(1分)	获得整理书包等比赛前十名可再获2分小荷币。

品　种	存　储　要　求	最高本金	利　息
行好礼	升国旗,要立正,唱国歌,行团队礼;走路靠右行,课间文明休息;午餐时安静有序,不浪费粮食;见到老师能主动打招呼;与同学和睦相处,乐于帮助他人;孝敬父母,做力所能及的家务事,学会感恩。	20个小荷币(1分)	帮助同学有明显成效,孝敬父母表现突出等可再获 5—10 分小荷币。
唱好歌	会唱国歌、团歌、校歌。每天坚持天天唱,每学期至少学会 3—5 首校园歌曲。认真参加学校艺术节如十月歌会、书画节、体育节等。	20个小荷币(1分)	参加学校艺术节可获2分小荷币,比赛获奖再得 15—30 分的小荷币。评到艺术之星获50—60 分的小荷币。
读好书	喜爱课外读物,每学期至少看完5本书籍;上课认真听讲,积极举手发言;能认真按时完成老师布置的作业;学习有目标,能勤奋刻苦、勇于探索、乐于实践,努力学好各门功课。	20个小荷币(1分)	参加学科竞赛获2分小荷币,获等第奖分获15—30 小荷币。
写好字	握笔姿势正确,写字坐姿规范,养成良好的书写习惯;低年级写好铅笔字,中高年级写好钢笔字和毛笔字,做到字迹端正、清楚漂亮;在写字等级考核中获合格以上等级。	20个小荷币(1分)	参加学校书画展览、写字等级考核中合格获2分小荷币,在市区级获奖得 20—50 分小荷币。
做好人	像荷花一样绽放,做健康美丽的我!像湖水一样清澈,做诚实友善的我!像雏鹰一样飞翔,做放飞梦想的我!像老师一样用心,做能行最棒的我! ——做一个守纪律、有礼貌、爱学习的好学生。	20个小荷币(1分)	评到小荷"规范之星""学习之星"等获50—60分小荷币,突出的好人好事等获 10—50分小荷币。

(注:小荷币面值分为 1 分、2 分、5 分、10 分)

（3）执行"成长储蓄"评价的奖励。

在评价过程中,要发挥学生的主体作用和教师的主导作用,积极采用多元评价,发挥好家长等作用,建立班级"成长储蓄"评价机制。

我们试行奖励机制,成立小荷超市,进行实物奖励（A 方案）;建立"六好素养"活动奖励（B 方案）。超市的运行,物质与精神奖励都有待于今后的研究与实施,以达到理想的效果。

我的储蓄我做主"六好"素养小荷币兑换方案(B套)

编号	活 动 奖 项	小荷币(分)
1	当一天组长	5
2	做一次领操员	5
3	放学时举班牌带队伍	5
4	升旗礼仪式上做一回护旗手	5
5	升旗礼仪式上当一回主持人	10
6	免做一次作业	10
7	当一回"小荷超市"服务员	10
8	当一天班长	10
9	请老师给家长发表扬短信或打表扬电话	10
10	到多功能厅现场等观看学校各项比赛活动	20
11	到多功能厅现场观看电影	20
12	参加学校组织的游戏活动	20
13	当比赛评委	30
14	和校长一起喝下午茶	30
15	与校长共进午餐	30
16	和喜欢的老师共进午餐	30
17	按意愿换一次同桌	30
18	到喜欢的老师家里玩	30
19	升旗礼仪式上当一次升旗手	30
20	参加夏令营、冬令营活动	200

附:成长储蓄奖励办法(略)

◆如何发挥评价的正向激励作用?

(四)遵守"成长储蓄"评价的原则

1. 激励要有目标。

激励过程中设置目标是一个关键环节。目标设置必须体现学生的需求。有需求才能产生动机,进而激发学生参与,强化学生行为;目标要明确、公开、直观;目标要具有可操作性和引导性;激励目标还要遵循由易到难、循序渐进、螺旋发展的原则。教师要随时根据新的情况,设定更高的目标,循序渐进,不断提高,整个激励活动周而复始,循环不绝。

2. 激励要及时。

激励的时效性就是指教师对学生实施激励要抓住最佳时机马上进行,以便保证激励尽快收到好的成效。如果发现有进步,就要及时表扬激励他不断努力。如果发现某人做了错事,也要马上指出其错误,帮助其改正。千万不能不闻不问任其发展下去,久而久之就会养成固定的行为习惯,那时再来纠正就很困难了。教育激励犹如治病救人,一定要趁早,有时甚至要防患于未然。所以我们对于达成目标的学生,要及时激励,在其"存折"上及时存入"小荷币"。

3. 物质和精神相结合。

物质激励是基础,精神激励是根本。两者要相互结合,逐步过渡到以精神激励为主。在低年级以物质激励为主,在高年级以精神激励为主。物质激励慢慢过渡到精神激励,更容易使学生产生内部动机,内化成自身需要。

4. 正激励与负激励相结合。

所谓正激励就是对学生符合激励目标的期望行为进行奖励;所谓负激励就是对学生违背纪律的非期望行为进行惩罚。奖励与惩罚都是教师用来激励学生行为的教育方式。前者是一种正强化,主要用来鼓励良好行为时出现;后者是一种负强化,主要用来消减不良行为时出现。正负激励都是必要而有效的,不仅作用于当事人,而且会间接地影响周围其他人。

5. 避免激励弱化。

目前家长、教师的教育激励存在着一定的随意性,其间往往充斥着大量过分的负激励,表扬、批评都很随意,不遵守激励原则,激励作用大大弱化。教育者需要将外部刺激转化为内部响应,将教育者的正确要求,转化为儿童自我发展的需要,这才是教育的关键。心理学研究表明,只有内心认同这种外部刺激逐步转化为内心需求,这样的激励才是牢固的、可靠的。教育者在教育激励的过程中要尊重孩子,要与孩子密切沟通,培养良好的师生关系或亲子关系。此外还要不断地进行正面引导,如榜样教育、思想品德教育。学校家庭社会都要形成良好风气,在人人向上的教育氛围里,孩子更容易产生内心需求。

三、实践"六好素养"为内容的"成长储蓄"评价成效

1. 管理水平显著提升。

"成长储蓄银行"不但没有加重教师的负担,而且提供了一套操作性强的激励新方式,教师都非常喜欢用。"成长储蓄银行"基于尊重学生,发展学生,评价学生,充分调动了学生的学习积极性和主动性。整个过程是互动的过程,愉悦的过程,学生也非常喜欢。

2. 协同激励作用明显。

所有学科的评价都是平等的,消除了部分学生的学科歧视心理。教师是激励教育的主导力量,通过一体化的教育激励,学校教师的教育管理水平在相互学习、相互合作中不断提高,团队凝聚力不断加强。在整个团队的带领下,教师的积极性会被充分调动。学校通过一体化教育激励这个任务去要求教师,教师在操作中慢慢也会转化为自身管理的需要。教师在激励学生的过程中,也激励着自己不断提高管理水平。

3. 课堂教学不断优化。

推行"学生成长储蓄银行"活动后,我校教师将激励的教育理念、方法融合到具体的学科教学之中,在传授知识的基础上,培养学生自我激励的意识与能力,取得了良好的效果。因为激励是建立在尊重学生、理解学生基础上的,所以课堂教学氛围空前融洽,学生学习积极性高涨,激励着我校课堂教学不断优化。

4. 家校联系更加密切。

"学生成长储蓄银行"既是一本学生学习成长的记录册,也是一本家校联系册。开展一体化教育激励后,家长对教育内容有了深刻的认识,教育方法也有的放矢了。家长通过家校互动,更能理解学校的教育行为。学校通过家校互动,教育效果事半功倍。"学生成长储蓄银行"记录着学生成长的轨迹,更记录着学校、社会、家庭对孩子的期望。

在"六好教育"实践中，
建设"小荷校园文化"

金 秀

我们罗南中心校以积极向上、奋发有为、努力进取的"小荷"作为校园文化建设的抓手，是从"小荷才露尖尖角"的佳句中得到启示。当时，刚走出困境的罗南中心校，以承担上海市二期课改实验为契机，大胆尝试，努力拼搏，使一所名不见经传的农村老校，焕发青春，各方面都在静静地改变，正像一朵初放的小荷，露出"尖尖角"。把"小荷"作为学校校园文化的象征十分形象贴切。于是，我们以"小荷"为象征，多管齐下，建设小荷校园文化。经过多年的探索和实践，学校已基本形成了小荷文化建设的特色，确立了"小荷精神"，其中"六好教育"实践，成为学校文化建设的一大亮点。

一、工作目标与思路

著名教育家叶圣陶先生说："什么是教育，简单一句话，就是要培养良好的习惯。"中国青少年研究中心的专家孙云晓指出："习惯决定孩子的命运。"足见培养小学生良好行为习惯的重要性。在实践中，我们觉得行为规范教育必须有抓手、有内容，从细微入手，从基本入手。因此，在学校小荷文化的引领下，我们针对学校学生实际和原有德育教材对小学生的行为习惯方面教育不足等情况，于 2006 年提出了以"六好教育"为特色项目的德育教育。

我们围绕"一个目标、两个策略、三个框架、六好实践"，以注重实效为准则，实施德育教育新方式。具体地说，就是围绕以"健全人格发展"为德育目标，以"重激励、重体验"为德育工作策略，构建了"活动化、课

文化与管理篇

程化、校本化"德育工作的框架,我们以"扫好地""行好礼""唱好歌""读好书""写好字""做好人"的"六好教育"为主要抓手,分层、分阶段达成学生行为规范的不断进步,精心打造"小荷"育人文化氛围,形成了自己的办学特色。

二、工作成效及取得的经验

(一)创设实践平台,实施"六好教育"文化方法

1.**"扫好地"**的含义是劳动习惯的养成教育。学校建立了"十分钟"小岗位劳动,每班设立了生物角、卫生角、图书角、学习园地等简单的劳动岗位。学生根据自己的需求,各自找到合适的岗位,并在《快乐中队,快乐家》中填写好自己的岗位名称,然后每天按要求完成任务。在此基础上,各班还建立检查与评比制度,在相互检查的过程中,学生明白了一个道理:班级是我家,清洁靠大家。学会了一项劳动技能,培养了责任心,增强了个人卫生和集体卫生乃至于社会大环境等环保意识,逐渐养成孩子们良好的卫生行为习惯。

2.**"行好礼"**的实质是礼仪教育。通过丰富多彩的校园生活,学生实践"行好礼"的礼仪要求。我们按学生的年龄,分层制定了不同的礼仪要求。如:进出校门礼仪、中午用餐礼仪、升旗礼礼仪、课间活动礼仪、集会集队礼仪等。抓起点,抓规范。如一年级学生,每天提早五分钟,整理书包整理课桌椅,在老师的组织下,班长手持班牌,带领全班学生排着整齐的队伍,来到校门口,立正,目光注视老师,微笑的跟老师说再见,然后在伙伴之间说再见,最后有序的出校门。规范的训练,使校园里多了微笑,学生们懂得了感恩,学会了关爱;懂得了规则,学会了谦让,文明礼仪之花开遍整个校园。

3.**"写好字"**是学生学习习惯的养成教育。书法教学是我校的校本课程,低年级练习铅笔字,中高年级学习毛笔书法,至今学校已举办六届"小荷书画展"。在习字的过程中,培养学生良好的书写习惯和作业习惯,逐渐培养学生认真、一丝不苟的学习态度,做事踏实、持之以恒的工作品质。

4.**"唱好歌"**是艺术教育的代名词。体育、科技、书画、歌舞等是同学们发展课外兴趣的学校推广项目。学校通过"好歌天天唱""快乐活

动日""快乐晨练""快乐330""小荷社团"等活动项目,学会发现美、欣赏美、创造美。

5.**"读好书"**既涵盖学业成绩的优良发展,更是学校提出的"好读书、读好书、读书好"书香校园建设要求。每周三、五是我们的读书俱乐部活动日;每年五月份,学校举办读书节活动,给学生搭建交流的平台;今年,我们还开设了国学课程,通过"国学天天诵""读经、讲故事"等活动,不但弘扬了民族优良文化,而且激发了学生爱国之情。

6.**"做好人"**是学校教育的根本。给学生知识传授固然重要,但最重要的是传授学生做人的道理。我们通过"升旗礼仪式上的情景教育""校园电视台的直观教育""志愿者活动中的体验教育""快乐中队活动中的实践教育"等,让孩子们成为爱国爱家、尊老爱幼、文明守纪、谦虚礼貌、创新开拓的一代新人。

(二)营造育人氛围,丰富"六好教育"文化资源

校园、教室是学生学习、生活的场所,更是学生进步、成长的摇篮。一个和谐文明、健康向上的校园,一个温馨的学习生活氛围,能够让每一位学生在接受知识和思想教育的同时,感受到温馨校园文化的气息,促使自身身心和谐发展。为此,学校花大力气全面改造校园绿化,美化教师办公室,建设好教室读书角,创建温馨教室,努力发挥校园优美环境的育人功能。

我们在学校的连廊、过道、墙壁、书画廊、风雨操场等处介绍"六好教育"、展览师生书画作品、介绍国学经典、展示小荷社团成果、张贴三字经、进行温馨提示等,到处都布置了与"小荷"文化相关的图片、语言,使学校的每堵墙壁、每块绿地、每个角落都成为会"说话"的老师,让学生在学校生活中处处潜移默化地接受着"小荷"文化的熏陶,让"小荷"文化随时随地深入学生心灵,使学生受到感染。

我们对教学楼进行了命名,让师生感受小荷文化的精神含义,如:

荷华楼——荷叶无华,博爱育人。春华秋实,奠基人生幸福。

荷香楼——荷香藕洁,立德育人。君子立身,谱写人生追求。

荷满楼——荷果满满,智慧育人。德业双展,成就人生价值。

荷韵楼——荷韵悠悠,艺术育人。博雅尚美,铸就人生成功。

荷逸楼——荷珠圆圆,运动育人。体健智强,创造人生精彩。

小荷池之含义:清水涟涟一片荷蒲青翠沉静充满灵动;碧水漪漪一池荷莲或蕾或绽盈满典雅。

我们为小荷文化塑造了师生喜欢的吉祥物,并广泛征求了学生与家长意见,进行命名征集活动,最后从学生中产生了"篷篷"与"莲莲"为吉祥物的小荷文化的代表。"莲莲"代表莲花,"篷篷"代表莲蓬,夏日的荷花池里微风漾漾,荷叶枝头开满了莲花,结满了莲蓬,她们依偎在荷塘妈妈的怀抱,伴随着微风轻轻荡漾,是相亲相爱的一家人。荷花以"清香、廉洁,出淤泥而不染"的花中君子精神伫立于世,希望小朋友们在罗南中心校的学习生活中,学习"荷"的"虚心正直,蓬勃向上"的精神,努力做一个"健康美丽、纯洁高雅"的人。"篷篷"是虚心正直、蓬勃向上的象征;"莲莲"是健康美丽、纯洁高雅的化身。

温馨教室的布置也应运而生。教师们根据学生的年龄特点,精心策划生物角、图书角、卫生角、墙报等,把"六好"教育的相关内容和学生自身发展的需求融入班级环境布置中。如:"小荷之星"荣誉栏、"争章园地""班级公约""写字小能手""快乐大家庭"等让教室的每一个墙面、每一个墙角都在说话,时刻鞭策着学生的行为,培养学生的"家庭"责任感,激发他们为"家"而努力攀登的行动,享受"家"给他们带来的成功喜悦。

另外,我们还坚持"天天"用优雅的午餐音乐告示学生文明用餐;用"日日"的书法练习,陶冶学生高雅的情趣;在"周周"的"红领巾 Do、Re、Mi"中,让学生放飞心灵,愉悦身心;以"月月"出版的《小荷报》,为学生提供施展才华的舞台;"年年"的"金色十月诗歌会",让学生留下幸福的童年记忆。

"小荷"文化作为学校文化的灵魂,为学生创造文明、优雅、舒适的成长环境。期望每一个学生:"像荷花一样绽放,做健康美丽的我;像湖水一样清澈,做诚实友善的我;像雏鹰一样飞翔,做放飞梦想的我;像园丁一样用心,做能行最棒的我。"

(三)加强课程建设,拓宽"六好教育"文化途径

学校根据多年在学生行为习惯方面的养成教育的经验,集所有教师的智慧,自主编写了行为规范教育读本——《"六好"教育》,内容包括校训、校歌、集会、出操、学习、卫生、劳动、安全等方面的规则和条例,为

学生学习、生活、礼仪等方面建立了明确的行为准则,以此约束自己的言行举止,行为规范教育收到明显的成效。《"六好"教育》读本是学校德育工作、班级活动、学生行为养成教育的校本课程使用教材。

为落实好六好教育课程,我们主要设置了三类课堂:

"一课堂"(午会课、班队会课):我们主要安排在每周一的午会课上学习《"六好"教育》读本,每个月安排一到两项教育内容,每周安排一到两个重点行为规范训练项目。各班结合一学年的学习,在学期结束前召开名为"'六好'在我心中"的主题班会。这样确保了每一个学年"六好"拓展课程目标的达成度。

"二课堂"(红领巾小社团):学生社团作为学生以相同或相似的,或自身需要为基础而自愿组成的组织,是校园文化建设中不可分割的一部分。我们成立了"小荷儿童画社、小荷读书社、小荷书法社、小荷射箭队、小荷丝袜花制作社、小荷舞蹈团"等60多个社团,让孩子们充分展示自我,性格得到张扬,才华得以施展,潜能得到发挥。

"三课堂"(分散化、碎片化的课余、课外时间):我们利用小荷电视台、小荷广播台、国旗下讲话等宣传阵地,宣讲"六好"要求,推崇六好行为;通过快乐中队活动、志愿者活动、成立小白鸽服务队、春秋游、节日纪念日活动、寒暑假活动、主题月系列活动(如三月"扬雷锋精神,建美丽家园"学雷锋活动月、四月"缅怀革命先烈,弘扬民族精神"民族精神活动、五月"与好书为伴,驾梦想起航"读书活动月、六月"放飞缤纷理想,共筑五彩中国梦"展示活动月、九月"尊师爱生,情满校园"尊师活动月、十月"领巾飞扬,共筑中国梦"爱国活动月、十一月"培养科技兴趣,普及科学知识"科技节活动、十二月"小荷书画,伴我成长"书画节活动)等让学生在实践中体验,在体验中成长。

(四)实行多元评价,创新"六好教育"文化机制

在实践中我们还建立了小荷评价激励机制,目的就是激发师生的积极动机,诱发他们的工作与学习积极性,使其发挥内在的潜力功能,为实现所追求的目标而努力奋斗。我们通过以下的方式来实现工作的目标。建立了每学期一次的"小荷之星"评比,如小荷规范之星、学习之星、科技之星、书画之星等活动评比制度;完善了星级中队的评比制度;开展"温馨教室"评比活动;规范了各种主题活动的评比制度等。良好

的激励机制激发了师生参与学校各项活动的积极性,学生能享受到成功的快乐,人人有快乐的追求,班班有奋进的目标,时时有攀登的行为意识和行动。

实践"六好教育",已经走过了八个年头。学校用坚持不懈,执着追求的毅力,以锐意进取,勇于创新的魄力,深化了校园文化建设,迎来了春华秋实,桃李芬芳。学校被评为上海市红旗大队、市行为规范示范校、市平安示范单位、市安全文明校园、市国防教育先进集体、宝山区德育工作先进集体、宝山区德育教育标兵学校、宝山区行风建设优秀学校、宝山区特色文化单位。今后,我们学校还将以"六好教育"实践为主抓手,深入探索"小荷校园文化"。未来我们会不断努力,奋发有为,使学校文化建设像六月的荷花,根深,叶茂,果丰。

"六 好" 教 育

——小学生道德教育的创新实践

姜建锋

一、小学生道德教育存在的问题

长期以来,由于"应试教育"指挥棒的影响,学校往往更注重智育,在德育方面往往注重某些较高精神境界的教育,如共产主义、集体主义、理想主义等思想教育,却忽视了做人的基本素质教育。空洞的说教,知行的脱节,过于高远的目标,使学生一旦走出校园,感受到多彩多姿的社会时,便会感到学校、老师灌输的思想信念、道德情操是那么单薄、那么脆弱,以至于出现"学校辛辛苦教育五天,抵不上学生回家两天"的状况。因此,我们要在学生教育培养过程中强化"做人基本素质的教育"。

叶圣陶说:"教育就是培养习惯。"实施素质教育,文明行为的教育应该是最基本的也是最重要的素质教育内容之一。随着时代的进步,社会的发展,内在素质、外在素养的好坏,将直接关系到人在社会中的发展和成功与否。加强文明行为养成教育既是我们弘扬传统美德的需要,也是学生身心发展的必然。

二、我们的道德教育实践

我们经常思考在长期实践中感到困惑的问题——如何从小事抓起,从细微之处做起,切实提高小学生道德教育的实效性?我们初步实践的结论是,通过"六好"内容的训练、体验和实践,培育学生的孝心、诚心、信心、真心和爱心,养成小学生良好的行为习惯,达成基本的德育建设目标,并进一步落实民族精神教育与珍爱生命教育。

那么什么是"六好"呢?所谓"六好"是:扫好地、行好礼、唱好歌、读好书、写好字、做好人。

主 题	释 义	意 义 拓 展
扫好地	学会简单劳动;养成良好的卫生习惯;树立正确的劳动意识、环保意识和责任意识。	养成做事好习惯:做事有始终的习惯,节约时间的习惯,自我管理有条理的习惯。
行好礼	学会基本的礼仪常识,懂"做人"的基本道理。做爸妈的好孩子,做老师的好学生,做伙伴的好朋友。	养成礼仪好习惯,有乐于助人的习惯,对待长辈和伙伴文明有礼的习惯。
唱好歌	欣赏美,学会美,创造美。养成乐观的生活态度,陶冶美的情操。	养成艺术欣赏与创造的好习惯。
读好书	培养诵、读兴趣;吸取优秀书籍、报刊的营养,促进健康成长,热爱读书,积累与丰富语言文字素养。	养成读书好习惯,做一个知识渊博的人,做一个有文明素养的人。
写好字	养成良好的书写习惯;培养良好的审美意识;传承中国传统文化,培养爱国情操。	养成学习好习惯:认真作业的习惯,提问和讨论的习惯,独立思考的习惯,经常阅读的习惯,质疑反思的习惯。
做好人	学习文化知识,尊敬师长,团结同学,乐于助人,遵纪守法。具有奉献精神、协作精神和挑战精神。	"六好"的根本在于"做好人",对自己的生命负责,有一个健康的体魄;对自己的行为负责,做到讲文明有礼貌,遵守纪律,知错就改。做一个爱家爱校爱国的人。

文化与管理篇

不同的年龄段,根据学生的道德认识水平的不同而有不同侧重点。小学低段主要进行"扫好地、行好礼、写好字"的教育,重于"做事"习惯的培养,并渗透"做人"的内容。中段主要进行"唱好歌、读好书"的教育,着重于"学习"习惯的培养。高段在巩固低、中段教育的基础上,集中进行"做好人"的教育。"千教万教教人求真,千学万学学做真人",这是陶行知"生活即教育"教育思想的重要体现。"六好教育"的根本就是教学生学会做人。这三项内容在具体的实施过程中是循环渐进、互有交叉、螺旋上升的,不能把它们完全分隔进行。

三、道德教育——"做好人"的创意设计

我们把"六好教育"贯彻到学习与生活的各个方面,让孩子从体验细微入手,落实民族精神和珍爱生命的教育。因此,"六好教育"的归集点是"做好人",就是教会学生学会做人,学会做人归根到底又是学校教育中"尊重、爱与责任"教育,这是"做好人"的本质特点。

为此,我们进行了一些创意设计来实践"做好人"教育:

1. 升旗礼仪式上的情景教育。

在"热爱学校"的活动中,教师与学生利用国旗下的讲话、小表演等,讲述身边活生生的案例,澄清师生模糊认识,强化"爱与责任"的意识。

每学期一般安排十六个周次,每个班级负责一个周次的教育内容。通过排演小品、讲述故事、表演小节目等形式,以"爱国爱校爱集体,敬老尊师守规则"为主要内容,在每周一的升旗礼仪式上进行表演,全校师生在观看中领会"爱与责任",强化"做好人"意识。

2. 校园电视台的直观教育。

校园电视台是学校现在与未来重要的道德教育媒介,它具有直观性,比传统的说教教育具有更强的道德传播力。校园电视台可以开设各类栏目,增强直观体验的教育,譬如:

《新闻连连看》关注班级与学校的新闻热点,也可以关注国内外发生的一些大事,拓宽学生的视野,培养学生从小学会关注周围的事物,关心国家大事,引领学生逐步正确的情感态度价值观。

《健康直通车》以编播放专题教育片,将专家、教师、学生请进来作

专题讲座,沙龙讨论等形式进行心理健康教育,宣传健康常识、安全知识,介绍生活小窍门。是向学生进行文明礼仪、养成、法制、安全、科技、环保等教育的又一个窗口。

《文学星空》通过介绍著名作家、进行名著欣赏、讲讲经典故事、说说幽默笑话、诵读优美诗词等,引领学生遨游书海,欣赏经典,激发学生的课外阅读兴趣,提高学生的文学素养;也可以结合语文的课外阅读课,诵读一些学生写的读后感,进行好书推荐,注明推荐理由,可以是书的主要内容,也可以是自己读后的感想,激发学生自主阅读。

《童心童语》让学生用心去感受世界,用笔记录成长的足迹。可以谈谈你的家庭、也可以说说你的学习;可以说说心中的秘密,也可以是当值日生、当班干部的感受等,使学校形成良好的写作氛围。(习作交流会,来稿注明班级,可以采用笔名的方式)

《啄木鸟行动》对学校、班级中的不良现象和行为进行曝光,如卫生死角、校园内不文明现象、不安全现象等,对学生进行文明礼仪、日常行为规范等教育。可以不指明班级和姓名,但要求真实。

《我行我秀》(才艺展示)让有一技之长的学生或学生群体有机会展示才艺,以反映学校素质教育的优秀成果。

《校园明星》以学生个体为对象,用自传或学生写真的形式,宣传学生中的"杰出"人物,塑造学生"明星",以激发学生积极向上的动力,为广大学生树立榜样。本栏目由班级提供素材,每学期制作1—2期节目。

《小荷点播台》,学生可以为朋友、同学点播歌曲、舞蹈、魔术、杂技、动画等各种简短的节目,为他们送上你的问候和祝福。同时通过共同欣赏,陶冶情操,培养学生发现美、欣赏美的能力。(由学生向电视台提供点播节目的带子)

3."三课堂"上的体验教育。

二期课改在课程的设置和开发上给了学校很大的自主权,这为我们校本化、有特色地开展学生道德教育提供了契机。在学校道德活动课程建设中,在显性的"一课堂"(班队会课、学科课程)和"二课堂"(红领巾小社团)发挥作用,在隐形的"三课堂"分散化、碎片化的课余、课外时间(升旗仪式、节日、纪念日、周末、寒暑假)实践延伸,让学生在快乐的活动中体验快乐,明白做人,健康成长。

（1）快乐中队活动中实践学会做人

学校倡导快乐中队特色化,强调中队氛围的营造,队员自己设计队标,提出奋进目标……除每月一次的板报设计,读书角、生物角布置外,各中队自设了特色墙,队员在快乐的集体生活中,每天一起快乐唱歌,国学经典诵读,每周自主策划组织十分钟队会课和少先队活动课,实践与人和谐相处,团结互助的快乐发展。

（2）志愿者活动中实践学会做人

小荷志愿者活动是学校文化建设的一大特色。学校以"美丽校园""每天十分钟劳动"为抓手来培养队（团）员的服务意识。下课后,校园内"行为规范示范员""卫生监督员"随处可见;吃好午饭,各中队的劳动志愿者快乐地忙开了;周四的低年级十分钟队会、每年的入团入队教育开始了,"活动小辅导员"也来到他们中间;放学后,双休日"护绿小使者"、白鸽服务队在各个社区、街道不亦乐乎……

（3）社团活动中实践学会做人

每个人都是唯一的,每个人都应该得到发展。我们尝试开设小荷红领巾社团。有"小荷"电视台、小荷书画社、小荷记者团、电脑社、足球队、点心社、编织组……一个教室两个功能(平时是班级,周五下午是社团活动天地)。每一名队（团）员通过自愿报名,集中活动的形式,在周五都能参与一个多小时的社团活动,收获社团活动的学习成果,实践获得兴趣与自信自强的健康发展。

（4）主题月活动中实践学会做人

学校道德教育的生命力在活动。丰富多彩的活动可让学生在不知不觉中受到教育,自觉改正不良行为,塑造健全人格,达到寓教育于无痕的境界。在反复酝酿、集思广益的基础上,结合小学的培养目标及孩子的成长规律,统筹校内外资源,按照"大目标、小活动、成系列"的整体思路,学校制定了主题月系列活动实践方案,每年的基本主题是:

三月"扬雷锋精神,建美丽家园"学雷锋活动月;
四月"缅怀革命先烈,弘扬民族精神"民族精神活动;
五月"与好书为伴,驾梦想起航"读书活动月;
六月"放飞缤纷理想,共筑五彩中国梦"展示活动月;

九月"尊师爱生,情满校园"尊师活动月;
十月"领巾飞扬,共筑中国梦"爱国活动月;
十一月"培养科技兴趣,普及科学知识"科技节活动;
十二月"小荷书画,伴我成长"书画节活动。

学校各部门各司其职,通力合作,通过"宣传发动营造氛围——分层参与增才智——评价表彰促提高——反思总结再完善"的运行机制,保障主题活动的实效性,注重分层次开展。同一个主题的活动从一年级到五年级,要求层层递进,内容螺旋上升。保证了每个月主题教育活动的顺利高效的开展,在活动实践体验中引导学生从小立志向、有梦想、爱学习、爱劳动、爱祖国,实践爱与责任、理想与生命个性的全面发展。

四、学会做人的实践原则

1. 教师要用健全的人格影响学生。

一天二十四小时,学生要有四分之一至三分之一的时间在学校度过,再加上小学生特点是模仿力强和好奇心强,老师的语言,举止动作,思想感情,对问题的态度,都对他们产生不可忽视的影响。所以作为一名教师,不仅需要有丰富的知识,深广的阅历,更需要有高尚的品德和良好的气质,教师应该心地善良和为人正直,大度宽容,光明磊落,教师时时刻刻要做小学生的表率和榜样。

2. 学生从老师的爱中学会爱别人,增强自信心。

很多服务行业提倡"微笑服务"和"爱心服务",教育行业更不能缺少"微笑"和"爱心",但作为教师的爱和笑要发自内心深处,让学生从你的笑和爱中得到一种向上的力。

3. 让学生人人知诚心,人人讲诚心。

当今社会,在我们的周围,不讲诚心,违背诚心,出卖诚心的人越来越多,出售盗版的学习资料,作业中的抄袭,考试中的舞弊,市场上的短斤少两,经销商出售假货等等,无时无刻不在吞食着我们的孩子。所以作为教师我们要时时鼓励学生讲真话,讲实话,哪怕学生犯了很大的错

误,只要说实话我们就给予表扬和鼓励。

老子讲:"合抱之木,生于毫末,九层之台,直于垒土,千里之行,始于足下。"在落实素质教育、创建文明社会的大环境下,迫切需要每一所学校从学生终生持续发展出发,有针对性地从身边细小做起,高度重视学生做人的教育。

"小荷"校园文化引领下的
班级文化建设

薄永娥

【摘要】 校园文化建设是学校教育的一个重要组成部分,是一所学校独特的精神风貌的体现。"小荷"校园文化,是"小荷"师生奋发向上、寻找快乐、追求成功、体现价值的精神所在。"小荷"文化是我校文化建设的灵魂,在"小荷"校园文化的引领下,我们的中队文化相继形成,各中队围绕学校的"六好"建设,结合班级的特点,以"快乐自治中队"为实践平台,围绕制度文化建设、环境文化建设和精神文化等建设,形成班级的主流文化,像点亮孩子成长的心灯,对学生起到无声胜有声的教育效果。

【关键词】 班级 文化

宋朝著名诗人杨万里"小荷才露尖尖角,早有蜻蜓立上头"的佳句引发我们无限的思绪。我们罗南中心校作为上海市第一批二期课改实验学校,本着"让每一个学生成功发展,让每一个学生愉快学习"的发展理念,我们确立了"小荷精神"作为本校的德育灵魂和校园文化建设的灵魂。

"小荷"是积极向上、奋发有为、努力进取的象征,"小荷"又是寻找快乐、追求成功、体现价值的代名词。"人人有快乐的追求,个个有奋进的目标,队队有攀登的行动,时时有成功的喜悦"已成为"小荷人"共同的追求目标。在"小荷"文化的引领下,我们各个中队以"六好"为教育抓手,以"快乐自治中队"为体验,构建"小荷"班级文化,在塑造学生健康人格的同时,养成他们良好的文明礼仪和行为习惯。

班级文化建设是以学生为主体创造的,同时又服务于学生的一种团队氛围建设。几年来,我们通过班风建设、环境建设、主题活动的开展,以及教师的言传身教等使学生在潜移默化中受到熏陶与感染,并形成积极的道德情感。班队文化建设既是一种文化氛围的创建,又是学生在潜移默化中形成高尚人格的人文建设,以此培养学生健全的人格,发展学生个性。

作为班级文化的经营者,我们本着"一切为了孩子"的高度责任心,利用班级文化具有潜移默化性、自我教育性、示范性等特点,采取点滴渗透,"润物细无声"的方式,从制度文化建设、物质文化建设、精神文化建设三个方面,孕育良好的"小荷"班级文化,塑造"小荷"学生。

一、班级制度文化建设

"没有规矩,不成方圆。"班级制度作为学生的行为规范之一,为学生提供了行为的标准,利于规范学生的言行,使其朝着符合班级群体利益,符合教育培养目标的方向发展。

1. 细化管理,明确责任。

制定班规,实施班级量化管理。制定切实可行的班规,发挥学生主体作用,在持之以恒地落实过程中把重视个性、发展个性与形成班级良好的班风协调起来,可以使班级管理定量化、精细化、科学化。

1)"礼仪"文化。我们要围绕学校"行好礼"的具体要求,结合学生的年龄特点,重点围绕"升旗礼仪、用餐礼仪、休息礼仪"制定班级礼仪教育的具体要求与检测指标,弘扬民族礼仪文化。

2)"环境"文化。主要围绕"个人卫生、教室卫生"与学生约定班级卫生系列规范,制定具体检测指标。通过制度管理,养成学生良好习惯,增强珍爱生命的意识。

3)"书香文化"。结合学校读好书的具体要求,围绕"自主学习、课

文化与管理篇

堂学习",加强课堂常规管理,提出"坐、听、说"的具体要求和达成的指标;根据学校提供的课外书籍内容,每学期确定一本班级学生必读书籍,以此养成好读书的习惯。

2. 岗位建设,赋予责任。

通过班级岗位建设,促进学生的发展和班级生活的自主。岗位对于小学生的发展具有养成性价值,多样的岗位,能促使学生在岗位中不断改变自我,获得更多的发展机会,培养学生多方面的素养。班主任根据班级文化建设的需要设置相应的岗位,并与学生一起制定岗位的职责,引导学生根据自己的需求积极参与到班级生活的自我维护中,从而丰富学生的社会角色,养成个体的服务意识、合作意识、责任感,锻炼学生能力,培养健全人格。

(1) 设岗位。

班主任老师要根据班级及学生的年龄,设定班级的小岗位。例如:个人卫生岗、早晨自主学习岗、课间文明岗、学习岗、教室管理岗、课前准备岗、眼保健操岗、用餐管理岗、图书管理岗等,让学生积极参与岗位管理,组建岗位组,确立负责人。

(2) 明职责。

与学生一起制定小岗位职责,明确具体的要求,通过量化,检测学生达到程度。

(3) 选岗位。

学生根据自己的能力或需求,班主任合理协调,确定人员,岗位承包,专人负责,要求自己能处理的自己处理,处理不了的请班主任指教。

(4) 评岗位。

定期召集岗位负责人了解情况,听取班级精致化管理反馈,及时处理相关问题。用星级评价各个岗位,使每位同学都能成为质量观的追求者与精致化目标的实践者、创造者,在和谐的班级环境中提升个体的价值追求、行为效果与班级的文化品位。

3. 言传身教,树立榜样。

古人云:"其身正,不令而行,其身不正,虽令不从。"班主任天天与学生打交道,几乎每一个学生都把班主任视作心目中的楷模。班主任的言谈举止、教风教态,甚至服饰打扮都对学生有很大的影响,因此班主任各方面应严格要求自己,以身作则,率先垂范,要求学生做到的自已首先做到。比如，升旗仪式上教师的肃立，无疑给学生一个榜样；"每周一歌"时，教师的关注程度，就是学生的认真程度。每周五读书俱乐部，教师的专注阅读，提高了学生阅读的兴趣。教师必须把自己置身于班级的每一项活动中，用认真踏实的工作态度熏陶班级的学生。

二、班级物质文化建设

班级物质文化对德育的影响不同于灌输，它把思想教育寓于各种具体可感的情景中，在影响方式上就具有一个潜移默化的渗透性，使学生像海绵吸水一样，浸润其中，滋润心田，陶冶情操，塑造灵魂。

1. 实施环境熏陶。

学生所处的教室环境是班级文化的重要组成部分，让教室的每个角落、每个侧面都能说话，都在育人，可以使整个教室空间都充满育人的气息。营造整洁清新、充满美感，具有一定文化气息的氛围，才能使班级环境成为学生获取新知、陶冶情操、表现才能的天地，成为建设勤学乐读、团结友爱的班集体的无声力量。苏霍姆林斯基曾经说："无论是种植花草树木，还是悬挂图片标语，或是利用墙报，我们都将从审美的高度深入规划，以便挖掘其潜移默化的育人功能，并最终连学校的墙壁也在说话"。教室环境是班级文化的重要组成部分，让教室的每个角落、每个侧面都能说话，都在育人，可以使整个教室空间都充满育人的气息。

2. "六好"教育实践。

创设实践"六好"平台，为学生良好的行为习惯养成提供了广阔的乐园。

(1) 学校建立了"十分钟"小岗位劳动，每班设立了生物角、卫生角、图书角、学习园地等简单的劳动岗位。学生根据自己的需求，各自找到合适的岗位，并在《快乐中队，快乐家》中填写好自己的岗位名称，然后每天按要求完成任务。在此基础上，各班还建立检查与评比制度。在相互检查的过程中，学生明白了一个道理：班级是我家，清洁靠大家。"十分钟"小岗位劳动，使孩子学会了一项劳动技能，培养了责任心，增强个人卫生和集体卫生乃至于社会大环境等环保意识，逐渐养成孩子们良好的卫生行为习惯。

(2) 开展丰富多彩的班队活动。例:"天天唱""每周一歌""快乐晨练""快乐330"、快乐十分钟、主题月活动等,培养学生的自信、自律,放飞了学生的心灵,陶冶了学生的情操。

三、班级精神文化的建设

1. 爱心,凝聚攀登的力量。

(1) 亲近学生,产生情感效应。

学生不是任何时候都能接受老师对他的教育,有时固执得难以接受教育。师爱则能增强感染力,产生强烈的教育情感效应。当班主任以真情感化学生时,学生会自然打开接受教育的闸门,主动愉快的接受教师教育,使教师的教育如春风化雨般流入他们的心田。这种情感效应是正向的:学生受到表扬,会觉得教师在鼓励他;学生受到批评,会觉得教师在爱护他,这就是所谓的"亲其师,信其道"。教师要和学生打成一片,课堂上和学生一起思考探究,课堂下,和学生一起分享交流,活动中和学生一起动脑动手。

(2) 尊重学生,产生催化效应。

班主任不要以老师自居,训斥、挖苦、讽刺学生。每个学生都是活生生的有血有肉的未成年人,他们有思想,有性格,有自尊,渴望建立平等民主和谐的师生关系。老师也要尊重学生,信任学生,理解学生,才能促使他们的自信、自理、自立、自强,产生催化效应。我对待学生能公平,一视同仁,不因为学生成绩的好差、相貌的美丑、经济条件的好差而对学生另眼相看。

2. 激励,给予前进的力量。

把握好激励的切入口,进行小题大做。班主任要善于抓住时机,因势利导。当班级在某一方面取得了成绩,达到了预期的目标,受到表扬时,班主任老师要学会小题大做,肯定学生能力,让每一位学生都能感受到表扬后的快乐心情,在此基础上鼓励学生为达到另一个目标而努力攀登。相反,当班级在某一方面失败了,此时班主任老师应尽量把事情缩小,化解学生心中的急躁心情,给予学生心灵上的安慰,与学生一起寻找失败的原因,鼓起学生跌倒后自己爬起来的勇气,相信学生能行。

3. 认同，充当同行的伴侣。

培养学生对班级的认同感和归属感，让他们形成优秀思想道德品质。根据马斯洛动机理论可以知道：一个人的行为都是由一定动机引起的。动机是推动个体活动的动力，是行为的一种内在因素。他随着个体的发育成长会逐步出现从低到高五个层次的需要，其中最基础的是生理和安全的需要。在满足这种基本生理需要之后，更深层次就是一种归属与爱的需要。培养同学对班级的认同感和归属感，教师要经常把班级取得的成绩、领导对班级的良好评价、家长的充分肯定以及科任老师的良好印象及时与大家交流，培养大家对班级的认同度，让他们产生自豪感，让同学们感到在我这个班里学习，是非常荣幸和骄傲的，形成强有力的归属感，并为之奋斗。同时对班级不良行为和思想给与指出，在反复不断的心理刺激下，潜移默化改变其思想道德品质。

班级文化，是向上、向善、向美的声音，文化育人、润物无声的一种隐形的教育方式，良好的班级主流文化像点亮孩子成长的心灯，对学生起到无声胜有声的教育效果。

发挥军校优势　铸造健全人格

蔡珠萍

【引言】

时下流行这么一句教育名言："播下一种行为，就会收获一种习惯；播下一种习惯，就会收获一种品质；播下一种品质，就会收获一种命运。"的确，行为、习惯、品质对一个孩子的成长来说是至关重要的。

【调查】

然而，由于现今的孩子大都是独生子女，集父母、祖辈宠爱于一身，凡事家长代劳，百依百顺，尽管他们和以往学生相比有很多优势，但在

文化与管理篇

心理行为上存在着明显的群体性缺陷,如:娇气和任性、自私独尊、依赖性强,集体思想、合作意识、纪律观念较差等。

事例1:一次,四年级学生去美兰湖社会考察,从学校出发到目的地20分钟行程。刚走了15分钟,好多队员气喘吁吁,一名男同学竟坐到路旁哭了起来……

事例2:四月中旬,参观部队士兵队列训练,看到整齐的行进步伐,近半数同学竟笑为奇事。

事例3:据调查,近九成的同学在家从不做家务,书包由家长代背。

【思索】

强国必须强民,强民必须从孩子抓起。现实令我们震惊,震惊之余更让我们深思,怎样发挥学校功能,点拨和引导孩子克服这些缺陷,在认识、自省的基础上产生自觉行为,从而形成良好习惯,铸就自主、自信、自立、自强的品质,感受鲜活的生命价值? 我们尝试从少年军校为切入口,通过这一主阵地,在军校教育训练中提高学生觉悟,增强集体观念,激发历史责任感,养成严守纪律的良好习惯,进而达到增强体魄、磨炼意志、陶冶性情、净化心灵的目的。

【实践】

为此,我们以养成教育为重点,在全国少年军校示范校的基点上,继续发挥少年军校的优势,规范管理、注重实效,通过丰富多彩的体验活动营建浓浓的"小荷"文化氛围,促使学生形成正确的行为习惯,养成良好品质,铸造健全的人格。

在多年的少年军校的实践过程中,我们深深地体会到了以活动为载体,进行自主教育实践,是行之有效的德育途径,更想把这种快乐成长的途径带给更多的孩子。

一、活动制度化

制度是保证活动正常开展的前提。对此,我们在健全组织机制的同时,确立了军校经常性教育活动与集中性活动的制度化。如:每学期开学、结业举行开学典礼、检阅式;每月第一周第一天为全校"学军日",举行升旗仪式,开展与解放军叔叔"手拉手"通信和学军做好事活动;每周开放国防教育图书阅览室及每月观摩一次爱国主义教育影片。每周结合学校课程开展国防教育及队列、体能和组织纪律性为主要内容的军体等教育。每学期,结合春游和秋游,军校、学校共同开展年级性或全校性带有军训内容的"五自"实践活动;每年暑假,组织三至五年级优秀学员去部队或基地住训,开展军训夏令营活动;慰问解放军、参观淞沪抗战纪念馆;每学年,组织几次全校学生都参加的大型军训演练汇报活动……把这些活动分年级、分要求固定下来,形成一条活动链,做到分工明确,从而保证了少年军校各项活动的落实。

二、活动持久化

良好的习惯不是一朝一夕就能形成的,而是在坚持不懈的强化体验活动中逐渐养成的。从 1992 年建立少年军校之日起,我们不断地丰富活动内容,严格按照每周、每月、每学期、每个基地预定的内容开展活动,无论是请进来的听国防报告,还是走出去的参观军营,社会实践都要项项落实,长久坚持。通过观看军事录像,激发学生爱国情感,参观军营生活,强化学生纪律意识,参加军营训练,感受自立自强,投身社会服务,培养学生责任意识……在长期的、反复的军校活动中矫正学生的错误认识,鼓励良好行为,在不断的正刺激中有效地促进学生好习惯的养成。

三、活动生活化

少年军校不是一定要灌输给学生什么军事知识和技能,也不是要像训练新兵那样,去培养少年儿童学会当兵打仗,而是更加看重经历、体验和内化,要让孩子们在一种特殊的集体和生活中,去经历体验教育、社会教育和满足教育的全过程,去感受自身成长和成功的快乐与自信,去树立一种团结凝聚、顽强坚韧的民族精神与品质,去培养未来建设祖国和保卫祖国所需要的强健体能。因此,我们要根据学生身心特点,让少年军校活动回归生活,融于生活中。关注、指导和引导学生的学习生活、交往生活和日常生活。让学生进行自我教育,老师点拨,引导学生在认识、自省的基础上产生自觉行为,从而形成习惯。比如:每

周一的升旗仪式上由队员自己发现、自己编排、自己表演生活中的不良行为,进行自我教育,队员印象深刻,容易改正。又如:每年暑假的夏令营活动培养了队员们的自理互助精神。活动中队员们学会了一些基本的自理本领:洗衣叠被、包馄饨等,体会了父母劳动的辛苦,感受了成长的喜悦,体会了分享快乐与帮助伙伴的快乐。

四、活动特色化

每个人都追求快乐,渴望收获快乐。孩子们习惯于"波斯猫式"地接受爱,最有价值的、最高尚的快乐——"服务、奉献,友爱"他们却难得体会。为此,我们少年军校的领导和优秀学员牵头,策划组建了一支特殊的"小荷"师生志愿者队伍,通过招募志愿者的形式把少年军校的服务活动全面化、深入化。我们首先根据每位志愿者的实际安排了最合适的小岗位,如:各方面表现优异的学生担任"行规示范员",组织能力强的学生担任"活动辅导员",乘校车、自制力强的学生担任"校车管理员",离校近、工作认真的学生担任"自行车管理员",还有"卫生监督员""读书辅导员"以及专门为敬老院、社区服务的志愿队等。通过家庭的自我服务、学校的互助服务到社区的公益活动,学习用颗颗爱心和无悔的行动,筑起人与人之间道德和真情的堤坝,在社会责任感增强、服务能力提高的同时,也产生了较好的社会影响。

五、活动创新化

孩子是鲜活的,更是喜新厌旧的。一成不变的活动内容会让学生在少年军校这个大熔炉里索然无趣。因此,作为活动的组织者,我们要鼓励创新精神,可以对旧酒新包装,更可以全新的形式演绎不同的教育主题。比如说:走"勇敢者道路",你可以自己走过去,也可以和同伴合作走过去,也可以教小学员走过去,更可以自己创造"新勇敢"游戏,亲自挑战。又比如敬老服务,可去敬老院,也可接老人到家……用学生最易接受的方式来开展活动,激励行为,最终形成好的习惯。

当然,灵活、多元、积极的活动评价方式,无声胜有声的指点、榜样感染都有助于学生良好习惯、健全人格的形成。

【成效】

从 1992 年开始的少年军校的探索,到 2003 年被评为全国少年军校示范校,我们始终把少年军校作为学生道德行为、习惯、品质的训练基地,并在各种实践教育活动中,发挥其实效性、稳定性和长期性的作用,已经形成了学校的特色,在周边乃至整个区域都产生了极大的积极效应。特别是学生,不仅在身心上有了较为稳定的素质,而且在学习习惯、品质上也发生了深刻的变化。它已成为学生欢迎、老师拥护、家长支持的传统活动。

总之,少年军校系列活动的开展是时代的需要、社会的需要,更是孩子的需要。我们将借助这一独特的教育形式和载体,与部队、社会各界一起努力,通过标准的训练、严格的要求、情景的激励、活动的体验促成学生优良品质的形成,让我们的少年军校结出更丰硕的成果。

成长·感恩·起航

——宝山区罗南中心校五年级毕业典礼仪式教育活动案例

蔡珠萍

一、活动主题

成长·感恩·起航

二、活动目标

1. 回顾小学生活,展示雏鹰争章的成果。
2. 学会感恩,珍惜友情,留下珍贵回忆。

3.感受光荣与责任,树立为自己新的征途、新的梦想不断努力的信念。

三、设计背景

在儿童团、少先队组织的关怀下,队员们学习做人、学会学习、学习交往、学会实践,收获满满。在告别童年,踏上新征程这一富有纪念性的时刻,有不舍、感恩、憧憬,也有困惑,需给予鼓励与正确的引导。

满足队员需求,为进一步增强队员对队组织的归属感、认同感,大队部精心设计组织小学阶段最后一个隆重的队仪式教育,邀请家长齐参与,充分利用多媒体技术,多角度、全方位的展示队员的成长过程、学习成果,感受身为队员的光荣与责任;表达对母校、老师和父母的感恩之情;勉励队员们再接再厉,创造精彩的人生,为早日实现伟大富强的中国梦添砖加瓦!

四、活动过程

（一）开场白、队仪式

1. 三级报告。
2. 出旗。
3. 唱队歌。
4. 宣布活动开始。
5. 欢迎领导和嘉宾。

（二）成长篇

1. 五年校园生活回顾。
（观看剪辑制作的中队学习、活动照片视频）
2. 队员才艺、作品展示。
（展示雏鹰争章成果）

（三）感恩篇

1. 心语互动。
(1) 亲爱的老师,我想对您说……

亲爱的爸爸、妈妈,我想对您说……

（队员代表或上台或在台下抒情发言,表达对老师、父母的感恩之心。）

（2）亲爱的孩子,我想对你说……

（现场采访老师、家长代表）

2. 齐唱《感恩的心》。

3. 队员给老师献礼、送感恩卡、自制花束。

（四）收获篇

1. 表彰优秀毕业生,并颁奖。

（优秀毕业生统一学士服,上台领奖）

2. 校长寄语。

3. 宣布毕业生名单,颁发毕业证书。

（五）起航篇

1. 寄语母校。（欣赏各中队提前录制的临别赠语视频）

2. 毕业宣誓。

3. 齐唱《明天会更好》。

4. 呼号。

5. 退旗。

6. 宣布活动结束。

五、活动效果

在大队部的精心策划下,以"成长·感恩·起航"为主题的毕业典礼在新建成的南校多功能厅圆满地画上了句号。

队旗飘扬、队歌高唱,家长与老师一起见证了队员们小学阶段最后一次聚会,这也是一次隆重的队仪式教育。共同回顾五年的成长瞬间,美妙的音乐、动人的舞姿……一个个节目,一次次掌声,多功能厅里掀起了一个又一个高潮。"亲爱的老师（爸爸妈妈）,我想对您说……"深情倾诉后,亲手为老师敬个队礼,献上亲手制作的感恩卡、花束;全场齐唱《感恩的心》……弥漫的是浓浓的感谢,不舍的情结。

文化与管理篇

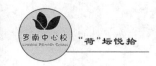

在师长的殷殷期望中,校长的热情勉励下,孩子们激动地接过毕业证书,恋恋不舍地在签名墙前签名、留影。

这是一次难忘的经历,新媒体的介入,家长的参与,台上台下的热情互动,活动后的签名留影、读信交流活动……让每一位学生、老师、家长牢牢记住了浓情四溢初夏的这一天。

六、创新与特色

1. 改变以往毕业典礼就一起颁发下毕业证书、领导讲话、队员发言的简单的、走个场的形式,邀请队员家长共同见证孩子这一难忘的时刻。

2. 充分借助新媒体技术,制作的五年校园生活回顾视频与临别赠言视频欣赏,以及个性化的毕业纪念册勾起队员满满的回忆,对母校浓浓的情意。

3. 打破单一的个人才艺展示,补充学生社团作品展示、中队全体队员参与的诗朗诵、表演唱以及六个中队师生三次全场齐唱让活动的参与面达到 100%,多角度、全方位的展示孩子的成长过程、学习成果,是回忆也是激励。

4. 队员统一穿着学士服上台领奖,是鼓励、是肯定,更是给予台上、台下的队员深深的期望:时刻准备着,为伟大中国梦贡献力量。

5. 队员在对老师、家长深情表白之后,用少先队员最朴素、最崇高的礼仪——给每位教师敬队礼、送感恩卡、花束,向老师表示衷心而诚挚的感谢,又表达身为少先队员的光荣感与责任感。

七、活动建议

为保证活动的顺利进行,活动前联合各部门召开的协调会是非常重要的,明确各方职责,修正方案中的不足。参与表演展示、受表彰学生的座位尽量安排在前座,或靠走廊处。

如果毕业典礼时间能避开学校的休业式时间,活动场地够大的话,可以邀请其他年级学生代表、教过本届毕业生的所有任课老师及所有队员家长一起参与活动,共同见证队员的成长岁月,感受光荣感、责任感,许下美好祝福。

因队员是陆陆续续到校的,活动延伸之签名留念这一环节可以放到活动仪式前进行,既保证了活动有序性,又节省了活动时间。

附1:

罗南中心校2016届"成长·感恩·起航"毕业典礼主持稿

开　场　篇

大队长:各中队整队。

各中队长:各小队整队。

小队长1:第×小队全体起立,立正,稍息,立正! 报数。报告中队长,第×小队应到队员×人,实到队员×人,报告完毕。

中队长1:接受你的报告。

小队长1:第×小队全体稍息!

……

中队长1:五(×)中队全体立正! 报告大队长,五(×)中队应到队员××人,实到队员××人,报告完毕。

大队长:接受你的报告。

中队长1:五(×)中队全体稍息!

……

大队长:报告大队辅导员,五年级应到队员××人,实到队员××人,报告完毕,请指示!

大队辅导员:接受你的报告,请按原定方案开展活动,并预祝你们的活动圆满成功!

甲(大队长):全体立正、出旗! 敬礼! (礼毕!)(播放《出旗曲》)

甲:唱队歌! (请坐!)(播放《中国少年先锋队队歌》)

甲:尊敬的老师,

乙:敬爱的家长!

甲:亲爱的伙伴们!

合:大家上午好!

甲:伴着暖暖的阳光,火热的六月和着动人的旋律款款走来。

乙：吹开美丽的花期，欢乐的六月舞动着盈盈绿意挥手喝彩。

甲：踏着六月欢快的节拍，我们集合在这里，用激情点燃我们心中的火焰。

乙：回忆着五年的酸甜苦辣，我们欢聚在这里，用真情诉说我们心中的留恋。

甲："成长·感恩·起航"宝山区罗南中心校 2016 届毕业典礼——

合：现在开始！

甲：让我们用热烈的掌声欢迎各位领导、老师的到来，并献上红领巾最崇高的敬意！

再让我们用热情的掌声欢迎在百忙之中来参加我们本次活动的各位尊敬的家长！

乙：感谢你们见证我们成长的第一步！

成　长　篇

甲：依稀记得，五年前的那个夏天，满怀无限遐想和憧憬，我们踏进了小荷校园。

乙：弹指一挥间，岁月让我们由充满稚气的顽童长成了朝气蓬勃的少年。

甲：昨天，所有的记忆里竟然都像是昨天。

乙：教室里，我们用勤奋播种希望。

甲：操场上，我们用汗水灌溉梦想。

乙：艺术节，我们用灵性诠释美的内涵。

甲：科技节，我们纵情放飞五彩的梦想。

乙：我们的每一个进步，都镌刻在罗南中心校的一千八百多个日日夜夜。

甲：敬爱的老师，亲爱的同学们。

乙：还记得下面的这些场景吗？（**出示校园生活回顾视频画面**）

甲：还能找到画面中的自己吗？

乙：与其说这是活动的记载，还不如说是我们成长的足迹。

甲：让我们一起回顾五年的校园生活。

［五年校园生活回顾——观看视屏］

甲：往事一桩桩、一件件历历在目，有如人生道路上流光溢彩的珍珠。

乙：同学们的欢笑声、读书声又重新浮现在脑海里。

甲：我还记得在欢乐谷、苏州乐园,同学们快乐地尖叫。

乙：我还记得在清明节扫墓时,同学们在罗店抗日殉难烈士纪念碑前为烈士献雏菊。

合：小荷校园,你教会我们许许多多的知识和做人的道理。

小荷校园,你传授我们太多太多的技能和才艺。

甲：请欣赏五(3)、五(4)中队何佳晨、张乐乐等队员带来的口琴合奏《小星星》,掌声有请!

欢迎五(1)中队吕依琳演唱《跟彩虹一起成长》

请欣赏五(2)中队张雪琴同学带来的独舞

有请琵琶演奏员五(3)中队李凌仪上台表演

请欣赏舞蹈《青花瓷》,由五(6)中队金徐威同学表演

请欣赏五(5)中队余璐和她的队友带来的古筝合奏

请欣赏五(5)中队诗朗诵《再见了,亲爱的母校》、表演唱《左手右手》

(才艺表演后,视频、现场展示学生社团作品)

感 恩 篇

甲：五年的校园生活,老师就像父母,常伴我们左右。

乙：1 000多个日日夜夜,父母亦似严师,时时激励我们前行。

甲：敬爱的老师,感谢你们无私的奉献!

乙：亲爱的爸妈,感恩你们无尽的付出!

甲：让我们来听听同学发自肺腑的感言:（学生讲述时播放背景音乐）

乙：亲爱的老师……

甲：亲爱的爸妈……

乙：亲爱的同学……

合：我想对你说……

(互动感言:台上、台下各6名学生代表)

甲：谢谢各位同学,道出了我们在场每一位同学的心声。

乙：相信此时此刻在场的老师和家长们的心中一定也是感慨万

千,那就让我们现场采访一下他们,听听他们的心声。

(采访两位老师和一位家长,表达对孩子的期望、祝福。)

甲:谢谢老师!我们一定会牢记你们的教导,努力学习,奋发向上!

乙:谢谢爸爸、妈妈!请相信,我们不会辜负你们的期望!

甲:敬爱的老师!

乙:亲爱的爸爸妈妈!

合:你们辛苦了!

甲:我们不会忘记,课堂上,您循循善诱,悉心指导;课余时,您和我们谈笑风生,游戏玩耍。

乙:我们不会忘记,遇到困难时,您的谆谆教导和充满期望的目光;取得佳绩时,您为我们欢呼,给我们鼓励。

合:此时此刻,千言万语,万语千言,化作一首歌,献给我们亲爱的老师、父母。

甲:让我们全体起立,唱响《感恩的心》!(播放《感恩的心》视频)

合:让我们用最热烈的掌声有请敬爱的老师上场!我们要用少先队员最朴素、最崇高的礼仪向老师表示衷心而诚挚的感谢!

(毕业班老师上场!队员代表为老师献礼,送感恩卡、自制花束。)
(音乐《红领巾之歌》)

收 获 篇

甲:我们就要离开了,满载多年采撷的累累硕果,

乙:我们就要离开了,满载母校师生的切切深情。

甲:在这石榴花红的季节里,我们将放飞希望扬帆远航。下面请金书记宣读优秀毕业生名单。

乙:请学校领导为优秀毕业生颁发证书。(颁奖曲)

甲:五年啊,我们从相知、相守到相伴。

乙:五年啊,我们有拼搏、泪水和欢笑。

甲:学校领导时刻都在关注着我们的成长。有请姜校长为毕业典礼致辞。掌声欢迎!(校长寄语)

甲:谢谢校长!校长意味深长、热情洋溢的话语,鼓励着我们走向更好更高的目标!

乙：下面请校长为我们颁发毕业证书,请各中队派一位代表上台领取。(领毕业证书)

起 航 篇

甲：再见了,我的同学们,我们不能再在一个操场上踢足球、打篮球。

乙：再见了,我的同学们,我们不能再在一个教室里做算术、读课文。

合：但是,我们头顶同一片蓝天,分离无法阻断我们的友情! 怀揣梦想,让我们一起把美好的记忆珍藏!

(欣赏各中队临别寄语视频) (播放视频)

甲：心怀感恩,坚定信念。鲜艳队旗下,我们庄严宣誓——

(全体队员宣誓)

甲：五年的足迹,早已深深地烙在校园的每个角落,也烙在了我们的心中。

乙：小荷让我们学得了知识,懂得了道理,为我们奠定了向更高处飞翔的基础;

甲：今天我们是莘莘学子。

乙：明天我们是社会的栋梁。

甲：今天,我为小荷自豪!

乙：明天,小荷为我骄傲!

甲：让我们再一次心怀感恩,真诚地道一声:

乙：——美丽的母校,感谢您为我们扬起远航的风帆!

甲：——敬爱的老师,感谢您为我们插上腾飞的翅膀!

乙：——亲爱的同学,感谢你让我拥有一段珍贵的友谊!

合：——请大家相信我们,我们一定会更努力,我们的明天一定会更好!

(全场唱《明天会更好》) (播放《明天会更好》)

甲：请大队辅导员____老师带领我们呼号。(呼号)

甲：全体起立,退旗,敬礼! (播放《退旗曲》)

礼毕!

合："成长·感恩·起航"宝山区罗南中心校2016届毕业典礼到此

结束。

老师们,同学们,让我们在这美丽的画布上留下自己的签名,让它成为我们这个集体最珍贵的回忆吧。有请各中队老师和同学依次上台签名、合影留念。

（《我的未来不是梦》《再见》《祝你一路顺风》交替播放）

"互联网"支持下的学校德育工作

杜秋萍

假设我们的生活中没有"互联网",大家会觉得怎样? 是不是可以用一个词来形容"无所适从"? 已然,"互联网"已深入人心。

记得我刚踏上讲台,"多媒体教学"还是个新鲜、时髦的事物。那时候的多媒体教学也就是一台投影仪、几张 PPT,如果 PPT 能配以声音、动画的话,那就相当了不起了,可谓"高、大、上"了。那时候 PPT 也不是每个老师都会做的。如今,"互联网"已融入我们的教学,为我们的教学添璀增辉,不管是学科教学也好,班级管理也好,"网络"已然成为大家所认可、推崇的一种重要的教育管理手段,其优越性愈发显现。

下面,我就结合自己几年来的工作经历来粗浅的谈一谈"互联网"给学校德育工作带来的几个转变。

1. "互联网"带来的家校沟通方式的转变。

一个孩子的成长过程中受到很多因素的影响,其中最主要的莫过于"学校"和"家庭"。因此,在没有网络的时代,"家访"是主要的家校沟通方式。问题学生老师比较"宠爱",家访的次数相对比较多,其他学生一个学期也最多就一次左右,有的甚至从未有过。随着电话、手机的普及,"短信""电话"逐渐取而代之,因为更方便更省时。记得也就五六年前,我们市政府实事工程中有一项是专为"家庭与学校间的沟通、联系"

搭建的一个网络平台——"家校互动",班主任发出邀请,家长手机绑定,老师可以把一些重要通知或作业等信息发送到家长手机,及时告知。由此每月需要支付适量的信息费用,因此,总有部分家长不愿加入其中。渐渐的这个平台被大家所冷落。老师们由此受到启发,班主任老师感受到了网络的便捷,纷纷建立起班级 QQ 群,邀请家长及课任老师加入。和先前的"家校互动"平台相比,这一形式更受家长的欢迎,每天群里的头像闪烁不停,热闹非凡。大家除了学科上的问题讨论,更多和老师交流的是自己孩子的在校表现,老师也把班级学生在学校各项主题活动中的参与情况、活动照片上传,让家长及时了解。随着"微信"的兴起,现在几乎每个班级都组建了一个微信群,大家随时随地都能关注、参与,家长们经常会通过微信群分享一些育儿经验、文章;学习、比较中西方教育的差异等。

学校层面也借助此类平台组建了家委会群,和家长代表们交流、互动,经常就一些热点问题进行讨论、磋商,许多问题及时得以解决,避免产生误解,家校携手,营造一个和谐、向上的学习氛围。去年,我们创建了学校微信平台,鼓励每位家长积极加入。借助微信平台,我们在第一时间发布一些重要通知、紧急通知,同时也可以上传一些学校重要活动的报道及精彩瞬间,让家长动动手指就能及时了解学校的最新动态。

2. "互联网"带来的校园文化建设的转变。

早在十几年前,我校就着手创办了自己的学校网站。如今,我们的网站日益成熟,内容日益丰富,其作用也日益显现。我们的网站分为学校概况、学校新闻、教师发展、党群建设等九大块,学校每条线都负责相应的栏目,如:德育之窗、心灵阳光等栏目就由我们德育室负责建设。去年,我们借助"心灵阳光"栏目组织开展了"好家长""学习型家庭"的网络评选,通过这一方式向家长向社会宣传我们的活动我们的学校,同时也是家长们互相取经、学习的途径之一,大家觉得这样的评选公平、公正、公开,活动很有意义。除此之外,我们也通过学校网站开展了才艺小达人等竞选活动,都获得了颇高的评价。

全校 37 个班级,每个班都设置了班级网页,班主任个个都是网页制作高手,他们融入自己班级特色,体现班级文化,把班级网页制作得图文并茂、生动有趣。高年级的班主任还发动学生,让孩子们参与班级网页的制作,出点子、搞设计,学生将自己的周记、作文等上传到班级网

文化与管理篇

页与同学分享,正所谓"我们的班级我们做主"。

"小荷电视台"是我校搭建的又一网络平台。至今我们已播出了二十多期。其中包括这样几个栏目:小荷放大镜、健康直通车、校园明星、心语心愿、新闻连连看、小荷聚光灯、文学星空。每个栏目从策划、编排、排演、采访、取景、录播,所有的程序都是由学生自主完成。接下来的剪辑、制作我们设想也逐渐脱手,让孩子们自己尝试。孩子们格外珍惜在"小荷电视台"工作的机会,把这既当作一个展示自己的舞台,又从中锻炼了自己的综合能力,收获满满。

3. "互联网"带来的学生行规养成教育方式的转变。

对于行规的养成我们老师更多的做法就是"苦口婆心、循循善诱",而收效甚微。怎样才能摆脱这一困境呢?这一问题一直困扰着我们老师。小朋友对于老师的教育、教训听多了、烦了、腻了,很枯燥。每天的午会课上老师不是批评这个小朋友不对,就是指责那个同学不好,从老师口中听到的总是那么几个词"不可以、不能、不行、应该……"小朋友们把午会课当成"批评大会",下课铃声一响,依然我行我素。一次偶然的机会,我在电视里看到了一部纪录片,感人至深。感动之余,我突发奇想,花了老半天从网上搜寻到该段视频下载后,乘某一天空闲时播放给班里的孩子们看。下课铃声响过,但片子还没结束,教室里依然静悄悄的,有好多孩子在偷偷地抹眼泪。要换在平时,哪怕是他们喜欢的动画片也抵不过诱人的课间十分钟。这一整天,孩子们一改往日的喧闹,说话、做事都有礼有节,回到家,家长们也感觉略微有所变化,纷纷向老师询问。这给了我一个启示,也许这样的教育胜过老师的长篇大论、苦口婆心,更愿意被孩子所接受,更能触动他们。此后,我们利用丰富的网络资源,以图文、音频、视频等形式搜集、制作了一系列德育教育主题,利用班会课、队会课和学校主题活动向学生展示、宣传、教育。班主任也都觉得这样的教育方式事半功倍,除了学校层面组织,自己也纷纷效仿,如:找一些爱国影片,将学生带入战火纷飞、血雨腥风的场景,看着战士们为祖国抛头颅洒热血,感动于他们的无所畏惧、一往无前的精神;搜一些历史纪录片,让学生回顾中国百年历史的风风雨雨;忆一忆伟人的感人故事、读一读他们的至理名言……

除此之外,我们用自己的镜头记录下校园内一些好人好事或不文明行为,在"小荷电视台"中播放,让小朋友一起来议一议。这样的做法对于孩子们的触动非常非常大,他们不仅渐渐学着规范自己的言行,还能相互督促。

其实,网络在我们的教育教学中所占的比重越来越大,其作用显而易见,当然它也有其弊端。因此,怎样利用互联网的优势为我们的教育教学所用,是需要我们进一步探索的。

教育与教学篇

——颂一阕荷香飘飘，展一段风骨神采

基于课程标准的小学多角度
"作文评价"的实践

施文江

一、背景概述

众所周知,中高年级段的语文老师,语文作业批改中最头疼的,莫过于学生作文的批改了。老师们常常把学生的作文本带回家,发扬蚂蚁啃骨头的精神,今天改几本,明天再改几本……一个星期过去了,正好改完作文草稿;第二个星期过去了,差不多改完作文的誊写本。如此,周而复始,循环往复,往往耗时费力。一提起作文批改,老师就会皱起眉头,一脸苦恼;面对老师精心批改的作文,学生是否又认真对待了呢? 老师的作文评语洋洋洒洒,费时颇多,是否又对提高学生的作文修改能力、作文水平起到了应有的作用呢?

我是一名高年级的语文老师,常常也会有这样的困惑:如何有效地提高学生的作文水平? 如何为语文老师的作文批改减负? 如何帮老师轻松面对作文评价? 这样的问题多年来一直在我的心头萦绕。

课程标准明确指出,五年级的学生需要初步学习最基本的作文修改方法。然而作文修改能力的提高显然不可能一蹴而就。那么,如何发挥作文评价的功能,循序渐进地培养学生自主修改作文的能力呢? 它的抓手又是什么呢?

事也凑巧,近几年,我们学校有一位高年级的语文老师,就改变作文的评价方式作了一些粗浅的尝试:他针对每篇作文,设计了数量不一的问题,针对这些问题给学生打出一个个等第,以此代替以往作文批改中的总评。其实他的做法就是帮助学生通过这些问题去思考、去写作、去修改,从而领悟怎样写好一篇作文。后来,有几位同年级的老师见了,觉得这办法不错;之后又有个别三年级的老师尝试着去这样做。这样的做法改变了传统的作文评价方式,有其一定的价值。先来看看1.0版的两份作文评价吧。

1.0 版本作文评价样例 1——五上《菊花》

1. 文章是否介绍了菊花几个方面的内容?　　　　　　　　　（　　　）
2. 这几个方面是否有条理地排列?　　　　　　　　　　　　（　　　）
3. 每个方面是否清楚地介绍了菊花的特点?　　　　　　　　（　　　）
4. 字里行间是否能表现出自己"喜爱的"真情实感?　　　　　（　　　）
5. 每个方面是否独立成节,层次清楚,连接紧密?　　　　　　（　　　）
6. 是否有错别字?　　　　　　　　　　　　　　　　　　　（　　　）
7. 是否准确而又巧妙地使用了标点符号?　　　　　　　　　（　　　）
8. 誊写是否工整,符合书写的 8 个要求?　　　　　　　　　（　　　）

1.0 版本作文评价样例 2——五上《和书中的人物密语》

1. 你文中所密语的人物,内容是否和自己阅读过的故事有关?
　　　　　　　　　　　　　　　　　　　　　　　　　　　（　　　）
2. 语句是否通顺、内容是否清楚完整?　　　　　　　　　　（　　　）
3. 既然是密语,内容是否以人物对话为主?　　　　　　　　（　　　）
4. 除了对话为主,是否恰当地描写了人物的神态、动作、心理?
　　　　　　　　　　　　　　　　　　　　　　　　　　　（　　　）
5. 密语的内容可以是丰富多彩的,你们密语的内容是否有意义?
　　　　　　　　　　　　　　　　　　　　　　　　　　　（　　　）
6. 层次是否清楚? 是否合理分节? 是否连接紧密?　　　　　（　　　）
7. 是否有错别字?　　　　　　　　　　　　　　　　　　　（　　　）
8. 标点符号是否运用得准确、巧妙?　　　　　　　　　　　（　　　）
9. 誊写是否工整? 符合书写的 8 个要求?　　　　　　　　　（　　　）

　　在检查学生作文本时,我认真读了这些特别设计的问题,细细思考,发现老师们在设计时,关注了题目的要求。不过,那么多的问题没有进行归类整理。

有没有更好的做法呢？这时我想到了区教育学院提供的三至五年级的作文评价标准。如果把评价标准与这些问题有机地结合起来，不就更加科学合理吗？于是，我马上把这样的想法与学校分管教学的领导进行了沟通，有了强有力的支持，我们几位老师便分头大胆地进行了升级版作文评价表的设计。

一稿又一稿，交流讨论再推敲再修改。接着，我们把新版本的作文评价表（讨论稿）推荐给了每一位三至五年级的语文老师，要求他们仔细研读评价表样张的设计，在教研组内进行交流讨论，再进行完善。

三个年级的作文评价表关注到了年段的差别，循序渐进、由浅入深。

三年级四大板块的内容，把优、良、合格、须努力四个等第的要求一一表述清楚，由老师进行评价，便于学生了解自己作文的具体情况。后面的自评部分，考虑到学生的年龄特点，提几个问题，让他们进行相对较为简单的判断。

四、五年级的新版评价表从选择材料（写什么?），组织材料（怎么写?），语言表达（写得怎么样?），错字、标点与书写（学习习惯）四大板块着手；每个板块设计出两至三个相关的问题；每个板块的等第评价由老师评价与学生评价共同完成；最后，老师抓住学生作文某方面比较突出的优点或不足完成简短的评语。

于是，学校正式启动新版本作文评价表的运行，要求三至五年级的每位语文老师都参与评价表的设计，并运用到自己的作文教学评价中。其操作路径一般为：设计"评价表"→作前指导→作文修改→作后评价→发现不足。

（1）设计"评价表"：基于课标，明确年段、年级作文要求，根据作文题目及相关要求，确立选择材料（写什么），组织材料（怎么写），语言表达（写得怎样），书写、标点与错别字（学习习惯）四大板块的评价观察点，设计出相应的问题，引导学生写作。

（2）作前指导：老师利用评价表中"写什么"和"怎么写"板块的内容引导学生明确题意，帮助学生打开写作思路，选择合适的材料，合理地组织材料。

（3）作文修改：学生读读自己（或同学）的文章，逐一对照评价表四个板块的问题，认真地进行修改。

（4）作后评价：自己、同学、老师读读文章，对照评价表四个板块的问题，进行如实评价。

（5）发现不足：借助评价表中师评、互评、自评获得的等第，发现自己作文中的优点，最重要的是发现自己需要改进的地方，进行自我调整。

二、案例呈现

1. 评价内容。

基于语文课程标准和年段的作文教学目标，根据教材中每篇课堂作文题目的要求与学生实际，围绕着：选择材料（写什么），组织材料（怎么写），语言表达（写得怎样），书写、标点、错别字（学习习惯）这四大板块中设计的评价观察点，由老师、学生、同学进行多角度的评价。

2. 评价方法。

评价者认真读读作文，抓住作文评价表中四个板块的问题，逐一对照，作出正确的判断，在问题后面相应的括号里，如实地进行等第评价。

（1）自评：认真读自己的作文，在每个问题后，打出相应等第。

（2）互评：认真读同学的作文，在每个问题后，打出相应等第。

（3）师评：老师在每个问题后，打出相应等第，再就作文中某一个亮点或不足之处，写上简明扼要的评语。（三年级学生的自评是在老师引导下进行的自评，再加上老师评价；四年级是学生本人与老师一起评，五年级是学生本人、同学、老师大家一起评。）

3. 评价标准。

教师基于课程标准，关注年段的作文教学目标，关注学生的学情，设计评价标准；并根据不同的作文题目细化要求，针对写什么，怎么写，写得怎么样，书写、标点、错别字四个板块，设计出若干个支架式问题，引导学生和老师一起进行比较准确的评价。

例1：三年级多角度"习作评价"实践——老师教我评作文

评价内容	三上《小猪学样》习作评价表——评价等第(在符合的选项后打√)(观察点)			
	优 秀	良 好	合 格	须努力
选择材料(写什么)	能围绕情境合理想象,内容具体有趣。(　)	能围绕情境展开想象,内容比较具体。(　)	能围绕情境想象,但内容过于简单。(　)	不能围绕情境想象,想象的内容前后不一致。(　)
组织材料(怎么写)	叙述完整,过程清楚。(　)	叙述较完整,过程较清楚。(　)	叙述不完整,过程不清楚。(　)	只写一两句话,不能形成一段话。(　)
语言表达(写得怎样)	语句通顺,用词准确。(　)	语句基本通顺,用词基本恰当。(　)	有病句或词语运用得不恰当。(　)	不能清楚地表达自己的意思。(　)
学习习惯(书写标点)	错别字2—3个;个别标点用错;字迹端正,书面整洁。(　)	错别字4—6个;标点用错较多;书写比较端正。(　)	错别字7—8个;标点用错较多;书写不够端正。(　)	错别字8个以上;标点一逗到底,或没标点;书写不端正,看不清。(　)

学生自评:(在符合的选项后打√)

(1) 是否展开了合理想象,把事情写清楚? 把句子写通顺了?　　　　　　　(　　　)

(2) 是否写清楚了小猪向谁学好样? 他是如何学好样的?　　　　　　　(　　　)

(3) 是否认真观察了图画,写出了小动物们的动作和语言?　　　　　　(　　　)

老师的话:	等第:＿＿＿＿＿ 书写:＿＿＿＿＿ 日期:＿＿＿＿＿

例2：四年级多角度"作文评价"实践——我和老师一起评

评价内容	四上作文题目:《玩得真高兴》(观察点)	评价等第(在符合的选项后打√)
选择材料(写什么)	1. 你能围绕中心词"真高兴"来选择作文的材料吗? 2. 文中是否表达出愉快的心情?	自评:　优　良　合格　须努力 师评:　优　良　合格　须努力
组织材料(怎么写)	1. 你的文章有小节的划分吗? 2. 你是否把玩的过程,分几步写清楚,写具体了?	自评:　优　良　合格　须努力 师评:　优　良　合格　须努力

评价内容	四上作文题目：《玩得真高兴》（观察点）	评价等第（在符合的选项后打√）
语言表达（写得怎样）	1. 词语用得是否恰当、准确呢？ 2. 语句是否通顺、连贯呢？ 3. 文章是否表达了真实的情感？描写生动吗？	自评：　优　良　合格　须努力 师评：　优　良　合格　须努力
标点、错别字书写情况	1. 文中有错别字吗？ 2. 标点是否正确使用了？ 3. 书写认真吗？字迹端正吗？	自评：　优　良　合格　须努力 师评：　优　良　合格　须努力
老师的话： 得分：　　　　　书写：　　　　　　　日期：			

例3：五年级多角度"作文评价"实践——大家一起评作文

评价内容	五上作文题目：《最让我难忘的一句名言》（观察点）	评价等第（在符合的选项后打√）
选择材料（写什么）	1. 你能围绕中心词"最难忘"来选择作文的材料吗？ 2. 文中是否写清楚了这句名言对你所起的作用呢？	自评：　优　良　合格　须努力 互评：　优　良　合格　须努力 师评：　优　良　合格　须努力
组织材料（怎么写）	1. 你的文章有小节的划分吗？ 2. 你是否用具体的事例来说明难忘的原因呢？ 3. 这句难忘的名言在文中是否出现了多次？	自评：　优　良　合格　须努力 互评：　优　良　合格　须努力 师评：　优　良　合格　须努力
语言表达（写得怎样）	1. 作文的用词是否恰当、准确呢？ 2. 文中的语句是否通顺、连贯呢？ 3. 你的文章是否有真情？描写生动吗？	自评：　优　良　合格　须努力 互评：　优　良　合格　须努力 师评：　优　良　合格　须努力
标点、错别字书写情况	1. 文中有错别字吗？ 2. 标点是否正确使用了？ 3. 书写认真吗？字迹端正吗？	自评：　优　良　合格　须努力 互评：　优　良　合格　须努力 师评：　优　良　合格　须努力
老师的话： 得分：　　　　　书写：　　　　　　　日期：			

4. 评价要点。

在每次"设计作文评价表"时,老师们围绕"选材、组材、中心、语言、书写"等方面展开评价,每一个板块会根据文章的特点设计一些针对性的问题,罗列2—3个小问题。当学生结合这些问题,再去读自己的文章时,指向就更清晰了,能够方便学生修改作文,将评价这件事变成师生共同的任务,让学生积极投入作文评价,发挥学生主动学习的作用,促进学生学会写作文,学会修改作文。

三、实施效果

(一)使用"课堂作文评价表"情况调查

为了解2.0版本"作文评价表"的使用情况,2016年11月21日,我们分别对三至五年级的语文老师和学生就作文评价表的使用情况作了一个调查。

三年级作文评价表使用情况调查统计

	三1	三2	三3	三4	三5	三6	三7
1. 是否使用	100%	100%	100%	100%	100%	100%	100%
2. 使用张数	4张	4张	4张	5张	5张	5张	5张
3. 自评次数	3次	3次	4次	5次	5次	5次	5次
4. 是否有助	97.5%	97.56%	100%	92.31%	100%	100%	83.33%
5. 是否喜欢	94.87%	100%	100%	91.3%	97.5%	100%	94.44%

四年级作文评价表使用情况调查统计

	四1	四2	四3	四4	四5	四6
1. 是否使用	100%	100%	100%	100%	100%	100%
2. 使用张数	3张	4张	3张	4张	4张	4张
3. 自评次数	3次	4次	3次	3次	4次	4次
4. 是否有助	100%	100%	90%	95.12%	100%	97.73%
5. 是否喜欢	97.78%	100%	90%	90.24%	100%	97.73%

五年级作文评价表使用情况调查统计

	五1	五2	五3	五4	五5	五6
1.是否使用	100％	100％	100％	100％	100％	100％
2.使用张数	4张	4张	4张	4张	4张	4张
3.自评次数	3次	2次	3次	3次	4次	3次
4.同学评价	1次	2次	1次	1次	1次	1次
5.评价同学	1次	1、2、3、4等	1次	1次	部分参与	1次
6.是否有助	97.78％	100％	100％	100％	86.67％	75.61％
7.是否喜欢	100％	100％	100％		100％	80.49％

（二）老师这样做

我们还召开了一个三至五年级语文老师的研讨会,会上每一位语文老师就自己如何使用作文评价表进行了交流,畅谈了自己一段时间使用作文评价表的情况及遇到的困惑。关于作文评价表,让我们去听听老师又是怎么使用的? 怎么想的? 再去瞧瞧学生又是怎么想、怎么说的?

问题1:你是怎样指导学生对作文进行自评的?

指导学生先阅读自己的习作,对照评价标准的观察点,也就是针对每个问题,再看看自己的作文,作出评判选择。

低年级:第一次使用课堂作文评价表时,我选出了两篇学生范文,一篇优秀,一篇良好。利用投影仪进行展示。师生一起边读边对照评价标准分析,边修改,引导学生从简单的观察书写是否端正入手,再看文章中是否有错别字;然后深入文章,读一读句子中的词语使用是否准确,句子是否通顺,句意是否连贯;事情有没有表达具体清楚。通过对两篇作文的对比阅读和老师的讲解引导,学生根据老师下发的作文评价表,对自己的作文便做出了初步的评价。

初次指导时,操作具体一些,主要是教给学生方法。师生一起,边读边分析,边修改,引导学生先从观察书写是否端正入手,再看文章中是否有错别字,然后深入文章,读一读句子中的词语使用是否准确,句子是否通顺,句意是否连贯,事情有没有表达具体清楚。

高年级：刚开始使用评价表时,在老师的指导下,要求学生对照评价表中的几项标准,用铅笔给自己的作文评出等第;然后选两篇,将他们的作文读给大家听,让大家再一起对照评价表,看看他们的自我评价是否准确;最后,每位同学对照评价标准再次对自己的作文作出评价,把铅笔的评价改成钢笔的评价。初步教会方法之后,第2次作文,让学生结合自己的作文独立进行自评。

问题2:你是怎样指导学生对作文进行互评的?

互评:同桌交换,对照要求,读读作文,做出选择。

老师1：这是孩子们最喜欢的一种作文评价方式之一了。当孩子们完成一篇习作后,他们要做的第一件事情就是读读同伴的作文(每次至少读5—8篇)。在品读的过程中,孩子们会互相交流,互相提意见,互相学习,真可谓不亦乐乎!

老师2：同学之间先阅读对方的习作,然后根据评价的要求进行评价。学生在有了初步自评能力之后,再去读别人的文章时,他们会更用心地阅读,去发现对方作文的问题所在。我也会把孩子互评之后的结果在班级中展示,让孩子们一起分析这样的评价是否正确。在这样的师生共同讨论交流中,孩子们对互评的标准就有了较清楚的认识。

老师3：在学生有了初步自评能力之后,通过同桌互评的方式对作文进行评价(对照作文评价表)。课上,会把学生互评之后的作文通过实物投影仪进行展示,指导班中的学生一起分析这样的评价是否正确和客观。在学生有了初步的自评能力后,让班级中写作成绩比较优秀的学生,(对照作文评价表)给同学的作文进行评价。课上,把学生互评之后的作文,通过实物投影仪进行展示,指导班中的学生一起分析这样的评价是否准确和客观。以后,再请同桌之间进行互评。

老师4：学生在有了初步自评能力之后,让孩子们尝试互评,去发现别人作文的优缺点。我把孩子互评之后的结果在班级中展示,让孩子们一起分析这样的评价是否正确。在交流学习中学会互评方法。

（三）老师这么说

问题3:你觉得用了作文评价表后,对提高学生的作文水平会有哪方面的帮助?

老师1:三年级学生刚开始接触命题习作,他们会根据评价表,了

解到自己文章存在的不足,比如词语使用不够恰当,表达不太完整,故事叙述不够清楚等。评价表为学生提供了一个指引方向,孩子们会针对评价表的反馈,努力克服写作上的不足。

老师2:三年级的习作刚刚起步,评价表能让学生认真思考每次习作要求达成的目标,帮助他们明确方向。

老师3:三年级学生刚开始接触作文,对于如何写无从下手,评价表中的几项内容可以帮助学生理清写作的一些方法,让学生知道可以从这几方面入手。同时,通过自评、互评的方式,学生就可以取他人之所长,补己之所短。

老师4:首先,方向会更明确。学生会对自己现有的作文水平有一个比较客观的了解,找到差距,找到努力的目标。其次,思维会更活跃。老师抛出一些问题之后,学生会思、会想、会斟酌,思维会更有宽度、更有广度。再次,视野会更开阔。学生在交流中,可以互相切磋,共同进步。

老师5:明确了习作的要求;让学生更了解作文的写作要求及对自身作文的认识;互评可以起到互相学习的作用。

老师6:作文评价表对作文有了细致的要求,能帮助学生选择比较合适的题材。还为学生修改作文提供了一定的帮助,能较有针对性地发现自己作文中存在的问题。

(四)学生这么说

三年级:

(1)觉得用了作文评价表后,让我知道了有哪些地方需要改正。

(2)可以看到自己不好的地方,下次加油。

(3)我对照着作文评价表,把作文写得更清楚了。

(4)可以让我知道自己的作文哪里不好,继续努力,让自己的作文写得更加好。

(5)对我的帮助很大,因为我写得不好的地方,老师会在上面指出。

(6)我知道了我的文章好在哪里。我希望让爸爸妈妈也来评一评我的作文。

(7)我觉得使用作文评价表给我的帮助是:上次是不对的地方,下次可写得更好。

四年级：

(1) 能教我怎么修改作文,希望评价单上每次都有同学之间的互评。

(2) 能督促我正确使用标点符号。

(3) 我了解自己需要改进的地方是标点符号,用词不大准确。

(4) 我有了努力的方向,知道我在什么地方需要改进。

(5) 清楚地告诉我,怎么选材是合理的。

(6) 发现了我的作文还有许多问题,以后需要改进。

(7) 告诉我如何选材料,重点写什么,怎样写。

(8) 更清楚如何写好作文,知道自己的不足,知道不要跑题。

五年级：

(1) 告诉我从哪几方面入手写作文。

(2) 可以帮助我围绕主题写,它就像是一个监督我的人。

(3) 可以告诉我这篇作文有哪些地方还不行,更方便修改了。

(4) 能让我知道有没有围绕题目写,有没有把文中的事物写具体。

(5) 每一张表格都有自评、互评、师评,让自己可以更清楚作文中的欠缺的地方。

(6) 让我知道选材是否正确,我可以改进不足,选正确的内容写。

(7) 了解自己作文的细节描写有进步。

(8) 评价单能让我有更多机会和同学交流文章的好坏,得到大家的帮助。

(9) 能看出老师对我作文上的哪点不够满意。

(10) 能帮我找出作文的缺点,针对某个地方改进。

(11) 每次获得高的评价时,会有一点小小的喜悦感,鼓励我继续加油。

四、我们的思考

通过教师之间的研讨交流,老师们对评价表使用时的步骤更加清晰了,大家也进一步认识到只有让作文评价表"一表多用",才能发挥它更大的指导作用;此外,老师们也可以在年级组通用评价表的基础上,加入自己班级个性化评价需求的元素。比如说,有的四年级学生提出,希望可以在老师的指导下尝试着进行互评。

（一）让学生积极参与作文评价

评价的最终目的是为了促进学习者的学习。运用学习评价表,为学生搭建了学习的支架,在老师的引导下,学生自主地参与到评价活动中,发现问题,加以改进;学习评价,学会评价。一次次的自我评价其实也是在不断地内化、反思与进步。一次次的互评,其实也是一种学习,取长补短,共同进步的过程。学生积极主动、兴趣盎然地参与到作文评价中,使作文评价的效益更大。

（二）帮老师轻松面对作文评价

评价表的衍生产品,就是帮助语文老师减少了重复性的劳动。老师撰写评语时,无须面面俱到,对学生的作文进行一一详细的总评;而是有所侧重、有所选择地把学生作文中某一方面的亮点或者存在的问题加以阐述。

（三）我们还可以做得更好

你评、我评、大家评,作文评价真有趣。就目前而言,感觉这样的作文评价可操作性还是比较强的,非常实用,也达到了事半功倍的效果。在今后的作文评价中,我们会不断地总结经验,优化评价方式,使之更加完善。

1. 中年级评价表的语言还可以口语化一些,让学生更加容易理解,对孩子的引导也会更加明确。

2. 每次习作的内容都是不同的,有写景的,有写人的,有写活动的、有想象作文等等,在进行评价表的设计时,应仔细斟酌评价细则,使其更具针对性。

附表1：2016 学年第一学期语文教师使用"课堂作文评价表"情况调查问卷

1. 填空题：请在每道题目后面的括号内,填上答案。

(1) 学生完成作文誊写后,你都会把作文评价表贴在作文后吗？

（　　　　）

(2) 本学期的作文评价表,你自己设计的有几张？　　　　（　　　　）

(3) 目前为止,你们班的作文评价表共使用了几张？　　　　（　　　　）

（4）使用作文评价表，可以提高批改的效率吗？　　　　（　　）

（5）你觉得用了作文评价表后，对学生的作文有帮助吗？　（　　）

① 有很大帮助　② 有较大帮助　③ 有一些帮助　④ 没有帮助

2. 简答题：

（1）你是怎样指导学生对作文进行自评的？

（2）你是怎样指导学生对作文进行互评的？

（3）你觉得用了作文评价表后，对提高学生的作文水平会有哪些方面的帮助？

（4）你觉得作文评价表还有哪些需要改进的地方？

附表2：2016学年（上）3—5年级学生使用"课堂作文评价表"情况调查问卷

说明：请在每道题目后面的括号内，填上序号。班级_____

1. 本学期，每次完成作文誊写后，老师都会设计一张作文评价表，贴在你写的作文后面。

（1）是　　　（2）不是　　　　　　　　　　　　　（　　）

2. 本学期，你们班的语文课堂作文评价表共使用了几张？（　　）

（1）2张　　（2）3张　　　（3）4张　　　（4）5张

3. 你用作文评价表，对自己写的作文，共评价过几次？　（　　）

（1）1次　　（2）2次　　（3）3次　　（4）4次　　（5）5次

4. 你的同学用作文评价表，对你的文章评价过几次？　（　　）

（1）1次　　（2）2次　　（3）3次　　（4）4次　　（5）5次

5. 如果你是五年级学生，本学期你给同学的作文评价过几次？

　　　　　　　　　　　　　　　　　　　　　　　　（　　）

（1）1次　　（2）2次　　（3）3次　　（4）4次及以上

6. 使用了作文评价表后，你有什么体会？　　　　　　（　　）

（1）有很大帮助　　　　（2）有较大帮助

（3）有一些帮助　　　　（4）没有帮助

7. 简答题：

（1）你喜欢这张作文评价表吗？

（2）觉得用了作文评价表后，对你的作文有哪些帮助？

（3）你觉得这张表在使用时还有什么需要改进的地方？

"以学定教"在语文教学设计中的运用

金 秀

有人说,黄沙如海,找不到绝对相似的两颗沙粒;绿叶如云,寻不见完全雷同的一双叶片。同样如此,人海茫茫,我们找不到两个完全相同的学生,他们的知识基础、能力结构、兴趣发展和身体素质等都会有差异。但如果我们的课堂按照统一的标准来要求学生,肯定难免天资聪慧的学生吃不饱,学习能力较差的学生吃不了,这就需要以学定教,因材施教。"以学定教"就是按照学生的具体情况来确定教学计划、教学内容、教学方法和教学设计等。语文课该如何以学定教呢? 在语文教学实践中,我努力寻找语文教学本源,尝试开展了"以学定教在语文教学设计中的运用"的实践研究,并有了以下粗浅的体会:

一、分析学习基础,确定教学起点

美国教育学家奥苏贝尔说:"如果我不得不将所有的教育心理学原理还原为一句话的话,我认为,影响学习的最重要因素是学生已经知道了什么,根据学生原有的知识状态进行教学。"由此可见,在语文教学设计前,我们首先要了解学生的学习基础,确定好一堂课的教学起点,才能做到"有备而来、以学定教",否则将会直接影响到我们的教学效果。例如:

一位老师在执教《瑞雪》一课时,她把理解"瑞雪"的"瑞"作为教学的目标之一。在课的一开始,她先板书课题:37瑞雪,教学生读题,提问:"瑞"是什么意思?

生1:厚厚的雪。

生 2:"瑞"的意思是"瑞士"……

"瑞"对于三年级的学生来说,只接触到"瑞士",是个表示地方的名词。但"瑞雪"一般指的是冬天下的大雪,可以给庄稼保暖、杀死害虫、滋润土地,使来年获得丰收,所以"瑞"在这儿是形容词,表示"好、吉祥"的意思,它与"瑞士"的"瑞"意思完全不同。由于老师在备课前没有考虑到学生的原有知识基础(只接触到"瑞士"),课题一出示后,就让学生说"瑞"的意思,学生肯定是不知道的,以至于会瞎说,教师只能以失败告终。

由此可见,语文老师在备课前,都需要自我追问:哪些是学生已知的,哪些是学生未知的,我们的教学起点是什么? 在学生未知的当中,哪些是我们所执教的年级学生不需要掌握的,哪些又是必须要学会的,我们如何来帮助学生运用已有的知识来学习新知、掌握新本领等等,这些问题都需要我们进行思考、分析和解决。只有这样,才能真正以学定教,促进新旧知识间的同化与顺应。

二、找准学习需要,铺设练习坡度

学习需要是指学习者目前水平与期望学习者达到的水平之间的差距,即:期望达到的学习状况(终点)-目前的学习状况(起点)=差距(学习需要)。

关注学生的学习需要,就是要根据学生现有的实际水平与教师期望的目标水平之间存在的差距,来设计教学,这直接关系到教学的有效性。如果寻找到的差距过小,学生的能力将无法完成终点目标,如果差距过大,则会在学生已经掌握的内容上或教学活动上浪费时间和精力。只有找准差距,设计需要的坡度练习,才能使我们的教学环环相扣、步步为营。我们还是以《瑞雪》一课,理解"瑞雪"的"瑞"为例:

师:板书课题:37 瑞雪,教学生读题,提问:读了课题你有什么疑问吗?

生 1:什么是瑞雪?

生 2:为什么把这场雪称为瑞雪?

生 3:"瑞"是什么意思?

师:让我们带着这三个问题一起走进课文。

教育与教学篇

......

学习课文的第四节："今冬麦盖三层被,来年枕着馒头睡。"面对一望无际的大雪,有经验的老农高兴得眉开眼笑,连声说:"好雪! 好雪!"

补充阅读小贴士:瑞雪兆丰年

(主要内容:冬天下的雪可以给庄稼保暖、杀死害虫、滋润土地,使来年获得丰收。)

理解谚语:"今冬麦盖三层被,来年枕着馒头睡。"

(今年冬天,麦子盖上了一层厚厚的雪,明年一定是个丰收年。)

师:现在谁来说说"瑞"是什么意思……

生 1:瑞的意思是"好"。

生 2:瑞的意思是"吉祥"。

这位老师与上文中的老师都把理解"瑞雪"的"瑞"作为课文的目标之一,但两者的教学效果截然不同。这个老师不仅知道学生知识基础,更知道学生的学习需要,所以为学生提供了学习"支架"。她先让学生学习课文内容、补充"瑞雪作用"的知识、在理解农谚意思的基础上,再让学生理解"瑞",水到渠成,学生自然迎刃而解。这种方法是值得我们效仿的。

三、遵循学习规律,创设实践平台

"纸上得来终觉浅,绝知此事要躬行。"无论是语文知识、语文方法的学习,还是语文能力的获得,最好的办法不是教师讲解、演示,而是让学生自己建构,亲自动手参与实践。因此,教师必须深刻认识语文课程的实践性与语文能力的习得性,让学生通过听听、读读、背背、议议,动嘴说一说,动笔写一写,动手做一做等,通过理解、积累语言,模仿或创造性的表达等实践活动,掌握语言,提高语言能力。

如《爬山虎》第三节,作者具体地介绍了爬山虎的脚。虽然作者介绍得很清楚,但语言也有其局限性,比较抽象,加上学生知识水平、理解能力等的不足,所以单靠老师的讲解,学生是很难理解这一节的。

有一位老师是这样设计这一节教学的:

1. 出示学习任务单:

(1)自由读读课文的第三小节,读通句子,读准字音。

（2）默读课文第三节，根据课文内容为爬山虎画一张简笔画。

2. 展示学生的简笔画。

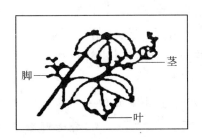

3. 看着简笔画，把第三节内容说一说。

4. 以爬山虎的口气向大家介绍一下自己的脚。（拿着简笔画）

大家好，我是爬山虎，这就是我的脚：_____

_____

_____。

以上语文实践活动，先让学生一边读书，一边理解课文内容、把文字描绘成形象的图画，接着让学生看着图画，把第三节内容说一说，把课文的语言内化为自己的语言；最后又让学生学着运用语言，以爬山虎的口气向大家介绍一下自己的脚。整个过程，不是以文本解读为目标设计教学流程，而是按照学生学习规律来设计教学流程，通过调动学生的脑、眼、口、耳、手等，引导学生理解、积累、运用语言，实现课文语言的同化，切实提高学生的语言质量，取得了较好地教学效果。

四、关注学习差异，实施分层教学

发展型教学理论将差异看作一种资源，承认差异，尊重差异应该是"以学定教"的一个重要理念。我们要关注学生学习过程中的个体差异，以分层教学为突破口，优化教学设计，因人定标、因材施教，允许学生选择适合自己的学习方式，使教学能够顺应学生个性发展的规律，让每一颗金子都闪闪发光。如《信》一课，课文的内容是这样的：

……

我多么想写呀，写许多许多的信——

替雏鸟给妈妈写，　　　　　　　替花朵给蜜蜂写，

教育与教学篇

让妈妈快回巢，　　　　　　　　请快来采蜜，
天色已近黄昏。　　　　　　　　花儿已姹紫嫣红……

　　这篇诗歌篇幅短小、结构相同、内容丰富、词句清新优美、富有感情，我们让学生学了之后，可以模仿课文的样子，也来学着写几句诗。考虑到学生的个性差异，我们可以设计这样的分层练习：

　　★：
　　我多么想写呀，写许多许多的信——
　　替____给____写，　　　　替老师给小朋友写，
　　让农民伯伯快到果园里，　　_____，
　　橘子已挂满枝头。　　　　　_____……

　　★★：
　　我多么想写呀，写许多许多的信——
　　替小树给云儿写信，　　　　替_____给_____，
　　_____，　　　　_____，
　　_____。　　　　_____……

　　★★★：
　　我多么想写呀，写许多许多的信——
　　_____，　　　　_____，
　　_____，　　　　_____，
　　_____。　　　　_____……

　　以上三个练习，由易到难，供学生选择，同时鼓励学生挑战自我。它们不仅能适合不同层次孩子的需要，更能充分发挥每个学生的潜能，让所有的学生都积极主动参与学习探索活动，各尽其长，各有所得，不同程度地提高他们的综合能力，这才是真正地落实"以学定教"。

　　在实践中，我觉得"以学定教"值得探讨的问题还有很多。比如：如何科学、合理制定一堂课的教学目标、重点、难点；如何改进教学方法，激发学生的学习兴趣？怎样评价学生，才能调动学生的学习积极性？课堂上如何才能发挥学生的主体作用？这些问题都有待于我们今后的努力。但是，我想，我们每一位教师应善于倾听学生的声音，分析他们的成长点，完善备课，探究和构建与学生相匹配的教学策略，"少教多学、以学定教"，有的放矢，才能真正实现有效的课堂教学。

立足文本，"深"入"浅"出

——从《鸬鹚》一课的教学谈
对语文备课的理解

朱薇薇

顾明远形象地把课分成四个境界，第一境界为"深入浅出"，第二境界为"浅入浅出"，第三境界为"深入深出"，第四境界为"浅入深出"。毋庸置疑，第一境界"深入浅出"，是我们语文教学所追求的，这其中既包含着对教师课前钻研教材的要求，也提出了教师还需根据学生学习的现状进行课堂教学的要求。"深入"指的是老师自身有扎实深厚的专业知识，在钻研教材时全面而深入；"浅出"是说老师能准确把握学生的原有的认知水平，用通俗易懂的语言和恰当的教育方法，把深奥的内容和道理讲得浅显易懂。要做到"深入浅出"，备课十分重要。现就以二年级第二学期《鸬鹚》的教学谈谈对"深入"和"浅出"的理解。

《鸬鹚》原是四年级语文教材中的课文，新教材中选编入二年级。教学前我认真研读课文，又通过教参、网络等渠道收集相关的资料，对课文进行深入的"解读"，形成了对教材的理解并确定了教学的内容和重点：以2—7小节作为教学的主要内容，重点抓住"一抹"这个动作，通过研读这"一抹"，指导学生读出这是"充满自信的一抹""驾轻就熟的一抹""满怀希望的一抹"，从"一抹"中体会渔人和鸬鹚之间的默契，读出波光粼粼美妙的湖面景色，读出满怀希望、丰收在望的喜悦心情。随后，翻看了语文特级教师王崧舟老师的教学设计，发现与我对教材的解读有"英雄所见略同"之感，顿时非常兴奋，第一次试教尝试了以下的教学设计：

出示句子：忽然，渔人站起来，拿竹篙向船舷上一抹，这些水鸟都

扑扑地钻进水里去了。

1. 小朋友看,渔人拿竹篙在船舷上一抹(老师做动作),你感觉到了吗,渔人的动作是怎样的? 给你什么感觉? 学生交流。

2. 渔人这一抹,好像在对鸬鹚说——

想象说话:渔人拿竹篙向船舷上(　　　)地一抹,好像在说:"＿＿＿＿
＿＿＿＿"

3. 这些水鸟都看得懂这"一抹"的意思吗? 从哪看出来的? 再来读读前后的内容,这"一抹"抹出了什么呀? 学生交流、回答。

一上课,问题就来了。"渔人的动作是怎样的? 给你什么感觉?""这'一抹'抹出了什么呀?"这样的问题下去,学生们顿时大眼瞪小眼,一片茫然……于是,我只好"自问自答",好不尴尬。上完课,心里非常郁闷,我对教材进行了这样深入、细致的解读,又注意为学生搭建了学习的"支架",学生怎么会一点感觉都没有呢? 难道是我对教材的研读有问题?

在接下来的交流中,教研员汪老师说了这样一番话:"你对教材的解读很正确,也很深入。可是,在教学中,是不是要把我们老师所理解的内容、体会到的感受要求学生也都理解到、感知到呢? 这篇课文原是四年级的教材,现在放到二年级,他们的学习能力和学习起点能一样吗? 二年级的学生,他们的阅读能力和感知水平是在怎样的起点上呢?"汪老师一连串的问题把我问"蒙"了,但同时,也让我"豁然开朗"。是呀,我怎么能把自己对教材的理解"硬塞"给学生呢? 怎么能把四年级学生和二年级学生放在同一水平线上呢? 两年的年龄差距,无论是生理还是心理,包括各种理解、想象、感知、表达的能力都有着很大的差异。二年级学生刚开始学习阅读课文,更多的是一种形象思维,从来没看到过渔人指挥鸬鹚捕鱼,也不会"品味"语言文字,就这么一个词语,学生能读出点什么来呢? 备课中,非常重要的一个环节就是"以学定教",我怎么全然不顾呢?

找到了问题的"症结"后,我依托教材,根据低年级学生的年龄特点和学习情况,对这部分的教学目标重新定位,把着力点放在找出渔人指挥鸬鹚捕鱼的句子后,通过师生间做做动作,体会渔人和鸬鹚配合默契,并通过朗读的形式表现出这份默契。再次教学,我进行了以下的设计:

出示句子：忽然，渔人站起来，拿竹篙向船舷上一抹，这些水鸟都扑扑地钻进水里去了。

1. 指名读正确。

2. 小朋友，让我们加上动作来演一演这句话吧。现在，我们把讲台当做渔船，那这就是（指讲台边）——（生）船舷，老师来做渔人，你们就是——（生）水鸟。

边念句子，边做动作。（第一遍）

3. 提示小朋友：你们看呀，水鸟们是——"扑扑地"钻进水里去了，争先恐后，一下子全都下去了，动作非常——快！（第二遍再念句子，做动作）

4. 啊，我们发现了——渔人、鸬鹚的动作都是非常——（生）快的，而且他们之间的配合——（生）默契，渔人一个动作，鸬鹚就心领神会了！你能通过你的朗读把这种默契读出来吗？

指名读，点评。

课堂上，通过师生间的这"一演"，不仅演活了课堂的气氛，更把抽象的语言文字变得生动形象了，小朋友一下子就体会到了渔人和鸬鹚之间的那份默契，学生又通过朗读的形式，准确地把体会表达出来。虽然没有深究那个"一抹"，但对于二年级学生来说，能理解、体会到这一步已足矣，蕴藏在语言文字背后的含义是需要学生有了一定的学习累积、到了一定的学习年龄，在逐步学习的基础上才能完成的，急不得！

在这一次的"磨课"过程中，我体会最深的是——"备课"环节是语文课堂能否高效的关键，语文教学需"深入浅出、以学定教"。

"深入"指的是教师课前对教材的研读、细读，即对语言文字的仔细推敲与琢磨。包括了解结构，了解作者的生平简介，写作背景，编者的意图，更重要的是确定文本的教学目标与内容。目标适切，就会围绕着目标将语言、细节、结构、背景等相关的内容，有梯度、有逻辑地整合在一起，从而实现工具性和人文性的教学统一。

只有细读文本，才能找准教学的突破口，进行有效备课。有效备课也是为有效教学找到一个好的突破口。突破口选得好，不仅教学的重点、难点迎刃而解，而且还能使整堂课一气呵成，浑然一体。但突破口并不是贴着标签的，它需要在细细的研读中不断地思考，才能找到对学习全文能够"牵一发而动全身"的教学点。如《鸬鹚》一课,文章题目虽是"鸬鹚",细读之后发现课文并非状物,而是一篇写景的文章,它所要刻画的是一种优美活跃又恬静的水乡景致。作者按事情的发展顺序,逐步展现了三幅优美的图画——"渔人休憩图""鸬鹚捕鱼图""渔舟唱晚图"。第二部分是课文的重点,通过渔人指挥鸬鹚捕鱼展现一幅欢腾的水乡景致——着力于"动"的描写,这部分的描写又是通过渔人、鸬鹚一系列的动作体现。因此教学时我紧紧抓住这一"动",渔人的"动",鸬鹚的"动",通过"读一读、演一演、看一看、记一记",学习重点,突破难点。

新课标提出教师是学生学习的组织者和引导者,只有教师把课文"读熟、读活、读透",才能正确把握课文的主题,才能引领学生正确地领会课文所展现出的精妙词句,甚至是课文布局谋篇的用意之所在。只有教师自己把课文读熟读透了,学生才能"悟得深、悟得明",才会有自己独特的见解,从而发展学生认知和思维水平。那么,低年级的课文,教师需要深入地研读吗?答案当然也是肯定的。

但是,在教学时,并不需要把老师读到、读懂的要求学生也要同等水平的读到、读懂。语文教学应该是既扎实又灵活,能在课堂上激发学生活跃的思维,学生学得积极主动,情绪饱满,思维活跃,散发着生命的潜能。因此,需要教师根据课文资源、课标学段要求,根据学生的实际情况而精心设计。这时就必须提到备课之中另一个比较重要的环节——"备学生"。备学生,不仅体现在对学生的预设,而且也体现在对学生阅读能力的培养上。学生原有的知识水平和思维能力在很大程度上制约着教学过程的展开,教师在备课的过程中对课文的重难点的教学设计,都要以学生的"学"为依据,了解学生的年龄特点,知道学生的学习基础,充分估计和分析学生回答问题的情况等,只有立足学生的起点,才能提高教学设计的针对性和教学过程的有效性。如果没有这样的前提,再巧妙的设计也是空中楼阁。"目标简明、环节简洁、评价简练、练习简要"等,这些都是"浅出"的表现。当然,这就得来源于教师课前的"深入",也更体现了教师深厚的语文素养和灵活驾驭课堂的教学智慧。

语文课堂有效学习要关注
问题生成及合理回应

李夏萌

教学具有预设性与生成性双重特性,有效的教学应当追求生成与预设的和谐统一。教学的预设无不为了有效生成,有效的生成也离不开精心的预设,因此,预设与生成都是有效教学的手段,是提高教学效益的关键。关注生成,也意味着关注精彩,意味着课堂中学生有效的学习。语文课堂有效学习要关注问题生成及合理回应。

一、问题生成的条件

(一)有意识地指导学生问题生成的途径

学起于思,思源于疑。美国学者布鲁巴克认为:"最精湛的教学艺术,遵循的最高准则就是让学生自己提问题。"在课堂中,我授其法,指导学生分别从课题、字词、句子入手生成问题。

1.从课题中生成问题

在教学《班长的苦恼》时,学生看到课题便产生了浓厚的兴趣,提出:班长有什么苦恼?班长为什么会产生苦恼?他的苦恼后来解决了没有?这些问题的提出,正好与课文的知识结构、文理脉络不谋而合,所以,一堂课学生的兴趣盎然,在较短的时间内阅读完了这篇文章。

2.从字词中生成问题

教学《给予树》时,初读课文后,学生提出:"什么是如愿以偿?"我立刻对这有价值的问题给予了肯定,同时提出要求:"提出了问题,咱们还得解决问题,自己读读书,联系课文找找答案。"很快学生开始各抒己见,有的说:"我觉得如愿以偿就是使愿望得以实现了。"有的说:"我觉

得文章中,金吉娅小朋友把自己的二十美元中的大部分用来购买玩具娃娃送给了这个女孩,使她达成了心愿。"对于学生的回答,我给予了充分的肯定,我因势利导,问道:"了解了'如愿以偿'的意思,你们觉得金吉娅小朋友的行为怎么样? 她为什么会有这样的行为? 生活中你曾经有过让人如愿以偿的事吗?"接着又向学生们提出用如愿以偿来造句。抓住这个关键词,学生既懂得了这篇课文的主要意义,对"如愿以偿"一词的理解也更深刻了。

3. 从句子中生成问题

在教学《军神》时,学生读到"沃克惊呆了,失声嚷道:'啊! 你是一个真正的男子汉,一块会说话的钢板! 如果你是一位军人,那么,你就是一个军神。'"时,产生了疑问:"为什么会称他是一块会说话的钢板?"于是我让学生联系这个句子想象一下,学生七嘴八舌起来,"钢扳是坚硬的""它是军神坚毅、坚强的象征"……我肯定了孩子们的想法,接着引导学生思索:"刘伯承是个怎样的人呢?"学生通过对全文的通读,更加深了对这句句子的理解,体会出刘伯承将军不愧是一名真正的军神,他是坚毅、勇敢的军人象征。

(二)为学生生成的疑问提供思考的时空

对于教师来说,十分必要的就是要在教学过程中关注学生在学习过程中生成出来的问题——教育资源,尽量给学生留出思考的空间,并极力鼓励学生不要唯书、唯师,要敢于提出自己的看法和意见。瑞士一位专家皮亚杰指出:"教师的工作不是交给学生什么,而是努力构造学生的知识结构,并用种种方法来刺激学生的欲望。"这样学习,对于学生来说,就是主动参与的过程了。为此对于学生的"节外生枝"要悦纳,对于学生的"我行我素"要因势利导,不排斥学生的"标新立异",不挖苦学生的"死钻牛角尖",宽容学生的"自命清高",欣赏学生的"挑战权威"。

二、生成问题的合理回应策略

(一)营造和谐、鼓励多问的策略

"真理诞生于100个问号之后",问题是学生学习的动力。生成的问题唯有在学生提出来后才能燃出课堂的精彩。教师如果不是抱着一种亲切平和、宽容民主的态度,就有可能伤害学生的提问情感。学生的提问可能有好多种,有的平时很少发言,想发言时又不知道所问的问题有没有价值,显得没有自信,因此说的话含含糊糊,不知所云。此时,教师的态度应该是亲切慈祥的,耐心地引导他完整表述自己的意见,特别是要请全体学生尊重他的发言,完了还要特别表扬,以激发他继续提问的信心。而有的学生提问,很多情况下为了表现自己,在没有考虑完整,或仅为笑料,或坐在座位上大声嚷嚷式提问,说出来的话既没有表达心中的真实想法,也无法让其他人听明白。此时教师可在不打击他们积极心的前提下,提醒该类学生提问要提得有价值,问到点子上,特别是要告诉他不尊重别人就是不尊重自己,同时要告诉他,以后应该有序地发言。也有个别平时看书较多,对某方面有比较深刻理解的学生,以故意刁难老师及同学的提问来突出自己。这种情况下教师不要认为下不了台,可通过"谁能回答他的问题""请你告诉我们,好吗?""哦,这个问题提得好,我们下课再来研究好吗?"等话语,及时化解课堂中的尴尬。同时,尽量让此类学生有一种被欣赏的感觉,让他们自觉地进行一些有价值的提问。

(二)灵活多变、顺势利导的策略

根据课堂的生成环节,灵活调整自己的教学步骤,使教为学服务。这种方式需要教师深研教材,能迅速提取生成环节中与预设教案的联系点,随机应变、顺势利导。但有些时候学生岔出去太多,这种情况下,教师可佯作不知,根据自己有利的理解来复述学生的看法,以避免无谓的讨论或争论。

教师在倾听学生观点及争论时,要善于发现学生回答问题中富有价值的东西,帮助学生克服自卑、胆怯心理,鼓起学生的勇气和信心,把握学生的学习脉络,及时调整自己的课堂教学进程,即在课前做好充分的预计,每次备课时应留有相应的弹性时间,来处理课堂中各种突发事件和问题的生成。如:《荒芜的花园》一文,贝尔太太见自己美丽的花园遭游客肆无忌惮地游玩,就想出了"毒蛇计",结果游客们望而却步,花园最终杂草丛生,几乎荒芜。文章接近尾声我提问:"学到这里,你感受到了什么呢?"大多数学生仅认为"做人不能自私,要学会与人分享快乐"。在进一步的体会中,同学们终于明白,"荒芜"更指的是心灵,人不应该自闭,人要

融于社会。自闭,你的心灵就是荒芜的;开放,就会获得快乐。人要有健康的心灵。这时有一个声音从同学中传出,"那么没有办法了喽,只好让别人进入花园去踩、去摘了吗?"我突然间意识到这是一个生成的好问题,"那么怎么使人又可以欣赏她美丽的花园,又不损坏花园中美丽的花朵、绿茵的草坪呢?"这个问题的提出使这节课有了更丰富的延伸,同学们讨论起来。有的说花园中铺出小路供人行走,有的说插上提醒的标志,如花儿说:"我开放的时间不是很长,让我享受你们美好的祝福!"有的说……

（三）准备充分、沉着应对的策略

在教学中,我们经常会遇到一些疑难问题。作为教师不能信口雌黄,误人子弟,这就要求教师对课文的背景资料了然于胸。教师深入钻研教材,烂熟于心,是教师处理生成环节的万全之策。学生生成环节无非包括疑、岔、误、争等几种状态。疑就是对教学内容出现疑问,甚至会在课堂上质疑。岔就是出现了与主流反应不一致的地方。误就是错误。争则是对某一问题出现了不一致甚至完全相反的意见,并形成争论。这几种生成状态也是课堂教学的良好契机。如果能对教材胸有成竹,则一定能沉着以对,处理起来就会游刃有余。如:《我多大了》一文,地球不知道自己的年龄,于是去问了"太阳、蜉蝣、大猩猩、海龟、龙血树、化石",他们都不知道,最后问"放射性元素铀",终于知道了自己的年龄。学完课文,学生对其他生物、星球、元素等的年龄也较感兴趣,由于课前我充分备课、查找资料,所以一一答出学生的疑问,并鼓励学生预习时碰到疑问也要学会查找资料。

让学生学习活动真正发生的
师生关系探微

金　雯

2011版语文课程指出:语文课程必须根据学生身心的发展和语文

学习的特点,鼓励学生自主阅读,自由表达,充分激发他们的问题意识和进取精神,关注个体差异和不同学生的学习需求。对事物的认识一般经历的三个阶段,那便是:"是这样——认同、想这样——趋同、这样做——共同!"

作为一名一线老师,我对这段话的理解是:作为教者应充分尊重学生的"学习权利",重视学生自主、合作、探究能力的培养。我认同在教学过程中,教学内容的确定,教学方法的选择,评价方式的设计,都应有助于学生这种学习能力的形成。

同时,回顾日常教学中的得失,我想,教学的本质,是学生发生变化。教什么,怎么教,都应当为学生服务;学生学会了什么,当是课堂评价的基点;学生学得好,学得活,课才能算好。真正的教学应坚持以学为核心,让学走在教的前头,让学贯穿教学的始终,这才是真正的教学。

基于以上理论认识,我对日常课堂进行理性反思、纠偏,在传承、创新中重新定位,我的教学力求从关注三维目标的达成到追求语文核心素养的落地。那么,让学生学习活动真正发生,作为教者,我们究竟该如何处理与学生之间的关系呢?

一、"以学为核心",让老师成为学生学习活动的合作者

何谓教学?教学不是教与学,而是教学生学,指导、帮助学生学会学习,进而能够创造性地学习,享受学习。让学生经历阅读的过程、学习的过程、思考的过程。有哪些有效的策略呢?教学时,践行"发现、探究、解决真实问题"的方式,能有效把"先学后教"落到实处。例举如下——

《母鸡》是老舍先生的名篇。基于学情,依据教材,在本节课的教学中,我首先试图用圈划质疑的方式,让学生主动去阅读文本语言,寻找文本语言表达的特别之处。接着,根据文本表达特点,请学生提出问题。最后,通过师生合作学习,努力探寻文本语言表达与作者情感之间的关系。

如:老舍先生在描写"母鸡行为"时的语言表达很有意思。可先引导学生联系上下文阅读,再找矛盾点、最后提出问题。因"连大公鸡也怕它三分"与前文"它永远不反抗大公鸡"这两处在文中不同的地方,对四年级的孩子来说联系上下文进行质疑学是容易忽视的。

同时,试图引导学生去关注文本语言的表达形式。第 7 节中"——

我想这是相当劳累的——"这部分内容,细心的学生会发现作者连用了两个破折号,并提出"为什么在句子中插入两个破折号和这句简短的话?"这个问题。我的处理方法是:首先让学生比较句子,感受插入这句话与不插入这句话,句子都是通顺的;然后,让他们读懂插入的这句话是写老舍的感受;接着进一步体会老舍在这里插入自己感受的目的。回顾这个片段学习,学生经历了"发现语言的表现形式,提出问题;读读句子,读懂句子表达的内容;深入思考,感受表达的作用"的过程。整个解疑过程,当学生遇到困难时,我则提出引导性问题,或者以追问的方式,促使学生深入思考。

实践体悟,课堂中师生形成一种"教中有学""学中有教"、不分彼此的教学关系。老师与学生合作学习,整个过程伴随着学生"思"这一内隐的活动,通过思考不断尝试、修正自己的答案,最终达成发展自身的语文核心素养的目的。

二、"以学为核心",让老师成为学生学习活动的引领者

"当学生离开学校后所剩下的就是他所学到的",爱因斯坦的名言用于判断学习是否真实发生也是极为有效的。

如何让老师成为学生学习活动的引领者? 在实践中,我深刻感受到阅读教学最困难的部分不是读,而是引领学生去思考。尤其到了高年级,我们应该相信高年级学生的理解水平,而且学生对文本的理解应该有所提高,但一定要通过一个过程的学习来适切地提高学生的思维品质。

如《月光曲》一文中,整篇文章没有写贝多芬的所思所想,而这些空白点又恰恰是《月光曲》诞生的核心原因。能否引领学生根据文本表达特点,通过补白,想象说话,促使他们的想象能力、表达能力得到锻炼?更重要的是能否通过补白进而引领学生走入文字背后,认识到只有基于情感的音乐家才能创作出一流的作品? 只有具有仁爱之心的音乐家才能成为伟大的音乐家这一观点?

基于学情及以上认识,在整个教学过程中,借助适时师生对话,我分三处引导学生去想象:贝多芬听到_____,他想:_____于是,他_____。在第三次揣摩贝多芬所思所想时又分五小步达成,截取

第三次说话练习片段——

学习六、七节：

(1)快速读读课文六、七节,思考并交流:从盲姑娘的话中,你读懂了什么? 弹得好的人多了,为什么盲姑娘认为他是贝多芬呢? 而贝多芬听了她的话后马上又决定再弹一曲,这是为什么? (板书:同情)

(2)借助句式说一说。出示:

贝多芬听到_____,他想:_____。于是,他_____。

(3)同学们,你们有没有关注到,第八节中写到了这样一句话:"弹之前还要看一看穷兄妹俩",是否属于多余?

(4)你能联系上下文再说一说吗?

贝多芬听到_____,他想:_____。于是,他_____

(5)正是这对穷兄妹俩对音乐的执着给予了他创作的激情。可是,在文章的六至八小节中作者为什么不把贝多芬这种心理活动写出来呢? (板书:仁爱)

在预设时,我关注到了"弹之前看了看站在他身旁的穷兄妹俩"这个句子,在表达上没什么特点,但分明传达出贝多芬对兄妹俩的同情与喷薄而出的创作灵感。我想:这就是需要我们老师带领学生学习的地方。在第三个环节中,基于学生已有的学习,我引导学生讨论这个句子在文中是否不必要写? 通过交流,学生的思考透过这些"内容或人物感情"上的变化,开启二度学习过程,他们的思维逐步走向深度。

回顾过程,我始终要求自己扮演一个引领者的角色,在学生理解的基础上,适度推波助澜,课堂定位力图从传授知识、培养能力到"改变思维、启迪智慧、点化生命"的核心素养高度。

三、"以学为核心",让老师成为学生学习活动的反思者

叶澜教授曾在《让课堂焕发出生命活力》一书中指出:课堂应成为学生成长的场所。我在实践中反思:看一堂语文课,我们习惯于关注"教学设计""教学方法""教学艺术";忽视了一堂课下来,学生心中所留驻的经验是什么,是否与老师意图教的相一致,我所想的、实际在教的、学生实际所学的与课程目标哪一条相关联,是否有效达成或趋向一致? 如何实践"学生是检验课堂的唯一标准"。语文教学从"教"的角度讲,

我认为在阅读课上要做到：

1. 基于学情，帮助学生提升阅读能力。

阅读教学在很大程度上就是促进学生阅读理解能力在已有水平的基础上优化提升的过程。我认为，小学高段学生重点要发展的阅读能力有两个：认读能力与理解能力。层次较高的评价与迁移能力，我认为要视教材特点和学生实际而定。理解能力在高年段主要包括了关键词句的理解、主要内容的概括、课文主旨与语言表达的基本把握。《詹天佑》这堂课我花了不少时间引导学生概括，主要是基于学情和单元教学要求，学生概括能力需要提高。在学会概括詹天佑在修筑京张铁路遇到的困难后，再引导学生思考第一节的第一句话"詹天佑是我国杰出的爱国工程师"与这件事的关系。在了解内容的基础上，经过思索，学生对"杰出""爱国"这两个词有了更深的理解，有相当的思维含量。这里涉及中心与题材的关系，是高年级学生学习表达时应注意的地方。

2. 借助教材，帮助学生获得精神成长。

语文教学应该引导学生在主动积极的思维和情感活动中，加深理解和体验，有所感悟和思考，受到情感熏陶，获得思想启迪，享受审美乐趣。记得听步根海老师教学《别了，我爱的中国》，其中一个环节启发了我对"充分关注文本表达"的认识，也不得不佩服步老师所谓"读"文本的功底。记录如下：

师：课题之后，接下来的文字怎么写的？

生：（读课文第一节。）

师：第一小节中"我"出现了几次？

生：八次。

师："我"能否减少？这与我们平时写文章不一样，为什么要一会儿用"我"，一会儿用"我"？

生：这里起了强调的作用。

师：（读第一节内容，学生体会，并圈出"我"字。）

师：一再用"我"是再三强调，此时、此地、此情，强调我是何等爱我的国家。

一个简短的过程，学生在阅读中由语言形式，即语句中特定的用语选择，感受到作者内心强烈的情感，从而也认识到语言形式对语言内容的表达是有作用的。这种理念下的阅读教学，不只是让学生读懂文章，而是更加关注语言表达,从以往重内容的感知转化为重语言的感知,通过语言的表现形式,了解语言之间的内在联系,以及这种内在联系背后隐含的文化与审美价值。

综上所述,以学生为主体,把"要教的"变成"要学的",把"教的过程"变成"学的活动",真正的教学就会发生。课堂上,应是学生在学"语"习"文",老师在课堂上所做的一切,我认为,是要创设一个个适合文本特点、适应学生发展的学习活动。但在教学过程中,更要时时关注学生,找到学生学习过程中的问题,进行精准的指导,扮演好学生学习活动的"合作者""引领者""反思者"的角色,才是真正做到"以学为核心",才能听到"核心素养"落地的声音。

关注学生研课堂　思考取舍求得当

金　雯

我校位于罗店农村地区,学生学习认知差距大,语文教学存在不少困难。校长提出通过教研提升语文教学质量,教研要落"地",即扎根课堂。学校在组织教师认真学习课标的基础上,倡导"研究难点—精心设计—共同实践—反思提升"的教研形式,努力提高学生阅读教学能力。在这样的教研实践中,我们取得了一些成效。

一、研究难点——围绕目标,突破难点,收获成长

高年级阅读课难上,教师讲得多,但是否讲在点子上?学生的理解是否有深度?学生的学习是否有积极性?高年级学生在阅读叙事性作品时,必须了解事件梗概,能简单描述自己印象最深的场景、人物、细节,说出自己的喜欢、憎恶、向往、同情等感受,从中感悟生活的哲理,感受浓浓的人文情怀。然而,随着年级升高,语文训练点的增加,文本内

容逐步加深,学生学习水平愈发参差不齐,大部分课堂教学都是围绕优秀学生展开,学困生不能积极主动地参与学习,真正应该理解的地方又不够深入。怎么办? 确实,高年级语文阅读教学难度较大,既要完成高段的教学任务,还要巩固与弥补中低段学生在学习上存在的不足。课堂上总是来不及完成教学任务,许多学生得不到应有的感悟、理解。一些议论也是低层次的,缺乏"跳一跳,摘桃子"的课堂学习激情。

叶澜教授在《让课堂焕发出生命活力》一书中的观点:课堂应成为学生成长的场所。我们反思:看一堂语文课,我们习惯于关注老师的"教学设计""教学方法""教学艺术";忽视了一堂课下来,学生心中所留驻的经验是什么,是否与老师意图教的相一致,老师所想的、实际在教的、学生实际所学的与课程目标哪一条相关联,是否有效达成或趋向一致?

二、精心设计——敢于突破,勇于尝试,才有精彩

《月光曲》是沪教版第九册第 8 单元的最后一篇课文。那段日子,作为教研组长的我沉浸在对《月光曲》一课的磨课中,一直在思考:在高年级的语文教学中,如何做到学生能读懂的少说,而他们不懂的地方通过细腻、扎实的教学引导他们体会? 在教学中真正做到"以学定教""顺学而导"? 课堂上,到底要留给学生什么?

历时一个月,经历了从选题,查找资料,备课,试教,评课,写教学反思等等一系列的教学活动。

【第一次教学设计:】

学习第二、三节

1. 指名读第二节,理解:断断续续

2. 引读第三节

(1)"贝多芬走近茅屋,听到了兄妹俩的谈话,这段对话包含了很丰富的思想感情。自己再去读读,你能体会他两兄妹的心情么?"

(2)交流。

学习第四至七节:

1. 兄妹情长,可他们却连一张音乐会的入场券都买不起。

说话练习:听了兄妹俩的对话,贝多芬想……

2.引读第四——七节：

3.再引读第六节

质疑　"同学们,弹得好的人多了,为什么盲姑娘认为他是贝多芬呢?而贝多芬听了她话后马上又决定再弹一曲,这是为什么?"

【第二次教学设计：】

学习二至八节

1.学习第二、三节加深理解：

（1）理解"走近"

说话练习：贝多芬听到____,他想：____。于是,他_____。（板书：好奇）

（2）感悟"兄妹情"

"贝多芬从兄妹俩的这段对话中了解到了些什么呢?联系文章内容、抓住关键词说说感受。"

（3）朗读指导

"是呀,虽然兄妹俩家境困窘,但不改对音乐的喜爱,而且兄妹情深。来,带着你们的理解,加上提示语,我们来读读这段对话。"

2.学习第四节

理解"走进"

即兴说话：听到这里,他觉得自己应该走进去,他想……板书：感动

3.学习六、七节：贝多芬听到_____,他想：_____于是,他_____。

我设计了三个梯度,分六小步达成：

（1）出示六、七节：

快速读读课文六、七节,尤其要关注盲姑娘说的话,想想你读懂了什么?

（2）指名读读盲姑娘说的话。

（3）思考并交流：从盲姑娘的话中,你读懂了什么?（板书：同情）

（4）借助句式说一说。出示：

贝多芬听到_____,他想：_____。于是,他_____。

教育与教学篇

（5）同学们，你们有没有关注到，第8节中写到了这样一句话："弹之前还要看一看穷兄妹俩"，是否属于多余？

（6）正是这对穷兄妹俩对音乐的执着给予了他创作的激情。可是，在文章的六至八小节中作者为什么不把贝多芬这种心理活动写出来呢？（板书：仁爱）

三、共同实践——如琢如磨，共研共磨，能促提高

教研组内组长带头实践，大家反复相互听课，共同磨课才有共同提高。为什么？为了理清一些基本的理念，实实在在地开展一些研究。用理论来指导教学，尤其是通过上研究课给大家创设一个相互观摩的平台，这种行动研究，着重解决一些日常教学中的实际问题。有舍才有得，斟酌再三，几次实践，慢慢地大家确定本课教学重点是让学生了解贝多芬创作《月光曲》的经过，以及在创作过程中思想感情的变化；积累文本中描写《月光曲》情景的相关语句。难点是学习归纳贝多芬创作《月光曲》的经过。通过几轮的交互实践，大家对高年级阅读教学一般规律有了比较清晰的认识。

四、反思提升——团队合作，及时反馈，凝聚共识

初读文本，教师往往觉得要教的东西实在太多了。"走完"教学过程，发现预设与实践有这么大的差距。阅读教学到底要追求什么？

求实，将教学真正面向全体学生。有些通过苦思冥想的设计，课堂似乎非常精彩，可一次次实践后，大家逐步感悟到，课堂教学是否成功，关键看学生学习的效果。目前相当多的公开课，看上去精彩无比，实际上只是几个优秀学生在表演。教师应将目光放在大多数学生身上，如果教学缺乏多数学生参与，尤其是缺乏提高困难生认识的过程指导，教学就没有什么实际意义。

求活，阅读教学要启发学生思维。案例1中，就是缺乏思维容量。阅读教学是学生、教师、文本之间对话的过程。教学的重点是培养学生具有感受、理解、欣赏和评价的能力。削枝强干，有许多"言外之意"等待教师、学生去"领悟"，高年级学生对文本的理解，应该有所提高。我

们应该相信高年级孩子的理解水平,但一定要通过一个过程的学习来适当地提高学生的思维品质。当然,也应该照顾到孩子之间的差异。如引读第六节后让学生说一说,"弹得好的人多了,为什么盲姑娘认为他是贝多芬呢?而贝多芬听了她的话后马上又决定再弹一曲,这是为什么?"这个问题过深,但又是理解的重点,如果让学生了解一点背景,展开一下思维的交流,学生是会体会的。理解的过程,应该即是学生思维操练的过程。

求美,引导学生发现人性美与语言表达的美。语文教学,应该引导学生深入钻研文本,边读边思,还要展开想象,感受文本的内涵美。在主动积极的思维和情感活动中,加深理解和体验,有所感悟和思考,受到情感熏陶,获得思想启迪,享受审美乐趣。《月光曲》一文中,文本表达有一些空白点。比如,没有描写贝多芬的所思所想,而这空白点又恰恰是《月光曲》形成的核心原因,通过想象可以感受到贝多芬是一个具有仁爱之心的音乐家。基于以上认识,在案例2中,借助适时师生对话,引导学生去想象。一个说话环节:贝多芬听到_____,他想:_____于是,他_____。(详见第二次教学设计)引导学生思考,"弹之前还要看一看穷兄妹俩",是否属于多余?在落实训练的基础上,引导学生体会人物复杂细腻的内心世界,通过语言的学习,让学生感受到当时凸显的画面美,进而体会人性的光辉。可见,教学中需要教师适度推波助澜,让学生的思考透过这些"内容或感情"上的变化,促使他们思维走向深度。

一次教研,组内几位老师的观点经交锋、碰撞,在研究中,对如何运用教材来教语文有了进一步认识:高年级的文本较长,如何实现长文短教,在有限的时间中,提高教学的有效性,老师必须反复地研读文本;在确定了课文的重点后,教学时要有的放矢地取舍,放手让学生自己去读去理解;应从课程标准的要求和学生的学情出发,注重学生自学能力的培养,通盘考虑教和学、讲和练、读和写的内容。同时,力求提高学生的自学能力,促使他们逐步养成良好的语文学习习惯,提高他们的语文素养。

在务实的校本教研活动过程中,老师运用一些简单的研究方法和诚实的教研态度扎根课堂,研究课堂,是能够提升教学水平的。求实、求活、求美,是阅读教学的追求。多一份坚持,终有一天,师生双方对语文的"审美疲劳"会化为师生心中绚丽的花朵!

课堂变学堂

——学习任务单在小学高年级语文教学中的运用

蔡 玲

一、缘由

1. 我们经常会把上学说成"学堂里去";有一首歌曲也这样唱:"小呀小二郎背着那书包上学堂……"可见学堂是大家耳熟能详的。

(1) 细看我们的孩子正处于学习的大好时期,而今又有几个孩子有这种强烈的读书欲望呢?

(2) 反观我们的家庭教育,孩子在学习上遇到困难,需要家长时,好多家长要么打骂孩子,要么撒手不管,要么找借口推脱,又有多少家长能潜下心来与孩子一起学习的呢?

(3) 再看社会的现状,减负一直在实施,学生的书包却越来越重,学生承受着沉重的学习负担。

(4) 反思自己的教学,尽管从事语文教学已经二十多年了,付出的时间和精力与学生的收获悬殊太大。但是对于高效的语文教学始终处于茫然之中……

2. 我一直羡慕数学课上获得知识的层次性、训练的递进性。数学课成为学生的学堂是名副其实的。

3. 静安三中心之行,看到的语文课堂上"学习任务单的运用"让我颇有感触,语文课原来也可以成为学生的学堂。

二、理解

"学习任务单"——教师设计提供给学生进行自主学习以达成学习

目标的一种学习支架,学习活动的一种载体,提升学习能力的一种媒介。

我对学习任务单的解读是,一是学习任务单是教学设计的精髓所在。二是学习任务单强调的是思和练,更注重学生动手写的过程,是每人一张任务单的价值所在。尤其对于小学高年级语文有效教学显得格外重要。

三、收获

(一)学习任务单及时助学生思考和倾听

在初次运用学习任务单进行语文教学时,最大的困惑之一就是班级中的学生性格迥异,智力、语文能力明显差异,学生完成任务单就会明显出现时间上的差异。为了尊重学生,当我耐心等待到最后一个学生完成之后,再进行下一步的教学,原想在课堂上运用学习任务单来减负增效,却又无形中浪费了课堂上的时间,有时甚至连一堂课的教学任务都无法完成好。

设计怎样的学习任务单才能更好地适应全体学生的学习?设计怎样的学习任务单才能更好地来减负增效呢?这一直困扰着我。

这学期,我在设计学习任务单时,对课文中有思考难度及深度的内容(我个人认为就像奥数题目),要求每一个学生在短时间内完成,难度的确很大。于是,我精心研读教材,对于课文中有难度及深度的内容,又是学生必须掌握的内容,在任务单中用带"＊"号的形式出现,让学生明白带上"＊"的题目有难度,有深度,让学生学会先开动脑筋积极思考,再学会和大家一起交流,一起讨论,有了明确的答案之后再学会动笔写下来。在这样的训练之中,学生慢慢地学会积极思考,认真倾听,用心记好,养成良好的学习习惯。

附:《燕子》的任务单

燕　子

任务单一

1. 自由读课文,注意生字新词的读音。

俊俏　　似的　　演奏　　小圆晕　　波光粼粼

2. 读了课文,想一想,课文从(　　　　)方面来介绍燕子的。

任务单二

1. 默读课文第一节,这一节是从(　　)、(　　)、(　　　　)这三方面介绍燕子的外形的。

*2. 再读句子,想一想分别写出了燕子外形的什么特点? 请你写出来。

写一写:(　　　　)、(　　　　)、(　　　　)

3. 有感情地朗读第一节。

任务单三

1. 默读第二—四节

2. 填空:

从南方飞回来的燕子(　　)着它剪刀似的尾巴,(　　)着身子在天空里(　　)过,为春光增添了许多生趣。有几对燕子(　　)倦了,(　　)在电线上。这多么像正待演奏的曲谱啊!

*3 再想想所填的这些词语用得好不好,并说说理由。

_____

_____

*4. 理解句子:这多么像正待演奏的曲谱呀!

联系第四节,想一想,句中把(　　　　　　)比作(
　　　　)。

那么正待演奏的是(　　　　　　　　)曲子。

5. 选择你喜欢的小节有感情朗读。

任务单四

你喜欢小动物吗? 请你学习第一节的写法,抓住动物的外形特点写写它的外形。

_____

(二)学习任务单及时助学生解惑和倾听

以前课堂上经常会出现好学生表现得轰轰烈烈,其他学生无所事事的现象。那一部分的好学生能代表全体学生吗? 为什么课堂上能说会道,课后动笔却错误连连? 究竟学生的问题在哪儿? 其实我的心中并没有明确的底,这同样一直困扰着我的语文教学。

在我的语文课上,运用学习任务单,注重学生动手的过程。在学生自己动手操练——写的过程中,我在巡视之中能精确地发现全体学生中存在的问题,就可以及时地进行解决。

韩愈曾说:师者,所以传道授业解惑也。

在教学《颐和园》这一课时,在学生完成任务单一的第二题时(题目是:课文写了颐和园的(　　　　)、(　　　　)、(　　　　)这三个主要景点。),学生的答案是五花八门的。原来学生不理解景点的含义,将景点和景物混淆起来了。我发现了这个问题之后,及时告诉学生景点就是供游览的风景点,景物就是观赏的景致和事物。学生恍然大悟,迅速将答案改正过来了,这样一来,学生对于这两者的理解应该变得清晰起来。经过这样的训练,学生学会要获得知识,首先要读清题目或者学会正确区别异同的思考方法,同时也让学生养成有了错误之后认真倾听、及时改正的习惯。

附:《颐和园》的任务单

颐 和 园

任务单一

1. 自由读课文。

读正确生字新词的读音。

颐和园　横槛　佛香阁　画舫　栏杆　耸立　金碧辉煌　葱郁　掩映　远眺　隐隐约约　姿态不一

读正确句子。

(1) 每一间的横槛上都有五彩的画,画着人物、花草、风景,几千幅画没有哪两幅是相同的。

(2) 昆明湖围着长长的堤岸,堤上有好几座式样不同的石桥,两岸栽着数不清的杨柳。

2. 课文是按照(　　　　　　　　)的结构介绍颐和园。

课文主要写了颐和园的(　　　　　　)、(　　　　　　)和(　　　　　　)这三个景点。

任务单二

1. 默读第二—五节。

2. 用直线划出文中的过渡句。

3. 你最喜欢颐和园的哪个景点？自己认真读读,待会儿有感情地读给大家听。并且说说你喜欢的理由。

4. 有感情地朗读二一五节。

任务单三

1. 读下面的句子,学着提提问题。

这么多的狮子,姿态不一,也没有哪两只是相同的。

游船、画舫在湖面慢慢地滑过,几乎不留一点儿痕迹。

2. 回答问题

_____

_____

_____

任务单四

中国有许多名胜古迹,请你选择其中一个自己喜欢的景点,学习课文介绍景点的方法写一写。

_____

_____

_____

总之,学习任务单在小学高年级语文教学中的运用,不仅使学生能及时地学到了知识,而且也使学生初步具备了获得知识要养成的学习习惯,这会让学生终身受益。这样,日积月累,课堂变学堂才是名副其实的。

然而,学习任务单在小学高年级语文教学中的运用,看似课堂在发生着变化,但语文讲读课会不会变成机械的练习课,失去了语文课的韵味。语文课的讲、读、思、练如何有机整合是关键,任务单的运用如何把握一个度,使得每个学生都有学到知识,掌握本领的机会。我也期待课堂成为学生的学堂,但知识的掌握不是一蹴而就的,它得遵循循序渐进的规律,因而获得的知识如何巩固? 又是目前我所面临的困惑之一。再则,"十年树木,百年树人",学生学会学习的习惯,又是路漫漫也。又是目前我所面临的困惑之二。

最后,用这样的话语来勉励自己:困惑叠困惑才能努力加努力……

目标引领搭建支架
培养学生语用能力

——教学《十年后的礼物》有感

金宇虹

【背景分析】

《十年后的礼物》上海市小学语文教材第八册第四单元的文本。本单元的教学目标是：(1) 自学字词，积累词语。(2) 读课文，简要复述课文。(3) 通过语言实践活动提高语言表达能力。(4) 感受人与人之间的真挚情感。显而易见，在单元目标中对学生语言运用能力的培养上是很凸显的。根据小学语文课程标准的要求："小学语文应该培养学生具有独立阅读的能力，学会运用多种阅读方法。有较为丰富的积累和良好的语感，注重情感体验，发展阅读的乐趣。"本单元的目标是十分适切地贯彻体现了课程标准。我把落实本单元的教学目标制定为：目标引领搭建支架，培养学生语用能力。

【学情分析】

这篇文本记叙的是大音乐家爱德华信守诺言的故事。十年前他答应送给达格妮一件很好的礼物，十年后他用奇妙的方式送给了她，使达格妮感到无比幸福与激动。其实，这篇短文不仅让达格妮心潮澎湃，也让我们每个读者浓浓地感受到生活的美好。仔细研读课文后，我把本课的教学重点确定为继续学习简要复述课文内容，培养学生的语用能力；难点是在质疑解疑的过程中，通过理解意义上的朗读，感受人与人之间的真挚情感。

四年级的学生已经初步养成了课前预习的习惯，基本具备了自学字词的能力，并能运用查字典、找近义词、联系上下文等多种方法理解

词语;多数学生能够正确、流利地朗读课文,并在老师的引导下读出自己对句子的感悟与理解;通过老师的引导铺设,大部分学生能进行重点语句的理解积累,但仍然有少数学生存在一定困难;学习破折号的三种作用(表示解释说明、表示意思的转折、表示声音的延长),在平时的课堂中经常渗透,大部分学生能理解1、3两种,但是对于第二种的理解存在一定的困难。

基于以上分析,我把文本第二课时的教学主要确定为两大板块:第四、五节的学习主要落实为简要复述;第六—八节的学习主要落实为质疑解疑,感情朗读,感受情感。在这两个板块中,我尽心设计每个环节,搭建了不同的学习支架,将语言运用和理解感悟融为一体,力求在有限的时间内实现教学效益的最大化。

◆支架一:抓主线,立支架

教学设计时,我根据文章的结构安排、情节描述理出一条教学主线——以达格妮参加音乐会时的心理变化为线索贯穿全文,以此帮助学生理清文章思路。在第一课时学习课文第一—三节时,请学生划出描写达格妮收到礼物时心情变化的句子,尝试用一个词句来概括,随后通过关注重点词语,联系上下文理解后通过朗读来感悟文本内容。有了第一课时学习的基础,就帮助学生确立了一个明确的学习支架:读文——划句——概括——读文。接下来的第二课时学习中,用以上的支架就可以在理解达格妮期待礼物过程中的心情变化的句子;以及达格妮听完乐曲后的心情的句子,通过支架帮助,品读感悟达格妮初收礼物时的惊讶之情,期待礼物过程中的怀疑、失望之情,以及听完乐曲后激动的心情。

这个支架就像一根线,以心情为"珠"把整篇文章串联起来。教学中,我在注重品词析句的同时,还将那首美妙的乐曲恰如其分地送给了学生,这份礼物让我们的学生对大音乐家爱德华的信守诺言深感敬佩,同时为达格妮收到这份特殊的礼物后的幸福感到高兴。

◆支架二:用支架,落目标

本单元教学的主要目标是简要复述一件事,而本课的课后练习要求是全文复述,因为已经进行了一段时间的复述一件事的训练,学生对于此项训练已经有一定的方法,这个支架他们也能较为熟练使用了。

我的设计是在本课时选择性复述四、五节(插叙)内容,先让学生在熟读的基础上明确事情发展的几个要素,同时帮助学生解决达格妮在期待礼物过程中心情变化的原因,最后让学生根据提示进行复述,体现了教师教和学生学的过程。这个支架学生熟练掌握后,对简要复述水平的提高是有很大帮助的,以此为契机,在其他课文的学习过程中我觉得也可以借鉴本课时的做法。

◆支架三:重感悟,现支架

教学中,我设计抓住达格妮收到礼物后心情变化的句子,通过多种形式的朗读理清了达格妮复杂的心情变化;通过有感情地合作读,让学生感受到她由期待到失望的变化。通过品读感受达格妮初收礼物时的惊讶之情,期待礼物过程中的愉快、怀疑、失望之情,以及听完乐曲后的激动心情。最后反复读:"生活啊,我爱你——",目的是让学生感悟到十年后的礼物使达格妮对生活充满爱!

以上学习过程中,我主要采用以读为主,以读代讲的方法,让学生在读中领悟,读中感悟,读中理解音乐大师信守了十年前的诺言,是以一种奇妙的方式,把无比珍贵的礼物送给了达格妮。这一系列的支架呈现只有一个目的:把多种朗读形式穿插于课堂中,让学生充分朗读,内容的理解是建立在朗读的基础上。

◆支架四:搭支架,解疑难

课文第六节中"这是最好的礼物——对于一个十八岁的少女来说,这是比华美的衣服,比漂亮的项链更珍贵的礼物",是作为教学的难点通过学生质疑来教学的,这是学生学习的软肋。我就只能给予学生解决问题的支架:(1)读句子,注意停顿和语感。(2)再读六—八节,找相关句子。(3)读句子,选一句,抓关键词语(加点),联系上下文说说理由。(4)随机教学三句,朗读句子,板书小结。(5)师引生读六、七节。(6)思考,解决疑问。(7)学生反馈,教师小结。(8)有感情地朗读句子。这些支架为学生提供阅读、概括、思考等方式。通过这样一个环节让学生自由表达,感受到大音乐家的信守诺言,送礼的方式奇妙。又通过理解文本中的三个重要语句,帮助学生达成对难点语句"这是最好的礼物——对于一个十八岁的少女来说,这是比华美的衣服,比漂亮的项链更珍贵的礼物"的理解感悟。这样的一个循环往复的过程实际上也教会了学生联系上下文理解句子的方法,突破了这个学

习的软肋。虽然这个支架的落实主导者是教师,但践行者依旧是学生,学生在一步步登上学习的阶梯时,也就逐渐接近作者想表达的主旨:大音乐家还在这份礼物中(乐曲)倾注了对达格妮的祝福,让学生领悟这是达格妮收到的最好的礼物,是比华美的衣服,比漂亮的项链更珍贵的礼物。

本课时的教学中,我从学生的发展需求出发,努力把阅读与学生的语言训练相结合,把阅读与学生的思维训练相结合,把阅读与学生的情感体验相结合,使学生在阅读中获取丰富的语文知识,获得敏锐的语言感知力,增加个性化的体悟。在有效地语言实践中学习语言,积累语言,运用语言,实现三维目标的有机整合。

当然,教学是一门有缺憾的艺术。教学中,教师要尽可能地把这种遗憾降到最低,就要关注单元教学目标,合理切实地制定教学目标;同时,我们不能漠视学生的能力,要教给学生学习的方法,让学生借助这些学习的支架,加上自己的努力,攀上学习的山峰。我想,这应该就是学习中的快乐所在吧。

搭建支架　有效学习

——浅谈"学习任务单"在课堂中的运用

朱　萍

近几年,我们学校在愉快教育的理念下,把课堂教学的改革聚焦在"学习设计"的研究和实践上。以"学习任务单"为载体,帮助学生获得学习成功。在"学习设计"中,任务单的实施是亮点,它以学习的任务为驱动来激发学生自主学习。"学习任务单"体现的是教师提供的"支架",这种"支架"起到了主导性的指导点拨作用。下面我就谈谈自己在课堂上利用"学习任务单"开展课堂教学活动的一些体会。

一、搭建支架,有效训练

语文教学要给学生打下"语言发展的底子",给学生留下语言,这是阅读教学肩负的长期而艰巨的任务。因此,我们要紧紧凭借教材这个"例子",想方设法为学生调制语言训练的"鸡尾酒",搭建语言训练的平台,让学生在实践中内化语言、运用语言,丰富语言积淀,为他们的语文学习打下扎实的基础。

教育心理学告诉我们:个体的学习一般总是由模仿学习逐渐过渡到创造性学习的。宋朝朱熹说:"古人作文作诗,多是模仿前人而作之,善学之既久,自然纯熟。"因为从模仿起步能在理解与表达、积累与运用之间开辟一条通途。可以说,仿说是低年级学生学习语言的重要途径,更是他们学习作文的奠基工程。因此,我在课堂中也总会设计这样的学习任务单,为学生搭建起积累与运用的桥梁。

《水上飞机》是二年级第一学期第六单元的第一篇课文。课文故事性强,情景饶有趣味,语言生动活泼,读来情趣盎然,引人入胜,是加强语言训练,激发科学兴趣的好教材。本单元的训练重点是"读课文圈划词句"。为了更好地落实训练重点,在课堂教学中,利用学习任务单这种可视的学习支架,有效地训练能力、落实指导方法、扎根积累、重在表达运用,合理构建学习框架,从而逐步达成学习目标。在学校课题《推进学习设计,提升学习效能行动研究》的引领下,本堂课中,我尝试着设计了这样三张学习任务单:一、读读想想我会划;二、读读想想我会圈;三、读读记记我会说。这三张任务单,从指导学生划划句子,到圈圈关键词,再到说话,有了一个层层递进的训练过程。例如:

(一)读读想想我会划

在初读课文时,让学生边读边想:水上飞机有哪些本领?我给了学生一个句子"水上飞机能_____"的说话训练。此题可填入的内容极其宽泛,对学生思维的约束很小,学生可以在力所能及的范围内,尽情发挥自己的本领。此设计的目的在于让学生读读课文,了解全文主要内容。但是因为考虑到二年级学生的特点,紧接出现的学习任务单一:让学生分角色读读课文二一七小节,再用直线划出有关的句子。

由于有了先前的铺垫，学生就能马上找到答案，达成学习目标一气呵成。

（二）读读想想我会圈

此设计在学生学习课文第七节时使用。课文第七节是文本的重点和难点，为了帮助学生学习突破重、难点，有效合理的学习支架就很有必要。在学生能划出重点句子的基础上，让学生从中圈划出关键词语。这些词语也恰恰是教学时板书的内容，同时也为接下来的分句学习、说话训练等教学环节埋下伏笔。这样的学习支架能帮助学生建构知识，教学的针对性更强，更高效。

（三）读读记记我会说

此设计是在学生积累了第七小节的语言后的一个整体、拓展的说话练习。在学生分句积累了第七节的文本语言后，老师点出：水上飞机的本领很多，文中用了"有的……有的……还有的……"的句式一一介绍清楚了。随后，老师就利用任务单，让学生对积累的文本语言加以整理，并作适当地拓展，在积累的基础上学习运用。

二、利用支架，理清思路

在一个陌生的环境中找目的地，指路牌往往是重要依据。掌握什么学习内容，开展什么学习活动，以及达到什么样的学习目标，如果学生预先有机会知道，那么就好比手里有一张线路图，能引导学生及时跟进并准确领会课堂需求，促进教学目标的有效落实，起到事半功倍的作用。在课堂中使用学习任务单，可以充分体现"学生的自主学习"与"任务驱动"的教学。

《神秘的小岛》是三年级第二学期第五单元中的一篇课文。本文介绍了神秘的格雷海姆岛忽隐忽现的过程以及人类探寻到的原因，全文因此分成了两部分。由于内容的需要，这两部分的语言风格表现出不同的特点。第一部分为叙述性与描写性的语言，第二部分为说明性的语言。

学习小岛"忽现忽隐"的过程时，我设计了这样一份学习任务单：

认真默读三、四小节,制作一张小岛忽现忽隐的记录表。

什么时候	小岛怎么样?
一周以后	出现

　　这份任务单通过学生认真默读课文,并提取文中信息来完成表格的填写。小岛是如何出现,又是怎样消失的过程,通过表格式的学习任务单,在学生动动脑、动动手的过程中有了清晰的了解。然后通过老师的点拨,让学生感受到小岛出现时生长快,消失得神秘。

　　对于学习任务单在课堂中的运用,我的尝试刚刚起步,非常粗浅。但我知道这是一条改变学生学习方式、让学生更主动学习的有效途径。要改变课堂,教师要改变的是自己的教学方式、思维方式。课堂外,老师要学做一个"勤"老师,多学习,多思考;课堂内,老师要学做一个"懒"老师,少讲一点,让学生动起来。

关注学习经历,"细嚼慢咽"教语文
——《空气中的"流浪汉"》一课教学案例

朱　萍

【摘要】 "学生要具有独立阅读的能力,学会运用多种阅读方法。"是新课程标准对阅读教学提出的新要求。小学语文阅读教学承载着对学生语感、语言运用能力,即听、说、读、写能力培养的重任。成功的阅读是一个创造过程,它搭建了读者与作者、作品之间沟通的桥梁。《语

文课程标准》明确指出："语文是实践性很强的课程,要让学生更多地直接接触语文材料,在大量的语文实践中掌握运用语文的规律。"

【教材分析】

《空气中的"流浪汉"》一文的作者是著名科普作家叶永烈。本文从灰尘的大小和它存在于空气中的数量、来源,以及它在人类生活中的弊大于利等方面对灰尘进行了具体介绍。虽然此文写于 20 世纪 70 年代,但至今现实意义很深。近年来,环境保护已成为世界关注的话题,我国许多地区又遭受沙尘暴的困扰,如何治理沙尘、管教沙尘是我们每个公民应该关心的问题。让学生了解一些相关的知识,才会激起学生改善环境,优化环境的意识。文章层次清晰,语言简洁,是一篇适合学生阅读的常识性课文。课文使用了一些说明文常用的写作手法,如打比方,把灰尘比作空气中的"流浪汉";列举数据说明灰尘的大小、多少;作比较,把街道上的空气与山林中的空气进行对比等。

【学情分析】

本文是一篇科普说明文。这样的常识性课文不像记叙文那样具有故事性强、语言生动等特点,但是课文里的知识是学生感兴趣、想了解的。四年级学生感性认识多于理性认识,因此在教学中应该创设情境,激发学生的学习热情。学生进入四年级,自学能力、阅读理解能力都有了不同程度的提高。理解课文对学生来说并不是很难。因此,教师应从学生的实际出发来确定教学的起点,对于学生一读就懂的内容无需花费过多的时间去进行讲解,而应把更多的时间留给学生思考、感悟。

【案例分析】

如何抓住文本特点,让学生与文本"对话"? 我想,这必须关注学生的整个学习过程即学习经历,让学生慢慢地"咀嚼"出语文味。

一、合理分配课时,"细"化教学目标

《空气中的"流浪汉"》这篇课文一共有六个自然段。第一自然段介绍了空气中的"流浪汉"灰尘无处不在的特点。第二自然段介绍了灰尘的大小、分布、来源。第三、四自然段分别介绍了灰尘的用处和坏处。第六自然段介绍了管教灰尘的办法。初读文章,觉得浅显易懂,似乎没什么很难的内容,一课时就能教完。但当我又读了几遍时,发现作者在写文章时无论遣词造句还是材料的组织,甚至于小到一个标点,都是很有讲究,值得学生细细品读和学习的。因此,我决定把课文分成两课时来教学。第一课时学习第一、二自然段,即灰尘的概况。第二课时学习第三—六自然段,即灰尘的用处和坏处以及管教它的方法。

结合单元目标和训练重点,我制定出详细的课时教学目标。以第一课时为例,教学目标如下:

1. 在阅读中自主识字,读准"渣滓""烟囱""水蒸气""呛人"等词语;能联系上下文理解"流浪汉"等词语的意思。

2. 正确流利地朗读课文,学习抓住关键词、圈划等方法,了解灰尘的大小、分布、来源。

3. 学习列数字、作比较常用的说明方法,并能学着把句子写具体。

4. 能初步通过关注标点、用词的准确,感受说明文条理清晰、逻辑严谨的特点。

第一课时,教学重点是了解课文主要内容,理清课文脉络,学习说明文的常用方法,尝试运用列数字、作比较的方法把句子写具体。训练的重点落在了知识与技能,过程与方法这两方面。单元教学目标中的训练重点"能分清课文主次"则安排到第二课时来教学,情感态度价值观这一维度的教学目标自然也就在第二课时的学习过程中渗透落实了。合理分配课时,每个课时制定适切的教学目标,并在课堂上一一落实,这样的细化有助于老师更加明确教学目的,学生学得更扎实有效。

二、关注文本表达,"嚼"出语文味

对于学生的语文素养来说,聚焦的仅仅是"文章写了什么"是不够的,更为重要的是应该关注"文章是怎么写的",即文本的表达方式,也就是说要凸显"文理"。这"文理"是指文本自身所蕴含的作者的思路、作品的文路以及语言文字的结构特色等,是语文作为工具性学科的本质特征。小学语文教材中的文本都具有独特的结构形式和语言章法,是学生学习与借鉴的重要范本。

教育与教学篇

《空气中的"流浪汉"》是一篇科普说明文,作者在表达上是科学而又严谨的。课文第二自然段作者运用列数字、作比较的方法介绍灰尘的大小、分布,形象而又生动。在课堂上,老师就要引导学生关注作者的这一写作方法,并在理解掌握的基础上,尝试运用。归根到底,语文的学习就是一个运用语言能力的体现。以下是第二节学习说明方法的教学片断:

学习第二小节,品析特点

• 灰尘的大小:

1. 学习任务单(二):

(1) 默读第 2 节,用直线划出描写灰尘大小的句子。

(2) 思考:作者用什么方法把灰尘的大小写清楚,写具体的?

2. 交流,出示句子:

灰尘很小,一千颗灰尘紧挨着排成队,也只有一厘米长,所以平常除非灰尘特别多,人们是不大感到这些小东西的存在的。

(1) 指名读

(2) 作者用什么方法把灰尘的大小写清楚,写具体的?

师交流时点评:你关注到了句中的两个数量词,一个是(一千颗),一个是(一厘米)。一厘米有多长呢?拿出你的尺子来比画比画(生比画),一千颗灰尘紧挨着排成队,才只有这么长,可见,灰尘是多么微小呀!

(3) 指导朗读

师:带着你的理解与体会一起来读读句子。

瞧,本来很难说清楚的问题,作者用上了列数字的方法,就说清楚讲明白了。来,学着老师的样子把数量词圈出来,在句子旁写出说明方法,做做标注。

3. 找一找,第 2 节中,还有哪句话也用了列数字的说明方法。

出示:

据试验,城市街道上的一酒杯空气中,有几十万颗灰尘;草木繁茂的山林地带灰尘就少得多,一酒杯空气中只有一百多粒灰尘。

(1) 自己来读一读,想一想除了列数字,这句话还用到了什么说明方法?

（2）交流：作比较。

师：是的，就是拿城市街道上的灰尘和草木繁茂的山林的灰尘作比较了。

其实作比较也是有条件的。城市街道上的几十万颗灰尘和草木繁茂的山林地带的一百多粒灰尘都必须取自（一酒杯空气变红）。你看作者用词是多么准确，描述是多么科学严谨。（贴板书，用词准确）让我们把这种说明方法也记下来。

（3）指导朗读

师：现在老师请男生读前半句，女生读后半句，我们读一读，比一比。

通过对比，比出了什么？（城市街道上的灰尘多，草木繁盛的山林地带灰尘少）

（4）有的地方灰尘多，有的地方灰尘少，这是在写灰尘的（板书：分布），而且通过比较我们可以看出灰尘的分布是十分不均的（板书：不均）。

4.说话练习：

作者用列数字、作比较的方法，把灰尘的微小和分布不均写具体形象了。我们也来试试。

出示句子：太阳离我们很远，_____。

姚明个子很高，_____。

小结过渡：作者运用准确的语言，用上列数字和作比较的方法把灰尘的大小写清楚写具体了。那么灰尘到底来自什么地方呢？我们继续学习。

以上教学片断，我首先运用"学习任务单"的形式明确学习要求，同时为学生的自学搭建一个支架。接着在学生交流时，一步一步引导学生关注作者是如何运用列数字和作比较的方法把灰尘的微小、分布的不均写清楚写具体的。紧接着通过朗读进一步体会这样写的好处，让学生在朗读中体会到作者表达的妙处。然后通过老师的小结，进一步加深了解作者在表达上的特点。最后在学生理解的基础上，设计了课堂练习，尝试运用列数字、作比较的方法把句子写具体。在此过程中，我还注意教会学生对文章进行圈划、批注等学习方式，每一个环节都落到细微处，放慢脚步，让学生一点一点"嚼"出语文味。

三、关注标点变化,细细品出文章层次

我们在语文学习中不管是读书或是写作,除了领会文章的立意,理解布局谋篇,品读词句外,还要重视标点符号。把标点符号与语言文字联系起来阅读、思考、运用,只有这样,我们才能正确地运用祖国语言文字表情达意,全面提高读写能力。本文第 2 小节介绍了灰尘的五个来源,作者运用了三个";"和两个"。"为了引导学生关注到标点的正确使用,我设计了以下教学片断:

1. 出示学习任务单(三):

(1)默读第 2 节,想一想:灰尘来自哪里?

(2)记一记、说一说灰尘的来源。

灰尘来自于____;来自于____;来自于____;来自于____。此外,它还来自于____。

2. 交流出示图片,说一说灰尘的来源。

3. 师:课文向我们介绍了灰尘来源于五个地方,由此可见它的来源是——很广的。

板书:广

4. 了解分号的用法:

师:现在,你能不看书,给这儿处填上合适的标点吗?

(1)同样写灰尘的来源为什么第四个标点用的是句号而不是分号呢?(前四个来源于地球,后一个是地球外的。)

(2)是的,从一个句号我们就可以看出灰尘来源于两个方面,一个是地球,一个就是地球外。看,作者连一个标点符号都用得如此准确,让我们一看就知道灰尘的不同来源,条理十分清晰。

板书:标点准确

(3)让我们分组来读一读这五个来源。

人们总说吃饭要"细嚼慢咽",这样消化好,易吸收。运用到语文学习上,道理也是一样的。"囫囵吞枣"般吃下去的虽比较多,但是很有可能"消化不良"。为了使学生真正地拥有学习语文的能力,从教学目标的制定到课堂教学环节的设计,都应"细嚼慢咽"。

开发多种渠道　丰富识字体验

——小学低年级识字教学微探

周秋艳

【摘要】 汉字是中华民族文化的瑰宝。让孩子们充分感受汉字的魅力、认识汉字的奇妙,并深深地记入心中,是教师应尽的职责。但是,对于小学生,特别是低年级的孩子来说,识字是一个艰苦且十分枯燥的过程。在这个过程中,孩子们往往会出现很多问题,比如主动识字意识不强、错别字多、同音字分辨不清等。那么,怎样才能让我们的孩子在快乐、轻松的学习氛围中学习和掌握汉字的音、形、义,成为我们共同探讨的课题。本文将结合课堂识字教学实践,探索提高识字效率的方法,加强学生识字的快乐体验,进一步提高学生字词运用能力。

【关键词】 小学低年级语文　识字教学　识字效率　感受汉字魅力

《小学语文课程标准》阐明"识字写字是阅读和写作的基础,是低年级段的教学重点。要运用多种识字教学方法和形象直观的教学手段,创设丰富多彩的教学情境,并引导学生利用课外各种机会主动识字,提高识字教学效率。同时要关注日常识字的兴趣,激发识字的积极性"。

识字教学在低年级的语文教学中显得尤为重要,因为语言文字贯穿在我们生活的方方面面,它能为今后的阅读和写作打好扎实的基础。学生识字数量的多少、质量的高低,对其今后的学习生活会产生直接而深远的影响。作为教师,我们应该激发孩子识字的兴趣,教会孩子识字的方法,培养孩子识字的能力,体验识字的成功与快乐。

教育与教学篇

一、感受汉字魅力,激发兴趣,调动识字积极性

　　兴趣是调动孩子积极思维、探求知识的内在动力。有了学习兴趣,孩子们就会将识字看成是一件快乐的事情。正所谓:"知之者,不如好之者。"因此,要让孩子乐于认识并记住生字,必须使他们对此深感兴趣。

　　1. 利用汉字特点,启发学生识字。

　　中国汉字独具魅力,它是经过漫长的岁月演变发展而来。在汉字中,80%是形声字,具有声旁表音,形旁表义的特点,这其中蕴藏着许多造字的规律。教学时,有意无意间渗透这些规律,不但可以让学生更好地掌握学习生字的要领,还能让学生感受生字演变的奇趣。

　　如在语文教材第一册识记"日""月""水""鱼""旦""灭",可以采用图文结合的办法,出示这些字对应甲骨文的图片,让学生对照着图片来理解文字,使他们了解象形字的发展演变过程。"明"是由两个象形字"日""月"组成的会意字,是太阳公公和月亮婆婆在一起;"雷""雪""霜"三个字都是形声字,富有形象性,都与"雨"有关;这些横竖点撇的奇妙组合,和人的气质多么相近。学生在瞬间走进想象,然后又从想象中走出来,在记忆中留下无穷的回味。

　　当然,汉字还有会意字和形声字,那我们可以采用更多的办法进行教学。在学生初接触部首阶段,我告诉他们有关部首所属的类别。如三点水的字与水有关,木字旁的字与树木有关,提手旁的字与手的动作有关……随着学习汉字的深入,学生便会对汉字的结构和内涵有一定的认知。于是,学生不仅认识了字形,还能准确地理解字义。

　　2. 采用多种形式,激发识字兴趣。

　　① 游戏识字法。

　　除上所述,课堂中识记生字的办法还有很多,比如找朋友、换部首、拆笔画。在每一单元的学习结束后,可以进行词语游戏,如"一字开花""词语接龙""邮递员送信""滚雪球"等。这些活动把枯燥乏味的识字过程变成了交朋友和玩游戏的过程,孩子们的注意力显著提高了,他们都能兴致勃勃地参与整个过程,学习气氛轻松活泼并洋溢着快乐,识字兴趣也大大提高了。

② 编顺口溜法。

我也尝试着教学生一些简单的记忆方法,如"解"字是用一把刀杀了一头牛,取其牛角;"商"字则是八口人在屋子里商量事情……在认识其他生字时,学生也能用上这些方法,大大地提高了识字的准确率。

③ 做动作表演法。

正如上文所述,识字实际上是一个十分枯燥的过程,小学低年级的孩子注意力能够集中的时间较短,作为教师,我们就要想尽一切办法让孩子被点燃的兴趣火花越烧越旺。一些表示动作的字,我经常请学生来做一做,演一演,既记清了字形,又理解了意义,学起来很省力。如"看":把手放在眼睛(目)上,就可以看到较远的地方。学习"抽"字时,给学生几张生字卡片,让他抽出一张他喜欢的,在做动作的过程中,体会了"抽"字表示手的动作,是提手旁。还有像"按、抱、跑、跳、投"等都可采用这种方法来学,学生的识字积极性大大提高。

二、借助多种形式,授之以渔,提高识字效率

1. 课前预习,自主探索。

一年级的孩子刚刚从幼儿园步入小学,学习准备期的出现恰好可以让他们充分适应小学的学习生活。在准备期学习过程中,可以初步培养孩子的识字能力。课前,可让学生观察周围的字,如:学校里的门牌、标语……马路上的路牌、店名……小区里的通知、宣传栏……家里的新书、零食包装袋、电视字幕……让学生读一读已经认识的字,遇到不认识的字可以问一问家长。长此以往,学生的识字量将突飞猛进,识字能力也大有提升。

在低年级语文教材(特别是一年级的两册教材)中,识字占了很大的比例。因而,在设计一年级的导学单时,更要偏重学生识字能力的培养。当学生在课堂上掌握了一定的识字方法后,就可以完成这样的识字导学单:拼一拼本课的生字;用喜欢的方法记一记生字;用部首查字法或音序查字法查到生字在字典中的页码……这样的导学单能够帮助学生自主学习所学内容,从而提高课前预习的效率。学生通过自主识字,就能增强学生的识字能力,提高识字的效率。

2. 实物演示，习得要领。

低年级的孩子天真活泼，对周围事物的认识仍然处于"童话"状态。当孩子们初次接触"笔画"时，在教学过程中，可以把"横"比作小扁担，把"点"比作小雨点。为了让学生知道横折这个笔画是一笔构成的，在教学时通过用吸管演示的方法。先出示一根吸管，代表笔画"横"，再把吸管折过来，就代表笔画"横折"。当我质疑横折是几笔时，起初孩子们还犹豫不决，可当我把吸管还原成原来的一横时，孩子们毫不犹豫地齐声回答"是一笔"。通过这样一次实物演示，使学生加深对"横折"这个笔画的记忆，并且牢记"横折"实际上是一笔。

又如在教"笔"字时，可先出示一支毛笔，学生观察后知道毛笔的上面是竹子做的，下面是动物毛做的，因此"笔"的上面是"竹字头"，下面是"毛"字。学"袋"时，可让学生摸摸自己的衣袋，学生就记住了这个字是"衣字底"，衣服上有口袋。我又问学生："假如袋口封住了，能放东西吗？"他们说不能，我就强调说："对了，因此上面不能写成'伐'。"通过实物演示，使学生对所学汉字留下了深刻的印象，轻松掌握了汉字的形和义。

3. 辨析比较，区分字形。

近几年来，上海开始试行《中小学学生学业质量绿色指标》，对于汉字的书写也提出了一定的要求。汉字是世界上最古老的文字之一，也是世界古老文字中唯一还活着的文字，正确书写汉字是每一个中国人应尽的义务。但我们低年级的学生由于年龄小，每天需要识记的生字多，观察字形不够仔细入微，一些相似的字经常出现混淆，与此同时造成了一定的困扰。因此，在讲授新字的时候提前进行干预，帮助学生辨析字形显得尤为重要。

在练习写字时，很多孩子很容易将"复"字"口"里写两横，"夏"字口里写一横，纠正多次，还是不见效果。于是我提示学生：我们想到夏天就会想到放暑假，暑假大多放两个月，所以记住里面是两横；"复习"的"复"字里面只有一横，那是因为复习的时候需要我们一心一意。学生听得连连点头，很有体会，从此之后出错的情况便少之又少了。还有一对形近字"眼和眠"特别容易出错。以下是我的教学片段：

师：小朋友，请你找出这两个生字的不同之处。

生：眼的右半部分里面多一横，眠最后一笔是斜勾，眼没有斜勾。

152

师：是啊，小朋友，眼睛里面有横，就是代表眼珠子。睡眠的眠里有斜勾就好像睡觉时可以把脚搁起来。（孩子们笑声连连，在笑声中也加深了对两个形近字的记忆）

通过这样的辨析活动，学生不但学得轻松愉快，而且记得牢，今后出错的情况便少之又少了。

4.创设情境，理解文字。

低年级的孩子喜欢浸润在故事的怀抱中，因此在讲解有些特别复杂、极易混淆的生字时，我会自编一些短小的故事来帮助学生识记生字。

在小学语文第一册书中有一个生字"溪"，学生极易将"溪"字右下部分的"大"写成"小"。我们都知道"溪"字的意思：山间的小水流。当被问及哪个地方可能最容易写错时，孩子们也能说出个所以然来，但每每写到这个字时还是照样出错。为了提高书写的正确率，在教这个生字的时候就要进行提前干预。课前可以为孩子们设计并描绘一幅美丽的图画："山间鸟语花香，绿树成荫，小河水清澈见底（氵），一个美丽的姑娘正在用她那双勤劳的大手（大）洗着衣服呢！"我边说边在字上比画着，孩子们立刻心领神会，马上牢牢记住了字形，之后也很少再有错误的情况出现了。

在第二册书中有一个"使"字，学生很容易将右边的"吏"漏掉一横，写成"史"。不妨告诉学生，"吏"是古代的小官，古代的小官总喜欢使唤别人做事，所以"吏"加单人旁就是"使"。通过我的释义，孩子们感觉有意思极了！同时也将字形、字义铭记于心了。

三、积累与表达相融，学以致用，提高字词运用能力

语文就是语言文字的总称。学生会用学过的字词来进行规范正确的表达，才能称之为"学以致用"。只有将课堂和生活中所学到的词语用起来，给学生语言实践的机会，才能把学到的知识内化为自己的知识，使学生受益匪浅。

1.课堂中注重积累。

字词的积累很重要，只有在平时的学习中注重积累，在今后的表达中才能做到厚积薄发。低年级尤其是一年级第一册的课文大多是儿歌

的形式,读起来朗朗上口,教师要指导学生读一读、背一背课文。教授有些课文时,就要指导学生读好词语,注重积累。

第一册的课文《王冕学画》中,用了很大的篇幅来描写王冕所画的荷花,用上了许多好词语。为了让学生真正理解"亭亭玉立"这个词语,我在黑板上画了几根挺拔细长的荷花秆子,配上几朵美丽的荷花,随后问学生:"黑板上的荷花很美很挺拔,课文中有一个词语就是这个意思,你找到了吗?"学生很容易回答。"那么,亭亭玉立除了可以形容荷花还能形容什么呢?"没想到孩子们也一下能反应过来"女孩子。""是的,亭亭玉立不仅可以形容荷花,还能形容身材高挑细长的美丽女子呢!"通过这样的一次互动,学生就能做到活学活用,真正理解了词意,揣摩出句子的意韵来。

在课文《谁的本领大》中,出现了几个表示生气的词语,如:怒气冲冲、火冒三丈等。课堂中,我及时提示学生注意积累表示生气的词语。这种归类和主题式的积累,帮助学生领悟字词的意思,加强语文功底,因为只有根壮才能叶茂。

2. 课后注重反馈练习。

语文学习注重练习,落实到笔头才能记得更牢。我们每天课前课后都开展一分钟的口头词语接龙活动,这样既可以增加词汇量,又可以活跃课堂气氛。同时,开展课堂小练习,摘录课堂中的词语,运用词语造句等,还时常开展小练笔活动,要求用上平时积累的好词语。每周,我们还会开展一次单元小练习活动,积累并巩固一周所学到的字词,不定期地还会开展写话活动,并跟进学生互评和教师点评。

3. 开展各类主题活动。

围绕学校的各项主题活动,我们在班级中也经常开展讨论,使平时积累在大脑中的字词重新组合,变成自己的语言,表达自己的思想和情感。如学校举行的校园文化艺术节,主题是寓言浸润生活。我们的孩子人人准备一则最拿手的寓言故事,讲给家长听,开展小组活动时讲给同学听。结合教师节、母亲节等节日,为老师、为妈妈做一张贺卡,写上自己的心愿和祝福的话。在环保宣传周,设计一条有创意的环保宣传语……除此之外,结合班会课,我们也经常开展主题讨论,孩子们各抒己见,不亦乐乎。只有这样,才能最终完成字词教学从积累走向运用的过程。

四、拓展课外渠道,丰富资源,加强识字体验

学习汉字,就是为语文打下基础,铺上路基。有了这一个个小小的汉字,孩子们就能将它们组成词语,连成句子,构建段落篇章,阅读并书写出优秀的文本。但随着孩子年龄的增长和认知水平的提高,书本上的汉字已经远远不能满足他们的渴求。作为教师,我们必须拓宽孩子们的识字领域,使他们的识字范围向课外延伸,让学习汉字的过程和生活实践结合起来。其实,生活就是一本最好的书,生活中有太多接触文字的机会,孩子们利用在课堂中学到的生字和识记生字的方法来认字,这既是一个巩固也是一个富有创造的过程,这是让他们感到很有成就感的事。此外,班级中也经常开展阶段识字比赛和识字活动,并评选出"识字小能手"等奖项。这样一来,孩子们体验到了识字的喜悦,体验了成功的快乐,他们对识字的兴趣就更加高昂了。

汉字是我们民族文化的基石,是中华历史的载体,是前人智慧的结晶,是有着鲜活生命的"你""我""他"。作为教师,我们有责任引领孩子们走进汉字这个奇妙绚丽的大花园,去感受汉字的魅力。

在低年段小学语文教学中运用
多媒体技术的利与弊

曹沁乐

【摘要】 结合课堂实例,针对低年段小学语文教学中运用多媒体技术的优势与不足进行探讨。

【关键词】 小学语文　多媒体技术

在笔者小学时,多媒体技术教学工具正在普及,教室内开始装备电

脑、投影仪等先进教学设备,教师们也会偶尔使用演示文稿软件来开展教学工作。就在短短几年内,现代科学信息技术迅速发展,多媒体技术已经大范围普及,几乎所有的课堂都会运用多媒体技术进行辅助。那在当今教育中占举足轻重地位的多媒体技术对低年段小学语文教学有何利弊呢?对此,笔者想结合自己尚浅的教学经验与同仁共同探讨。

一、在低年段小学语文教学中运用多媒体技术的优势

在信息技术迅速发展的当今社会,多媒体技术的运用无疑是顺应潮流的选择。在信息化的学习环境中,在低年段小学语文教学中运用多媒体技术可以激发学生的学习兴趣,提高学习效率;可以拓宽学生的视野及思维空间;还可以提高教师的教学效果,突破重难点。

1. 应用多媒体技术可以激发学生的学习兴趣,提高学习效率。

教师在实施教育教学时,一定会结合学生的年龄、生理、心理等特征来进行教学设计。低年级学生的注意力较短,抽象思维能力有限,好奇心重,思维活跃,如何充分调动学生学习的兴趣和主动性是教师要考虑的。苏霍姆林斯基说过:"如果学生没有学习的兴趣和愿望,我们的一切意图、一切探求、一切理论都会落空。"只有激发学生对学习材料的兴趣,他们才会乐于接受,并化为内在主动力来学习。

利用多媒体技术,能将静态的画面变得生动,将抽象的知识变成集声、文、图于一体的具体形象,使感官获多重刺激,容易引起低年级学生的兴趣和注意,也能帮助他们理解学习材料,从而提高学习效率。比如在课程引入环节运用多媒体技术创设出符合课文的情境,学生便可以迅速被吸引到营造的氛围中,更投入地进入学习。在《小小的船》这一课中,笔者用儿童歌曲《小小的船》配上动态图画引入课题,一是用音乐媒体引起学生的兴趣,二是让学生对课文内容有初步的了解。当学生被歌曲吸引,老师便告诉他们今天要学习的课文就是这首歌的歌词,只要上完今天这节课,就可以学会这首歌了,于是整节课学生都兴致勃勃地跟着老师一起学"歌词",不仅激发了学习兴趣,也提高了学习效率。

2. 应用多媒体技术可以拓宽学生的视野及思维空间。

低年级学生由于年龄局限,经历有限,他们对于课文里涉及的有些物品、地点、人物了解甚少,这也影响了他们对于课文的理解。课堂教

学的时间是有限的,传统教学方法难以实现拓展相关的教学内容。但随着多媒体技术的广泛应用,学生能够通过多媒体手段在短时间内获取到与课文内容相关的新知识,在充分了解背景的前提下,再进行课堂教学,相信不仅能够拓宽学生的视野,还能够打开思维空间,将新知与已知有机结合、互相补充,为学生提供更多和更加充分自由发展的余地。

比如在《大竖琴》这一课的课前提问中,笔者发现学生全都不知道"竖琴"长什么样,没有见过,也没有听过它发出的声音。这样的情况下学生一定不能感受到作者为何将"杨浦、南浦大桥"比作"两架大竖琴"。于是笔者准备了图片、音频、视频等让学生通过多种途径了解这种乐器,让他们在了解新事物的同时感受美,体会作者的意图。又如在《寄冰》这一课中涉及了"南极"和"非洲"这两个小朋友未曾去过的地方,于是笔者将图片与音频介绍相结合,帮助学生了解这两个地方"寒冷"和"炎热"的特点,使学生产生身临其境的感觉,激发他们求知的愿望,促使他们注意力高度集中。

3.应用多媒体技术可以提高教师的教学效果,突破重难点。

在小学语文学习过程中,学生学习和教师教学方面最大的困难就是教学中的重点与难点。但是如果能够将多媒体技术的功能与语文学习很好地整合起来,就会大大降低学习难度,为清除障碍奠定了基础,顺利突破重点难点。

在《花钟》一课中,教学的重难点中有一条是"能根据提示语尝试读出三句句子的不同语气",然而学生光是通过对文字的理解,很难体会到这三处提示语明显的不同。比如第一处提示语为"起床号",学生的经验不足以了解,于是笔者通过一张图片告诉学生起床号是战士们起床时吹响的军号,再通过一小段音频,让学生感受到起床号是多么的嘹亮,在此基础上,学生便轻松闯过了第一个关卡,读出牵牛花嘹亮的语气。在之后的学习中也能够举一反三,顺利突破难点。此外,识字教学是低年段语文教学的重中之重,在识字教学中运用多媒体技术可以使抽象的文字变得富有动态,帮助学生在脑海中形成画面,转化为长久的记忆。在学习"雨"这个字的时候,笔者找到一张屋檐上正有雨点一滴滴坠落的动态图片,再将笔画拆开,一笔一笔移动到图片上对应的位置上,学生们恍然大悟,原来"横"就是屋檐,"竖、横折钩、竖"是房子,四个

"点"就是小雨点啊。学生在形象有趣的教学中深刻地记住了这个生字,达到了良好的教育效果。另外教师经常会用音乐媒件配乐朗读,我们不难发现,配上音乐时的朗读,学生容易进入情境,散发情感,多媒体也可以达到烘托氛围、升华情感的效果。

二、在低年段小学语文教学中运用多媒体技术的弊端

那么在低年段小学语文教学中运用多媒体技术有利无弊吗?不尽然。多媒体技术的不适度应用会使教师容易产生依赖感,限制学生想象力和创造力,制约他们语感能力的培养。

1.教师容易产生依赖感。

在传统课堂中,教师一书、一黑板、一粉笔就可以讲课了,但是现在很多教师因长期使用多媒体课件开展教学,需要根据课件提示才可以进行下一步,以至于哪一天电脑或软件故障就没办法上课了。如果教师过于依赖多媒体课件,备课时不去备学生,不考虑学生的疑惑和可能出现的状况,只是将重点放在课件制作上,上课时按部就班,课件越细致,束缚就越大。多媒体技术仅仅是教师开展课堂教学的工具,如果多媒体介入过深,那教师就会成为多媒体的工具,这就本末倒置了。

2.限制学生想象力和创造力。

多媒体技术的优势是能将抽象的事物变得具有直观性,那对应的,使用不当可能会限制学生想象力和创造力。我们都知道一个案例,在黑板上画一个点,问小朋友像什么?他们可以说出许许多多的东西。但是如果老师在提问的同时还给了一张图片或一段视频,学生的思维就会被局限在给出的材料中,限制了他们的创造性思维和想象力。

3.制约学生语感能力的培养。

学习语文重要的一环就是语言的学习,而学习语言相当一部分需要依靠学生对语言文字的品读与感悟。中华民族的汉字带来的语言美是润物细无声的,是形象直观的多媒体无法直接带来的。当语文课堂少了朗诵激情,缺少情绪感染;少了教师流畅书写,缺少文字本身给学生带来的感染力,那学生只能被动接受,被动欣赏,语感的培养也相应缺少了。

三、小结

综上所述,多媒体技术已经成为小学语文教学中不可或缺的辅助工具,它有优势也有弊端。教师需要严格选择教学软件,有目的、适度地进行使用,不忘传统教学之精华,通过不断地探索,将现代教学与传统教学相互融合,扬长避短,只有这样,课堂教学才能得到最优化,学生才能有更大地成长空间。

做孩子朗读世界的点灯人

马颖慧

汉语是一种极其丰富的语言,说起来抑扬顿挫很有音乐感,"音声相和"是汉语的独特之美,也许,这就是古人强调"读"的原因吧。朗读,有助于倾听、理解和记忆,是培养语感的最佳途径。这里的"读"是指真正的沟通交流,是让孩子们运用普通话把书面语言清晰、响亮、富有感情地读出来,变文字这个视觉形象为听觉形象,是口若悬河。培养这个能力的责任谁来承担?相当一部分要靠语文教师。

在教学实践中,时常出现这样的现象:不少读得不错的学生在课堂上不愿举手;有的学生在众人面前朗读时面红耳赤,声音放不开;还有的学生朗读时依字出声,有口无心……凡此种种,都说明学生对朗读缺乏兴趣和信心。

怎么办?我们要想办法让孩子的表达回到语言、回到朗读、回到基本功上来。

一、让孩子喜欢上自己的声音

"你喜欢自己的声音吗?"我常这样问孩子。有些孩子觉得自己的

教育与教学篇

发音不够准,朗读时感情不够丰富,因此缺乏自信。都说兴趣是最好的老师,对于学生,这种兴趣的培养,需要靠语文老师从一年级开始,从每一堂语文课开始,从培养学生良好的朗读习惯开始。作为语文老师,要善于利用多种多样、学生喜闻乐见的朗读形式,比如合作读、表演读、分角色读、比赛读等,让师生共同体验朗读的兴趣。

还记得我在上三年级第二学期的一篇课文《家是什么》时,设计了"叠读"的方式。叠读相当于音乐中的"二重唱",根据相应的文字,配上情感基调一致的曲子,让学生分两个部分一前一后,重读,效果极佳。《家是什么》一课的结尾处:

在这个世界上,家是一个充满亲情的地方,它有时在竹篱茅舍,有时在高堂华屋,有时也在无家可归的人群中。没有亲情的人和被爱遗忘的人,才是真正没有家的人。

我为学生做了这样的铺垫:住在别墅的富翁因为没有了亲人的陪伴,失去了家;被战火摧毁家园后因为找到了小女儿的热拉尔称自己又有了家! 如果你是富翁,你会期盼父母回到家中;若你是热拉尔,你一定为找到女儿感到欣慰! 家就好像是一辆汽车,父母是轮换开车的司机,孩子是乘客。当父母年迈时,孩子就当上了司机,而父母则变成了乘客。于是,师生一起将原文中那一段关于"亲人"的咏叹加以改编:

在这个世界上,家是一个充满亲情的地方,

它有时在竹篱茅舍,有时在高堂华屋,

没有亲情的人和被爱遗忘的人,才是真正没有家的人。

在这个世界上,家是一个有亲人陪伴的地方,

它有时也在无家可归的人群中,

没有亲情的人和被爱遗忘的人,才是真正没有家的人。

我将学生分为两组,一组代表富翁,一组代表热拉尔。"富翁"先说"在这个世界上,家是一个充满亲情的地方","热拉尔"马上跟读"在这个世界上,家是一个有亲人陪伴的地方";"富翁"接着说"它有时在竹篱茅舍,有时在高堂华屋","热拉尔"接着说"有时也在无家可归的人群中"……就这样,一前一后,轮流读这两段话,形成轮唱式的回环往复。伴随着音乐声,在两个声部回环往复的"没有亲情的人和被爱遗忘的人,才是真正没有家的人"声中,孩子们对家的真挚感情油然而生。

二、轻松自如地用声

要求学生自如地运用声音，教师要"重"在引导学生理解与把握文本，辅以朗读技巧的指导。声音再好，无法传达作者所要表达的思想情感，那样的朗读也是白搭！反之，准确地理解并把握文章的基调与细节之后，朗读就可以做到游刃有余，这时声音的运用自然也就"自如"了。

沪教版语文三年级第二学期第五单元的一篇课文《我喜欢小动物》中，有这样一句话：大概"哼"得久了，大人不胜其烦，只好答应，但是再三吩咐道："要小心哪，不要给咬着，如果给咬了，还得打你一顿鞭子！"这句话是父母禁不住小作者的恳求，答应他玩鳖之后的嘱咐，看似是吓唬却包含着对孩子的担心。怎样引导孩子读好呢？此时老师的范读就至关重要了。"要小心哪，不要给咬着"，要读得慈祥一些，温柔一点儿，而"如果给咬了，还得打你一顿鞭子"！要读得严厉一些，读出吓唬孩子的语气。通过老师示范读，为学生提供了一个优秀的参照声音，也为他们树立了朗读的信心。孩子们的模仿力都是极强的，每个孩子少不了被父母批评、吓唬的经历，这便成就了他们绘声绘色地朗读！孩子们读完，我给出了这样的评价："看来你没少挨爸爸的揍，或许将来你也会是位严厉的爸爸。""读得这么温柔，真是位心地善良的妈妈！"……孩子们听了，哈哈大笑。

又比如文中的这句话：但我强忍着，不敢哭喊，生怕给大人们知道。这句话描写小作者在多次逗弄鳖之后，突然被鳖咬后的表现。句子不长，孩子们第一遍读得干脆、响亮。我对他们说："大人明明嘱咐要小心，你还是被鳖咬了，读那么大声，看来你们都不怕大人的鞭子呀！"孩子们又笑了。再读时，他们的声音变轻了，软了。这样真好。

好孩子是夸出来的，对朗读也是如此。尤其是对于一些胆小且朗读水平较差的学生来说，教师的鼓励比什么都重要。因此，对于一些朗读不到位的地方，语文老师可以采取幽默、巧妙的方式点拨，让学生在不知不觉中学会分辨优劣，从而慢慢做到自如地进行适当的朗读表达。

教育与教学篇

三、合理恰当地配乐

从审美品位提高的角度看,配乐朗读较之于其他朗读方式,能更好地疏通人的艺术感觉,它使人在音乐的感染下,对文章意境和朗读魅力,感受得更直接、真切,仿佛身临其境;从审美效果看,配乐朗读,把作家的情思、诵者的感受如画面一样呈现于眼前,流入人们心田,能使诗文与音乐在相互激发、生成的现场感中弥散出超强的感染力、穿透力。

沪教版二年级上册第三单元中的《长城和运河》是一首诗歌,这首诗歌描写作者驾驶飞机航行在祖国的蓝天,看到长城和运河。内容如下:

我驾驶着飞机航行在祖国的蓝天,
一个奇异的景象出现在我的眼前:
像巨龙穿行在大地,
连绵起伏,曲折蜿蜒。
东起山海关,西到嘉峪关,
万里长城谱写了不朽的诗篇。
是谁创造了这人间奇迹?
是我们中华民族的祖先。

我驾驶着飞机航行在祖国的蓝天,
一个奇异的景象出现在我的眼前:
像绸带飘落在大地,
银光闪闪,伸向天边。
北起首都北京,南到天堂杭州,
京杭大运河谱写了动人的诗篇。
是谁创造了这人间奇迹?
是我们中华民族的祖先。

长城和运河都是中国古代劳动人民的杰作,也是中华民族的骄傲。小作者以生动的语言,抓住长城和运河的特点,勾勒出一幅幅壮丽而宏伟的景象。教师的任务一目了然,引导学生通过朗读增强学生的自豪感和爱国情怀。

　　班级大部分孩子，几乎没人见过长城和运河这两个伟大的奇迹。没有亲身感受，便谈不上有感情地朗读。怎样才能指导孩子们读出爱国情怀呢？我在授课前，精心为孩子们选取了《我和我的祖国》这首歌曲的伴奏，利用午会时间教会了孩子唱这首歌。课堂上，我先通过图片和讲解，让学生对长城和运河有了初步了解。之后，打开音乐，《我和我的祖国》歌曲轻缓的前奏响起，伴着孩子们的歌声"我和我的祖国，一刻也不能分割，无论我走到哪里，都流出一首赞歌……"此刻，老师不讲任何赞叹，孩子们的心中已是波澜澎湃！歌声结束，音乐继续，朗诵开始……那一刻，孩子们站得笔直。音乐的旋律、节奏、曲调，充分调动着学生的听觉和视觉，此刻他们在脑海中一定浮现出长城与运河的画面，与作者产生了情感的共鸣，因为我看到了洋溢在他们脸上的骄傲和自豪！

　　这样的朗读，便具备了声情并茂的节奏、和谐婉转的韵律，能够有效地呈现出作品的声音美、神韵美，并在审美追求中提升对作品的理解和演绎，陶冶性情，升华思想，加深印象。

四、情声和谐，凸显个性

　　《语文课程标准》中提出：语文教育特别需要学生独特的情感和体验。我们的朗读指导，应该尊重每个个体的独特体验，让学生尽情地释放自己的情感。儿童，人虽小情却多，正值多情之时的他们，有自己的思想、看法、生活经验，对句子的理解体会不同，读出来的感情就各不相同。但只要是学生的真情流露，只要是学生的真情实感，就应当受到保护与肯定。

　　《我喜欢小动物》中，有这样一句话：最后一次，当我把手指伸到十分接近鳖的吻端的时候，它突然迅速伸颈一咬，唉，一下子就给咬住了！一个"唉"字，有的孩子读出了难过、遗憾的语气——降调、音拉长，语调低；有的孩子读出了吃惊的语气——升调、音短促、语调高。哪种才是正确的读法？若我说，孩子们的读法都正确。他们的朗读正是在对课文充分理解的基础上，加入了各自不同的生活经验，才有了不同的理解和体会。这不正是我们追求的语文教育中的孩子们独特的情感和体

验吗？

儿童的世界就是这样，一切都是活的，一切都是自由的。于是，儿童的朗读也应是摆脱了一切束缚的。技巧虽然重要，但学习它的目的正是为了能够在未来的某一天、在理解水平达到相应的高度时的某一天，能够破茧成蝶、无招胜有招。朗读送给孩子的不是"金子"，而是"点金术"，语文老师就是学生朗读世界的"点灯人"，就让朗读成为鼓荡充盈他们内心世界的最美的声音吧。

小学中高年级语文预习单的设计与实践

施文江

一、作业预习单的设计背景

在课堂教学中，我们经常会发现这样的现象：学生们在课前疏于预习，即使预习也只是草草浏览课文，或对字词作一些大概的了解。这样，在上课时教师势必要花不少时间来帮助学生读通课文，影响了课堂效果。古人云："凡事预则立，不预则废。"课前预习，已被实践证明是一种良好有效的学习习惯。它既培养了学生的自学良性行为，又增强了学生的自学能力，有效地提高了学生独立思考问题的能力。

预习，作为小学中高年级语文阅读教学的一个组成部分，是必不可少的。课前预习的好坏，其实对听课质量、学习成绩都有很大影响。但是认真做好课前预习往往也是最容易被学生忽视的学习环节。学生对预习缺乏全面的认识，在预习时存在一定程度的随意性。

利用预习作业单可以让学生在任务指引下进行自主学习，为学生的预习搭建了一个"方法支点"，避免学生无从下手的局面，逐步提升学生的学习能力和学习效能。开展预习作业单的设计，目的是优化预习作业布置的量与质,减轻学生过重的课业负担;同时希望有助于提高课堂教学的效率,培养学生自主学习能力。

预习作业单与一般的学习任务单有所区别,放在课堂教学之前进行,由学生在课外独立完成。它的目的不是练习而是为达成学习目标设计的前置任务,是为了保证课堂学习任务富有针对性。

利用预习作业单,可以让学生在预习单这个拐杖的引领下,进行有效的自主学习,为学生的预习搭建了一个"方法支点",避免了学生无从下手的局面,逐步提升学生的学习能力和学习效能,为课堂教学打下扎实的基础;也让教师对学生的已知情况有更清楚的了解,分析学情,准确地把握教学起点,有效提高课堂教学中学习目标的适切程度,进一步提高学习效能。

学生借助预习作业单,带着明确的学习任务进行自学。老师批阅,对学生的已知情况有更清楚的了解,了解班级不同基础的学生学习该材料以及达成学习目标所具备的基础与存在的困难。老师准确地把握教学起点,调整原来设定的教学目标,有效提高课堂教学中学习目标的适切程度,为后续学习提供依据。

《语文课程标准》提出"积极倡导自主、合作、探究的学习方法"理念。课前预习的学习方法在提倡学生自主探究、培养自学能力、张扬学生个性、表现学生自我等方面有其独到的作用。预习中无论孩子有了收获还是疑问,都是其自主学习的体现。预习不但可以强化孩子学习动机,提高他们学习兴趣,而且促使孩子把注意力集中在难于理解的知识上从而加强听课目的。

二、作业预习单的设计原则

1.理清年段目标、单元目标、课时目标。设计预习作业单时,教师首先思考把握学习材料应落实"课程标准"的哪些要求,初步形成这个学习材料的学习目标。用预习单的学习任务来从不同角度为学习目标的实现创造可能,再调整原来设定的学习目标,把教材的知识点与学生的需求点对应起来,有效提高课堂教学中学习目标的适切程度。之后,教师将学生已知的在设计中淡化,学生能学懂的在设计中给思路,引导学,学生有困难的在设计中搭支架,重点学。

设计之前,对本节课的教学内容、教学重点、教学目标梳理清楚,预习作业的设计同时考虑到本班学生的实际,符合学生的认知基础和认知规律,不随意拔高或降低作业要求,根据教学目标和学生情况,精心设计预习作业。教师事先试做拟布置的预习作业,提高作业设计的目的性与针对性。

2.注重预习作业的多样性与选择性。根据年段的特点,有字音、词语类的理解练习;有对课文内容的整体感知;注意书面与口头作业相结合;有时是预习作业、课堂作业、课后作业三者的结合。

如在指导三年级学生预习时,主要采取如下方法:一读,要求学生每学一篇课文之前,必须把课文大声地多读几遍(至少三遍),遇到不认识的字或者不理解的词语选择合适的方式解决,直到读正确、读流利为止;二思,想想课文主要写什么。三记,把精彩的词句划下来,想想自己喜欢的理由,多读几遍,积累下来。四想,文中哪些语句引发了自己的思考与感受? 还有什么不理解的地方,做下记号。五查,对于学有余力者,还可以增加"五查",关于文章的时代背景及相关的知识可通过工具书或上网等来解决。

3.及时归纳预习的目标及步骤。提高学生的预习能力,关键是掌握正确的预习方法。三年级第一学期预习课文的目标及步骤。如下表所示:

目　　标	1.能正确、流利地朗读课文。 2.能说出文章的大致内容。 3.积累自己喜欢的语句,能简单说说喜欢的原因。 4.能简单地表达自己从文中得到的思考与感受。	
步 骤	朗　　读	正确流利地朗读课文,读准字音。
	理　　解	1.尝试用学过的方法理解字词。 2.想想课文主要说了什么? 　在不理解的课文内容旁打问号。
	积　　累	划一划自己最喜欢的词句,想想喜欢的理由,读读记记。
	思考及感受	想一想文中哪些语句引发了你的哪些思考和感受?

让学生预习时运用学过的知识和方法,努力去解决疑难,提出问题,培养学生独立学习的能力。

三、作业预习单的设计与实践

（一）单元预习单设计举例

1. 三年级第一学期第三单元课文预习单。

从三年级第一学期第三单元开始,教材第一次提出将"预习课文"作为单元重点训练内容。从最基本的要求做起:① 把课文读正确,尤其要注意生字新词的读音;② 划出不理解的,想办法解决,不能解决的准备向同学或老师请教。

老师的鼓励与引导对帮助学生养成良好的预习习惯,有着至关重要的作用。自主预习的意识会影响到学生的未来。我觉得培养学生养成良好的预习习惯,首先是老师要提出清晰明确的要求。预习新课文时,需要读通课文,理解字词;需要熟悉课文内容,找出无法理解的地方。读课文至少五遍:初读课文,标出自然段;再读课文,划出生字新词,理解字词;三读课文,划出好词佳句;四读课文,思考预习题;五读课文,疑难问题标注。

提前了解自己,就是为了在老师讲解后认真聆听,争取有真正的收获。为了使每一位学生掌握预习的方法,我将此分为了两个层面多个步骤,循序渐进地让学生反复实践,掌握预习的方法:先是在课堂中,老师指导学生预习——小组合作进行预习——同桌合作进行预习——学生独立进行预习;接着是在家中,家长指导学生预习——学生独立完成预习。

2. 三年级第一学期第四单元的课文预习单。

第四单元,再次将"预习课文"作为单元重点训练内容。具体要求如下:在通读课文时,要把不认识的字圈出来,在不懂的地方做上记号,然后,想办法自己解决。当然,也可以带着问题进课堂,与老师和同学们一起探讨。

三、四单元虽然都以预习作为单元训练重点,但是有所区别,呈现出螺旋上升的要求。第四单元在读课文思考部分,对学生要求更高。在第三单元预习的基础上,我注意引导学生在预习中,对重点篇目的课文进行认真地研读,提出有一定的思考价值和吸引力的,能促使学生产生学习兴趣的预习题。在"先学后教"中,让学生自己生长。

（二）课文预习作业设计举例

案例1：四年级下《32. 推敲》预习作业单

1. **读准字音：给下列带点字注音。**

闩门（　　　　）　　　　衬托（　　　　　　）

饶恕（　　　　）　　　　莽撞（　　　　　　）

说明：对文中平舌音、翘舌音、后鼻音等易读错的字，强化字音的正确朗读。

2. **理解词语。**

(1) 分别写出下列词的近义词和反义词。

犹豫（　　　　　　）（　　　　　）

(2) 用找近义词的方法，理解下列词语。

妥帖：_____　　　　　饶恕：_____

吟哦：_____　　　　　拜访：_____

(3) 查词典理解下列词语：

即兴：_____　　　　　莽撞：_____

(4) 用联系上下文的方法理解词语，用文中的句子回答"推敲"是什么意思？ 推敲：_____

(5) 选词填空。 （竟然　果然）

提示：先了解两个词的意思有何不同，再读句子，想想填哪个词语更合适。

一到学校，我光想着参加早锻炼的事情，（　　）忘记了交回家作业。这时教室外面一阵熟悉的脚步声由远及近，（　　）是老师走进了教室，我有些担心：老师会批评我吗？

说明：设计不同形式的理解词语的练习，帮助学生复习巩固理解词语的方法，为学困生的学习提供一个学习的支架。如：通过找近义词、反义词理解词语，通过查字典理解词语、通过联系上下文理解词语。

其中的第5小题，通过比较两个词语词义的差别，学习准确地运用词语。

3. **阅读课文，完成练习。**（说明：1、2为基础题，3为提高题，可选做。）

(1) "鸟宿池边树，僧敲月下门"是唐代诗人（　　）写的题为《

》中的诗句。我还知道贾岛另一首诗《   》,我还能背诵这首诗。

说明:首先积累课文中的古诗。通过课外知识的积累,可以对诗人贾岛的整体形象进行补充,激发学生对课外阅读的兴趣。

(2)想想"于是"的前后部分是什么关系?然后用"于是"说一句话。

贾岛的敲门声惊动了树上沉睡着的小鸟。不巧,这天李凝不在家,于是贾岛就写了一首诗。

说明:先教会学生联系上下文读懂句子间的关系;在读懂句子的基础上造句。

(3)你觉得诗句中用"推"好,还是用"敲"好?为什么?(请联系课文说说。)

说明:这道题目属于理解性练习,考查的是学生是否读懂了课文内容。其次,考查学生在回答时,能否将人物的对话改为间接引语,注意句子中人称的改变。

(三)2.0版本的预习作业升级版

教师指导学生进行预习时,需要让学生明白以下问题:将要学什么?重点和难点是什么?大致怎么学这些内容?大致要做些什么准备?哪些内容不太懂?

新版本的预习作业,将作业目标与预习作业合为一体,是基于提高设计作业针对性、准确度的考量。让作业的设计与课程标准、学段目标、年级目标、单元目标、课时目标更为贴合,发挥出预习的最大效益。预习检测题的设计是否有利教师获取和利用学情,可以从四个方面来考量:

1. 对应的学习目标,即预习检测题想检测什么?

2. 预习题与教学目标的一致性,即预习题是否能检测到对应的目标?

3. 预习题的质量与数量是否适当?

4. 检测题完成的要求,是否在规定的时间内独立完成?

四、作业预习单的收获

预习时运用学过的知识和方法,努力去解决疑难,提出问题。学生独立地去学习、理解,掌握要学的新知识,在读文中,在思考中,在探索中,不少学生的自学能力得到提高。由此,大部分学生对课堂上老师讲述的难点内容,会集中精力,仔细听。预习让学生发现自己的不足,及时弥补。这样既可提高听课效率,又利于巩固所学知识,更培养了学生独立学习的能力。

预习培养了学生养成良好的学习习惯、提高了学生的自学能力,使他们学会学习。每个孩子都是有力量的,每个孩子都是有光的。以学导教,学生慢慢地掌握阅读的方法,最终学会独立地学习,培养他们独立阅读的能力。现在,学校在中高年级的语文练习设计中,都关注到了预习作业的设计。我想:长期坚持做下去,师生的教与学是能够达到双赢的,效果主要体现在以下两个方面:

1. 借助不同形式的预习反馈,了解学生的最近发展区,使教学更有针对性。

老师在检查的过程中,更重要的是为了准确地了解学生的学习能力和他们对教材的掌握程度,也是一个发现学生集中存在问题的过程。老师的"教"就是为了学生的"学"提供服务的,针对学生存在的问题,能更加有针对性地展开后续的教学。

2. 借助不同形式的预习反馈,帮助学生养成良好的预习习惯。

建立良好的预习作业检查机制,是提高预习质量的重要手段。布置了预习作业,第二天一定要及时检查。老师重视课堂上的检测与落实,比如课文的朗读、生字词的检查,主要通过抽读的形式完成;问题的提出,则通过质疑问题环节表现出来;对课文的理解,通过学习课文时进行检查。借此,既检查了预习的情况,确保了预习的质量,更能督促学生养成良好的预习习惯。

检查的人员也可以有变化:如偶尔请班干部、组长、同学一起参与检查。让他们在参与过程中,学习到别人的长处,发现自己存在的问题,今后做得更好。预习能够比较准确地掌握学生独立学习的能力,及时表扬预习做得好的同学,每学期评选预习之星,能激励他们今后做得更好,也让更多的学生向他们学习;对做得不够好的学生要求补好并进行教育,让其充分意识到预习作业的重要性,从而督促其养成良好的预习习惯,提高预习的有效性。

重视预习作业批改与反馈。及时批改预习作业,从中获得教学信息,诊断学生的已知水平和学习困难,并及时调整教学设计,改善教学行为。对学有困难或学有余力的学生给予分层要求,以利于在课堂教学中进行适当的指导和激励。对学有困难的学生实施预习作业面批,在面批的过程中,加强个别化学习辅导。通过预习作业的批改,对其中存在的共性错误加强研究,了解学生的思维过程,寻找到错误的原因,通过课堂教学予以指导,通过后续设计课堂矫正性练习加以矫正,通过设计针对性的课后练习加以强化、巩固。

五、作业预习单设计与实践的思考

今后在设计预习作业单时,还要继续关注的地方:

1. 以题型为线索,了解题型的设计是否合理。

按照题型分析哪些题型适合检测学生的学情,哪些题型适合老师课堂处理和利用学生的学情,不同题型适合检测什么层次的知识点与能力,最后推断出这些预习题的题型设计是否有利于检测本节课的核心知识,是否有利于教师获取和利用学情。

2. 以学生层次为线索,了解题型设计的全面性。

按照不同层次学生分析,不同层次学生适合用什么题型去检测,以获取准确的学情,最后推测出这些预习题是否有利于全面掌握各种层次学生的学情。

微探文本语言和表达
方式之间的建构

苏　丽

我很爱看电影,因为任何一场电影都比电视剧来得酣畅淋漓。一

教育与教学篇

旦你走进影片的内容之后,你就会瞬间被故事的情节紧紧抓住,与故事中的人物对话,与主角的情感世界同呼吸、共命运。等到电影结束后,我们的脑海里还会留下许多震撼的故事画面。

这不禁让我联想到自己的语文课堂教学。一节语文课是否就是一部电影呢?反复思考之后,我感到语文教学真的不能只是看电影,课文结束后学生脑海里也不能仅仅只留下了课文的内容。那么,我们应该在学生的脑海里留下些什么呢?对,是让学生既关注到文本语言的积累,又兼顾到表达方式的学习。这是我们每一个一线的语文教师都值得关注的问题,也是我想联系自己的教学实践进行的一次微探。

一、在语文课堂教学中重点指导

"课文无外乎是个例子",如何让这个例子能最大化地使用,这曾经是我在自己的备课和教学中一直追求的目标。备课前,我会潜心阅读文本,在语文课本上认真圈划和批注:字音、字形、字义、关联词、过渡句、修辞手法、说明文方法、文章结构、课文中心等等,这都是我要在课堂上呈现的教学内容。

长期实践下来,我发现一节课里面面俱到往往是什么也没有达到,语文知识点虽然零碎,但是也应该是有重点内容的学习,没有重点的教学往往就是没有合理的教学。原因很显而易见,一节课三十五分钟,学生能专注力很集中听讲的时间是有限的,能抓住教学的重点与学生认真听的关键时刻进行撞击,才会达到最好的课堂效果。诚然,最好的课堂教学应该是有详有略,有轻重有缓急的,注重文本语言和表达方式之间的合理分配,甚至是两者之间能做到巧妙地融合和转换。

小学语文高年段的课文教学更是如此,文章的篇幅很长,课前老师精心备课,裁剪、组合文本十分重要。记得在备四年级下册第 34 课《笛声》的时候,我和往常一样首先关注到的是单元的导语:继续学习理解词句,仔细体会,慢慢研读,认真揣摩字里行间的意思,然后才开始认真地阅读课文。《笛声》这篇课文的语言十分优美,作者用写诗一样的语言用心书写,每一句话都值得细细揣摩。我也认真地品读着文本的语言,最花时间和精力的是文章两处对笛声的描写:"当天边被夕阳染成胭脂色的时候,嘹亮、悠扬、激越的笛声,在静静的甬道街荡漾着,慢慢地消失在街道尽头。""那是多么好听多么叫人心爱的一支笛子呵！简直就是一只有灵性的小鸟，一只能歌唱的小鸟。它时而像在无限清幽的深谷里啼啭,时而仿佛在春天的林木处喧噪,时而又变成群鸟的啁啾。"作者两处对笛声的描写应该是这节语文课堂教学的重点,是学习文本语言表达的有力抓手。于是我设计了先让学生去通读课文,然后找出对笛声的描写,读正确;接着交流自己的感受和理解;最后再指导朗读,尝试背诵;以及课后抄写、积累。最棒的是我们学校编写的校本练习题中出现了运用句式的想法,题目是借助造句的方式,合适地使用"时而……时而……时而……"造句。这不仅是对课堂教学的最好检测,更是让学生把已学的知识灵活地运用到语言表达中去。在学生书写的作业反馈中,他们精彩纷呈的句子,让我感到语文课堂上精心重点的学习就一定会有丰厚的收获。这就是语文课上的文本语言和表达方式之间的建构,是恰当到位的教和学的统一。

二、在"阅读新体验"中去练习

教学的实践中,老师们会发现学生能说与能写应该是不同的两个概念,学生在课堂上很会说,但是落实到写就未必能够写得准确,表达得精彩。在教学中,我思考着如何充分利用文本,让学生把课堂上的语言表达落实到书面的文字叙述,课后的"阅读新体验"成为我教学的有力小帮手。在学习第33课《苏武牧羊》时,"阅读新体验"中的第2题:读下面这段话,想想这段话从哪几个方面写出了苏武所受到的折磨,然后模仿它的写法写出几句话。例子:"苏武顽强地忍受着各种折磨。饿了,他就挖野菜、逮野兔充饥;渴了,他就捧一把雪止渴;冷了,他就和羊群依偎在一起取暖。"

(1) 家里要来客人了,全家人里里外外忙碌开了。

(2) 老师关心爱护着周围的每一个学生。

在教学时,我让学生朗读了这段文字,然后交流,学生说出了很多概念性的词语:有的说这是"先概括后具体"的写法;有的说这是用了排比的修辞手法等等。还不错,他们在长期的耳濡目染中,已经能说出一些关于表达方式的概念。可是应该如何仿写,做到具体、生动呢?从知道到会运用是一个由易到难的过程,学生动手写起来还是会出现一

些问题,让我们一起来看看班级里学生的答案:

家里要来客人了,全家人里里外外忙碌开了。有的人在做饭,有的人在擦窗户,还有的人在整理房间。

课堂上,我把这份作业呈现在投影上,学生们议论纷纷,我请学生来修改:

交流1:家里人用"有的……有的……还有的……"是不妥当的,最好改成"爸爸、妈妈、我"之类的。

交流2:"擦窗户"和"整理房间"在内容上有些接近,这样写不好,最好换一换。

在同学们的讨论交流后,我们呈现出下面的答案:家里要来客人了,全家人里里外外忙碌开了。爸爸负责买菜、做饭;妈妈忙着收拾房间、整理客厅;我在清洗水果、摆放点心。

同学们交流着、修改着,都很满意这最后的答案。这就是老师对文本语言的关注,对文本语言和表达方式之间的建构的思考,并且调动了学生的学习兴趣,学生才能乐于表达、乐于书写,也写得精彩。

三、在阅读练习中去检测

我们常常会说"问题化教学",我理解的问题化教学其中一点就是在学生做题时反映出来的问题,这种问题的呈现是对语文教学的最好检测,也是老师引导学生最有效的方法。四年级的阅读练习卷上的第一篇课内阅读文章《秦陵兵马俑》中的第3题,班级里得星率是不高的。"3. 联系上下文,完成填空。(1)节选部分运用了____和____等说明方法,介绍了兵马俑的____、____和____的特点。"出题者的意图是通过填空的方式检测学生对说明文方法的掌握情况,其实是对基础知识的检测和反馈,难度应该是不大的。因为在四年级上学期第31课《太阳》这篇课文教学中,我曾经比较清晰地帮学生们归纳过说明文的方法:列数字、作比较、打比方、举例子等等,是由文本语言转化到表达方式的学习,是一类知识点的概括学习。知识的学习是螺旋式上升的,四年级下学期的第10课《奇妙的国际互联网》的学习中,我们也提到过举例子、下定义等说明文方法。第16课《颐和园》的学习中也出现了列数字的说明文方法等等。由此可以看出,从文本语言的学习,到归纳表达方式学习是至关重要的,是知识点在学习过程中的一次又一次的重组,是文本语言和表达方式之间的建构,是学生对知识点学习掌握的逻辑性思维的提升,是有着高瞻远瞩的战略高点的。

这让我不禁联想到著名雕刻家罗丹先生说过的那句话:"生活中并不缺少美,而是缺少发现美的眼睛。"同样语文教学中当然不会缺少语言文字的优美表达,缺少的只是我们老师的归类和指导。如果我们在教学前能多一分思考,多一些斟酌,把文本语言和表达方式之间的建构想清楚、弄明白,我想课堂上学生一定会给我们一份惊喜,作业也会呈现出更多的精彩。微探文本语言和表达方式之间的建构,这将会是我语文教学要注重思考的方向。

巧创情境,寓读于趣

——浅谈小学语文教学中的有效朗读策略

支仪文

【摘要】 朗读是小学语文教学中不可或缺的一环。学生在朗读中获取最直接的语感,既加深学生对文本的理解,也锻炼学生的语言表达,历来被语文教育工作者所重视。结合教学实践发现,在课堂上创设情景可以提高低年级学生的朗读兴趣,达到语文课堂上有效朗读的目的。

【关键词】 小学语文 情境朗读 兴趣

朗读在小学语文课堂中占重要比重。《义务教育语文课程标准》(2011 版)在基本理念中明确指出:"语文课程在教学中应当尤其重视培养良好的语感和整体把握的能力。"近年来,国内诸多语文教育工作者在朗读教学领域的相关研究都指出朗读是小学语文教学的重点,是学生把握文本整体,获取汉语言语感的直接途径。因此朗读对于小学语

文的阅读教学有重要意义。

《语文课程标准》指出"各个年段的阅读教学都应注重朗读和默读",低年段语文课程标准中对朗读的评价应关注学生能否正确、流利地朗读课文。朗读是小学语文阅读教学中的基本手段,学生在反复朗读中加深对文本的理解,获得对文本整体性的把握;培养学生的语言表达能力,使获得对汉语言文字的语感;同时也实现了学生阅读以及写作能力的提升。俗话说"书读百遍其义自见"。朗读是读者与文本文字最原始的感性认知,是与作者最直接的情感交流。近年来,语文学习的焦点在核心素养的培养,语文课堂需要培养学生"听、说、读、写"的能力,语文学习的"人文性"正得以体现。体会揣摩作者情感,积累词句并形成语感在课堂上需要通过朗读的途径来体现达成。

但是随着课文难度的提升,句子越来越长,不再是简单上口的儿歌,越来越多的学生不会读也不愿意读。语文课堂上的朗读环节,经常会看到这样的场景:老师在讲台上读得绘声绘色,示范朗读具体到位。轮到学生朗读时下面却不乏稀稀拉拉浑水摸鱼者:有的声音低不可闻,有的光动嘴却不发出声音,有的甚至连嘴都不愿意张开……缺少朗读的课堂既无法达成课时阅读目标,也缺乏对学生语文素养的培养,课堂效率大打折扣。如何能让学生在课堂上乐于开口朗读,激发学生的朗读兴趣?使学生产生积极有效的朗读,以达到事半功倍的阅读教学效果,这是一个值得探讨的话题。

笔者结合自己在低年级语文教学中的实践,以及对其他优秀一线语文教育工作者的课堂借鉴,以一年级的三篇课文课堂教学中朗读情景的创设为例,简单说明探讨在低年级小学语文课堂上或可提高学生朗读兴趣,达成课堂有效朗读的途径。

一、多媒体辅助,创境激趣

与生活密切相关的情感体验是读者感悟理解文本,与作者产生共鸣的途径之一,内化的情感能够使朗读自然生成。但现实教学常常受限于学生年龄或生活环境,小学阶段的学生往往缺乏与课文相关的生活体验。缺乏相关经验必然导致情感的缺乏,毫无共鸣的朗读也变得有口无心、索然无味。

此处以沪教版一年级上册的一篇文章《国庆节的晚上》为例。课文中有这样一段文字："无数彩色的火花从天空落下来,像流星、像珍珠、像菊花……国庆节的晚上真美啊!"一个省略号带给读者无穷的遐想,一个感叹号直抒胸臆表现出作者的兴奋与感慨。由于多方面原因,有些学生没有看见过烟火,缺乏切身体验。而小学阶段的学生更擅长形象思维,当文字不能转为图画浮于眼前,学生自然对描绘烟花的语句无法产生相关联想,对朗读兴致缺缺。出于这种考虑,教师在课堂上通过多媒体创设了烟花绽放这一情境,就使学生对文中的语句产生了感性认识,调动了积极性故而愿意与教师互动,与文本互动。

　　尤其是最后一句中的感叹语气,对这一阶段的学生来说,逗号句号已经基本掌握,但是感叹号的用法和朗读是一新知。若只生搬硬套用书面语言告诉学生"感叹号要读出强烈的语气",学生没有语境氛围既无兴趣也不易读好。那么在课堂上播放烟花动图后,可以让学生畅所欲言说说烟花还像什么,学生先看一看再说一说,充分发挥学生们的想象力,调动课堂气氛。通过这样的情境创设,学生身临其境,在积极兴奋的情绪中自然而然发出"真美啊!"的感叹。

　　所有利用多媒体展现创设的情景,都是为学生情绪的激发做铺垫,学生的情感体验最终也是归于指向情感朗读。教师最后做一个知识性的小结,使朗读训练水到渠成。

二、联系生活,感悟情境

　　语文学科的教学目的是培养学生热爱、理解和运用汉语言文字的情感与能力,是工具性与人文性的统一。可以说语文学科的学习是感悟于生活并作用于生活,因此生活经历对语言文字的理解是必不可少的,只有在理解基础上的朗读才能有感而发。因此,日常朗读教学应该与学生的实际生活紧密联系起来,以达到积极有效朗读的目的。

　　《小海星快回家》一课是沪教版一年级上册中的一首儿歌,读来朗朗上口。主要描写了贪玩的小海星傍晚还在沙滩上玩耍,海风提醒他快回家的情景。课堂上在开展多形式的朗读后,"读准字音,流利朗读"的教学目标对学生来说已不是挑战,教学中就顺势在此基础上提出"尝试读出小海星的快乐"这一新的朗读要求。教师在执教这一课"小海

星,爱玩沙,开开心心沙上爬"一句时先请去过的小朋友说说自己在沙滩上是怎么玩沙的,让学生回忆自己曾经在沙滩上的愉快经历,帮助学生联系生活,唤起记忆中的情感体验。再重点抓住"开开心心"一词,对这个词语进行了拆分解释,告诉学生"开开心心中有两个开心,开心就加倍了"。学生回忆过往经历,有代入感地体会到文中小海星的愉悦。随着课堂气氛的高涨,情绪自然而然被带动,学生在这种情境下的朗读是最高效的,接下来的情感朗读就显得顺理成章。

生活经验是情感体验的源泉,联系生活往往引起学生积极朗读的情感反应。陶行知先生认为"生活即教育",朗读教学的训练也正是在过往生活经验中萌生的。

三、语言交流,描绘情境

《绿》是诗人艾青的一篇诗歌散文,是沪教版一年级下册中的一篇课文。尽管诗歌散文是朗读训练的好素材,但由于内容和年龄的限制,低年级学生对诗歌类文章的朗读兴趣不高。这篇诗歌更是如此,尤其是"刮的风是绿的,下的雨是绿的,流的水是绿的,阳光也是绿的"一句,一个排比句将绿意的勃勃生机写得如诗如画,引人遐想。诗化的语言固然能给人带来美的感受,但是对于一年级的学生而言诗歌体裁的课文可能相对而言显得兴趣缺乏。诗歌的语言更需要学生对文中的场景有感性认识,才能激起学生朗读兴趣。

如何读好这句排比句?如何让低年级学生在课堂上感受文字向读者传达的绿意?结合教参上朗读训练方面的提示,这些问题是在备课中需要思考的。如果仅仅依靠多媒体展示图片可能达不到效果,那么追问一个"为什么"是否可以达成目标,能够增加学生与课文之间的体验交流。"风、雨、水、阳光在我们的印象中应该都是无色的,为什么作者说它们都是绿的呢?"课堂上这个问题的提出立刻引发了学生的思考和讨论。在预设中原以为这个问题学生答不上容易"冷场",出乎意料的是学生对"为什么是绿的"这个问题很感兴趣。有学生认为是水边的树倒印在水中,让水变成绿色;也有认为雨滴在植物上,是透明的雨滴映出了绿色……学生的回答都是由以往生活经验所决定的,学生先经过讨论,在交流中开拓思维,对文中意思初步感知;教师这时再引导点拨,进行引读"春风来了,它吹绿了柳树,所以说——(生答:刮的风是绿的);春雨刷刷地下,小草长出来了,到处是一片绿色,所以说——"下的雨是绿的";小溪水哗哗流着,水中倒映着绿色的柳树,绿色的树木,一片绿色,所以说——"流的水是绿色的";灿烂的阳光下,树木抽出新的枝条,长出嫩绿的叶子,处处绿色,所以说——"阳光也是绿色的。"

学生在讨论中充分发挥主体性,调动思维积极创设语言情境,把对这首诗歌的学习气氛带向高潮。基于自己的理解讨论得出的答案,自然对文本有更深的认识。内容理解了,朗读兴趣也就到了,使引读环节学生与教师的朗读互动有意义。

英国教育家洛克认为:"儿童学习任何事情最合适的时机就是当他们兴致高,心里想做的时候。"语文阅读教学中的朗读训练也是如此。学生朗读的积极性和质量是一次高效朗读训练的评价标准。有感情地朗读必然根植于学生对文本的感悟,尤其是学生情感、态度、价值观上的体验,课堂上教学情境的创设正是为学生情感朗读的自然流露服务。

"一切认识都是从感官开始的。"小学阶段的语文学习由于年段特点,需要教学情境创设以调动学生多方面的感官体验,使情感与文本共鸣。《新课标》指出朗读对提高学生的理解能力和写作能力有潜移默化的作用。朗读教学一直是语文学习中的焦点话题。通过何种情境教学手段,使学生获得切身的情感体验从而自然生成朗读,使每一次的课堂朗读都积极有效,仍是教师在阅读教学实践中需要不断研究探讨的方向。

发现绘本秘密,练就写话精彩

——关于低年级绘本写话教学的尝试

马颖慧

叶圣陶先生曾说过,学生练习习作是为了一辈子学习的需要、工作

的需要和生活的需要,不是为了应付考试,也不是为了当专业作家。叶老的话道出了小学作文教学对学生的成长所起的启蒙和奠基作用。教学中如何让孩子们写出自己的生活,写出自我,抒发自己的真情实感?我以为,我们要打开一条路,但更要铺设一条感情的跑道,让孩子的感性得到滋养,得到抒发。有了感情就有了爱的生长,故事的生长,教学的成长,教育本身的成长。但面对着低年级孩子们的写话初体验,想把他们带上这条充满感情的跑道,谈何容易。

在带领孩子们上故事社团时,无意间,我发现了绘本——孩子们都喜欢的图画故事书。绘本的文字并不多,但图画精妙绝伦,带给学生新鲜的视觉享受、无限的想象空间及出人意料的构思。我希望寻找绘本和看图说话、写话的契合点,将绘本阅读与说话、写话巧妙对接,让绘本为孩子带来写话的动力。

下面,我以三本绘本:《罗伯生气了》《小黑鱼》以及自制绘本《畅游迪士尼》为例,来讲述自己在绘本写话教学中的初体验。

一、细细读中练观察

如何把看图画书与写话联系起来?这里就有一个重要的内容——"读"图。

绘本写话课上,先从封面读起。把故事书打开,一页一页让孩子们读,再把配文读给学生听,或者用一种儿童化的语言对配文加以适当的补充,让学生即兴说出图意。孩子小,他们不能一下子把那么多图都消化、理解了。这里一页一页地读,更符合儿童认知的规律、读书的规律。在讲《罗伯生气了》时,我让孩子们先观察绘本的封面,让他们说一说看到了什么?很多孩子都观察得很细致,他们纷纷表达着在图片中的发现,比如:"我发现罗伯生气了。""我还看到了一个红色的怪物!""我想这个怪物就是罗伯的怒火。"……在孩子们表达的同时,我也会时时给予引导,如:"谁来说一说罗伯生气的样子?""请你想一想心情不好的罗伯做了什么事?""你生气的时候会怎么发泄自己的情绪?"在老师的提问中,孩子们的思维像散开的烟花,一个个都回答的美丽精彩!

讲故事就好像领小朋友到野外郊游,有开头,也有结束。想与孩子们进行有效的讨论与对话,就要带领他们在路上学会观察。孩子们看到感兴趣的风景,就停一停,讨论一下,让他们的思想去发展。

在为孩子展示绘本时,我采取的方式是:先把绘本中的文字盖住,和孩子们一边看一边解读,解读对图画的理解,再出示文字;在读完第一幅图后,停一停,让学生猜后面的故事。这样的设计,一举多得,让学生有了思维的空间,想象力尽情驰骋,活跃了课堂气氛,加强了学习效果。当我引导学生继续读图的时候,他们急于想知道自己的猜测是否符合绘本上的内容,会兴致勃勃地投入到后面的学习环节中。他们还会更仔细地观察后面的图画,积极地表达,争取说得更棒,真是特别投入。

二、巧妙引导学表达

绘本中的文字都是经过精心挑选与整理,这些文字活泼生动,朗朗上口,是学生模仿的经典学本。在阅读绘本时,有意识抓住绘本中有特色的词、句、段引导迁移仿写,学生往往会给我意想不到的精彩。

有一次,我为学生讲绘本《爸爸带我看宇宙》时,我问:"你心中的宇宙是什么样子的?"一个孩子手举得高高的,迫不及待地说着自己的想法:"我觉得宇宙就是巧克力组成的一颗行星!"多生动、多富有想象力的回答!听了他的回答,大家都笑了。这笑声是孩子们的童真,更包含着彼此的认同——它说出了很多孩子想说但又不知怎么表达的宇宙的有趣和神秘!

《小黑鱼》是沪教版二年级下的一篇课文。课文描写了一条小黑鱼在经历恐惧、孤独和黑暗之后,开动脑筋,与小红鱼们团结起来最终赶走了大鱼的故事。故事告诉孩子们只要团结起来,就能战胜困难。恰巧,这篇课文是根据著名绘本大师李欧·李奥尼的绘本故事改编而成。备课之初,我想,这么美妙的绘本若能和课文的教学结合起来,在教学中训练孩子们的表达能力,岂不是最好?思来想去,我决定在讲授完课文之后,将绘本故事书拿出来与孩子们一同分享。

由于孩子们已经学习了课文内容,脑海中充满了对故事满满的想象画面,因此对绘本的内容更是期待!所以当我把绘本的封面呈现给孩子们时,我看到了他们期待的眼神,每个孩子张大了嘴巴,情不自禁

地发出"哇"！我以为，若想让学生在课堂上，积极主动地学习表达，情绪的引导、兴趣的激发也是很重要的。我暗暗窃喜，这堂绘本课，一定会很精彩！

在绘本课上，我先请学生回忆课文中表述水母、大龙虾的句子，交流之后再请学生观察绘本，看看绘本中的水母还像什么？这时，孩子们的思维又沸腾了。

"水母像一把五彩缤纷的雨伞。"

"水母像一顶五颜六色的帽子。"

"水母像一顶五颜六色的帽子一样好看！"

"大龙虾像正在战斗的拳击手一样勇猛。"

"大龙虾像战场上的将军一样威武！"

"大龙虾像城堡骑士一样帅气！"

"大龙虾像关羽一样威严。"

……

在这次绘本教学中，我尽量引导学生不拘形式地说出自己的感受和体验，并通过他们自己来表达。在接下来的教学中，我继续带领着孩子们在欣赏海藻、礁石、鳗鱼、海葵的绘本画面的基础上，合理地展开想象，学着表达。

原本写话课上显得比较拘谨、常常冥思苦想而不得要领的孩子，在绘本写话课上，一下子变得非常活跃、放松，每个孩子都跃跃欲试，他们不仅有话可说，而且说得生动可爱；孩子们不仅在原来的基础上进行模仿，更有部分孩子已经有了自己的创造！你瞧，他们不仅能形容海底生物像某种动物具有的特点，竟然还能把它们比喻成了动物以外的事物：

"海藻像可怕的水蛇一样扭来扭去。"

"海藻像翩翩起舞的舞蹈家一样优美。"

"鲨鱼好像机智的猎人一样寻找食物。"

"鳗鱼像柔软的皮带一样细长。"

"热带鱼像霓虹灯一样绚丽多彩。"

"海胆像带刺的紫色仙人球一样锋利。"

多么丰富的想象！多么富有生活气息的表达！多么鲜活的语言呀！他们表达出了自己心中有的，别人没有的；完成了自己心中那幅神圣的作品，虽然他们才刚刚起步。

绘本写话,它不是简单地把绘本中的文字当成写话内容,也不是干巴巴地仿写,而是通过老师的一双慧眼、一颗细致的心,抓住绘本中任何可能引发孩子同感的细节,引导学生加强积累,把自己觉得最新奇有趣或印象最深、最受感动的内容表现出来,表达出属于自己的一份独特感受和真切体验,才不失绘本阅读的乐趣和美妙。

在整个看图说话、写话过程中,我一边总结故事内容,一边通过板书写话提纲,引导孩子体会情绪的流淌,不知不觉中向学生渗透着句式的学习与运用。

如:在最后环节,我结合低年级学生特点进行开放性的创作,我让孩子自己做一次小诗人,诗的题目就是《我是一条_____》,我给了孩子们这样的提示:

我是一条_____,在大海里自由地游来游去。我看见,_____像 _____ 一样_____;_____ 像 _____ 一样_____;_____像_____一样_____;……这真是一个奇妙的世界!

有了课堂上孩子们丰富的想象和语言交流的积累,句式的有效运用,这样的写话对于他们已经不是难题了!

三、趣味体验练表达

进入二年级下学期,孩子们的语言表达能力又迈上了一个新台阶,教科书中对孩子也有了更高的能力训练。沪教版语文二年级下的教科书中,快乐宫 2 第五题就要求孩子根据图片提示的景点(东方绿舟、豫园、海底世界、上海博物馆),选择一处向大家介绍。书中提供的图片,有些孩子确实去过,但当我提出谁能为大家介绍去过的地方时,教室里安静极了,往常举得像小树林一样的小手,此时没有一只小手举起。这可怎么办?孩子第一次接触介绍一个地方,有畏难情绪。到底说什么呢?说景物?说动物?还是说心情?我自己心里也打起了问号。这类的说话练习,对于二年级的孩子而言,并非易事。

我转念一想:为何不选一个孩子们都感兴趣的地方,用图片做引导,做成绘本,带着他们进行一次趣味体验——图片之旅呢?

于是,我将几年前带儿子去香港迪士尼游玩的照片整理出来,又将照片按照游玩的顺序,制作成了精美的 PPT 课件,每张图片上,我又以

一个小朋友的语气出示几句介绍性的文字。

比如,开始引入时,我出示儿子的照片,进行了这样的介绍:大家好,我叫麦克斯,今年五岁了。今天我要为小朋友介绍一个非常好玩的地方——迪士尼乐园。这样的导语一下子就吸引住了孩子们的注意力,每个孩子都津津有味地听着,期待着接下来的精彩内容。

看到他们期待的眼神,我继续绘声绘色为孩子们做介绍:2012年12月21日,爸爸妈妈带我去了香港迪士尼乐园玩。在那儿,我乘上了迪士尼专列。瞧,火车专列上的玻璃都是米奇形状的!下了专列火车,我们来到了一个喷泉大广场。大水柱上居然顶着一个米奇玩具!我顿时张大嘴巴,惊讶地说:"好神奇!"

在这项内容当中,我为孩子们引出了在介绍时要说清楚的三个要素:时间,地点,人物,孩子们在听介绍的同时,将内容也记在了心里。

紧接着,就是介绍游玩的过程了,这也是最重要的内容,每段文字都配以有趣的照片,让孩子在真正的图文并茂中体会游玩的乐趣!

在互动中,师生一起完成了景点的介绍。看着孩子们意犹未尽的样子,我知道效果达到了。趁热打铁,我先让孩子们根据刚才图片内容进行简单的讲述。

我给他们出示介绍游玩过程的学习支架时,提示:可以用上表示先后顺序的连接词,比如:先……再……接着……然后……最后……说清楚游玩的过程。可以先说一说主要玩了哪些地方;再选择最感兴趣的内容,说具体些;还可以说一说游玩中的感受。

在这样层层深入的引导下,孩子们的说渐渐有了更为广阔的思路,话匣子也打开了!有的说自己去公园的游玩过程,把一项项的游玩项目说得清清楚楚;有的孩子还知道抓住游玩过程中最难忘的内容来讲述,比如一个孩子介绍了他参观海南水族馆时自己喂海豚和海豚亲自己小脸的经历。这个孩子在表达时,我分明看到了他回忆场景时的幸福和表述经历过程的自信!

在绘本与写话中,我怀着一颗童心,带领孩子们快乐前行,探索着如何在绘本的学习中科学地渗透写话训练,这是我与孩子之间的美丽"约会"。它让我懂得如何去走近孩子、尊重孩子,最后走进孩子、成就孩子……

小学语文中高年级概括能力的培养

朱薇薇

《语文课程标准》中,对于中高年级概括能力的要求是非常明确的:能初步把握文章的主要内容,体会文章表达的思想感情。阅读叙事性作品,了解事件梗概,简单描述自己印象最深的场景、人物、细节,说出自己的喜欢、憎恶、崇敬、向往、同情等感受。阅读诗歌,大体把握诗意,想象诗歌描述的情境,体会诗人的情感。这就要求我们关注文本表达的特点,归纳、提炼内容,感悟、体会情感。所以,"概括"是我们语文教学的一个重要内容和教学目标,对于学生思维的发展起重要的促进作用。

语文教学中的概括能力,指的是把事物的共同特点归结在一起的能力;用简明扼要的语言(文字)把所读、所听的内容准确表达出来的能力;从现象中揭示本质,把具体形象的内容抽象化的能力。提炼一下,我们认为"概括"的基本要求是完整性、准确性、简洁性。以五年级第二学期《一曲胡笳救孤城》为例:

主要内容:西晋末年,匈奴骑兵入侵晋阳城,将城围得水泄不通。刘琨吹奏胡笳曲,勾起匈奴将士的思乡之情,让他们连夜撤兵退回家乡,救了晋阳城。

完整性:在概括这样的叙事文章时,要抓住时间、地点、人物,事情起因、经过、结果等要素,不能随意遗漏。

准确性:在教学时要明确哪部分是事情的起因、哪部分是经过、哪部分是结果,不能含糊不清,概括时用词准确、语句通顺。

简洁性:在表达的过程中语言精练、简洁、不啰唆,当然这也要有个循序渐进的过程。

在关注年段、关注文本,培养学生概括能力的过程中,有几点是值得我们注意的。

1. 突出重点、循序渐进。

学生概括能力的形成不是一蹴而就的,需要在持续的阅读过程中不断练习。概括能力的高低也受制于学生认知水平的高低,年龄越小,概括的能力也相对越差。因此,各年级在培养学生概括能力方面应注意突出重点,循序渐进。如,"归纳课文主要内容"的训练:三年级应重点训练概括小节的内容;四年级重点训练概括逻辑段(部分)的内容;五年级重点训练概括篇的内容。需要注意的是各年级在突出训练重点的同时,应心系下一阶段概括能力训练的发展点,在教学时有意识地加以渗透。教师只有准确地把握概括能力培养的学段、阶段目标,树立语文能力训练的课程意识,才能在具体教学过程中做到"突出重点,循序渐进"。

2. 架设坡度、重在过程。

"概括"是学生学习的难点,同时也是教师教学的一个难点。我们在培养学生概括能力的过程中经常会出现一些问题:比如在初读课文阶段就要求学生概括课文主要内容,要求过高,也缺少指导;以老师的讲解、概括来代替学生的思考,只要学生记住一个答案;还有可能"纯技术"地教一些方法,非常理性的讲解,学生没有体验,也就没有理解。我们注重了一个结果,却忽视了过程,而这正是本末倒置了。我们的结果应该是学生在学习的过程中逐步累积、逐步形成,我们的教学重点是"过程"。

还是以《一曲胡笳救孤城》一课为例,如果课一开始马上就叫学生抓六要素进行概括,要说得完整、简洁、准确,对五年级学生来说还是有难度的。老师在教学时就要预设到这样的难度,在教学过程中不断帮助学生梳理、归纳,逐步概括课文的起因、经过、结果,然后让学生在概括部分的基础上再整合,这样的归纳就有个循序渐进的过程。

曾经听一位老师执教《笋芽儿》一课,对老师指导学生逐步概括课文主要内容的过程印象非常深刻。课一开始,老师出示"笋芽儿"和"竹子"两个词语,让学生用一句话说说课文大概讲了一个什么故事,初步感知课文的主要内容。在学生能清楚地说出一句话的基础上,再读课文,让学生加上一个形容词,抓住"笋芽儿"娇嫩、"竹子"强壮的特点,进一步说清楚。接下来,在学习课文的过程中,对初步感知的内容两次进行扩充,(一)在学习完朋友们对笋芽儿的帮助以后,老师让学生对主要内容进行第一次扩充,加入"朋友的帮助"这部分内容,让笋芽儿的成长变得丰满起来。（二）笋芽儿自身的努力是文章的重点部分，师生在充分研读的基础上，让学生对文章的主要内容进行再次扩充，加入了"自身的努力"这部分内容的概括，最后，把这些重要信息归并、整理，形成全文的主要内容。在教师的指导下，学生这样概括：娇嫩的笋芽儿，在春雨、春雷的呼唤下，在小草的鼓励下，在太阳的照耀下，经过自己不断地努力，终于长成了强壮的竹子。整个概括的教学过程，是从易到难，由部分到整体，层层深入。整节课，老师始终把训练学生的概括能力作为一个重要的训练目标，并以此为主线，创设了各种语言实践活动。无论是指导圈划主要人物，还是借助板书来帮助学生梳理关系，或者是品读关键词句，最终目的都是依托文本语言，为学生架设语言坡度，进行有效的概括训练，这就是"过程"。

3. 梳理方法、指导归类。

在指导概括时，除了概括方法的指导，还需要指导学生关注不同的文本表达形式，梳理某一类文章概括的方法，进行归类。比如叙事性文章，就可以抓住事情的六要素进行概括；如果是写人的文章，就要指导学生抓住主要人物和主要事件进行概括；写景的文章，就可以抓主要景物及特点概括；说明性的文章就要抓住说明的对象、说明的特点，及从哪些方面进行说明给予概括。我们应该通过一类文章的学习，帮助学生初步建立一些"模式"。

4. 不断"习得"，形成能力。

在教学中不能为概括而概括，不能把概括能力仅仅作为一项技能来训练。概括是语文能力的重要方面，语文学习中需要概括能力支撑去完成学习任务的活动不胜枚举。从课文中内容信息的提取，到文章主旨的把握；从学习方法的获得，到学习策略的形成，乃至思想认识的提高，都离不开概括能力。在我们的教学中应处处留意、时时关注，在阅读的过程中让学生不断经历、体验、习得。

总之，在日常教学中，教师应根据不同年段学生的认知水平和基础，以及不同文本的表达特点，将这一训练目标落实到课堂教学中去，提出明确的训练要求，进行有效的过程指导，让学生通过课内在教师指导下的概括实践，能在课外运用课内学到的方法进行独立实践的过程。

"求同存异"：学生和睦相处的金钥匙

——《"求同存异"交朋友》教学案例

苏 丽

【案例背景】

这一代的学生虽然能够受到良好的教育,但是由于经济的发展,小家庭之间的封闭,养成了孩子之间不善于交往的性格,他们之间经常会发生不和谐的场面,这种情况足以引起学校对学生交往教育的重视。小学的中高年段是学生成长的敏感时期,也是他们世界观、人生观和价值观初步形成的重要阶段。学生眼里看到的,耳里听到的,心里想到的,不仅会对他自己的成长有着直接的影响,还会影响自己与他人之间的人际交往。因此,在平时与学生的交往过程中,我经常会思考同学之间如何做到和睦相处呢?

【问题呈现】

"老师,××骂我。"

"老师,×××刚刚推了我一下!"

"老师,我不想和×××坐在一起。"

学生到了五年级,渐渐地开始有自己的想法,很多时候会为一点点鸡毛蒜皮的小事情弄得同学之间不和睦,甚至于怒骂、动手。这些情况如果不加以教育,久而久之,学生的健康成长会受到严重的影响,班级的凝聚力会慢慢地消失,班风也会向不良的方向发展。

【案例材料】

《"求同存异"交朋友》是五年级第一学期《品德与社会》第四单元的第二课,本课主要是向学生介绍 1955 年中华人民共和国政府参加万隆会议的历史背景,肯定了周总理提出的"求同存异"思想在会议中起到了积极的作用。

打开课本,文本可以分成三个部分:历史坊、人物志和新视窗。这三个部分对应的内容是"万隆会议""周恩来生平"和"第二次亚非会议"。

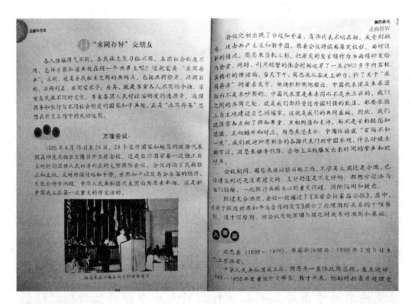

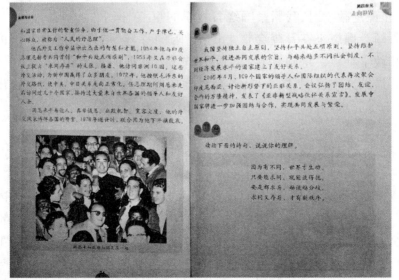

在细读文本之后,我把 14 课分成了两个课时,第一节课时上"求同存异"内涵介绍的文字和"历史坊",第二课时上"周恩来生平"和"第二次亚非会议"。今天我呈现给大家的是第一课时的内容。

【案例亮点】

一、根据教材、班级学情合理制定适切的教学目标

教学目标是关于教学活动的预期结果所要达到的标准、要求所作的规定或设想。其是具有导向功能、激励功能和标准功能的。于是根据教材和班级学情,我合理制定了以下的教学目标。

知识与技能:

1. 了解"求同存异"的含义,领会周恩来在万隆会议上提出"求同存异"对增进亚非各国的团结的意义。

2. 懂得"求同存异"有利于广交朋友,处理好国与国之间的关系。

3. 知道中国奉行独立自主的和平外交政策,中国人民是爱好和平的。

过程与方法:

收集资料,运用史料与现实比较的方法进行自主学习。

情感态度价值观:

对周恩来为中国外交事业所作出的杰出贡献产生崇敬之情。

在课堂教学时,我紧紧围绕着教学的重点"探求'求同存异'思想的内涵,领会周恩来在万隆会议上提出'求同存异'增进了亚非各国的团结"和教学难点"'求同存异'思想在外交上发挥的重要作用"来展开教学的,借助文字说明、图表展示、视频播放等多种方式,让课堂呈现出一个又一个亮点。

二、在活动中开展学习,树立人物品质

心理学研究表明,教育的过程实际上是受教育者主体的一种内化过程。品德教育的最终目的是把教育影响内化为小学生的道德情感,外化为道德行为。因此,品德与社会的教学必须充分体现学生的主体地位,实现自我教育。任何空洞的说教和生硬的灌输只会使品德与社会课中的知、情、意、行变得严重脱节,影响学生道德素质的整体提高。

在小学品德与社会课活动式教学研究和教学实践中,我发现活动学习是小学品德与社会课中实现主动内化,提升学生主体地位,提高课堂实效的一种良好途径,因此我把这节课设计为五个活动板块。

活动一　联系生活,谈话交流导出课题

1. 屏幕上出示:三种性格圈,请你们根据自己的性格挑选不同的性格圈。

2. 师小结,导出课题:"求同存异"交朋友

活动二　走进历史,了解万隆会议

1. 阅读"历史坊"第一小节,完成练习单1。

万隆会议知多少?

召开的时间	
参与的国家	
会议的性质	
会议的目的	
参加会议的中方主要人员	

教育与教学篇

交流,出示练习单1内容。

2.师补充:《独立报》《印度尼西亚新闻》、"克什米尔公主号事件"资料。

活动三　融入会议,探求"求同存异"的外交思想

1.介绍会议当时紧张万分的情景。

2.视频播放会议中周恩来精彩发言。

3.感受其意义。

活动四　研究表格,理解求同存异思想的深远意义

1.借助表格了解中华人民共和国成立初期与中国建交国家的数据。

年　份	1949 年	1950—1954 年	1955—1959 年
建交国家	16 个	16 个	32 个

2.学生交流。

3.师小结。

4.再请(媒体播放与中国建交国家数量统计表)看图有什么明显的变化吗?

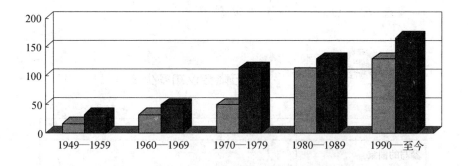

引导质疑:为什么在 20 世纪 70 年代与中国建交国数量又有了一个飞跃?

学生交流,师小结。

活动五　质疑探究,引出深度思考

1.推荐阅读:

推荐阅读
　——周总理的故事；

《泼水节的怀念》

《一夜的工作》　　　　　　　　　《十里长街送总理》

2.布置活动作业：课后活动练习单 2——第二次亚非会议（万隆
会议）：

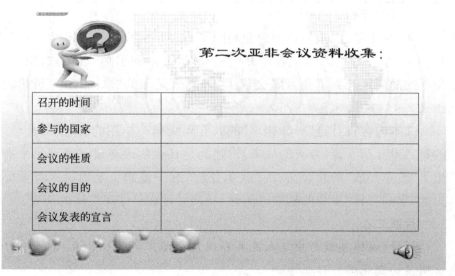

第二次亚非会议资料收集：

召开的时间	
参与的国家	
会议的性质	
会议的目的	
会议发表的宣言	

教育与教学篇

活动是最能体现出以学生为主体的教育理念。课堂是学生的,任何一门课程的教学都应该以学生为主体,调动他们的积极性参与到课堂活动中来,在众多的活动中完成教学,这样的课才能让师生动起来,让课堂活起来。

三、在挖掘历史文本中,培养学生探究学习的精神

"质疑"在百度上的定义是谓心有所疑,提出以求得解答。它在我们语文课上是经常使用的,是训练学生思考阅读的重要手段之一。《"求同存异"交朋友》这一课与历史结合比较紧密,年代较远,学生存在的疑惑之处就越多,这正好是学生质疑的切入点。

片断一:

研究表格,理解求同存异思想的深远意义

1. 师:谈到外交这个话题,老师请大家看一组中华人民共和国成立初期与中国建交国家的数据,从中你发现了什么?(媒体播放中华人民共和国成立初期与我国建交的国家数)

年 份	1949 年	1950—1954 年	1955—1959 年
建交国家	16 个	16 个	32 个

2. 学生交流。

在 1954 年之前,与我国建交的国家不多,一直保持在 16 个。可是 1955 年之后,建交的国家数在突飞猛进,甚至达到了翻一倍的数值,学生不约而同地想到了在万隆会议上,周恩来总理的"求同存异"思想的意义。

文本内容设计是"一脉相承"的。五年级第一学期的《品德与社会》的第二单元第 6 课《春天的故事》讲述的是伟大的改革设计师邓小平提出了"改革开放"的总设想,而"改革开放"这一设想正是周恩来总理提出的"求同存异"思想的延续。为此,我巧妙地设计了第二次的质疑:

片断二:

再请(媒体播放与中华人民共和国建交国家数量统计表)看图有什么明显的变化吗?

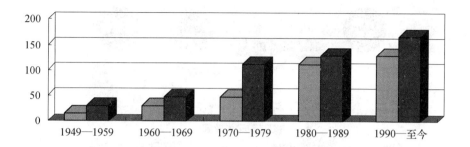

学习知识的最高境界是能灵活运用。这一质疑不仅是对前面课程文本知识点的回顾,更是知识点之间的融会贯通。学生在思考中质疑,在点拨中得出新的认知,这样的知识是鲜活的、记忆深刻的。

四、从指导到放手的尝试,是"授生以渔"想法的实践

小学中高年段的品德与社会教材的内容经常会与历史、地理等文科的内容相互融通。单一指导学生阅读品德与社会文本的知识,已经不能够满足学生对知识的需求了。课前,教师需要调动学生预习,挖掘文本与历史、地理等文科的内容相互融通的知识点;课上,教师需要给予一定资料的补充,完善知识体系;课后,学生需要认真思考并完成课后练习。在这节课上,我秉承着一贯的从指导到放手的"授生以渔"的教育思想,精心设计了以下环节:

片断一:
阅读"历史坊"第一小节,完成练习单 1。

召开的时间	
参与的国家	
会议的性质	
会议的目的	
参加会议的中方主要人员	

学生在认真阅读文本后,与同桌交流、合作完成课前设计的课堂练习单,这是对学生阅读的检测,也是放手让学生梳理一些历史性的资料,然后再做交流、指正。

教育与教学篇

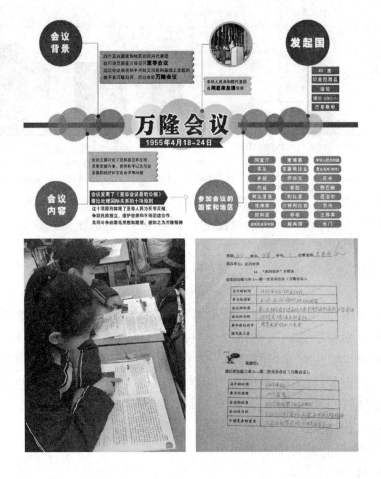

　　学生在课堂上重在学习老师教授的方法。课后练习的布置是对学生课堂学习的一项检测，于是我设计了课后的活动练习单。

　　片断二：

　　布置活动作业：课后活动练习单2——第二次亚非会议（万隆会议）：

召开的时间	
参与的国家	
会议的性质	
会议的目的	
会议发表的宣言	

　　著名教育心理学家波斯纳说：经验＋反思＝成长。由此看出小学品德与社会教师的发展,离不开教师自身的教学反思。教师只有通过反思,才可以不断更新教学观念、改善教学行为、提升教学水平、超越自我,同时形成自己对品德与社会教学现象、教学问题的独立思考和创造性见解。本学期,我在学校品德与社会的教研组里,进行了《"求同存异"交朋友》这一课的公开教学,得到了教研组内的老师一致好评。我认真地按照备课设计顺利地完成了教学目标,并且真正地把课堂活动落实到了实处,学生不仅在知识层面获得了增长,而且同学之间的为人处世也能够得到进一步的改善。班级里的学生在作文里写道:"《'求同存异'交朋友》是我最喜欢的一节课。"

　　当然,作为班主任,除了应该教授学生一些为人处世之道,即把"求同存异当成学生和睦相处的金钥匙"教给他们以外,还应该蹲下来看学生。当同学之间发生矛盾时,我们应该学会换位思考,让同学之间学会换位思考。换位思考是人对人的一种心理体验过程,将心比心,设身处地,是达成理解不可缺少的心理机制,从而让学生之间在情感上得到沟通,为增进理解奠定基础。希望在今后班级管理的实践工作中,"求同存异"也能成为我和学生相处的金钥匙,让我的教育、教学工作能够更加顺利地开展。

自主学习中体验阅读和积累的乐趣

——关于部编教材一年级上册"语文园地七——日积月累"的教学思考

朱丽华

　　2017 年,上海一年级语文教材采用的是部编版本,主编是北大温儒

敏教授。他在介绍这本教材的编写时详细地解释：这一版本的教材并不仅仅是挂了教育部的名儿，编写过程是真正由教育部来抓的。尽管"部编"本仍作为"一纲多本"的一种，与其他版本共同使用，但这本教材具有划时代的意义，她饱含着对小学教育、对小学语文教学寄予的殷切希望。这次的教材编写实质上就是国家行为：有什么样的教材就有什么样的国民。推出以这个版本为基础的"国编"或"统编"教材是大势所趋。作为一线的语文教师，作为新版教材的第一批实践者，我们在实际教学中该如何去谋划、去实践，用好教材，这是我们在教学工作中值得思考的。

有关这本教材的编写思路介绍，有这样一段话：重视语言文字的运用，紧密联系生活实践；倡导大量阅读，加强课内外的沟通。教材中除了每个单元安排的课文内容外，每个单元后的语文园地活动也安排了"日积月累"和"和大人一起读"两个栏目。把阅读类的教学目标：喜欢阅读，感受阅读乐趣，落实于润物细无声中，浸润给刚刚踏上正式母语学习之路的一年级学生们。

在语文园地七中，教材安排了这样的积累内容：

种瓜得瓜，种豆得豆。

前人栽树，后人乘凉。

千里之行，始于足下。

百尺竿头，更进一步。

这几个成语在我们的日常生活中使用的频率非常之高，常常是用来引导人们了解事情总有前因后果，只有乐于付出，踏踏实实地去做事，才能在自己的学习、生活中不断进步。这样的四个成语我们一般不会在一起使用，教材却把它们放在一起让学生积累。细细品读，我们就不难发现这四个成语间的关联。编者在成语出现的先后次序上做了精心的安排：层层递进，循环上升。在知道有其因就有其果的基础上，明白自己付出努力，坚持不懈才可以不断进步。努力可以让自己成为更好的自己。

在教学参考中设定的教学目标是：1. 引导学生借助拼音把成语读正确，重点关注"栽、足、乘、行、更、进、竿"等字的发音；2. 在熟读的基础上，采用同桌拍手读、对读等方式，感受节奏，加强记忆；3. 引导学生说说读懂了什么，帮助学生了解成语的大致意思，通过举例进行说明。教参在后续的教学资源中，具体解释了这四个成语的意思。特别是最后一个目标中"通过举例说明"实实在在地体现了语文课堂学习是紧密联系生活实践的。

教学这部分内容时，我先让学生自己借助拼音读一读。一年级学生语文的学习从最基础的汉语拼音学起，通过一段时间的学习，学生们掌握了自主学习生字的工具和方法。让他们自主借助拼音读一读，既是对前面学习内容的巩固，也让学生又一次体验自己付出努力后的成功体验。课前学生预习过，课堂中的试读基本能够读正确。这是好的学习习惯带来的良性循环。个别学生甚至能够背诵。这个别的学生被我注意到了。我请他站起大声地朗读。响亮流畅地诵读完几句话，他收到的是同学羡慕的目光。此时课堂气氛充盈着浓浓的学习、赶比味，时机不错，我一番赞赏过后追问一句：你怎么做到读得如此棒？学生回答：我原来就知道这中间的两句话，是我爸爸说给我听过的。如此的回答无需我多语，学生们知道了平时和家长一起说话、阅读中可以了解到我们需要学习的一些知识，这为日常的亲子阅读和课内外阅读的联系增加了链接。看着在羡慕目光中坐下的孩子我及时补上一句：看来平时的阅读学习都会在恰当的时机展示出来，让我们在平时多多读书，自己读，和爸爸妈妈一起读，不断丰富自己。而后的字音教学在"小老师代教"中完成，教参中建议的同桌拍手读、对读等环节学生兴致盎然。

古人说：书读百遍其义自见。在我们的课堂之中应让学生领悟"文"和"道"，从而落实我们的教学目标。"文以载道"，这是一体的、统一的，不可分割。这四个成语学生们在借助拼音这一识字工具后，能够正确朗读。记诵对于处于这个年纪的学生来说不是难题，特别是老师加入一定的激励条件，学生更是读得摇头晃脑，兴致勃勃，大部分能够进行恰当的停顿。正确的停顿是语感的体现，也是对所阅读内容理解的体现。此时我让学生挑选自己最喜欢的一个成语说说自己的理解。最先说的果不其然是第一个成语，学生们竟然能够结合自己进入学校后的表现说，说出自己的进步，无需我任何累赘的举例。这真是出乎我的意料。我的内心不由告诫自己谨记：种瓜得瓜，种豆得豆。

学习"千里之行，始于足下"这一成语时，我抛出了另一个成语"千

里之堤,溃于蚁穴"。这一成语可难倒了学生们。这是许多学生从没有听说过的,更不用说让他们说说经历的体验。我的故事讲堂又在此时开始了。成语故事在此刻成了学生的最爱。故事结束之时,我不失时机添上一句:我知道的这些都是从成语故事书中看来的。不期待所有,但相信会有学生去找来这本书进行阅读。唯愿热爱阅读之树在点滴浸润中插柳成荫。

作为一线教师的我们坚守语文的本职工作,努力把语文课真正上成语文课,但又不能只顾语言,不顾思想。如何在文道传承中用好我们的教材,培养孩子阅读的兴趣和良好学习习惯,是有待我们继续探索之路。

关注课堂反馈环节
探索有效教学行为

陶秋娣

　　课堂是丰富精彩还是平淡寡味,不仅取决于教师的深入讲解,更多时候取决于学生的交流反馈。因为学生是学习的主角,只有主角入戏了、出彩了,才会演绎出精彩高效的课堂。因此教师要把更多的精力关注到学生的学习状态和思维过程中,重视学生的交流反馈,为学生搭建展翅飞翔的舞台,为学生指出展翅飞翔的方向。

　　如何为学生搭建互动的舞台,使教学更有生机、更有效?数学课堂中,不管学生独立尝试解答还是小组讨论交流,教师都应巡视其中,并搜寻不同学力的学生作品(包括错例),然后迅速将它们进行分类,通过引导学生观察、讨论、分析、对比,在课堂上及时聚焦,及时反馈,利用生成资源,促使学生有效学习。那么如何取样?取样后按什么顺序来汇报,如何汇报交流呢?结合教学实践我谈几点想法。

一、学生作品的选取原则

　　1. 样本要有典型性。
　　例:《三角形的分类(2)》(三年级)
　　按边的长短把三角形分一分。学生的分类情况一般有以下几种:

教育与教学篇

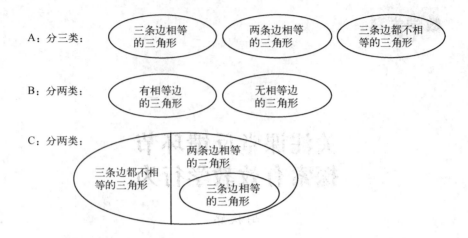

A：分三类：三条边相等的三角形　两条边相等的三角形　三条边都不相等的三角形

B：分两类：有相等边的三角形　无相等边的三角形

C：分两类：三条边都不相等的三角形　两条边相等的三角形　三条边相等的三角形

　　这三种都是非常典型的分类结果,其中第一种是最为常见的,第三类是最少的。如何将第一种和第三种进行有效沟通是本课的重点和难点。教师要课前预设,并确定典型样本,才能更好地帮助学生进行沟通,突破重点和难点。

　　2. 样本要突出本课重点。

　　例：列方程解应用题(五年级)

　　小胖带 80 元买电影票,一共买 5 张,每张电影票多少元?

　　解：设每张电影票 x 元。

　　学生的情况有：

$$80-5x=5 \qquad 80-5=5x \qquad 5x+5=80$$
$$5x=75 \qquad 75=5x \qquad 5x=75$$
$$x=15 \qquad x=15 \qquad x=15$$

$$5x+5=80 \qquad 5x-5=80$$
$$5x=85 \qquad 5x=75$$
$$x=17 \qquad x=15$$

　　前三个列式和计算都正确,第四个计算出错,第五个列式和计算都错误。由于本课的重点是运用等量关系进行列方程解决问题,因此第四个计算错误可以先暂缓或个别交流,而应对第五个列式重点分析错误原因。样本选择不面面俱到,紧紧围绕重点,有的放矢。

二、学生作品的呈现和交流方式

（一）逐一呈现：

1. 顺应思考难度，由易到难。

例：《轴对称图形》(三年级)

将下面的五连块和正方形组合成一个轴对称图形。比比谁拼得又快又多。

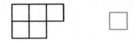

学生尝试后，搜集到的作品如下：

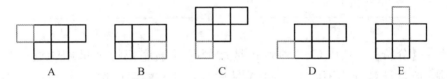

A   B   C   D   E

【分析】 A 和 B 两种情况很普遍，C 这种情况略少，D 虽然是错误的，但学生拼出此种情况的不少，拼出 E 的学生极少。我想，这些情况不正是学生思维水平的真实反映吗？在判断字母"Z"是否轴对称图形时，就有不少学生误判了，而 D 所拼的图形与"Z"是多么相似啊。学生犯错是正常的，但是教师要引起注意。C 和 E 所拼图形的对称轴都是斜线，学生不容易想出，而 E 非常规思路，有创造性，更不易拼出。

因此在反馈时，我请学生上台逐一出示，并立即判断所拼图形是否轴对称图形。当第四种交流后，就有学生断定共三种。这时我再请第五种的同学展示他的作品，并鼓励大家发表意见，最终给予肯定。我想这样精心安排各种情况的出示顺序，符合学生的思维，由易到难，由普遍到特殊，顺应了学生的思考难度，既照顾了部分空间想象力弱的学生，又激发和鼓励了学生的发散思维。

2. 根据学习顺序，由一般到特殊。

例：《巧算》(二年级)

探索连加巧算：小胖第一个星期看了 236 页，第二个星期看了 147

页,第三个星期看了 153 页,一共看了多少页?

学生独立尝试后的主要情况如下:

236+147+153
=383+153
=536(页)

A

236+147+153
=236+(147+153)
=236+300
=536(页)

B

236+147+153
=147+153
=300+236
=536(页)

C

147+153+236
=300+236
=536(页)

D

【分析】 A、B、C 三种列式是按照时间顺序把每个星期的逐一累加,但是计算顺序不同。其中 A 是按从左往右的顺序进行计算的,是旧知。B 是先计算后两个加数,凑整后再加第一个加数,C 的思考方法与 B 相同,但书写格式错误,B 和 C 这两种情况较多。D 列式时就考虑到计算时可巧算,因此列式时直接把能凑整的两个加数先加,这样的情况较少。

反馈时,我按上述顺序请学生上台逐一展示,展示时让学生发表意见。主要围绕这些问题进行:"你的列式、计算过程和他的一样吗? 如果不同,你看懂他的计算过程了吗? 他是怎么算的? 这样算的理由是什么? 有什么地方需要调整? 你喜欢哪种?"通过这样的对比,学生间取长补短,加法巧算凑整的思想就更深化了,格式也更规范了。这样出示的优势在于:先出示从左往右的运算顺序,利用学生的旧知,肯定了一般的运算顺序,符合从一般到特殊的认知规律。在学习巧算时,先出示规范格式的再出示格式错例,这样便于学生进行对比和参照,最后出示列式时就考虑到巧算因素的,这样安排既规范了书写格式,又肯定了学生的巧算想法。

合理的呈现和交流的方式促进了学生对他人想法的理解,并与之对比,寻找合理部分,提出改进意见,学习更主动。

（二）同时呈现：

1. 加强对比，拓展思路。

例：乘法运算定律的运用(四年级)88×125

$$
\begin{aligned}
& 88\times125 \\
=\ & (80+8)\times125 \\
=\ & 80\times125+8\times125 \\
=\ & 10\ 000+1\ 000 \\
=\ & 11\ 000
\end{aligned}
$$

A

$$
\begin{aligned}
& 88\times125 \\
=\ & 11\times8\times125 \\
=\ & 11\times(8\times125) \\
=\ & 11\times1\ 000 \\
=\ & 11\ 000
\end{aligned}
$$

B

练习反馈时呈现两种，引导参与讨论：你和哪种方法一样，运用了什么定律？另一种对吗？为什么？学生通过对不同的方法加以比较，提高灵活运用定律的能力。

例：列方程解应用题(五年级)

一辆客车和一辆轿车从上海出发开往宁波。轿车比客车迟开 0.2 小时，客车平均每小时行 92 千米，轿车平均每小时行 108 千米，轿车开出多少小时后追上客车？

学生解答情况主要如下：

解：设轿车开出 x 小时后追上客车。

A. $92\times0.2+92x=108x$

B. $92\times0.2=108x-92x$

C. $(108-92)x=92\times0.2$

D. ……

各种情况可同时呈现，由学生判断列式是否正确，并交流各方程的等量关系。学生通过反馈和交流，明白了列方程的关键是建立等量关系，知道解题的多样性，拓宽了解题思路。

2. 辨别说理，强化本质。

例：《平行四边形的面积》(五年级)

学生尝试后通常有两种方法：A. 底×高　B. 底×邻边。同时呈现时，学生各执一词，都认为自己的有道理。

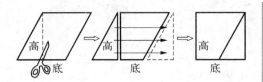

平行四边形面积＝底×高
　　　‖　　　　‖　　　‖
长方形　面积　＝长×宽

A学生认为沿高剪开并移动后就转化为长方形,所以利用长方形面积公式:长×宽,得平行四边形的面积公式:底×高。

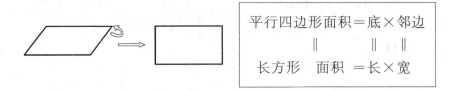

平行四边形面积＝底×邻边
　　　‖　　　　‖　　　‖
长方形　面积　＝长×宽

B同学在认识平行四边形时,对拉动平行四边形框架后成为长方形印象深刻。他通过推拉平行四边形框架把它转化为长方形,所以利用长方形面积公式:长×宽,得平行四边形的面积公式:底×邻边。

虽然通过A生的解说,部分B生认同A生的想法了,但他们依然没有认识自己的错误。有同学认为都利用了转化为长方形的方法,怎么得出的结论不同呢?这时我就引导他们重新审视所求问题,然后剖析两种转化过程中的变与不变:A转化后面积不变,形状变了;B转化后周长不变,面积变了。

通过这样的辨别说理,学生知道了转化不是随心所欲的,应该紧紧围绕问题出发。最终学生不仅获得了对平行四边形面积的理解,而且深刻理解了转化的本质,提高了数学素养。

当前很多教师都认识到学生的生成资源就是最好的样本,不仅要展现优秀作品,更要暴露他们的思维短板。上述呈现样本的顺序并不是一成不变的,可以结合学情灵活处理,及时调整。但个人认为低年级比较适合逐一呈现样本,这样学生的注意力容易集中,可以针对某一点进行思考讨论。中高年级学生比较适合同时呈现样本,用一个大问题促使学生对所有情况进行筛选和判断。

课堂反馈交流中,老师要自始至终密切关注学生,生生互动,师生互动,在合适的时机及时点拨、指导,引发学生的思维碰撞,最后达到统一和提升。但课堂是千变万化的,交流时学生常有奇思妙想,老师要提高驾驭课堂的能力,变"节外生枝"为"柳暗花明",使我们的课堂教学更有效,更具有活力。

在问题解决中促进学生数学思维发展的实践研究

蔡玉兰

我们总说数学教学要促进学生思维的发展。那如何促进呢?小学生的思维处于以具体形象思维为主,逐步过渡到抽象思维为主的阶段。我们可以在问题解决中,通过多种教学手段,让学生加强感知,积累丰富的表象,提高解决问题教学的效率,从而促进学生数学思维的发展。

1. 借助多媒体联系实际帮助理解促进思维。

学生对事物的认识是一个从具体到抽象的过程,也是一个从物化到内化的过程。我们可以借助多媒体模拟问题的情景,激发学生观察和思考兴趣,多角度、多形式地为学生提供表象,使问题情境、数与量的关系直观地展现在学生的面前,从而使抽象内容具体化。然后引导学生学会用数学的眼光去观察、分析日常生活中的事物,有利于学生体验、思考、理解,并且增强学生应用数学的意识。

教学五年级《平均数的认识》一课时,为了让学生理解平均数是将一组数值的总和去除以这组数值的个数而得到的一个数,其基本原理其实是移多补少。课堂上借助条形统计图,运用多媒体,演示了移多补少的过程,使学生比较直观地感受到平均数的由来,体会到平均数表示一组数据的总体情况。在一次次解决问题中学会了求平均数的方法,特别是计算出的平均数是小数,老师提出"怎么小荷币还有 5.5 个的?只能一个一个发,不可能是撕半个发吧"等问题,引发学生思考,得出平均数是一个虚拟的数,以及它的取值范围。然后根据黑板上的算式,学

生能自主的总结出平均数的计算方法,并再一次巩固了对平均数这个概念的认识和理解。

多媒体技术与数学教学的有机结合,是数学教学改革中一种新型教学手段。运用现代教育技术使学生能够主动参与探索知识的过程,品尝学习的成功体验和乐趣,以便更快更有效地促进学生思维能力的发展与提高。

2. 交流辨析中掌握方法提升思维。

学习不是由教师向学生传授知识,而是学生自己主动建构知识的过程,它强调的是以学生为主体的学习。教师在课堂中需要放手让学生进行尝试,然后在交流辨析中,适时启发学生发现问题、分析问题、解决问题。

在教学《一位数与两位数乘法计算》时,老师提问 3×42 等于几?先请学生把自己的计算方法写下后在小组里交流交流。再请学生说说小巧的计算方法是怎样的?(她是把 42 分拆成 40 和 2,分别与 3 相乘,两个积相加的和就是最后的答案。)之后比较一下小巧的算法和前四种算法,有什么发现? 交流汇报:生 1:小巧的算法和方法二的方法是一样的,只不过一个是递等式计算的,一个是分步计算的。生 2:小巧的算法和方法二、方法三都是用了分拆的方法。生 3:这几种方法我比较喜欢小巧的算法和方法二,他们都是把两位数乘数分拆成几十和几,分别与另一个乘数相乘,再将两个部分积相加,这样计算比较方便。……我们知道解决问题的方法并不是唯一的,而且学生生活背景和思考角度也不同,所使用的方法必然也是多样的。在教学计算方法时,先由学生自主探究、独立思考,通过让学生联想已学的知识,引导他们将已学的知识迁移,计算出结果。接着进行反馈交流,作为教师应当尊重学生的各种想法,鼓励学生对各种方法进行观察、比较、辨析、反思,使他们了解使用不同方法进行计算和表达的好处,从而选择自己认为最佳的方法,这对培养学生的数学思维是非常重要的。

一个人的智慧与力量总是有限的,个体的经验需要与同伴和教师交流,才能顺利地共同建构完整合理的知识结构,集合大家的智慧与力量的话就会事半功倍。

3. 动手操作体验过程发展思维。

苏霍姆林斯基说:"手是意识的伟大培育者,又是智慧的创造者。"动手操作是学生由具体形象思维向抽象逻辑思维过渡的必要手段。概念知识中,有许多抽象的内容较难理解,如果让学生在概念的形成过程中,通过自己动手操作、实践,往往能取得意想不到的效果。

　　四年级《圆的初步认识》一课,这节课设计的最大特点就在于:你能画一个这样的圆吗? 学生通过多次画圆认识和探究圆的特征。先通过徒手画圆,使学生感受到要画一个成功的圆,必须借助画圆的工具。接着通过学生借助各种工具自由画圆,比较出各种画圆工具中,圆规画圆最方便。圆规画圆是本课的重点,分四次圆规画圆:第一次自己尝试,上讲台交流。再看视频正确的画法进行第二次画圆。第二阶段是学生老师共同探究绳桩画圆的方法,比较出圆规画圆和绳桩画圆的共同点。主要是为了得出圆的另外一个知识点——圆心和半径,了解它们的概念。第三、第四次画圆主要是为了强化这两个概念,让学生体会圆的位置由圆心决定,圆的大小由半径决定。让学生画一个圆其实并不难,但要让学生明白"半径决定圆的大小;圆心确定圆的位置"则还有一个认识的过程。因此,在学生自由画圆后老师又让学生用圆规画一个半径是 2 厘米的圆。接着让学生画任意的两个圆。在反馈交流时有意识地选取:大小相等但位置不同的两个圆;位置相同但大小不同的两个圆;位置和大小都不同的两个圆,从而让学生观察思考发现:"半径决定圆的大小;圆心确定圆的位置。"对于圆的画法不是让学生刻意去总结和死记画圆的几个步骤,而是通过自学,让其渗透在练习之中。

　　动手操作既能激发学生探究问题的求知欲,调动学生的学习积极性和主动性,加深对基础知识的理解,同时又能培养学生的动手能力,促进思维的发展,从而收到良好的教学效果。

　　在教学中我们要努力贯彻落实数学课程标准,注重知识的发生、发展过程,使学生经历一个学习过程,充分发挥教师的主导作用和学生的主体地位,尽可能提供机会,使学生在问题解决中促进数学思维的发展,这也将是我今后继续实践和思考的方向。

数学教学中促进学生
思维发展的行与思

马瑞琴

    数学是人类文化的重要组成部分,数学素养是现代社会每一个公民应该具备的基本素养。那么哪些是数学素养? 如何培养? 解读课程标准:数学课程能使学生掌握必备的基础知识和基本技能;培养学生的抽象思维和推理能力;培养学生的创新意识和实践能力;促进学生在情感、态度与价值观等方面的发展。一句话,数学教育既要使学生掌握现代生活和学习中所需要的数学知识与技能,更要发挥数学在培养人的理性思维和创新能力方面的不可替代的作用。下面是自己在数学教学中促进学生思维发展方面的一些做法和想法:

一、抓住教材本质,促进学生思维发展

    促进学生思维发展很重要的一点就是数学方法的渗透。数学方法是解决数学问题的方法和策略。小学数学教材体系包括两条主线,一是数学知识(明线),二是数学思想(暗线)。只有掌握好数学思想方法,才能从整体上、本质上理解教材;只有深入挖掘教材的数学思想方法,才能科学地、灵活地设计教学方法,才能从根本上促进学生的思维发展。

    五(下)书上有这样一道习题:

    小巧、小亚、小胖三人想利用一块长 24 cm,宽 16 cm 的长方形铁皮,在四个角各剪去一个小正方形,做成一个无盖的长方体盒子(如图所示)。在选取小正方形边长时,小巧、小亚、小胖分别提出 2 cm,3 cm,4 cm 的方案,你认为谁的方案做成的盒子容积最大? 请先完成下表后,

再把判断结果填在括号里。(　　)做成的盒子容积最大。

方案	正方形边长(cm)	长方体盒子		
		长(cm)	宽(cm)	容积(cm³)
小巧	2			
小亚	3			
小胖	4			

　　一般我们都将它视作一道问题解决(求体积)的练习题,因此更注重从解题思路着手:想象将平面的铁皮剪去四个小正方体,折成一个长方体,找到相应的长、宽、高,再求出体积,最后通过体积的大小比较,得出谁的体积最大?思考教材,仅仅是学会求体积?仅仅是解决小巧、小亚、小胖之间的问题?看课标,究教材,除了对学生空间观念和分析能力的培养外,更是让学生在观察、实验、猜测、计算、验证中发展合情推理:如边长取 3.5 cm 时,做成的盒子容积会不会更大呢?引导学生在不断的猜测、验证中寻求最佳的答案,培养学生合情、合理、有条理地思考问题。

二、重视思维过程,促进学生思维发展

　　了解学生的思维过程是促进学生思维的有效手段。教学要鼓励学生发表自己的看法,学会倾听、评价别人的思路,使他们在分析中学会思考,在对比中求得简捷,在运用中变得灵活,在疏漏后学得缜密。

　　如(右图):一次摸出两只,你觉得配成一副手套的可能性大,还是配不成一副手套的可能性大?

　　学生:配成一副和配不成一副可能性一样大。

　　理由:因为左手套和右手套的只数是一样多的。

　　(大部分学生点头示意,一部分学生出现疑惑的神情)

　　师:我们有些同学对于刚才的发言有些想法。那么到底是配成一副的可能性大还是配不成一副的可能性大,你们能不能画下来?

　　(学生动手画)

教育与教学篇

结果：配成一副的可能性大。

师：是呀，对一件事作出判断不能只凭直觉，必须要有充分的科学依据。

再练："幸运大抽奖"，袋子里的黑球、白球同样多，同色赢（有奖品），异色输（付5元）。小胖说，"袋子里的黑球、白球同样多，摸到同色和异色可能性一样，公平的，我要去试一试。"听了小胖的话，你想说什么？

学生：这和刚才的手套问题是一样的，摸到异色的可能性大，也就是输的可能性大。

师：（鼓掌）他用手套问题解释了摸球游戏。

如果就此收场，就失去了这堂课的深度，就像写文章一样有一种草草收场的感觉。可能性解决的是生活中的随机想象，可能性的大小只是随机现象统计的结果，不是事件的必然结果，因此可能性大不一定赢。

在此，再追问：既然摸到同色的可能性小，为什么还有那么多人去摸奖呢？

学生：摸到同色的可能性小，但是还是有机会摸到同色的，也就是有赢的可能性，所以还是有很多人会去碰运气的。

师：是呀，赢的可能性大，结果不一定赢，输的可能性大，结果也不一定输，这就是生活中的可能性。

这样的追问，让学生对可能性的认识得到更深的理解。

后话：

本次期末考试中判断：盒子里放着4个球，上面分别写着1、2、3、5。任意摸一个球，如果摸到写有单数的球小胖赢，摸到写有双数的球小丁丁赢。这个规则对小胖有利，他一定赢。尽管还有部分学生认为对，但是还是有大部分学生解释了生活中的随机现象：规则有利不一定赢。

三、精心设计练习，促进学生思维发展

练习设计也是数学教学的重要组成部分。练习设计不仅要使学生长知识，还要长智慧，要能促使学生动脑思考问题，活跃思维，有利于学生进一步理解和巩固所学的知识，发展学生的思维，提高学生解决问题的能力。

记得,三年级有这样一个内容"谁围出的面积最大"。它通过学生动手围长方形(包括正方形)的活动,探究"长方形(包括正方形)周长相等时,长、宽与面积之间的关系"。旨在让学生将动手和动脑结合起来,通过有序的思考和探究,最后进行比较,得到正确的结论:周长相等时,长和宽越接近,面积越大;长和宽相等时(正方形),面积最大。

那么后继设计怎样的练习,既能巩固现有的知识,又能发展学生的思维。抓住知识的生长点,设计这样的练习,是不是能促进学生的认知呢?张大伯用 36 米长的篱笆,一边靠墙围成一个长方形的鸡舍,这个鸡舍最大的占地面积是(　　　)。通常情况下,学生受"谁围的面积最大"思维惯性影响,认为边长取 12 米的时候面积最大。实际上 36 米并不是长方形鸡舍真正意义上的周长,因此不能使用这个规律。如果没有学生质疑,我们可以设计这样的提问:当长是 20 米,宽是 8 米,鸡舍的面积会不会更大呢?引导学生进一步探究,得出正确的结论。

数学教学是思维活动的教学,根据学生的认知特点,引导学生按照思维过程的规律进行思维活动,就能提高学生的思维能力。

四、培养良好习惯,促进学生思维发展

课程标准提到:要注重培养学生良好的数学学习习惯,使学生掌握恰当的数学学习方法。良好的习惯包括认真听的习惯、认真审题的习惯、认真独立的完成作业和自觉检查的习惯……

我这里谈到的是计算习惯。计算谁不会?学生真的都会吗?回顾我们的课堂:一把普通椅子 125 元,一把按摩椅的价钱相当于 7 把普通椅子的价钱。普通椅子和按摩椅各买一把共需要多少钱?有多少学生会用到简便运算?又有多少老师会关注到这里的计算。

难怪我们的学生,我们遇到的简算一般都会有这样的提示:能简便的用简便方法计算。帮助性的条件提醒,催生了学生思维的惰性,离开要求和提醒,学生就缺乏主动寻求最优化运算的意识。

数学本身是工具性学科,运算的技能、知识、经验一旦拥有,终身受用。让巧算成为思维习惯,我们教师首先要有这样的意识,课堂上我们要留给学生多一点时间的停顿,多一些这样的追问:到底该怎样算?

让巧算成为思维习惯,这可能改变的不仅是运算习惯,也是孩子做人、行事的习惯。

培养学生的思维习惯需要我们舍得给学生留时间:在学生思考时,舍得花时间;在学生计算时,舍得花时间;在学生讨论时,舍得花时间。通过静思默想,动静搭配,张弛结合,将学生思维引向高潮,使学生思维发展始终处于积极状态。

教会学生思考,对学生来说,是一生中最有价值的本钱。那么促进学生数学思维的发展就是我们数学课堂永恒不变的追求。

小学数学解决问题教学中重策略与方法

——树状算图与线段图的比较研究

蔡 怡

传统的应用题教学独立成章,其中典型应用题的学习学生甚至可以套用公式,这样的教学抑制了学生的思维,学生成了应试的工具,与新课程培养创新人才相去甚远,对学生的成长非常不利。因此,新课程在编排上不再把应用题教学独立成章,而是把解决问题教学分散渗透到四个领域中,让学生能综合运用所学的知识和技能解决生活中的实际问题,发展学生的应用意识。同时,在解决问题时,能尝试从不同的角度思考问题,体验解决问题策略的多样性,形成解决问题的一些基本策略。线段图与树状算图的出现给了学生解决问题很好的拐杖。

用线段图分析数量关系一直是应用题教学中的重要手段,是在解决问题中帮助学生理解题意、分析数量关系的好帮手。借助这一辅助工具,可以帮助学生学会有理有据地数学思考,有条有理地分析问题。树状算图是我们上海版数学新教材中独特的教学内容,在其他版本的教科书中是没有的,可以说是一个新生事物。那么在应用题教学中又有何作用呢？能否替代传统的线段图呢？

比较一：理解题意,理清数量关系

新教材的"解决问题"教学,把对数量关系的理解立足于四则运算的意义教学之中,让学生在理解意义的基础上,从中潜移默化地感受到数量关系,为学生解决问题提供思考的依据。

数量关系本身过于抽象,而线段图具有直观、形象、便于操作的特点,在解决问题时,学生可以随时随地借助线段图罗列所供的信息,分析条件和问题,有助学生理解题意,分析其中的数量关系,准确地找出数量间的对应关系。

例如,解决求一倍数的问题：故宫的面积约是 72 万平方米,比上海的人民广场面积的 5 倍还要多 2 万平方米。上海人民广场的面积约是多少万平方米？

通过关键句："比上海的人民广场面积的 5 倍还要多 2 万平方米"发现,上海的人民广场的面积看作一份,故宫的面积有这样的 5 份还多 2 万平方米,从而可以画出如下的线段图：

从图上,学生可以很清晰地看出上海人民广场面积和故宫面积的倍数关系,变抽象为直观形象。

那么树状算图是否也能清晰的呈现如上关系？学生画出了如下的树状算图：

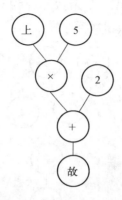

从图上,学生也可以很清晰地看出上海人民广场面积与故宫面积

教育与教学篇

的倍数关系,但只是数字上的呈现,没有线段图直观形象。

比较二:分析题意,形成解题策略

《数学课程标准》在总体目标对"解决问题"的具体阐述中指出:"形成解决问题的一些基本策略,体验解决问题策略的多样性,发展实践能力与创新精神。"在解决问题时,不仅要让学生运用所学的知识解决问题,更要注重引导学生进行有条理的思考,探索解决问题的有效策略。

上例中,学生根据线段图(见下图)发现,不能直接求上海人民广场的面积。但如果从故宫面积的 72 万平方米中减去 2 万平方米,那么正好是上海人民广场面积的 5 倍,上海人民广场面积的 5 倍是(72−2),求上海人民广场的面积只要除以 5 就行了。从线段图上很清晰的讲出了数量关系,问题也就迎刃而解了。

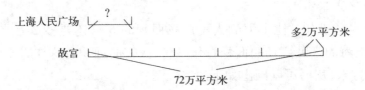

可见,线段图呈现给学生直观、形象的数量关系。在分析数量关系的同时,学生的解题思路清晰明确,借助线段图的辅助分析,发现了问题中蕴含的数量关系,形成了自己的解题策略。

那么树状算图呢?学生从树状算图中发现,故宫的面积是知道的,要求上海人民广场的面积,只要用逆推的方法就能求出(见下图)。但为什么要先减去 2,再除以 5,学生的回答是:因为被减数等于差加减数,一个因数等于积除以另一个因数。此说只是运用了四则运算的意义,却很难结合题意讲出数量关系。

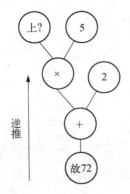

树状算图虽然也呈现给学生直观、形象的数量关系,学生也形成了自己的解题策略,但在分析数量关系的时候,学生却说不清理由。

　　现象:线段图上的数量关系是思路清晰的学生发现得到的,但班中有相当一部分学生很难听懂,即使老师给予解释,还是模模糊糊,在解决类似的问题中错误连连。而当给他们树状算图后,不用解释,他们都非常快的列出了正确的算式,而且以后类似的题目也不再出现错误。

　　困惑:难道树状算图比线段图更直观?难道树状算图比线段图更能体现数量关系?

　　思考:在问题解决过程中,利用线段图将问题中蕴涵的抽象数量关系以直观、形象的方式表达出来。线段图通过"舍弃与数学问题无关的东西,抽取实际问题中的数量",运用理想化抽象的方法,把抽象的数量关系转化为适当的几何图形线段图,这事实上就把"数"的问题转化为"形"的问题,这样我们即可灵活处理,使问题获得解决。因此线段图是促进问题解决的有效工具。在数学教学中,运用线段图的目的不仅仅是帮助学生解决某些具体问题,提高解决问题的能力,更重要的是使学生学会"数学地思考"。线段图策略的运用过程是由问题"文字表征"向"形象表征"再到"数学表征"的转换过程,内潜着广阔的思维空间,需要学生主动地进行观察、比较、调整、猜测、想象、推理等一系列智力活动才能实现。可以说,学生运用线段图策略解决问题的过程就是学生"数学思考"的发展过程。因此线段图也是促进思维发展的基本载体。如上例中,学生就是从线段图中发现,要求一份的量需要先求出它的 5 份是多少。但对于一看到线段图就头晕的学生来说,他们无法发现其中蕴含的秘密,也就很难列出正确的算式。

　　树状算图是一种表达数学逻辑的方法工具,是一种表达数学思维的方法。它只是直观形象地展示出思维过程,使解题思路的层次分明,包括上下空间的延展,包括书写时间上的延伸。因而先算哪一步,得到怎样的结果,先算的这一步其结果与下一步存在怎样的算理联系等,这些思维现象都会在树状算图中得以返现。因此,树状算图只是呈现思维的过程,而非分析数量之间的关系。也正因为如此,上例中学生虽然能根据题意画出树状算图,却讲不出算式的理由,思维还只是停留在四

则运算的意义上。问题虽然解决了,也形成了解决问题的策略,但问题中蕴含的数量关系却模糊不清。但对一部分学生而言,树状算图更能帮助他们解决问题。

策略： 到底是线段图分析好,还是树状算图分析更佳？那得以具体运用情景、学生个体情况而定。课堂上既应重视线段图的分析,因为它不仅是解决问题重要的策略方法,更能促进学生的思维发展,提高解决问题的能力,也不能放弃树状算图的分析,因为它更适合一部分学生,也能让另一部分学生多一个理解的角度,学会一种新的解题方法。正如新教材所提倡的,让每个学生在原有的基础上都得到应有的发展。

在解决问题中,让学生学会运用线段图、树状算图等方法理清所提供的信息与要求的问题之间的必然联系,尝试从分析数量关系的角度进行数学思考,寻求适合自己的方法,发展学生的策略意识,提高解决问题的能力。

"鸡肋"还是"鸡汤"？

——"横式计算"教学有感

陶秋娣

关于计算教学,和老教材相比,最明显的一点是新教材中增加了"横式计算"的内容,不管是加、减法计算还是乘、除法计算,在学习竖式计算前都有相应的横式计算,并配有实物图或简图。

然而在实际教学中,横式计算并不受师生的欢迎。经常有学生问："老师,用你喜欢的方法计算并写出思考过程的题目,我能不能用竖式计算？""我不喜欢用横式计算,太繁了,竖式计算简单。"老师们也常常感叹："横式计算的准确率总是不高,还是让学生做完后用竖式计算检验一下吧。""学生会准确计算就好了,不用搞那么复杂。"确实,这样的困惑和疑虑也困扰着很多一线教师：横式计算到底是食之无味的鸡肋还是营养丰富的鸡汤？到底是因为考试要考到的才教才学，还是有助于学生学习能力或思维能力的提升？

我想我们首先要认真解读文本，知道教材编写的意图，其次分析横式计算不受欢迎的原因，这样才能探索让师生接受和喜欢横式计算并发挥作用的措施和方法。

一、教材设计横式计算的目的

第四册教参中有这样一段描述："横式计算十分有益于数感的形成与算法思维多样性。三位数加法横式计算以前有所忽略，只讲竖式计算。这样处理表面上看来似乎简单了，但弊病是很明显的，学生的算法思维单一(竖式只是算法中的一种)、缺乏数感，很多孩子做竖式算错了，很难自我发现，无法一下子估计出错在哪里。在重视算法思维、计算器提前进入小学的今天，算法思维的多样性比计算的结果更重要，注重计算结果并不是教学唯一的目标。目前国际上十分重视算法思维多样性的教学研究。"这段文字说明了编者的设计意图，即横式计算强调的是培养学生的数感和算法思维的多样性。

因此，教学时要通过让学生使用数射线以及草图、板条块等多种教学具来帮助学生理解加减法的算理，并逐步引导学生将自己的思维形式化。教师应引导他们将已学的知识迁移，通过探究得出自己的计算方法，并使用算式描述自己的思维和计算过程，培养学生的数学思维。

二、师生排斥横式计算的原因

为什么教材编写者的"良苦用心"，学生和老师并不领情？原因何在？根据几年的教学实践，我觉得主要有以下几点：

1. 书写步骤多，学生嫌麻烦。例如第四册中三位数加三位数的横式计算，竖式计算则简洁得多。学生往往觉得既然有简单的竖式书写方式，为什么还要写这样烦琐的横式呢？心中对横式计算有抵触的情绪。

教育与教学篇

横式计算。

"春之声"音乐会

B看台

A看台

A看台坐了356人，B看台坐了247人，两个看台一共坐了多少人？

$356 + 247 = ?$

我这样计算。

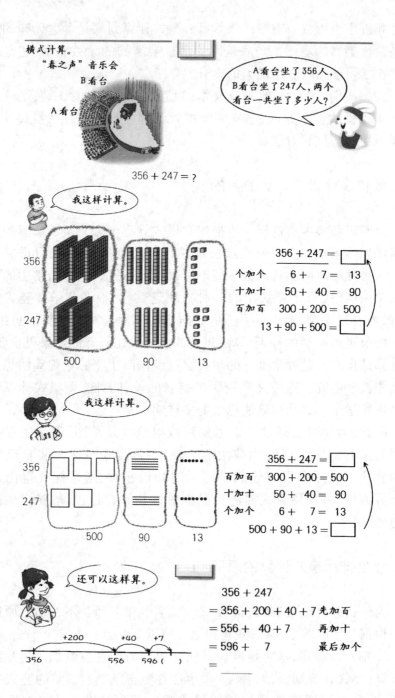

356

247

500　　90　　13

$356 + 247 = \boxed{}$

个加个　　$6 + 7 = 13$

十加十　　$50 + 40 = 90$

百加百　　$300 + 200 = 500$

$13 + 90 + 500 = \boxed{}$

我这样计算。

356

247

500　　90　　13

$356 + 247 = \boxed{}$

百加百　　$300 + 200 = 500$

十加十　　$50 + 40 = 90$

个加个　　$6 + 7 = 13$

$500 + 90 + 13 = \boxed{}$

还可以这样算。

$356 + 247$

$= 356 + 200 + 40 + 7$　先加百

$= 556 + 40 + 7$　　　再加十

$= 596 + 7$　　　　　最后加个

$= \underline{}$

+200　　+40　　+7

356　　　556　　596（　）

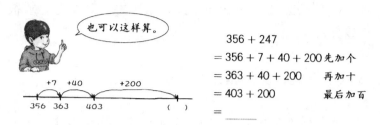

$$356 + 247$$
$$= 356 + 7 + 40 + 200 \quad \text{先加个}$$
$$= 363 + 40 + 200 \quad \text{再加十}$$
$$= 403 + 200 \quad \text{最后加百}$$
$$= \underline{\hspace{3cm}}$$

2. 思考难度加大。例如第五册中除法的横式计算:

$$536 \div 3 = 178 \cdots\cdots 2$$
$$300 \div 3 = 100$$
$$210 \div 3 = 70$$
$$26 \div 3 = 8 \cdots\cdots 2$$

做第二步时首先要思考的是从剩余的 236 中取出多少才能被 3 除完,并且商是整十数。学生感到非常困难,他们既要记住 236 这个剩余数,又要思考几十乘 3 的积最接近 230。对部分学习能力弱的学生来说,这样的要求很高。而在竖式中相应的第二步学生只要计算 $23 \div 3$。横式计算中的 236 不仅比 23 大得多,而且 236 是在脑海中呈现的,竖式中的 23 是学生看得到的,两者相比,难易程度显而易见。

3. 易出错。由于横式计算往往是把一个算式分解成几个分步的算式,学生一不留意就会出现计算错误。例如第四册中三位数加三位数 (538＋166)和第五册中的乘法(277×4)

$$538 + 166 = 694 \text{ 应为 } 704$$
$$500 + 100 = 600$$
$$30 + 60 = 90$$
$$8 + 6 = 14$$
$$600 + 90 + 14 = 694$$

$$277 \times 4 = 1\,008 \text{ 应为 } 1\,108$$
$$200 \times 4 = 800$$
$$70 \times 4 = 280$$
$$7 \times 4 = 28$$
$$800 + 280 + 28 = 1\,008$$

以上都是学生常见的错误,即方法掌握了,但最后的加法计算出错。从表面上来看把未学的算式转化已学的算式,但最后一步由于三

个数连加,其中有进位或连续进位的,对加法的口算能力要求很高,因此准确率较低。

三、有效教学横式计算的措施和方法

《数学课程标准》中指出:"应重视口算,加强估算,提倡算法多样化。"而横式计算有助于学生对计算过程的理解,能清晰地多角度地展现出学生不同的思维过程。因此教师要拉近教材与学生间的距离,让食之无味的鸡肋变为营养丰富的鸡汤,让学生由厌而爱。

首先,教师要重视横式计算,思想上要有所转变。对横式计算的教学目标定位要准确,要充分认识到横式计算对学生理解算理的帮助作用,以横式促进学生计算过程的条理和思路。教学中要注重学生对计算过程的思考和表达,而不仅仅是对计算结果的判定。

其次,在教学中加强横式计算和竖式计算之间的沟通。竖式计算的新授课中可以让学生对横式计算和竖式计算进行比较,在计算过程中有哪些相似的步骤,练习课中可以让学生用一题多解的形式进行横式和竖式计算,这样既沟通了两者的联系,又检验了答案是否正确,同时培养学生自我检验的能力,即使发现结果错误也能找到错误的原因或步骤,提高计算正确率。

再次,应避免枯燥单一的计算。可采用多种形式,如图文结合,也可让学生画数射线或简图等表达,只要学生能表达出他们在计算时的思维过程即可。

最后,给予学生恰当的指导。由于低年级学生短时记忆能力较弱,对某些题应加强指导,如前例中 $536 \div 3$,当学生完成第一步 $300 \div 3 = 100$ 后,让学生写出下一步思考的过程,$236 \div 3$ 即 326 中取出多少除以 3 商是整十数。虽是简单的几个字,却能帮助一些记忆力和口算能力较弱的学生及早找到突破口。还可以指导学生对看似多种的算法进行比较和归类,理解其中的相同和不同之处。如三位数的加法(横式计算:B 与 A 想法相同,加的顺序不同;C 和 D 的书写方式不同)。

A：$356+127=483$ 　　$300+100=400$ 　　$50+20=70$ 　　$6+7=13$ 　　$400+70+13=483$	B：$356+127=483$ 　　$6+7=13$ 　　$50+20=70$ 　　$300+100=400$ 　　$13+70+400=483$
C：$356+127=483$ 　　$356+100=456$ 　　$456+20=476$ 　　$476+7=483$	D：$356+127$ 　　$=356+100+20+7$ 　　$=456+20+7$ 　　$=476+7$ 　　$=483$

　　总之,我们要充分认识到横式计算的地位和作用,转变思想,积极探索有效的方法,使食之无味的鸡肋变为营养丰富的鸡汤,促进学生的思维。

小学低年级学生"推理能力"的培养例谈

陶秋娣

　　一提到"核心素养"这个高频词汇,很多数学老师脑海中立马闪现出——抽象、推理、模型、数感等词语。在当前新形势下,大家都认识到发展核心素养是教育的根本任务,而课堂是进行教育教学的主要场所,因此课堂教学是培养学生的核心素养的主要途径。但有的老师认为:这些词太高大上了,我教的是一、二年级的孩子,这么深奥的东西不用和他们说,说了他们也不懂,等到了高年级再说。果真如此吗?个人认为,虽然抽象、推理、模型、数感等词语给人感觉很深奥,很高大上,但这

并不意味着低年级数学教学就可以忽略这些素养的培养。如关于推理能力,课程标准中是这样阐述的:"推理能力的发展应贯穿于整个数学学习过程中。推理是数学的基本思维方式,也是人们学习和生活中经常使用的思维方式。"这表明,我们应该为学生的长远发展着想,让这些高大上的理论接地气。那么怎样基于课标和学情,培养低年级学生的核心素养呢?下面结合教学实践谈一些关于培养数学推理能力的实践体会。

一、挖掘素材　细化目标

推理一般包括合情推理和演绎推理,依据推理的形式可分为演绎推理、归纳推理和类比推理。在小学低年级阶段,合情推理运用比演绎推理多。首先这与学生的思维特点有关:低年级学生主要以形象思维为主,很多活动都和学生的感性经验相关。其次也与学习内容有关:低年级中很少出现概念定义,即使有名词出现也都以描述性语言表达。

基于以上认识,首先要认真研读课标和教材,不仅要看到教材中显性的知识点,更要挖掘教材中隐藏的数学思想、能力培养的要求。低年级的教材中有很多内容的学习都涉及归纳推理和类比推理,从整个计算教学来说,很多计算法则、运算性质等,大部分是通过具体的实例,逐步抽象、概括得出的。如:

例1　一年级上《加法》例题中出现 $2+4=6$ 和 $4+2=6$,练习中每一张图下面都设计了两个加法算式的空格,这都蕴含了"交换两个加数位置,和不变",这个结论就要引导学生观察后利用不完全归纳推理得出。

例2　一年级上《推算》

$$5+2=\blacksquare \Rightarrow 5+3=\blacksquare \Rightarrow 5+4=\blacksquare \Rightarrow 5+5=\blacksquare \quad 5+6=\blacksquare$$
$$7-5=\blacksquare \Rightarrow 8-5=\blacksquare \Rightarrow 9-5=\blacksquare \Rightarrow 10-5=\blacksquare \Rightarrow 11-5=\blacksquare$$
$$7-2=\blacksquare \Rightarrow 8-3=\blacksquare \Rightarrow 9-4=\blacksquare \Rightarrow 10-5=\blacksquare \Rightarrow 11-6=\blacksquare$$

教材呈现了一系列的算式,想让学生通过理解和运用类比推理发现规律,并运用规律解答和检验。

其次,我们还应把学情、知识点和能力培养相结合,把目标再具体化。如例1《加法》教参中的第三条目标是:初步感知"两个加数位置交换,结果不变"。我修改为:通过观察多组式子和对图片的理解,用不完全归纳推理得出"交换两个加数位置,结果不变"。

二、引导探索　注重交流

教学中我们要根据教学内容和学生年龄特点,精心设计,培养学生的合情推理和演绎推理,提升学生素养。由于学生的知识、能力有差异,因此在引导学生探索时,要关注全体,尤其要重视能力弱的学生,给予他们更多的思考时间、交流时间,确保每一个学生都在原有基础上更进一步,把能力培养的目标落实到位。

例3　一年级上《大家来做加法》【教学片段】

师:仔细观察表格中的算式,你能发现多少秘密?

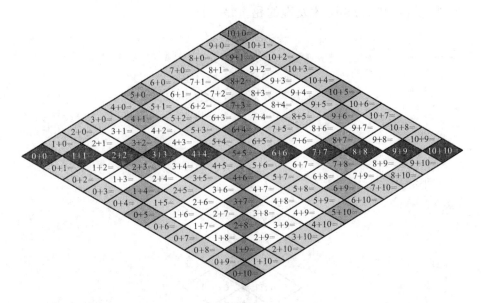

学生独立观察后交流。

生1:我先竖着看,灰色的算式第一个加数一个比一个小,第二个加数一个比一个大,和都是10。还有横着的黑色算式,两个加数都一样的,和都是双数。

生2:最靠左边的一条(右斜),第一个加数从0到10,第二个加数都是0,和也是从0到10。

生3:我向右下斜看……

师：这是加法表中的一部分,你能把空格补完整吗?

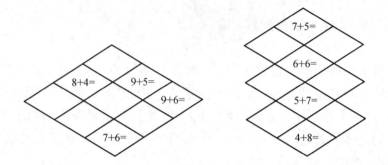

学生尝试推理并交流。

小张：我填好后斜着向上读了算式,又斜着向下读了算式,觉得它们都是有规律的,和刚才发现的秘密是一样的。

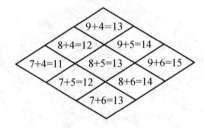

小缪出示：

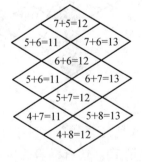

我试了几次,怎么读都不顺口。后来看了刚才填的第一题,又重新试了试,总算填对了。你们看!

小陈：不过那里怎么有两个 5＋6＝11 呢?

小缪：哪里啊? ……噢,这儿忘改了,应该是 6＋5＝11。

【教学反思】

本课没有常见的带有童趣的情境,而是开门见山地展示出要探索的内容。我想,低年级学生虽然喜爱有趣的情境、热闹的形式,但是只有动脑所激发出来的"高级"的快乐和满足,才能让学生保持不断思考的热情,促进能力发展。

上例中学生通过观察加法表用不完全归纳推理得出规律,然后用规律进行演绎推理。教师精心设计各环节,引导学生语言表达,助推推理能力的养成。当学生们通过横、纵、斜线(左斜线、右斜线)不同角度发现了不同规律后,兴奋之情溢于言表,争先恐后地发表想法。教师引导学生组织数学语言表达的过程,就是教会学生如何判断推理的过程。而发现了秘密后的尝试练习,正是学生运用规律进行推理的过程。在这一过程中,学生寻求有用的思路,即搜索与解决问题有关的已有知识经验,反复推敲题目中的已知条件,以及各个条件之间的关系,有选择地挖掘、摘录、筛选条件,以寻求最佳的解题途径。尤其是自觉验证的步骤,更是学生反思能力的体现。练习反馈交流中教师不局限于答案是否正确,而是给学生表达思维过程的时间,展现了不同学生的推理过程,甚至学生走"弯路"的过程,这样极大地提升学生的推理能力和自我反省意识。

三、数图结合　助力推理

低年级学生的思维以形象、具体为主,因此在培养低年级学生推理能力时,需充分利用直观,如实物、图片等,通过观察、操作、说理等活动进行学习。利用直观能使抽象的数学发现与表达得以外显,且能动手操作,它具有潜在的启迪说理的作用。"看得见,摸得着"给学习推理论证带来了其他学习方法无法比拟的直观优势。

例4　一年级上《退位减法》【教学片段】

师:$14-5=?$

生:$14-5=9$

师:你是怎么想的? 把想的过程表示出来(师提供 20 数板、练习纸和数射线)。

生独立尝试后交流:

教育与教学篇

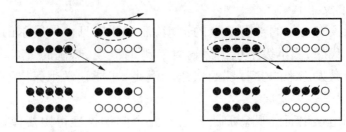

生1(指20数板)：我先拿掉右边的4个,再拿掉1个,一共拿掉了5个,14－4－1＝9。

生2：我用练习纸上的20数板,我划掉了左边5个,还剩5个和右边的4个加起来就是9,10－5＝5,5＋4＝9。

生3：我用数射线,先退4格,退到10,再退1格,退到了9,14－4＝10,10－1＝9。

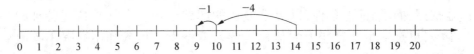

生4：我什么都没用,我就想9＋5＝14。

(师相机板书)……

师：是啊,不管用数射线还是在20数板上计算,我们都可以先退到10这个整十数,然后再继续退,就是刚才你们说的连减方法;还可以从10里面先减,得到的结果和剩下的数相加;还可以做减法想加法。

师：比一比,哪几个小朋友的想法是相同的?……

【教学反思】

20以内的退位减法,如何让学生用自己的方式口述出推算的过程,而不是机械地记住答案呢?利用圆片、练习纸等拿一拿,划一划,说一说,这样数、图、式相互结合,利用直观,进行说理训练,鼓励他们大胆说出自己的推理过程,把自己的推理依据、过程以及得到的结论表达出来,使其认识更加明确、思维更加完善。由于形式多,反馈交流多,老师要引导学生进行归纳整理,直观的图片、简洁的算式表达过程都让学生体会到同一种推理的过程是一致的。因此,利用直观,启发学生说出推理的过程和依据,这是培养推理能力初级阶段最主要的手段与基本途径。

教学实践告诉我们,任何能力的实施总是依赖于具体的内容,推理能力的培养也不例外,而且能力的培养不是一朝一夕的事,它也不像知识点那样容易检测,但它却是学生一辈子受用的能力。我想只要我们把看似高深的理念与常态的课堂教学相融合,大处着眼,小处着手,关注细节,不断提升孩子们的数学素养,相信他们会用数学思维来思考世界!

现代与传统手段在数学课堂教学中的运用

蔡玉兰

随着当前科学技术的飞速发展,我们综合国力的提升,国家对教育越来越重视,资金的投入也越来越大。电脑、实物投影等现代化的多媒体技术进入了每所学校的每个班级,就连我们这种典型的农村乡镇小学也不例外。多媒体技术在课堂教学中的运用,无疑给数学课堂教学中的老师和学生带来了有利的帮手,但不容忽视的是我们不能完全依赖多媒体而把传统的学具的操作及板书的设计给扔掉了。接下来我就我们数学课堂中现代与传统手段的运用谈谈自己的一些感受。

一、多媒体运用要合理

我们都知道在教学时使用多媒体好处多多。运用网络信息资源、多媒体课件,创设丰富的生活情境、问题情境。生动的动画演示,使学生一下子被深深地吸引,他们的学习兴趣和情感被完全调动起来,全身心地投入到学习中。但多媒体在小学数学课堂上的运用要注意方式、时机、效度等等。利用合理、有效地媒体课件演示让学生理解教学的知识点,突破难点。

在教学二年级第一学期的角与直角一课时,由于它极具空间感,在让学生感知什么是角时就适时、合理地运用多媒体课件帮助学生理解什么是"角"。首先多媒体出示各种生活物品,问:"红笔标出的是什么?"引进角。然后多媒体演示角的结构:以一个点为顶点,一条直边为始边,旋转这条直边得到一个"角"。反复数次出现锐角、直角、钝角不同大小位置的角,让学生概括出角的共同点,即什么是角。这样就降低了学生对知识掌握的难度又激起了学生对学习的兴趣。

在课堂上运用信息技术就要从教材的实际出发,根据学生的认知规律、心理特征、生活实际,恰如其分地运用多媒体技术,设计合理的多媒体课件,让它服务于总的教学目标,从而达到最佳的教学效果,成为提高课堂教学质量的重要途径和突破教学难点的有效手段。

二、学具操作为体验

有了多媒体这个好帮手也不能忘了学具这个老帮手。有道是"听过了就忘记了,看过了就知道了,做过了才理解了",所以我们不能让多媒体完全代替了学具的操作。在数学教学中,教师要读懂教材,确定操作目标,根据学生特点精选学具,确定好操作内容和操作程序,把握时机,引领学生的思维。通过学具的有效操作,让学生体验和感悟,促进学生思维能力发展,提高课堂教学效率。

在教学一年级第二学期《加倍与一半》一课,当学生已经初步理解了加倍的概念之后,利用小圆片这个简单的学具让学生摆一摆。要求摆一摆2块小圆片、5块小圆片的加倍是多少?让学生巩固加倍的含义和计算。再请学生用学过的数举例,说说这个数的加倍是多少。完成了一个从实物(小笼包、酸奶、煎饺)到半抽象(小圆片)到抽象(数、算式)的感知过程,这也符合儿童的一个认知规律。之后我也是利用学生举的两个例子作为"一半"的新授,问学生6的一半是多少?有的学生可能知道有的未必知道,就让学生再来摆摆小圆片,6块小圆片的一半怎么分?充分利用了小圆片这个学具帮助突破难点。学生通过动手、动脑、动口等活动,感悟到"一半"就是把一个数对半平分分成相同的两份。经过两道题的操作感知,学生渐渐能够感知到如何去求一个数的一半了。

儿童的智慧在他的手指尖上,我们应该充分认识让学生动手操作的本质。既不能因为怕操作使课堂乱作一团,也不能为操作而操作。操作是为了让学生充分地体验,从而理解和掌握所学知识和技能。

三、板书设计贵精心

记得多年前因为有了多媒体,有了 PPT,我把重要的例题、法则等等都在多媒体上一一呈现,点着鼠标,第一张、第二张……多轻松啊!多媒体放完了课也结束了,问问学生今天我们学了什么?看着空白的多媒体、空白的黑板,大部分学生的脸上出现了茫然。渐渐地我意识到了现代先进的多媒体技术有它的优点,但绝不能忽视传统教学中的板书这一环节。

以二年级第二学期千以内数的认识中《位置图上的游戏》一课为例,不难发现板书的重要性。板书反映教学流程。从板书左起:先复习数位顺序表及看图写数,弄清一块小圆片在不同的数位上表示不同的数,然后依次进行添加、拿走、移动一块小圆片。板书反映思考方法。无论是添加、拿走还是移动一块小圆片,从板书中都能看出它是按照一定的顺序思考的,有序的思考才会不重复不遗漏。板书反映教学难点。从板书中可以看出,添加一块小圆片难度不大,拿走一块小圆片的思考方法和添加一块小圆片是类似的,所以就作为添加的一个练习处理。最难的是移动一块小圆片,所以通过反复地尝试、个别说、集体说和两道练习加以巩固。(附《位置图上的游戏》板书)

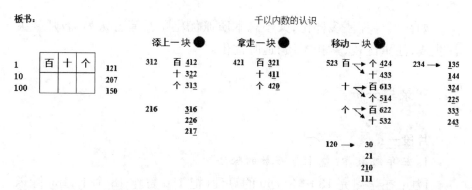

有了合理的多媒体运用,学具的操作体验再加上精心设计的板书,我想对于提高课堂教学质量肯定是有极大帮助的。我们既要看到现代

教育与教学篇

多媒体在课堂教学中的优点,也不能完全放弃传统教学的一些好的手段与方法,只有两者相辅相成课堂教学才能事半功倍。

关注生成作比较　适时优化抵本质
——在比较中"重优化,抓本质"的教学案例

马瑞琴

一、案例背景

新课程"提倡(鼓励)算法多样化",这对"尊重学生的想法,鼓励学生独立思考",无疑有着重要的促进作用。让学生用自己喜欢的方法解题,是"不同的人在数学上得到不同的发展"新理念的具体落实。但算法多样化不是不加评述地随意化,更不是忽视本质的多样化。

平时课堂教育的实践中,老师为了体现、张扬算法多样化,忽视算法优化的例子俯拾即是。有的老师为了体现算法多样化,还忽视了抓本质的教学,对课堂生成的资源不做深入分析、比较、优化,任其自然……

如何倡导算法多样化,又不忘本质抓优化呢? 笔者认为,教师要关注生成,注重比较,紧扣本质,适时优化。

二、实录与分析

片段一:

1. 三年级数学《整十整百数的除法》。

【注:在学习完 $180 \div 3 = 60$ 的算理(把 180 看作 18 个十,180 除以 3 就是 18 个十除以 3 等于 6 个十,就是 60。)和"计算整十数的除法时,可以根据除法是乘法的逆运算,$180 = 3 \times ($ 　　$)$ 乘法的方法来计算"

后,教师改动例题中 180 本为 300 本。进行如下教学】

出示:学校购买新书,小胖和小巧领到了 300 本图书,如果平均分给 3 个班级,那么每个班级可分到多少本图书?

(1) 学生读题

(2) 师:怎样列算式?

生:300÷3＝

师:为什么是 300 除以 3?

生:知道总数 300 本和要平均分给 3 个班级,用除法。

师:用刚才学过的三种读法读读看。

生:300 除以 3;3 除 300;300 被 3 除。

(3) 师:你们会算吗?

生:(多人齐答)会!

师:那你们动笔算算看,同桌可以讨论讨论。

(学生各自尝试,也有小声议论)

(4) 反馈:

生 1:300÷3＝100

师:说说想法。

生 1:把 300 看作 30 个十,300 除以 3 就是 30 个十除以 3 等于 10 个十,就是 100。

师:很好。这同刚才 180 看作 18 个十一样的。

(师的话未完,有学生说我不是这样的)

师:你是怎样做的?

生 2:我是把 300 看作 3 个百,然后 3÷3＝1　1 个百就是 100。

师:对,(边说边板书)300÷3＝100 这是整百数除法

(师补充完整课题:整十数整百数的除法)

师:整百数和整十数的除法是一样的,都是看作几个百、几个十进行计算的。

【接着就是巩固练习……】

2. 出现的问题。

从教学片段中不难看出,老师很尊重学生,也认可了两种推算的方法。老师的心中可能认为这是算法多样化的体现和落实。但仔细分析,老师这样的处理,忽视了整百数和整十数的除法推算的本质依据,

也让学生产生了模棱两可或无所适从的无奈。因为在后面的巩固练习中,学生对整百数究竟看成几个十,还是看成几个百的有了疑问。

3. **学材分析。**

在学习整十数整百数的除法之前,学生已经学习了表内除法,简言之,学生已经会用一句口诀计算除法。今天学习整十数整百数的除法,超出了一句口诀就能解决问题范围,也是新知所在。

本课就是引领学生运用转化的思想,把整十数、整百数的除法(新知)转化为一句口诀就能计算的表内除法(旧知)。转化的目标或解决新知的依据就是达到一句口诀就能解决。据此不难看出,把 300 看作 30 个十,还不能用一句口诀解决,必须要再把 30 看作 3 个十,才能算出 10×10 是 100。如果从算法多样化层面是可以的,但肯定不是最优的,也没有抓住转化的本质依据。

4. **问题解决。**

解决这个问题其实不难,老师只要引领学生对两种算法做个比较,让学生明白转化的目标是为了用一句口诀就能计算。这样的比较,不仅优化了方法,更是抓住整十数整百数除以一位数除法进行推算的本质。在巩固练习中也就不会出现 $400 \div 8 = ?$ 中,究竟看作 4 个百还是看作 40 个十的困惑。从中不难看出"关注生成作比较,适时优化抵本质",对教学有效性的重要。

片段二:

1. **五年级数学《除数是小数的除法》。**

(1) 出示:鸡蛋每千克 4.2 元,妈妈买鸡蛋用去 7.98 元,妈妈买了多少千克的鸡蛋?

(2) 学生审题列式:$7.98 \div 4.2$。

(3) 师:你是怎么想的?

生:已知总价 7.98 元,单价 4.2 元,根据总价÷单价=数量,可以列出 $7.98 \div 4.2 =$。

师:观察这个算式与我们的练习题有什么不同?

生:除数由整数变成了小数。

师:对。除数变了,变成了一个小数。今天我们就要学习"除数是小数的除法"。

板书课题(略)：

(4) 师：除数是小数的除法，用我们学过的知识你能算吗？

生：能。

师：怎么算？

生：化单位。

师：好。能用一种方法做的请举手。(部分学生举手)

师：有没有第二种算法？

生：有。

师：请同学们算算，有两种方法的请写出两种。

(5) 生独立尝试。

(6) 反馈：

(注：老师先用一个学生用竖式计算的，错例 $7.98÷4.2=0.19$ (元)，试图说理，结果学生没有呼应，就简单地处理后放过了。)接着

生1：我是这样做的。把元化成角。(生说师板书)

$$7.98 元＝79.8(角)$$

$$4.2 元＝42(角)$$

$$79.8÷42＝1.9(kg)$$

师：很好，我们只要把元化成角，除数就变成了整数，然后按除数是整数的除法算。还有其他方法吗？

生2：我是把它化成分。(生说师板书)

$$7.98 元＝798(分)$$

$$4.2 元＝42(分)$$

$$798÷420＝1.9(kg)$$

师：这样做，是用化单位的方法，也可以算出1.9千克。

生3：(举手)老师我是这样做的。

师：投影出学生习作：$7.98 \div 4.2 = 1.9(kg)$

$$\downarrow \qquad \downarrow$$

$$798 \div 420 = 1.9(kg)$$

师：$7.98→798$ 你的依据是什么？

生：我用了商不变性质。

师：什么是商不变性质？一起说。

(生齐说。)

师：边分析边板书。　　$7.98 \div 4.2 = 1.9(\text{kg})$

$$\downarrow \times 100 \quad \downarrow \times 100$$

$$798 \div 420 = 1.9(\text{kg})$$

师：我们来验算一下,买 1.9 千克对吗?

（生验算）

（7）小结

师：在计算除数是小数的除法时,只要把小数除数转化成整数除数。这些方法都是正确的,你更喜欢哪一种?

边总结边板书：

$$除数是小数 \xrightarrow{转化} 除数是整数$$

（8）附板书：

$$除数是小数 \xrightarrow{转化} 除数是整数$$

（1）利用单位换算

7.98 元＝79.8 角　　　　　　　7.98 元＝798 分

4.2 元＝42 角　　　　　　　　4.2 元＝420 分

7.98÷4.2→79.8÷42　　　　　7.98÷4.2→798÷420

（2）利用商不变的性质

把被除数和除数同时乘10,商不变

$$7.98 \div 4.2 = 1.9$$

$$\downarrow \times 10 \ \downarrow \times 10 \uparrow$$

$$79.8 \div 42 = 1.9$$

答：妈妈买了 1.9 千克的鸡蛋。

【接着就是巩固练习……】

2. 现象分析。

学生能借助已有的知识和经验,用三种形式解决了问题,说明学生对前阶段的知识学的比较扎实,课堂上学生的表现迎合了老师的要求,呈现了多样化解决问题场景。小结时,老师也告诫引导学生一般用(商不变性质)比较合理,似乎对算法进行了优化。

但仔细分析教学片段,老师缺乏优化的过程,也忽视除数是小数要转化除数是整数的本质和关键。解决除数是小数的除法,是用转化的思想方法,变小数除数为整数除数。这是关键也是转化的依据和目标。

3.如何改进。

(1)对究竟转化成角还是分,进行比较。

生1的算法是把4.2元换算成42角,即4.2转化成了整数。根据学生已有的"除数是整数的除法"的知识,能解决"除数是小数的除法"问题。教师分析时,必须紧扣"解决除数是小数的除法问题",只要把"除数是小数的转化成除数是整数"。4.2元换算成42角已经达到转化的本质和关键。

分析生2,把4.2元转化成420分时,教师基本肯定这样的转化也能解决除数是小数的除法问题。但同"转化成角"相比,不够合理。理由:单位换算42角和420分,虽都是整数,但一个两位数,一个是三位数。在除法中,除数数位越多,计算越烦,也容易出错。所以只要都转化成整数了,宜小不宜大,这是其一。其二,两种换算本质上是一致的,都是把"小数除数转化成整数除数",故不是两种方法,而是一种,即通过"单位换算(转化量)"法,解决除数是小数的问题。(但从板书、老师分析时认可成三种方法)。在应用"单位换算"法时,把"元"究竟转化是角,还是分,应视具体情况而定,即只要将小数除数转化成整数即可(但转化后的整数尽可能小)。本例应转化成角。因为除数4.2元变成42角,已经使小数除数变成整数除数,能够解决问题。将4.2元换算成420分,显然不是最优。

(2)对用"单位换算"和"商不变性质"作比较。

生3的做法是,应用商不变性质,把"小数除数转化成整数"。这是解决除数是小数的除法问题关键所在。老师也通过板书演示了转化的过程。

在此,也应该对用"单位换算"和"商不变性质"进行比较。让学生明确:在具体问题情境中,我们可以用"单位换算"法,也可以用"商不变性质"法,因为它们都是在把小数除数转化成整数除数,4.2元→42角,是具体"量"转化。4.2→42是"数"的转化。小数除法的本质要义是运用商不变性质,把除数是小数转化成整数。故比较两者,运用商不变性

质更普遍,方法更优。

(3) 在"单位换算"和"商不变性质"比较中,明确转化的依据和立足点。

引导学生观察板书,回顾解决除数是小数的除法问题过程,让学生明确:无论用"单位换算"法,还是应用"商不变性质",转化的依据都是把"除数变成整数"。所以应从"除数的小数位数"出发,进行转化。即除数扩大几倍(或小数点右移几位),被除数也扩大几倍(或小数点右移几位)。在教学片段中,对除数是小数的除法,在转化时,应从立足除数的强调不够。

分析比较学生自主探索除数是小数的除法过程中,生成几种资源,有助于学生抓住除数是小数的除法问题本质,也自然地优化了解决问题的方法。

三、想法与思考

反观听课情况,这样的例子屡见不鲜。这样的课堂,反映了一个共同问题,就是老师只满足于多样性,浅层次,而忽视了优化,忽视了抓住本质进行教学。

《整十整百数除法》《除数是小数的除法》都是引导学生用转化的思想,把"新知"转化成"旧知"展开学习。《整十整百数的除法》解决问题目标、关键是把它转化成用"一句口诀"就能计算。转化的方法是把整十数、整百数看成几个十、几个百后推算得出;《除数是小数的除法》解决问题目标、关键是把"除数是小数"转化成"除数是整数",转化的方法是依据"换算单位""商不变性质"。

这样的教学内容,在学生自主学习中,一定会有多种想法和做法。它反映了学生的所思所想,有助于了解学生,有助于展开教学,是一种很好的教学资源。但作为老师,不能不加评述、分析。应该抓住解决问题的本质,对生成问题进行适时的点评、比较、引领。既让学生能多样性、多角度思考,又要学会合理化、最优化的解决问题。只有这样,才能让学生在学习中达到会学,才能提高解决问题的能力,提升学生的核心素养。

"理 解 万 岁"

——5 的乘法教学案例

杜秋萍

二年级上半学期乘法口诀的教学占了相当一部分课时。这一部分内容已教过几轮了,每次上乘法口诀课时总觉得枯燥、单一,老师按套路教,学生机械的读、背。对于口诀的教学一直有些困惑。很多孩子在暑假里就已经在家长的督促下开始着手背口诀了,因此,课堂上,这部分孩子就有一种难以抑制的优越感,他们认为我都懂了,常常抢着说,根本无心听。还有一小部分"0"基础的孩子很难跟上他们的节奏,显得有些累。老师有种无所适从的感觉,顾了这头顾不了那头。由此引发我的思考:口诀的教学仅仅是为了让学生熟记、熟背吗?只要让学生在课后多花时间多下功夫,是不是课堂上就没必要再教了呢?或是匆匆走过场?又或者口诀的教学能否另辟蹊径呢?

偶然间从微信上看到了这样一小段视频,让我对先前的困惑有了新的思考和认识。

视频内容:一个三四岁模样的小女孩痛哭流涕的背着 5 的乘法口诀。

女孩:一五得五、二五一十、三五四十五……

妈妈:十下来是几?三五一十五,记住了!

女孩:三五一十五——五六三十……

妈妈:再来一遍!

女孩:一五得五、二五一十、三五三十五

妈妈:谁让你张嘴就来的?三五一十五!

爸爸:记住、记住,三五一十五!!!

女孩:三五一十五(重复数遍),我一点儿都记不住这三五,这三五

太难了！太难了！！！一点儿都不简单。（呜呜呜……）

　　妈妈：三五一十五，能不能记住？

　　女孩：能。

　　妈妈：再背一遍，多背几遍，只背三五。

　　女孩：三五一十五。（重复数遍）

　　妈妈：重新背。

　　女孩：一五——三五一十五（停顿思考）——五五、五五、五五……你就让我背三五一十五，我已经把五五忘了，太难了！（呜呜呜……）

　　……

　　看完这段视频，也许会让你忍俊不禁，视频中小女孩楚楚可怜的模样一定给你留下了深刻的印象。我不由联想，也许我们很多孩子都有过类似的经历，我相信这种"摧残"式的训练最终也能达到预期目的，如果我们的课堂也是如此，这样的学习谈得上有效吗？学习还有什么乐趣可言？"减负增效"只能是一个遥不可及的美好愿望吧！

　　凑巧的是，在看了这个视频后没几天，我们的教学进度正好赶上这一内容，"5的乘法口诀"是学生接触到的第一个乘法口诀。口诀教学到底需要老师教什么？怎样教？我又回到了先前的思考中。仔细斟酌教材、教参，查阅相关资料，教学目标在我的脑海里逐渐清晰起来。"理解"是"熟记"的基础，只有让学生理解了口诀的由来、含义、作用，根据其存在的规律来编口诀、记口诀，才能让学生在较为轻松的氛围中学会口诀。课的开始，我设计了一个一分钟的小练习"从0开始，5个5个的数（顺着数、倒着数）"。看似不经意的一个小练习，其用意在于帮助学生唤醒相关的知识基础，和本课的教学内容有一定的关联。在教学设计过程中，我摒弃了教材中以数射线作为引入，而是选择了学生再熟悉不过的双手，快速引出5的乘法。从老师快速计算5的乘法引发学生的好奇心，到编写5的乘法口诀帮助计算，让学生感受到熟记乘法口诀的必要与作用，激发学生学习乘法口诀的兴趣。在口诀编写过程中，注重学生对口诀含义的理解及前后算式间的联系，以此来帮助学生正确、快速的编写5的乘法口诀。学生在老师的指导下尝试着编写前几句5的乘法口诀，渐渐掌握了这一规律后，迫不及待地编写出后几句乘法口诀。记忆是在反复刺激的过程中形成的，因此，在记口诀环节中，通过各种形式的练习，如：一分钟快速记忆、师生对口令、生生对口令等，不断强化刺激,帮助记忆。在记忆过程中,还是紧紧扣住算式间的规律,借助规律进行推算,从而提高记忆效率。如:三五(　　),可以想二五一十再加五,还可以想四五二十再减五。整个教学中,特别注意帮助学生建立乘法口诀和乘法算式之间的联系,因为只有当学生把口诀与相应的算式建立起牢固的联系后,学生才能方便地运用乘法口诀口算乘法算式的结果。教学不能仅仅停留在背口诀的层面上,要让学生真正理解口诀、会运用口诀、掌握背诵口诀的方法,让所有的孩子都积极参与到编、背、用的学习过程中。尽可能使口诀教学不再是单一的、空洞的,努力让课堂呈现一种师生积极互动、其乐融融的学习状态。

在其后的几个乘法口诀的教学中,有了"5的乘法口诀"的学习方法与经验,我逐渐放手,让学生以"四人小组学习——全班交流""个别自主学习——集体交流"等方式完成其余的乘法口诀的学习。这样的教学尝试,让我有一丝小小的得意,在培养学生自主学习能力的同时,自己也偷了个小懒。

通过这一次的乘法口诀的教学,让我更坚信:简单的教学内容背后同样需要我们老师深层次的思考,才能让我们的学生有所习得。"教什么?""怎么教?"永远是我们一线老师需要研究的主题。

这是我基于一次教学中遇到的问题所做的一点思考与尝试。能正视这些日常教学问题并设法去解决,这对于我来说是我能力所及的所谓的"研究"。

一堂好课要从"准""正" "真"上下功夫

杜秋萍

11月23日下午,天色阴暗,秋雨淅沥,寒意阵阵。在我们数学教研的会场内,却是人气旺盛,发言踊跃,气氛热烈。大家对在骨干教师展

示活动中,金华琴老师执教的《长方体、正方体的初步认识》一课交流感想、切磋教艺。主持人几次想结束活动,都因一个个精彩的发言,不得不延长活动时间。

这次教研活动,由于金老师的准备充分,他从"确定内容——解读教材——设计教案——初次试教——(重读教材)讨论、修改——再试教——定稿——展示",先后六易其稿,不断提升,课上的非常成功。听课者一致称赞。由于教研组的老师积极参与其中,了解过程,因此有话可讲,有"疑"可研。近一个半小时的活动,大家仍意犹未尽。

事后我反思,为什么这次活动大家如此投入,有言可发。我想:共同的献计献策,共同的参与准备是原因之一。原因之二:执教老师上了一堂精彩好课,引发了大家的共鸣。

下面我就以这堂课为例,谈谈我们低年级数学组的教研活动的一些经验体会,与各位交流。

这堂课是成功的,成功关键或者最深的体会有三点:

一、解读文本要准

金老师第一次确定教学内容时,准备上《正方体的初步认识》。告诉谭老师时,谭老师反问一句:有正方体的初步认识吗?金老师很肯定地说:"有。"谭老师让她再读教材,仔细揣摩长方体、正方体间的联系。金老师带着疑惑,再次翻开教材,细细琢磨。是啊,正方体作为长方体的特殊形式,在教学中不适合单独成篇,因为这样对于学生而言,认识也是较浅薄的,而且一节课就没有了厚度,也就谈不上一节好课。有了这样的认识,金老师把教学内容修正为《正方体、长方体的初步认识》。备好课后进行了第一次试教,情况很不理想,课在匆忙中收场,老师急得满头大汗,小朋友学的云里雾里。问题出在哪里呢?谭老师找来了二年级和五年级的教材。让我们看教材中的有关《正方体、长方体认识》的内容,想想区别在哪里?我们传阅着教材,默默地在看、在想。谭老师看到我们个个眉头紧锁,半天不出声,就问道:"二年级都学好了,五年级还学什么呢?是不是可以不学了?"一句话,道出了症结所在。今天的试教课,把对五年级的许多要求放到二年级,对没有多少空间想象力的二年级孩子们,肯定是云里雾里。我们听着谭老师的分析,细细对照教材,大家你一言、我一语地比较这一内容放在两个不同年级的教学重点、地位作用……讨论中,对教材有了一个比较清晰的认识。

看来,解读教材仅做到正确是不够的,还要力求准确。基于以上认识,金老师再次对教案进行"手术"。

二、框架设计要正

几次修改后的再次试教,基本能完成既定教学任务,但一节课下来,总感觉清汤寡水,不入味,欠火候。带着这种感觉,大家又围坐一起找问题。整节课老师想的很多,该点的都点了,面面俱到,但重点没能凸显出来,大方向没能把握准。到底该讲些什么? 讲到何种程度? 多了一点显得烦琐,少了一点又怕脱节,这个"度"真难把握啊! 同年级组有经验的陶秋娣老师一起帮着梳理知识点,构思各个环节、框架的设计、问题的设计……这节课的一个教学目标是:通过动手操作,认识长方体、正方体的面、棱、顶点,以及它们的数量。那么顺应学生动手后的思维,重要的是讨论数量,不是急于抽象出"顶点""棱"。当学生搭完后,讨论小球、小棒的数量,建立量的概念。为了体现有序数法,可以逐步引导学生:如果学生数错了,我们一起来数;如果学生数对了,我们像他这样有序的数一数。通过交流,发现搭长方体、正方体的共同点也了然于心。这时,老师告诉学生,小棒、小球在长正方体中数学名字叫棱、顶点。这样的认知可谓水到渠成了。在认识面时,老师用儿童化的语言:现在给这个框架穿上衣服。面就是表面的一层。为了完整学生的认识,从实物到几何模型再回到实物,还要培养学生的看图能力。这次调整的学案设计,把原来的星星点点都汇集在面上串联起来:分一分、搭一搭、数一数、认一认、说一说、想一想、比一比、填一填、补一补,一气呵成! 金老师集思广益,修改教案到半夜。

由此看来,上好一堂课还得定准目标、搭正框架、厚实环节。

三、细节处理要真

二年级孩子的学习能力和老师的预想还是有一定差距的。老师的一些小细节对学生都可能带来影响。比如关于有序:学生在数的时

候,老师引导学生"先数……再数……"。然而在数面时,学生按照自己习惯性的"上、前、左、后、右、下"数,尽管老师指着面引导学生数,但因为思维上衔接的断层,还是出现问题。因此,老师们建议可以这样处理:老师点到哪,你们数到哪,行不行? 这样把学生的眼球全数吸引过来,提效。又如老师提出关于"不都相等"和"都不相等"这两种说法上的区别。"不都相等"学生初次接触,理解起来有一定困难,老师在出示时语速适当放慢,让孩子的思维跟上,再来辨一辨,这样,会有更多的孩子理解"不都相等"的含义了。

除此之外,关于练习、板书的设计,问题的正确、精练,学生的操作等,都应符合学生的认知水平,切合学生的年龄特点,在这里不一一细说了。有句话说:细节决定成败!

经历解决问题的过程
提升学生的数学素养

——《整数乘法运算定律推广到小数》教学案例

蔡玉兰

记得有这样一句话:你想学会游泳必须要在游泳中学。我的理解是,你要学会一个知识一个技能,你必须要亲自去做一做,去经历这个过程才能成功。数学课程标准也是提倡让学生亲历探究过程,在动手实践、自主探索与合作交流中得到发展。所以我们教师就是要给学生提供足够的时间和空间,让学生运用多种方法开展自主探究活动。下面我就自己上的一节计算课为例,谈谈自己的一些设计和思考。

【案例背景】

教材分析:本课是沪教版五年级上册第二单元的一个教学内容,是应用乘法运算定律使一些计算简便。它是小数乘法中的最后部分,是在学习了整数乘法运算定律和小数乘法的基础上学习的。

学情分析：学生在四年级已经系统学习了整数乘法的运算定律并会运用于实际计算之中，体验到了运用运算定律可以使一些计算变得简便。而且在开学初也已经经历过了整数加减法运算定律推广到小数加减法的过程，这对于学习整数乘法运算定律推广到小数乘法，是有一定的经验可以借鉴的。而且我们班里的部分孩子表达欲望还是挺强烈的，他们很愿意与大家交流自己的想法，所以教学时可以多给予机会，调动他们的学习积极性，然后带动全体学生的求知欲。

【案例描述及思考】

一、计算比较，发现规律

1. 用你喜欢的方法算一算。

$2.5×1.3×4$　　　　$2.8×1.7＋7.2×1.7$　　　　$48×12.5$

2. 想一想：还有没有不同的算法？有就写下来。

交流反馈、比较优化。

3. 观察不同算法，你发现了什么？（同桌交流）

4. 归纳：整数乘法的交换律、结合律、分配律，在小数乘法中同样适用。有时运用这些运算定律可以使计算变得简便。

我的思考：直接抛出新问题让学生尝试解决促进思维的发展。

教材上是这样安排的：首先给出三组算式，让学生观察、计算，找出每组中两个算式的关系。接着用归纳的方法类推出："整数乘法的交换律、结合律和分配律，对于小数乘法也同样适用。"从而把整数乘法的运算定律推广到小数乘法之中。

我的设计是直接出示三道题让学生用你喜欢的方法算一算，算好后想一想还有没有不同的算法，让学生初步感受算法的多样化。然后让学生把各种算法板演在黑板上，说说你是怎样想的，依据是什么？慢慢发现按原来运算顺序和利用运算定律计算的算法，它们的结果应该是一样的，体会整数乘法运算定律在小数乘法中同样适用。再比较几种算法，你更喜欢哪一种？为什么？优化算法。最后观察归纳出整数乘法的交换律、结合律、分配律，在小数乘法中同样适用，有时运用这些

运算定律可以使计算变得简便。

　　这个问题的解决过程是利用学生已有经验和技能的迁移,进行猜测、实践验证、观察比较、讨论发现、交流归纳等自主探究,培养了学生的观察、比较、交流、归纳的能力。

二、运用运算定律解决计算问题

　　1. 用简便方法计算。

$8 \times 4.78 \times 12.5$　　　　　　$(2.5 + 1.25) \times 4$

$6.4 \times 99 + 6.4$　　　　　　8.5×10.1

　　2. 判断:P17/练一练。

$7.4 \times 4.6 + 7.4 \times 5.4 - 7.4$　　　3.6×0.25

$= 7.4 \times (4.6 + 5.4)$　　　　$= 9 \times (4 \times 0.25)$

$= 7.4 \times 10$　　　　　　　$= 9 \times 1$

$= 74$　　　　　　　　　$= 9$

　　　$8.3 \times 6.2 + 0.83 \times 38$

$= 8.3 \times (6.2 + 3.8)$

$= 8.3 \times 10$

$= 83$

　　3. 解决问题。

　　星期天,世纪联华超市特价供应东北珍珠米,每千克 4.8 元。妈妈买了 12.5 千克,付出 100 元,应找回多少钱?

　　我的思考:简便计算的意识和技能形成需要多种形式和反复训练。

　　我们都知道运用所学的知识技能去解决计算问题,增强简便计算意识,提高简便计算能力,是学习简便计算的主要目的。学生经历了第一环节的探究,已经初步理解了"在小数乘法中,同样可以运用乘法运算定律进行简便计算"。所以我安排了不同形式的尝试练习。

　　用简便方法计算,选取了几道具有代表性的题目让学生去尝试,丰富学生的经历。在展示与交流中熟悉简便计算的条件与环境,能根据不同的情况,合理、灵活地运用运算定律进行简便计算,掌握正确的简便计算方法。

　　判断题,两道典型容易出错的题及一道看似错误实际正确的题,让学生去观察分析交流判断,使学生在辨析中强化。

应用题,我们所学的知识还是需要解决生活实际问题的,并且让学生意识到并不是一定要在"用简便方法计算"的要求或规定下,才会想到用简便方法去计算,而是在可能没有明确规定或具体要求下,只要具备简便计算的条件就要运用简便方法进行计算,这样才能算得又对又快。

这样几道不同类型的题目,通过老师的引导和学生的自主练习,经历观察、思考、计算、交流、反思、纠错等来熟悉简便计算的条件与环境,增强简便计算的意识,提高简便计算的能力。

三、整理知识内容,回顾学习方法

1. 课堂总结。

今天这节课我们主要研究了什么?

在进行小数简便计算时,你认为要注意些什么?(结合自己在学习过程中出现的问题说一说)

2. 评价。

评价维度	评价内容	评 价 标 准	等第	评价方式
学习成果	小数简便计算	A. 能运用整数乘法运算定律,正确、合理地进行小数的简便计算。 B. 能把整数乘法运算定律运用到小数计算中。 C. 不会运用运算定律进行小数的简便计算。		自评
学习习惯	课堂表现	A. 做到三条 B. 做到两条 C. 做到一条 (1. 上课认真听讲。2. 能大胆表述自己的想法。 3. 书写认真规范。)		同桌互评

我的思考:回顾梳理及时评价激励促发展。

课堂总结,引导学生对一节课的学习进行回顾梳理。一节课研究了什么?在进行小数简便计算时要注意什么?这样两个问题,帮助学生进行反思,从总体上把握知识、理解知识、运用知识,培养学生善于思考、归纳总结的能力。

课堂评价,从学习成果和学习习惯两方面,通过自评和互评的形式

教育与教学篇

对学生本课的学习进行及时的评价。这样能够有效地让学生看清自己对本节课知识的掌握程度及课堂表现程度,并确定今后努力的方向。

当然,课中也有有待改进的地方。比如开始时同一道题,用原来运算顺序计算和运用定律计算的对比不够到位,学生没有很好的感悟整数的乘法运算定律也能用到小数中,及利用运算定律可以使计算更简便感受不深等等。所以我想老师的教学设计需要考虑得更全面些,多站在学生的角度上思考,为孩子搭设更好的平台,让他们在经历一系列解决问题的过程中提升数学素养。

对低年级学生学习习惯的引导与研究

——从一年级计算教学中的落实谈起

陈凌珍

这学期执教一年级数学,知识点相对而言比较简单。可是对于一年级的小朋友而言,要培养学生倾听的习惯、读题的习惯、操作的习惯、练习的习惯、思考的习惯、书写的习惯……要从每一节课、每一个预设、每一道题中入手。

尤其是在批阅学生的练习册时看到,很多题目学生会的,但是读题的不仔细、思考的不周到、书写的随意性,出错很严重。每周只有三节数学课,如何在有限的时间完成教学任务,促进学生良好习惯的培养、数学思维的发展呢?唯有从每一节课、每一个教学环节都需要教师精心设计;学生的每一个错误、教学中的任何一个困惑需要教师静心思考。

一、从百以内的进位加法和退位减法谈起

学生的加法计算还可以,但是遇到减法,数感差、二十以内计算不熟练的学生,在做退位减法时出错率非常严重。

(一)收集了下面四类情况:

1.做的是退位减法,例如53-9,70-56,但在算的时候,个位算成"9-3""6-0"(如下图)。说明这类孩子做题时,没有经过动脑、做完就好的随意性强,学习态度不够端正。

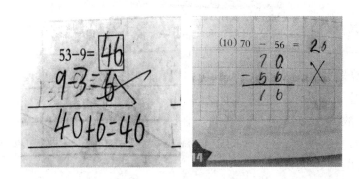

退位减法,需要学生明白算理。学生在课堂中跟着老师的步伐好像掌握了退位减法的算理和方法,但由于缺少动手操作,从错例中,反映出学生对个位不够减,需要从十位退一做十的算理没有掌握,或掌握不熟练。

2.刚开始做退位减法,由于受到加法计算的迁移,做的是减法,脑子想的还是加法,把个位进行了相加,算成3+9,3+8,而十位则是相减。有近三分之一的学生出现这种情况。

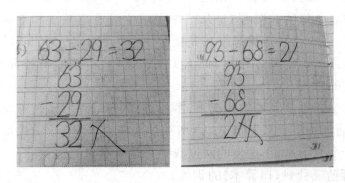

3.算理正确,计算出错,这类学生,二十以内的退位减法掌握不熟练。

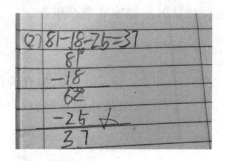

4. 数字抄错、横式中的答案忘记书写或写错,说明这类学生做题时没有静下心来,比较浮躁、不够认真。

计算题是学好数学的基本功,计算能力的培养十分重要。因为百以内的退位减法学扎实了,千以内、万以内的算理都是相通的,也是相同的;小数的加减法也是相通的。在除法计算中,更加考验学生计算的综合能力了。所以一年级的退位减法和进位加法学生必须要掌握熟练,最好做到零失误。

减法是加法的逆运算。退位减法犹如一道坎,对有些学生而言,减错的现象屡见不鲜,退位计算一团糟。

(二)办法总比困难多。如何帮助学生掌握退位减法,迈过这道坎,我采取了以下几项措施:

1. 卡片训练。

如何让学生迈过这道坎呢?课前给学生准备了很多计算卡片(有退位减法和不退位减法),课前三分钟每天练习。重点练习个位的计算结果:"观察个位够减吗?""是几?"加强学生对退位减法和不退位减法的敏感性,适应这种逆推思维。先让学生手势表示,看到出错的小手马上让他复述这题的算理过程,训练了三次之后,再采取书写训练,看卡片写答案的方式。

让学生在理解算理的情况下,多加训练,慢慢习惯退位减法的逆推思维;之后增加不退位的算式、再增加加法算式,不要让学生形成思维定势。半个月下来,小朋友的两位数计算题有明显的进步。

2. 课前三分钟《口算本》的训练。

每节数学课预备铃声响起,学生除了卡片训练,还有口算本的每次20题的口算训练。

右图是学生小顺完成的。是个学习行为偏差生。通过一段时间的练习，从原先的扳手指计算，到现在积极完成老师布置的任务，进步还是很大，不过正确率还很低。

$$22-8=\boxed{14}\ \checkmark$$
$$51-7=\boxed{43}\ ✗$$
$$46+6=\boxed{52}\ \checkmark$$
$$38+9=\boxed{48}\ ✗$$
$$86-8=\boxed{76}\ ✗$$
$$27-9=\boxed{17}\ ✗$$
$$44-5=\boxed{38}\ ✗$$
$$35+7=\boxed{42}\ \checkmark$$
$$86+8=\boxed{94}\ \checkmark$$
$$61-6=\boxed{55}\ \checkmark$$

虽然十题错了五题，但是那天他积极性很高，主动要报答案。报完之后，我问同学们："小顺报错的那几题，都错在哪里？"他仔细观察、又认真倾听同学们的发言，最后自己也意识到是个位算错了。相对于他以前的天马行空般的书写和计算，这次进步真的很大。我对大家说："看来做计算题，个位的计算十分重要，相信小顺在以后的练习中会更加注意，大家也要用心算好每一步。"通过这次的练、核对、点评，学生们对先算个位以及个位计算的重视率又加深了。

3. 错题订正格式的引导

只要做题，出错总是难免的。如何让学生避免发生类似的错误呢？必须要养成找出错误之处再订正，发现自己出错的原因在哪里，所以订正的格式非常重要。很多学生看到错题，马上用橡皮擦去，订正的内容跟刚刚擦去的错例一模一样。这主要是学生没有养成找错的

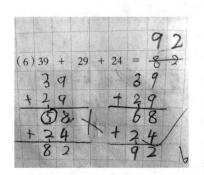

习惯。课堂中，老师拿着同学做的题目让大家做小老师，个个都兴致勃勃，可是要找出自己的错误之处，却很难。现在低年级，题目相对简单，打叉的题目学生大部分能独立完成，不过自己如果没有深刻认识，同样的错误下次还是会犯的。

所以，一年级第二学期开始，我就要求同学们先找出自己的错误之处，在右边订正。要求很简单，但是很多学生在具体操作中，经常忘记，不少同学需要手把手的教。两个多月下来，这项要求大部分学生已经能做到了。相信，到高年级，孩子们能自己养成思考的习惯，认真对待每一道错题。克服一道道错题，也是学习中必不可少的环节。在纠错中学习，越学越扎实。

4. 在课堂的交流、练习册的训练中，我和学生一起归纳出做计算题

的几个注意点：① 数字要抄对；② 个位要算对；③ 横式结果要写对；④ 要养成边做边检查的习惯。

因为是大家一起讨论的，针对的也是自己在练习中经常发生的情况，所以都能接受，在实际操作中也能有意识的进行着。

二、计算题中审题习惯的培养

（一）从竖式入手，发现审题的重要性

学好了连加、连减和加减混合的两步计算题的竖式教学，整理了六道计算题：

① 27＋8＋34　　　　④ 78－16－43

② 52－29＋28　　　　⑤ 43＋28－61

③ 36＋28＋22　　　　⑥ 92－31－19

首先每组选一题，动作快的同学在⑤和⑥中选一题。

用了五分钟时间，大部分都做了两题，有了体验之后，问："仔细观察这六题，哪些题中有直接口算就可以算出结果的？"

最近一直学竖式计算，小朋友脑子里只有竖式计算的概念，看到两位数加两位数就要用竖式计算，从个位算起……审题的习惯有点淡化了。听到老师的提问，学生就开始仔细观察。

受了凑整的影响，两个班第一个发现的都是③ 36＋28＋22。

生 1：先算 28 与 22 的和是 50，再加 36 是 86。

师：听懂他说的方法吗？谁来学着说说看？同桌互相说说看。

看来加法结合律和交换律在一年级就可以提前渗透，学生也有这个意识和能力，运用起来，果然第三题可以直接口算就能得出结果。

生 2 发现"⑤ 43＋28－61"把 28 看成 30，43 加 30 是 73，多加了 2 再减 2 减 61，这样也可以直接口算不用打草稿了。

生 3 发现② 52－29＋28，52 减 29 再加 28，其实就少了 1 而已。

被生 3 同学这么一说，刚才列竖式的第三组同学一致发出啧啧的赞叹声。

而⑥ 92－31－19 要用到减法运算性质，使计算更简便，对于我们一年级的小朋友而言，很难发现。也没有生活情境把数与生活结合在

一起,学生还不能感受。一节课三十五分钟也没有时间再对第六题进行深入分析。我打算在综合运用中,结合具体的实例,再把减法运算性质适当让小朋友了解一下。

一节课下来,学生发现有三题是可以不列竖式,直接口算得出,原来,计算题的审题也是非常重要的,自己在做题时,要观察数字之间的特点,使计算更加方便。给学生渗透的巧算思维、提高学生对数字的敏感度,对以后的巧算和简便计算有非常大的作用。

（二）比大小中养成审题习惯

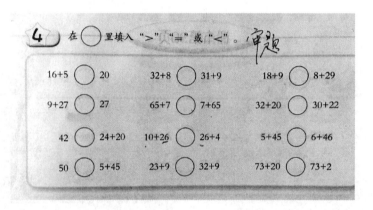

这是练习册中的 12 题比大小,想让学生观察,哪些可以不计算,很快看出大小的。根据老师的语言支架,学生带着思考做这 12 题,与学生把每道题的答案写出再进行比大小,对学生观察的培养、数感的培养是不一样的。

9＋27○27,学生说:"这题一看就知道是大于。"

65＋7○7＋65 就是加法交换律的知识点,交换两个加数的位置,和不变。

5＋45○6＋46,数感好的看得出来,直接写结果;看不出来的,可以把结果算出来再比较。

花了十多分钟交流,乖巧的孩子,按照老师教的方法观察比较;马虎不认真的同学,凭着感觉,快速写了结果;数感差的孩子、计算弱的孩子,只听到了可以不用计算进行比大小,从而导致个别同学出错很严重,课后需要对他们开小灶,分析讲解一番。

教育与教学篇

当然靠课堂一次练习,要全班学生养成审题的习惯进行比大小是不可能的。每次比大小,都需要提醒一下。相信在老师的用心引导下,养成观察的习惯、思考的习惯,对日后的学习是有非常大的帮助的。思维习惯的培养,不是一蹴而就的,慢慢来,当孩子意识到审题的重要性之后,肯定能越学越好。

(三)从综合应用中培养审题习惯

一道不难的题,出错却非常明显。这位同学的出错非常典型,第一次思路错、第二次思路还是错,并且竖式计算也有问题。

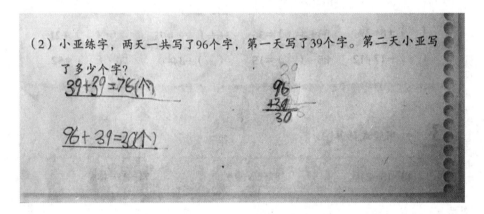

课后我问做错的同学你们是怎么想的?

生1:题目中说小亚第一天写了39个字,我想第二天写得应该跟第一天是一样多的,所以两天写的字就是:39+39。

这位同学看到小亚练字与自己的实际生活联系起来,也不仔细读题,不从问题出发思考,受了生活经验的影响。

而96+39,说明了学生对第一个信息表达的意思"对两天一共写了96个字"没有理解,对96表示的数量也没有理解,对问题也没有读懂,求"第二天小亚写了多少个字"理解为:"两天小亚写了多少个字。"

后来,我用线段图给学生呈现了这三者之间的关系,学生一下子明白了。

从这道简单的一步应用题可以看出,我们好多学生读题的习惯非常差,做题目都是想当然。这么简单的一步应用题,引起了我对低年级小朋友读应用题习惯的培养,一定要让他们养成认真读题的习惯。

老子说:合抱之木,生于毫末;九层之台,起于累土;千里之行,始于足下。希望在自己精心培育下,养成学生们良好的学习习惯,学好数学、热爱数学。

数据统计与分析初体验

——《条形统计图(一)》教学案例

王 洁

《条形统计图(一)》是统计学知识的入门,小学生对条形统计图的学习实际上是对统计概念的初步认识和进行统计活动的初步尝试。通过让学生亲身经历数据的收集、分类计数、数据呈现等统计过程,使他们充分了解统计的意义和作用;条形统计图作为众多统计图表中的基础,又要让学生了解条形统计图的各个组成部分,包括标题、项目、单位长度及单位名称、统计数据等,为之后的学习打下坚实的基础。同时,在教学中要注重培养发散型思维,加深理解使用条形统计图的优点,激发学习的兴趣。

教学目标:

1. 通过引导,使学生认识到运用图表进行数据分析时的速度和便利性优势。

2. 让学生初步理解条形统计图,并能根据统计图表提出并回答简单的问题。

3. 让学生体验完整的数据统计过程,包括数据收集、数据整理、数据展示、数据分析,初步了解统计的方法和意义。

4. 使学生充分认识条形统计图应用于解决实际问题的作用,激发学生的学习兴趣。

【思考一】如何引入条形统计图,关键是在引入的同时要通过对

比,让学生了解条形统计图在数据展示和数据分析方面的优势。

[片段一](一般性做法):

首先引入本节课的课题;随后向学生展示数幅条形统计图,让学生观察这些条形统计图。

在学生观察的同时,引导学生回答条形统计图的结构和构成,这些条形统计图有什么共同点,图上有哪些要素等。

师:请大家观察一下这些条形统计图,思考一下条形统计图上有些什么共同点。

生1:都有横线和竖线。上面还有一些刻度,有名称,有数字。

生2:有长短不一的直条。

生3:还有标题。

......

[体会]通过对数幅条形统计图找共同点的方法,学生们能很快地了解条形统计图的要素,也能较快明白条形统计图是用于数据展示作用的图表。但是这样的引入方式,总感觉很少学生能体会条形统计图表示数据时的优势所在,因此对该知识点的掌握并不深入。

[片段二](我的做法)

首先,给学生三行数字,让学生找出其中的最大值,看谁找得快。

4	9	12	7

53	19	48	7	51	36	42	16

13	9	12	38	49	45	27	5	37	31	7	48	26

师:小朋友们,我们先来玩个找数游戏,谁能最快找出最大的数字。找到就直接大声说出来。

出示图片:递进式

师:数字越来越多,找起来怎么样?

生:数字越多,越难找。

之后,同样的三组数据,将其用条形统计图来表示,让学生来找一找最长的直条。

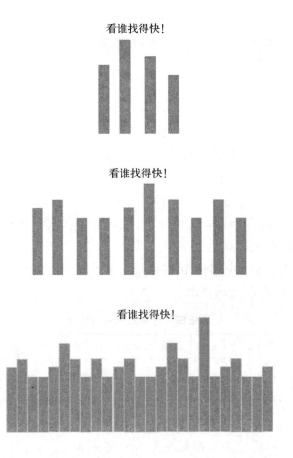

师：现在我给你们一些直条图，谁能最快找出最长的直条。找到直接用手指一指。

出示图片：递进式

师：你又发现了什么？

生：直条很多也不难找。

师：没错，这些直条图能让我们很快的找出我们想要的数字，直条很多也不难找。

[体会]为了让学生能更好地理解和学好条形统计图，我认为最关键的是要让学生明白条形统计图的优势。因此我设计了此环节，目的是通过对比，让学生亲身感受到条形统计图在数据展示方面的便利性和查找数据的快速性。

教育与教学篇

【思考二】让学生经历数据收集、数据整理、数据展示、数据分析的全过程,深入体会统计的意义、目的和效果。

[片段三]

师:我们现在要条形统计图表示一下全班每个月份的生日人数,应该怎么开始?

生:先统计一下每个月的生日人数。

师:很好,这叫作数据收集。那么请1月份生日的同学举手。

师:嗯,一共有4个人。

……

师:现在我们已经都统计好了,接下来应该怎么办呢?

生2:最好先把这些数字做成表格。

师:很好,这一步叫作数据整理。我们先用曾经学过的表格的知识将统计好的人数记录下来。

班级每月过生日的人数统计

月	1月	2月	3月	4月	5月	6月	7月	8月	9月	10月	11月	12月
人数（人）	4	2	3	3	2	0	3	2	5	4	2	1

师:那接下来我们又应该怎么办呢?

生3:把表格里的数据用条形统计图来表示。

师:不错,这一步就叫作数据展示了。让我们来看一看用条形统计图的展示结果。

班级每月过生日的人数统计

师:那么接下来我们就要进行数据分析。我问几个问题,看看你们能不能通过条形统计图分析出来呢?在这张条形统计图中,我指到

某个月,你能迅速看出这个月有几个人生日吗? 4 月、5 月、6 月、7 月?

问:你们是怎么看的?

师:是的,从直条的上端横着往左看是几,直条就表示几个人。

师:8 月、9 月、10 月(齐说)、11 月、12 月(手势)。

师:所以要知道这个月有几个人生日,在条形统计图中看什么?(看直条)是的,直条就表示统计的数据。

问:那你能一眼看出哪个月过生日的人最多吗?哪个月过生日的人最少吗?

生:9 月最多。6 月最少。

师:你怎么知道的?(9 月的直条最长,6 月的直条最短)

问:所以人数的多少和什么有关?和直条的什么有关?是什么关系?

师小结:是呀,直条越长,数量越多;直条越短,数量越少。

问:仔细观察这张条形统计图,你都看到了些什么?(同桌讨论)

生:标题、项目、单位名称,直条表示统计数据、一格表示 1。

师小结:是啊,统计表上的每一块内容,我们都在条形统计图上表示出来。统计的数据,我们用直条的长短来表示。特别要注意的是,这张图里一格表示 1。

[体会] 当今世界的迅速发展使得我们进入大数据时代,我们的生活中到处都离不开数据。使用数据的全过程包括数据收集、数据整理、数据展示、数据分析。条形统计图作为众多数据图表的基础之一,包含了数据展示和数据分析的功能。但其前端工作数据收集与数据整理同样不容忽视,这两部分恰恰也是我们平时教学中所忽略的。

基于此,我设计了片段三这一环节,让学生完整的感受数据处理的全过程。学生们在老师的引导下,想到了用统计的知识来解决问题,并一起动手亲身参与到整个数据统计的过程当中,明白了在制作条形统计图之前还有数据收集和数据整理的环节,而且这两个环节往往更加重要,也需要花费更多的时间。

在整个数据统计过程中,我选取了整个班级的生日数据作为数据样本,在有限的时间内使每个学生都参与到数据统计中来。现实生活与数学知识的有机融合,使学生的主动性得到了很好的发展,并进一步

体会到统计这一数学知识解决生活中实际问题的过程,较好地培养了学生的统计观念和学习兴趣。

联系生活实际进行数学教学

——《条形统计图(一)》教学设计与思考

王玲婕

概率与统计是上海市中小学数学课程标准规定的四个领域之一,学生在本单元第一次涉及这方面的内容。统计在日常生活、生产和科研中有着很广泛的应用,统计的思想方法也是数学的一个重要的思想方法。条形统计图是一种图像表征,通过视觉就能对图形所表示的现象获得深刻而明确的概念。并且能从图上比较各项目之间的相互关系,较容易理解。本部分内容按照先认读图后画图的原则递进,安排了两个教学环节:1. 条形统计图的初步认识和报读。通过具体的场景,认识单式条形统计图,能够根据条形统计图获得所需要的信息,并回答有关简单的问题。2. 根据统计表画简单的条形统计图。通过画条形统计图加深对条形统计图的理解,进一步体会使用条形统计图呈现数据的好处。本节课是《条形统计图(一)》的第一课时,解决第一部分的内容。现选取两个试教片断和修改后的教学片断,并作简要说明。

试教教学片断一:
游戏引入
1. 游戏。
(1) 找数。
师:小朋友们,我们先来玩个找数游戏,谁能最快找出最大的数字。找到就直接大声说出来。

4	9	12	7

53	19	48	7	51	36	42	16

13	9	12	38	49	45	27	5	37	31	7	48	26

师：数字越来越多，找起来怎么样？

生：数字越多，越难找。

(2) 看图。

师：现在我给你们一些直条图，谁能最快找出最长的直条。找到请直接报出它的编号。

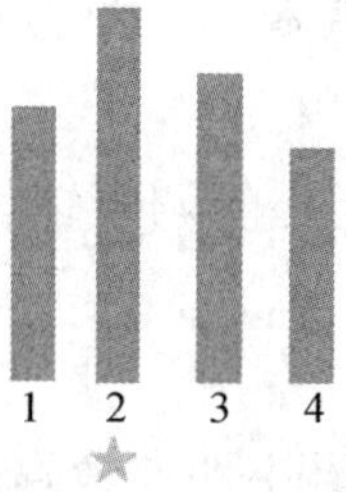

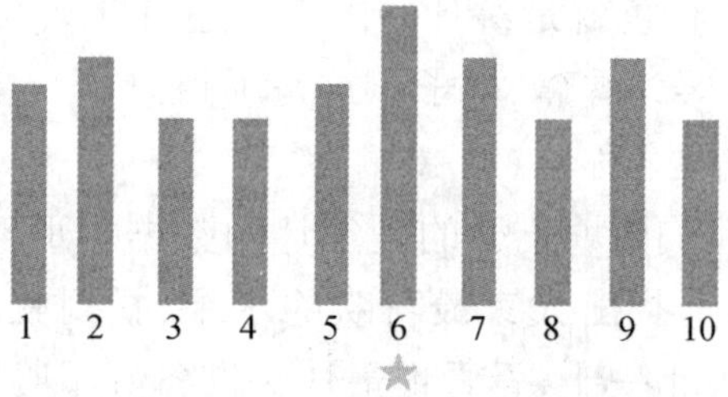

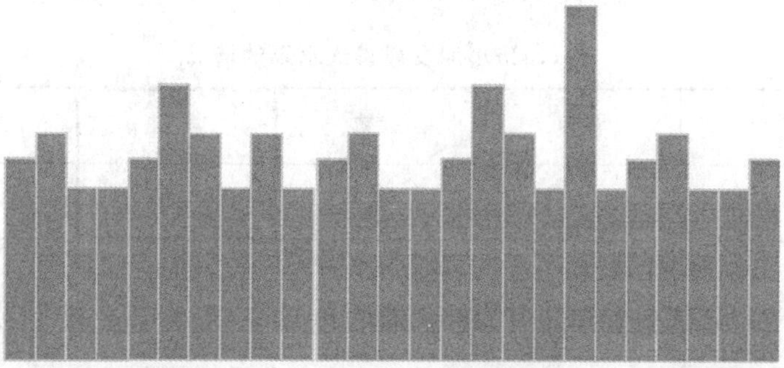

师：你又发现了什么？

生：直条很多也不难找。

2.揭题。

师小结：真棒！在生活中，我们往往统计得到的数据有很多，有时候光看统计表里的数不是最清晰直接，我们就可以用统计图来表示。今天我们一起来学一学：统计图。

（板书：统计图）

修改后的教学片断一：

创设情境、激发兴趣

1.师：小朋友们，熊猫乐乐最近想开一家水果店。开店之前，它先到几个地方去调查了一番，看看大家都最喜欢哪些水果，并把自己的调查结果都记录了下来。

2.师：看看，熊猫乐乐把它的调查结果都记录在了一张统计表中。在这张统计表中，你看到了什么？

生1：标题。

师：它的标题是"二(2)班小朋友最喜欢水果的情况"。（齐读）

师：标题的内容也就是统计的内容。还有什么？

生2：苹果、草莓、香蕉、橘子。这是项目。

生3：还有单位名称。

3.师：最后我们要填上去的是统计的数据。那现在王老师把数据填进去，请你们马上找出大家最喜欢的水果，找到就直接大声说出来，不用举手。我们来比一比，看看谁最快。准备好了吗？

二(2)班小朋友最喜欢水果的情况

种　类	苹果	草莓	香蕉	橘子
人数(人)	6	9	21	7

师：大家都好快啊！那接下来难度要增大了哦。最受欢迎的是苹果。

某社区小朋友最喜欢水果的情况

种　类	苹果	香蕉	草莓	橘子	菠萝	西瓜	西柚	葡萄	生梨
人数（人）	53	19	48	7	51	36	42	16	27

师：还有最后一张。

某中学学生最喜欢水果的情况

种类	苹果	香蕉	草莓	橘子	菠萝	西瓜	西柚	葡萄	生梨	荔枝	哈密瓜	火龙果	猕猴桃
人数（人）	53	29	12	38	89	85	27	15	73	83	37	48	26

4.师：你们找的速度好像越来越慢了。为什么会越来越慢啊？

生：因为数据越来越多。

5.师：熊猫乐乐也觉得这么多的数据填在统计表中，找起来实在是太麻烦了。于是它想了个办法。接下来几个要调查的地方啊，他通过画直条图来进行记录。

还是一样,请小朋友们帮熊猫乐乐找一找大家最喜欢的水果。

某高中学生最喜欢水果的情况

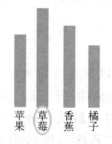

某大学学生最喜欢水果的情况

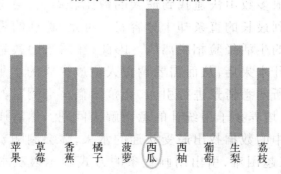

某幼儿园小朋友最喜欢水果的情况

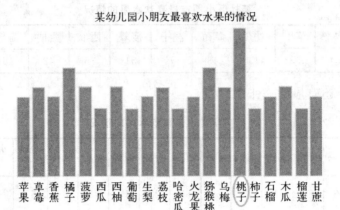

苹果 草莓 香蕉 橘子 菠萝 西柚 西瓜 葡萄 生梨 荔枝 哈密瓜 火龙果 弥猴桃 乌梅 桃子 柿子 石榴 木瓜 榴莲 甘蔗

6.师：你们的速度为什么一直都这么快呢？直条不是也越来越多了吗？你们在找的时候,是不是有什么小窍门？

生：就是看哪条直条最长,最长的就是最受欢迎的。

师：你们是不是都是这么找的啊？

7.揭题：在生活中,我们统计得到的数据往往有很多,有时候光看统计表里的数并不是最清晰、最直接的,这时候我们就可以用"直条"画的"统计图"来表示。今天,我们就一起来学一学"统计图"。(板书：统计图)

我的思考：

目前的统计教学强调以学生生活所见或生活经验中的"真实材料"来学习统计概念,从"生活中"常见的"真实数据"来进行初步的教学活动,从情景中寻找资料来解决问题。刚开始游戏引入的设计是"找数",即找出最大的数；"看图",即找出最长的直条。这只能让学生体会到从很多数中快速找到最大的数比较费力,但是从很多的直条中快速找到最长的直条却十分容易。可是,这样的设计是与生活实际及学生的生活经验相脱离的。因此,在后来的教学中我假设了熊猫乐乐要开水果店,从而需要调查人们最喜欢的水果情况。这样一个孩子们所熟悉情景进行引入,让孩子们体会到我们的确需要统计这些数据,培养孩子用统计的意识解决问题。然后通过让孩子们根据统计表中的数据找出最受欢迎的水果,体会到随着数据的越来越多,找起来越困难,引出用画直条的方式表示喜欢水果人数的多少。随着直条个数的增多,孩子们发现找的速度还是一样的快。让孩子们自然而然地体会到用画直条的方式来记录数据的多少更加的清晰、直接。为学生理解"在同一条形统计图中,直条越长,数量越多"打好基础。另外,此处直条图片的呈现也与条形统计图中的相匹配,能帮助学生更好地认识条形统计图。

试教教学片断二:

过关游戏

师:看着你们学得这么好,小丁丁他们可不服气了,一定要考考你们。

1. 小胖给你们出第一关:大家来找茬

师:根据条形统计图,小胖完成了统计表,请你看一看他完成的对吗?

(手势表示)

师:为什么你们都认为是错的? 这里 3 格,表示 3 箱没问题啊。

生:一格表示 2。

2. 小巧出第二关:猜一猜

师:条形统计图没有统计的项目,请你们根据小巧给的信息来找一找正确的统计项目。(手势表示)

3. 小丁丁给出第三关:说说这是几?(半格表示 1)

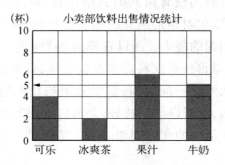

修改后的教学片断二:

过关游戏

师:看着你们学得这么好,小丁丁他们可不服气了,一定要考考你们。

教育与教学篇

1. 小胖给你们出第一关：大家来找茬

师：根据条形统计图，小胖完成了统计表，请你看一看他完成的对吗？

（手势表示）

师：为什么你们都认为是错的？这里 3 格，表示 3 箱没问题啊。

生：一格表示 2。

2. 小巧出第二关：猜一猜

师：条形统计图没有统计的项目，请你们根据小巧给的信息来找一找正确的统计项目。（手势表示）

3. 小丁丁给出第三关：说说这是几？（半格表示 1）

问：如果你是小卖部老板，你觉得什么饮料得多准备一些，什么饮料下次可以少进一些货了？为什么？

师：你们一定能成为一个好老板。

小结：统计会给我们的生活带来很多便利。

我的思考：

片段二的修改在于第三关：说说这是几。在试教时，这一环节我的目的只是想解决"当一格表示 2 的时候，半格就表示 1"这个知识点，即单单解决了这种情况下的对统计图表的报读，并未渗透统计真正的内涵。真正的内涵在于透过整理资料来描述现象与通过分析来解释现象。要让学生学会利用统计得到的数据信息，通过分析想象统计结果的用途，以此丰富学生对条形统计图用途的认识，逐步培养学生利用统计意识解决实际问题的能力。所以在修改的教案中，我增加了"如果你是小卖部老板，你觉得什么饮料得多准备一些，什么饮料下次可以少进一些货了？为什么？"这一问题，将数学知识与我们的日常生活联系起来。让学生体会到，之所以学习统计，之所以要进行统计是为了用统计得到的数据解决生活中的实际问题。

教学反思：

本节课由分别从熊猫乐乐所绘制的统计表和以直条形式所表示水果多少的直条图中找出大家最喜欢的水果进行引入，这样的设计不仅对上一节课《统计表初步》的内容进行了复习，而且贴近生活实际，激发学生的学习兴趣,增强学习的信心。通过两种方式寻找速度的对比,很自然地让学生体会到用直条形式所表示水果多少的直条图更加形象,找起来也更加方便,同时也让学生隐约地对"同一幅图中,直条越长,数量越多;直条越短,数量越少"有所体会。然后便自然而然地揭示本节课的课题:条形统计图。本节课的难度并不大,而且学生也是第一次接触统计图,难免有些兴奋,所以对于本节课的重难点掌握的并不是很到位。比如在对"小丁丁班级参加兴趣班人数统计"和"小胖班级参加兴趣班人数统计"进行比较这一环节中,这里不光要强调只有在同一幅图中,才满足直条越长,数量越多,更应该强调的是看清"每一格表示几"。相信这无论是对根据条形统计图回答简单的问题还是画条形统计图都有益处。

研究内容　把脉学情
关注过程　促进学习

——从《周长》一课谈构建有效课堂

陶一为

一、案例背景

踏上讲台已一年,常常困惑于我的教学:有时,课上得很"顺",学生表现相当活跃,学生的作业效果也很好。有时,师生配合不够默契,教师教得很辛苦,学生学得也痛苦,数学课堂的低效时有发生。

新课标强调"教"服务于"学",要求教师以学生的心理发展为主线,以学生的眼界设计教学思路,设计教学策略,根据学生的现有发展水平设计教学,让全体学生真正在数学课堂中"学有价值的数学""获得必需的数学",实现"不同的人在数学上得到不同的发展",让有限的数学课堂更有效。可见,要提高35分钟课堂效率,建构有效的数

学教学,教师只有研透内容,把脉学情,关注过程,才能构建有效的数学课堂。

下面就从这次磨《周长》一课谈谈如何构建有效课堂:

二、教材分析与学情分析

(一)教材分析

《周长》是第六册第六单元《几何小实践》的一个内容。以前的教材是把对周长的认识和长方形周长的计算编排在一起,现在的教材把周长的认识作为一个独立的学习内容,并为学生提供了许多与之息息相关的生活素材,用一整节课的时间让学生感知什么是周长,目的就是让学生在具体情境中,通过观察、操作,亲身体验、充分感受,从而理解周长的含义。这里的周长不仅局限于长方形和正方形的周长,也包含所有平面图形的周长,既有规则图形的周长,也有不规则图形的周长。

(二)学情分析

周长一词对学生来说,并不陌生。但究竟什么是周长,对学生来说却是一个全新的概念。另外,由于平时的生活中,学生见到、摸到,用到的关于图形的形状、大小的比较多,感受、关注周长的时候比较少。为了提高学生的学习兴趣,我们要充分利用教学素材,提供生活素材,帮助学生积累经验,正确建立周长的概念。

三、教学设计及简析

(一)创设情景,感知周长

1. 情景一:小猫和小兔围着花坛跑,你看到了什么?
(1)观察。
(2)交流。
(3)认识"一周"。
2. 情景二:小瓢虫沿着树叶爬行,是不是爬行了一周?
揭示叶子的周长:绕叶子一周的长度,就是叶子的周长。

【简析】要建立周长概念,认识一周的长度,首先要解决"一周"。情景一:小猫和小兔围着花坛跑,你看到了什么?让学生在观察、比较中认识一周。情景二:小瓢虫沿着树叶爬行,是不是爬行了一周?让学生在观察、辨析中加深一周的印象,并知道树叶一周的长度就是树叶的周长。

课始,都是以动态的情境出现,是为了增强趣味性,激发学生的学习热情,调动学生的积极性,让他们主动地参与到数学活动之中。选择的小猫和小兔围着花坛跑,小瓢虫沿着树叶爬行,都是非常贴近儿童的生活。只有选择贴近生活的数学,才能使学生真实地去感受数学。动画的画面更是为了学生便于观察"一周",让学生在体验中发现。

(二)深入学习、认识周长

1. 指一指钟面的周长。
2. 描一描爱心、三角形的周长。
3. 小结:平面图形的周长。
4. 指一指身边物体表面的周长。
5. 辨一辨红线部分是不是物体表面的周长。

【简析】周长一词对学生来说,并不陌生。但究竟什么是周长,对学生来说却是一个全新的概念。指一指、描一描,通过动手、动口等亲身体验,再次理解周长的实际含义:绕平面图形一周的长度,就是这个图形的周长。指一指身边物体表面的周长,让学生认识周长是指绕物体一个面一周的长度,感知到"周长"就在生活中。辨一辨环节检验学生能否正确判断图形的周长,依据周长定义说出判断理由,从而校正学习过程中存在的问题,力求使每一个学生正确建立周长的概念。

(三)计算测量、巩固周长

1. 议一议、算一算。(计算辨一辨中图形的周长)
2. 量一量、算一算。(书上练习)

【简析】学生已经建立了周长的概念,那么一周的长度到底是多少?学生完全有能力自主解决,所以议一议、算一算中三角形周长,四

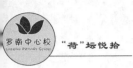

边形周长计算引导学生自主解决。在计算的过程中让学生明白：一周的长度就是把每条边的长度加起来，以此来巩固周长的概念。

量一量、算一算。让学生在测量、计算简单图形的周长的过程中，加深对周长的理解，同时对于长方形、正方形等学会选择简单、合理的方法解决。

（四）拓展运用，深化周长

1. 想一想，说一说

一片长方形草地被分成 A、B 两部分，小胖绕 A 草地跑一圈、小亚绕 B 草地跑一圈，他们跑的路（　　　　）

a. 小胖跑的路长　　b. 小亚跑的路长　　c. 一样长

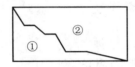

2. 比一比，说一说

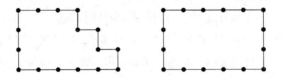

小胖和小亚用一样长的火柴棒搭了两个图形，请仔细观察，想一想它们的周长一样吗？

【简析】要求不测量不计算比较周长，引导学生通过一一对应的思想比较图形的周长，加深对周长的理解。环节中都渗透了平移、对应思想的数学思想。这样的设计不仅有助于巩固所学知识（周长），更能使学生能力得到发展，既培养了学生综合运用知识的能力，更有助于拓展学生思维，激发学生学习兴趣，从而使学生学习积极性和主动性都得到提高。

知识的建构是基于学生在体验中获得的，在活动操作中学会学习是有效的学习策略，教师只要研透内容，把脉学情，关注过程，就一定会呈现一堂精彩、有效的数学课。

聚焦核心素养　培养文化品格

——如何在小学英语教学中培养文化品格

施金叶

【摘要】 随着对核心素养理念的进一步学习和深化,在英语学科中文化品格的培养也越来越受到重视。《英语课标》中指出:文化品格的培养被作为和语言知识、语言技能、情感态度、学习策略并重的一大板块,受到了空前的重视。文化品格是指对中外文化的理解和对优秀文化的认同,是学生在全球背景下的文化意识、人文修养和行为取向。文化品格的培养有助于学生树立世界的眼光,增强国家的认同感和国家情怀,成为有文化修养和社会责任感的人。因此在小学教学中,根据学生的年龄特点和认知能力,文化的恰当渗入往往能帮助学生了解文化,接触和了解外国文化有益于对英语的理解和使用,有益于加深对中华民族优秀传统文化的认识与热爱,有益于接受属于全人类先进文化的熏陶,有益于拓展学生的知识面,激发学生的学习兴趣。

在实际的教学过程中,学生的文化品格培养还是比较薄弱,主要表现为:英语教学中较重视语言能力的培养,注重词汇和语法教学,知识点的讲解,情感交流过于简单,优秀的传统文化没有很好渗透到教学中去。同时我们也渐渐发现,如果要在教学中同时关注学生这四个维度的素养,最难落实的就是文化品格。青少年时期是学生的情感态度和价值观发展的重要阶段,英语学科对学生形成积极的情感态度和价值观有重要的影响。

因此在小学英语教学中,如何才能在实施教学的同时培养学生的跨文化意识,注重学生文化品格的培养呢? 我尝试从几个方面入手:

【关键词】 核心素养　文化品格　英语教学

一、创设温馨环境,营造英语文化氛围

苏霍姆林斯基说过:"一所好的学校连墙壁也能说话。"校园是学生学习英语的主要场所,要想开展好校园英语文化活动,首先在校园环境上让人感受到英语文化的气息。

目前我国英语教学所面临的最大问题是缺乏英语语言环境,学生难以形成用英语进行思维的习惯,阻碍了英语学习。教师为学生的语言学习创造良好的内外条件,加强文化意识的渗透是提高语言水平的必要途径。适当的语言文化环境可以给学生提供良好的机会,使他们充分运用语言技能,提高口头表达、书面表达及综合运用语言的能力。营造好具有英语特色教室学英语的氛围,更能激发学生学英语的兴趣,诱发语言学习的潜能,让学生在耳闻目睹中感知英语,提高语言文化素养。

1. 双语标注教室物品,激发学生的学习兴趣。

教室是学生进行各种学习的主要场所。首先,制作小卡片挂在教室里,学生随时可以复习和预习单词。用英汉双语书写的名人警句贴在教室两边的墙壁上,并定期更换。教室的其他布置都努力做到与英语学习相挂钩。又如:英语标签粘贴教室的用品及各自的文具:schoolbag(书包)、pencil-case(文具盒)、textbook(教科书)、computer(电脑)、teacher's desk(讲台)、door(门)等。同时,教室自然角的盆景植物可以摆放标有英文的说明标签。教室环境的创设,师生可以共同在充满人文气息的英语文化氛围中潜移默化地提高英语素质。

2. 创设教室"英语角",提高学生的文化素养。

学生在教室里视线停留最多的地方是黑板,积极利用这块宝地,使学生随时感受英语的存在。在黑板右上角特地加一栏,小干部轮流担当起用英语书写的任务,写好当天的日期、时间、天气和课程安排,以及每日一句名言或日常用语。每个教室也可以在黑板报上或在某个教室角落书写、粘贴英语标语。如:Every man has his price.(天生我材必有用)鼓励大家一起练习说,通过直接刺激、尽力模仿、反复强化,由少到多、由易到难地逐渐掌握简短的日常用语表达方法,从而形成一种积极向上的集体学习环境。英语园地可以由"English snack bar"

"Vocabulary Bank"等几个固定板块构成,教师可以根据课本内容适当安排布置,有利于学生们更进一步地了解相应主题的内涵。教师也应尽量给学生营造具有浓郁西方文化氛围的环境,使学生感悟多元文化。在学了"Number"或"Animal"的话题后,要求同学们在"Vocabulary Bank"中搜集一些常见的单词(包括书中出现的和查阅到的),图文相应成彰,使学生在做做、画画、说说等环节中感受英语课外的快乐。同时,教师还可根据学生掌握的英语水平,放置一些如《A Little Bear》等精美绘本,学生通过阅读,不断吸取其中的精华,增强文化底蕴。

3. 开展"英语文化节",培养学生参与意识和交际能力。

营造浓厚的英语文化氛围,充分挖掘每个学生的潜质,力争使每个孩子人人参与,人人快乐,人人有收获。让校园英语节成为每个孩子的节日,让每个孩子从轻松愉快的活动中感受英语、应用英语、体验学习英语的快乐。例如我们开展英语书写比赛、儿歌歌曲表演展示、英语手抄报评比等活动。通过"教与学"结合、"学与练"结合、"课上课下"结合,使学生从中体验英语、感受成功、享受快乐。

二、紧密结合教材,体验中西文化差异

在小学英语教学中,渗透一些有趣的跨国文化、风土人情,最为小学生所接受。由此获得的认知、情感必将迁移到以后的英语学习中去,这将产生不可低估的作用。为了进一步激发学生学习英语的兴趣,让他们得体地接受传递信息,并从浓烈的文化氛围中习得语言知识和语用能力,教师应该精心设计教学活动,使文化品格渗透的形式多种多样,丰富多彩,以追求教学效益的最优化。在小学英语教材中其实有许多关于英语国家文化的内容,我们一定要结合课文内容进行教学,要求学生注意比较英美文化与中国文化的异同,从而学会准确地运用英语进行交流。

1. 在词汇教学中渗透。

词汇是语言中最活跃的成分,积累了丰富的文化涵义。教材中有很多与文化有关的词汇可以挖掘。如,学生们都知道"teacher"一词是老师的意思,于是相应地把"张老师"称为"Teacher Zhang",其实在英语中"teacher"只是一种职业。但在中国是有尊师的传统,老师一词不仅仅指职业,更是对人的一种尊称。正是存在文化上的差异,容易造成

学生片面的理解：张老师＝Teacher Zhang。英语中称呼一般用 Mr.、Miss、Mrs 等。因此从一开始就要改变学生中式的思维方式。

在平时的单词教授时，我还列举了西方国家中既是姓又是颜色的一些单词，如 White 怀特（白色）、Black 布莱克（黑色）、Green 格林（绿色）等。最后我还补充了有趣的习语：black tea（红茶），White House（白宫），black and blue（青一块紫一块的）。通过比较和补充这些知识，可让学生了解一些颜色在西方文化中的涵义，减少学生受母语影响而造成的理解错误。

英汉语之间的种种文化差异现象在课堂上是司空见惯的，教师要把握住这些词汇的文化内涵，可以较自如地进行课堂教学，激发学生学习英语的兴趣。

2. 在课文教学中渗透。

小学英语课文的主要内容是围绕英语交际活动来展开的，这些内容可以体现出中西方文化的差异。在教学中，教师可以根据课本和小学生的好奇、好动、好模仿等生理、心理特点，创设条件，为学生设置相应的语言环境，给他们提供"舞台"，让他们开展角色表演，让学生在"真实"的环境中进行语言的运用。

在教学"How old are you?"时，我告诉学生，在中国询问年龄很平常，但在国外问女士年龄时，她们会婉转地回答道："Sorry, it's a secrect."因为在西方，人们很注重隐私。西方人认为年龄、收入、去向等属于个人隐私，他们是不愿意以这些内容为话题的。在教授"How nice!"时，要向学生渗透：在英语国家，当别人用"How nice!"夸奖你的东西时，你应爽快地回答："Thank you! I'm very glad to hear that."

又比如：我在教授 1B M2U1 Toys I like 时，我创设了 Eddie 过生日的情境，让学生分别进行角色扮演，担任售货员和顾客，模拟购买生日礼物。

"—Can I help you?"

"—Yes, I like the super bicycle. Today is Eddie's birthday. "

"—Do you like this one? "

"—Good. How much is it?"

"—Ten yuan, please."之后一起到小寿星"家"过生日，大家齐唱"Happy Birthday"，欢度生日派对！"运用"是语言在真实世界的排演。

教材中还有很多教学活动能够让学生去参与、体验西方文化,如祝贺、写信、去医院、讲故事、旅游等等。教师还可以让学生听录音,看短片,观看录影碟,让他们模仿原汁原味的语音语调,慢慢咀嚼其中的文化知识。同时,学生还可以自编短剧进行表演。表演时,学生可以从细节了解西方文化知识,如打电话、日常交流(谈论天气)、西餐用餐礼仪(刀叉用法,食品种类,上菜顺序……)等。通过"角色扮演",小学生可以初步提高结合社会文化恰当使用语言的意识,提高文化敏感性。

3. 在歌曲儿歌中渗透。

英语中有许多语言幽默,曲调幽默的歌曲。根据孩子的不同年龄特点,精心挑选符合他们身心发展的有趣儿歌,让学生在学习唱歌、学习语言的同时,感受西方文化。有些儿歌很好地体现了英语国家的文化特征,如在学习接触到 London 一词时,我让学生演唱歌曲"London Bridge is falling down",描写伦敦大桥正在倒下,人们奔走相告的情景,将他们融入英语教学之中,让学生在轻松愉快中学到语言,并感受到语言的文化内涵,可谓一举多得。

三、巧借节日文化,联结情感教育与文化品格

节日是学生最喜欢的话题,东西方各国都有各自的节日。我们应巧用节日让学生在学习语言的同时感受西方文化。学生只有对自己的祖国、对英语及其文化、对英语学习有积极的情感,才能保持英语学习的动力并取得良好的学习成果。教师在英语教学中有意识地把情感教育与文化品格培养结合起来,选择学生感兴趣的英美传统、文化习俗进行讲述,或是让学生自己去寻找与教学内容有关的语言文化方面的背景资料相互交流,都可以让学生对英美文化以至于对英语这门学科产生兴趣,从一个侧面激发他们学习英语的动机。

在涉及一些独特的节日如 New Year's Day、Christmas、Easter、Halloween、Thanksgiving Day 时,教师先让学生自己去寻找有关节日文化、习俗等方面的资料。然后在教学过程中,让学生先介绍一下与节日有关的背景知识,如节日的由来、节日的吉祥物以及与节日有关的一些活动等。最后由教师进行总结补充。学生在找寻、交流的过程中,不仅了解了有关的文化内容,并且有了一定的情感体验。例如:在教学

英语拓展课圣诞节时,我模拟真实的情景,让学生切身体验一下西方人欢度圣诞节的一些习惯和风俗。具体的做法是,我事先让学生自行收集资料,了解圣诞节的有关习惯和风俗,并精心布置教室,还在上课时带来一棵圣诞树(Christmas tree)和一些小礼物(gifts),让英语教师装扮成圣诞老人(Santa Claus),边用英语与学生交流,边将小礼物分给学生,然后让学生将自制的圣诞卡片(Christmas Card)送给其他同学,同时播放 Merry Christmas,让学生在愉悦的气氛中结束这堂课。在整个教学过程中,学生的学习欲望和参与精神空前高涨,如能积极与"圣诞老人"对话,与同学交换礼物和圣诞卡片等。这样,从收集资料到课堂情景教学的整个过程中,让学生用真实的情感体验了西方的节日文化。

学习 Christmas 节日之后,我接着把中国的 Spring Festival 引入课堂,目的是要与西方 Christmas 做一个比较,如西方的 Santa Claus 与中国的 parents, grandparents 对应,Christmas Tree 等与 Red Packet, firecracker, fireworks 等对应,这样的比较,可以让学生明白在中国,春节标志着过年——真正的中国年,在西方国家,圣诞节是西方人过年的标志,从而体会出中西节日文化的异同。

此外,我还把了解中国的其他传统节日,如端午(The Dragon Boat Festival)、元宵节(The Lantern Festival)等重要节日给学生呈现丰富多彩的背景知识,让学生真实直观地感受中西文化,既能提高学生学习英语的兴趣,又能让学生身临其境,通过学生感知、比较、分析与鉴赏,体验文化差异。

【总结】美国语言学家萨皮尔曾说过:"语言的背后是有东西的,而且语言不能离开文化而存在。文化的生命力在于传播,这是文化得以生存的力量。"英语教学是语言教学,当然离不开文化教育。

因此,在小学英语教学中教师一定要注重文化导入,努力使学生在学习英语的过程中了解外国文化,发展文化交际的意识和能力。虽然文化品格的某些方面显得抽象和宽泛,但文化也是可教授的,教授的重心在于通过学习者对获取的信息加以思考,为不同的文化信念寻找合理性解释,从而增补、丰富自己的知识信念系统。帮助学生了解世界和中西方文化的差异,拓展视野,培养爱国主义精神,形成健康的人生观,进一步培养他们的英语核心素养,为他们的终身学习和发展打下良好的基础。

启发式提问在小学英语课堂中的应用

是凤丹

孔子说"不愤不启,不悱不发,举一隅不以三隅反,则不复也"。孟子也说"君子引而不发,跃如也"。这些都说明我国历代学者都在教学中极其重视并倡导"启发"。对于小学英语教学来说,课堂中如何进行启发呢? 提问是一个最直接的方式。

一、那么,在小学英语课堂中为什么要采用启发式提问呢?

1. 启发式提问是课堂中师生思想交流的有效途径

课堂中师生交流的形式是多种多样的,而提问是众多方式中最能引导学生思考的一个方式。对英语教师来说,通过启发式提问可以了解学生对英语语言的理解程度,获取反馈信息,从而根据情况调整自己的教学活动;对学生来说,可以通过老师的提问来启发自己的思维,检查自己的学习成果。

2. 启发式提问能激发学生的求知欲,用英语进行思维

学生的求知欲是学习过程中原有的知识经验和新接受的信息不相适应时,会在心理上产生力求统一矛盾,从而使得心理状态趋向平衡的一种要求。在英语课堂中,通过启发式提问能促使学生用英语去进行思维,解决认知上的矛盾,从而巩固语言知识,获得学习的成就感。

3. 启发式提问可以帮助学生较快掌握知识,提高课堂效率

学生的学习活动应该是有针对性而不是漫无目的的,通过老师的提问,尤其是启发式提问能帮助学生沿着合理、简捷的途径,通过自己

教育与教学篇

的智力活动快速掌握知识,因此而提高课堂效率。

所以启发式提问不仅能发挥教师的主导作用,促进师生思想交流,凸显课堂思维含金量,提高课堂成效,而且能够充分体现学生的主体地位,启发学生的思维,激发学生的兴趣,促进学习成效。

二、那么,在小学英语课堂中可以采用的启发式提问有哪些呢?

1. 情境启发式提问。

小学英语教学倡导在情境中进行教学,因此通过情境进行提问启发学生的思维是小学英语课堂中最常用的方式,它是一个行之有效的好方法,它是使学生分析情境,透过现象,深入本质,拓宽和加深思维的一个途径。

比如,在进行单词 blouse 和 shirt 的教学时,老师可以先出示 blouse 的图片进行 blouse 的教学,然后出示 shirt 的图片。由于中西方文化的不同,在教 blouse 的时候,有些学生会理解为它就是衬衫的表达方式,也有同学会认为两件衣服款式不一样。此时,老师可以向学生提问"Is this a blouse?"通过图片的比较,在得到正确的答案后,在这样的情境中,学生能够加深这两个单词的理解,提高学习效率。

2. 选择启发式提问。

为了调动学生的学习兴趣,也是尊重学生的个人主观认识,在小学英语课堂中运用选择启发式提问的方式,能简洁、明快地提示学生表达自己的观点,选择 A 是为什么,选择 B 的缘由又是为何。

比如在进行句型 I like …和 I don't like …的巩固教学时,教师可以将不同食物、动物、玩具、饮料、服饰、水果等依次展示给学生,同时提问:"What do you like? What don't you like? Why?"来让学生进行选择。通过这种简单又明了的选择启发式提问方式,可以鼓励学生积极表达自己的观点,从而有思可想,有话可说。

3. 装糊涂启发式提问。

我们在课堂上会发现,学生对于老师假装不知道答案的问题会特别感兴趣。其实老师在装糊涂中是含有寓意和启示的,目的在于将学生的注意力集中起来,帮助他们能够聚精会神地去思考、去解决老师提出的问题。

比如在教英语小故事 Emma's Clothes 的时候，对于故事主人公 Emma 在面对两条都很漂亮的连衣裙不知道该如何进行选择的时候，就可以采用这种装糊涂的启发式提问方式："Emma doesn't know which one is suitable, can you help her?"这个时候学生就会出现两种不同的意见。然后老师可以进一步装糊涂启发"Emma wants to receive the prize. So which one is suitable?"这个时候学生会意识到到底是哪条裙子更适合参加颁奖晚会。在整个分析过程中，老师起到了抛砖引玉的作用，引导学生通过自己的分析来完成学习内容。

此外，启发式提问的方式还有连续式启发式提问、推理式启发式提问等。不管是哪一种方式，对于启发式提问来说，原则就是在发挥老师的引导作用前提下，充分调动学生的积极性、主动性和创造性，提高学生的学习效率。

三、那么，在小学英语课堂中运用启发式提问时教师要注意哪些问题呢？

1. 主次分明，紧扣教学的重难点进行启发式提问。

在教学过程中，老师会进行很多次提问，但不是所有的提问都要进行启发式提问。对于小学英语课堂来说，学生的语言能力有限，所以教师要通过抓住教学重难点，分清主次，找出学生最易困惑的问题对学生加以启发和引导，学生就会举一反三、触类旁通。在解决了重难点之后，其他的问题也就能够迎刃而解了。

2. 设置的问题必须难度适宜，结合学生的实际水平进行启发式提问。

启发性的问题设计的难度比学生的现有的水平稍难一些即可，它是学生可以通过努力思考来回答的，这样在解决了问题之后，学生的知识和能力就能得到提高。对小学生来说，他们的英语语言还不是很丰富，语言知识相对还是比较基础，如果设计的问题太难，学生经过努力仍百思不得其解，那不但影响了课堂进度，也打击了学生的积极性，适得其反。

3. 启发式提问能激发学生的学习主动性，提高学习兴趣。

在课堂中，教师经常会碰到学生回答不出问题，冷场的现象，尤其

是英语课堂,学生的语言表达方式比较局限。这时老师就要临机应变,及时给予学生更多的启发和引导,给予学生再次思考、表现的机会,充分肯定学生在这个过程中的进步,使学生因终于能回答出问题而体验到成功的喜悦。教师在进行启发式提问时,要注意化难为易,抽丝剥茧,层层击破,不断刺激学生的求知欲,激发学习的积极性和主动性,让学生体验到成就感,提高学习兴趣。

"学起于思,思起于疑,疑解于问。"在教学过程中,提问是一项非常重要的教学方法。众多提问方式中的启发式提问是调动学生积极性,使学生增长知识,提高分析问题、解决问题能力的一个相当有效的方式。通过不断地启发提问,激发学生的思维,学生在接受新知识的过程中"开其意,达其辞"!

有效作业在小学英语教学中的运用与作用

沈小凤

新英语课程标准的实施包括教学和课外作业以及作业评价在内的全部过程,它们都是英语课程改革的重要环节。随着课改的日益推进,很多小学英语教师非常重视课堂改革,却忽略了作业革新,作业模式还停留在传统形式中(抄写、默写、背诵等)。这样的作业模式使成绩较好的学生觉得枯燥乏味,学困生也做得吃力,既扼杀了学生的学习兴趣,造成他们的厌学心理,也让作业变成了教师强加给学生的一座无形的大山。因此,作为一名成熟型的英语教师,如何优化英语作业势在必行。

作业是英语教学的一个重要环节。有效的作业设计应该让学生对课堂上学到的知识进行及时巩固,并进一步激发他们的学习积极性,让

学生从作业中收获成功的喜悦。

一、创新作业模式，提高学习兴趣

《小学英语课程教学基本要求》指出：小学阶段英语教学的目的是激发学生学习英语的兴趣。学生的兴趣各不相同，有人喜欢读读写写，有人喜欢唱唱跳跳，有人喜欢表演……教师如果在设计英语作业时，能够结合学生的认知水平，运用学生感兴趣的方式，那么学生就不会觉得作业是一种可怕的负担，他们就会乐意去做，从而对课堂上学到的知识进行有效巩固，甚至主动去探索一些没有学过的知识，在此过程中收获知识、收获满足，化被动学习为主动学习。因此，我们老师应考虑学生实际情况，结合他们的喜好，设计出学生感兴趣的作业，激发学生的学习积极性，让他们从作业中体会学习的乐趣，从而达到事半功倍的效果。

1. 自编儿歌，活用语言知识。

英语是一种语言工具，学习英语就是为了与别人交流。因此，"开口说"是学习英语最重要的一个环节。我们小学英语教材中很多内容都是与学生日常生活息息相关的，有 activities, animals, seasons, fruit, hobbies …因此，可以在课后让学生围绕话题结合自己的实际情况进行表达。

例如，在牛津英语教材一年级 Drinks I like 一课中，重点单词有：cola, juice, milk, water；重点句型是 What do you like? I like …如果只是单纯读单词和课文很容易让学生产生厌倦情绪。那么如何设计复习巩固作业呢？老师可以结合课堂上的一首儿歌：

What, what, what do you like?

＿＿＿＿＿, ＿＿＿＿＿, I like ＿＿＿＿＿.

It's ＿＿＿＿＿.

让学生模仿例子，编一编属于自己的儿歌。在第二天的英语课上，小朋友不但将新授单词运用到儿歌中，有的小朋友更说出了许多没有学过的饮料和食物单词例如 coffee, sprite, tea, hamburger 等。这样的作业充分调动了学生课外学习的积极性。当他们说出课堂上没有学过的单词而获得老师的表扬时，心中非常高兴。这让学生享

受到了成功的喜悦,增强了学习的自信心,又在愉快的气氛中巩固了新知。

2. 图文结合,搭建展示平台。

喜欢画画是孩子的天性。课后,我们常常可以看到不少学生拿着画笔涂涂画画。既然他们喜欢画画,那我们老师何不利用这一特性,设计一些与课文内容相关的绘画作业。

例如:4AM3 其中两课是 In our school 和 around my home,课文的重点句型是 there be 句型,课后我们可以让有兴趣的学生画一画自己的家或者学校,并要求他们试着用英语将其中的内容表达出来,为学生搭建一个展示的舞台。他们乐意将自己的家介绍给同学听,也乐于把学校介绍给自己的家人和朋友,充分运用图画,用不同的方位词更直观地表达了图画中所描绘的场所,在表达时充分运用已学的 there be 句型,还巩固复习了以前学过的 can 和 like 句型等。整个绘画过程充分发挥他们的想象力和创造力,也让他们对知识的记忆更加深刻,寓教于乐,并展示了各自的风采。

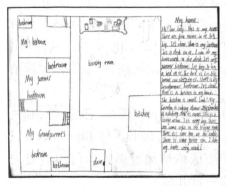
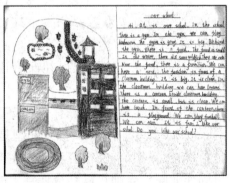

3. 动手动口,加强人际交流。

每一个孩子都是快乐的小精灵,他们活泼好动,他们具有强烈的好奇心。手工小制作这样的作业正好可以满足他们活泼好动的天性,激发了学习兴趣,发展了他们的创造力。

例如:牛津英语 4BM4 其中有一课是 Festivals in China,这节课教学的词汇有: the Spring Festival, the Dragon Boot Festival, the Mid-autumn Festival, the Double Ninth Festival, festival, rice dumpling 等,在教学新课后,我们教师可以把机械性的抄写作业变为让学生制作

贺卡,并写下对节日的描述：We can look at the beautiful moon. We can eat the mooncakes together. We can enjoy the moon. We like Mid-autumn Festival.以及节日祝福语 Happy Mid-autumn Festival! 等。并利用 Here's a card for you. Happy Mid-autumn Festival! 等进行实际的交流。学生还可以上网搜索来丰富贺卡的语言内容,这不仅使学生的动手能力得到加强,也有利于语言知识的巩固,加强了学生的记忆。此类的作业可以运用于各种节日贺卡的制作中,如教师节、母亲节、父亲节贺卡,新年贺卡等。

二、尊重学生个体差异,设计分层作业

英语这门学科,基础知识的掌握是十分重要的。因此,传统的作业模式是必不可少的。但是,机械性的抄写默写、读书背书作业满足不了全体学生的需求,这样的做法既不能产生理想的练习效果,也让学生产生厌学心理,更谈何促进每个学生的发展呢？因此,我们教师在设计作业时也要尊重学生的个体差异,设计不同层次的作业。让各层次的学生自由选择练习,在练习中获得成就感,从而提高学习主动性。我们可以按照以下方式进行作业分层：

1. 根据身心差异进行分层。

上海版牛津英语教材在编排上呈螺旋上升模式,学生的语言随着年级的增长而不断丰富。同一个 Topic 会在各个年级多次出现,在不同年级主题的设置从浅入深,从易到难。不同年级的学生,在身心发展上存在差异。因此,我们教师在设计分层作业时就要考虑到他们的身

教育与教学篇

心差异,设计不同的作业,调动他们完成作业的积极性。

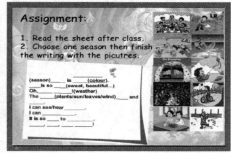

如上图所示,一年级和三年级都有 seasons 一课,我们在设计作业的时候,应该关注到他们的年龄特点和不同的教学目标。低年级的英语作业可以侧重于设计一些口头作业(上左图),这使学生从简单的朗读儿歌中感悟到不同季节的特点。对于在课堂上学到的语言知识可以在家说给父母听,由父母打分,创造良好的家校互动氛围。而面对三年级的学生,除了朗读之类的口头作业,还可以让他们模仿课文内容写一写(上右图),课后进行交流批阅。这使学生明白不同季节的特点,吃的穿的做的各不相同,从而进一步激发学生热爱祖国热爱大自然的情感。这样的分层作业循序渐进,由简到难,符合学生的身心发展特点,使学生对英语学习的信心得到增强,形成良好的学习心态。

2. 根据学习水平进行分层。

作业是英语教学不可或缺的一个部分。每个学生的学习能力都有一定的差距,我们不能按同一标准去看待学生。我们教师应该遵循因材施教的原则,设计相应的、难易不同的作业,以确保不同层次学生的需求。在根据学习水平分层前,教师应该先对教材进行深入分析,确定教学的重难点,以此来设计出可供不同层次学生选择的作业。

例如:牛津英语教材五年级 Using my five senses 一课中,学习的主要句型为:

I can see with my eyes.

I can hear with my ears.

I can taste with my tongue.

I can touch with my hands.

I can smell with my nose.

在课堂学习过程中,笔者有意识地拓展了五句略有难度的句子:

I can see the butterflies flying with my eyes.

I can hear the birds singing with my ears.

I can touch my fluffy dog with my hands.

I can smell the beautiful flowers with my nose.

I can taste the sweet apples with my tongue.

课后,笔者设计了这样三个作业:

作业 1 和 2 都是传统型作业,每个学生都能完成;作业 3 是让学生用简单的句型描写一段关于 Helen Keller 的语段。通过课堂的学习,学生已经知道 Helen Keller 能干什么不能干什么。因此,成绩较好的学生可以用课堂中拓展的句子,甚至自己创造的句子写。对学困生来说,他们也有书这一范本,用书本上最简单基础的句子完成作业对他们来说也不是难事。这也避免了在布置作业时,规定哪些学生做简单的,哪些学生做难的作业,伤害他们的自尊心,打击他们的积极性。这样的设计让他们每一个人都能体会到“我能做,我会做”,从而感受到成功的喜悦。

3. 根据兴趣特点进行分层。

《上海市中小学英语课程标准》指出:突出学生主体,尊重个体差异的基本理念。不同学生的喜好不尽相同,我们不可以勉强学生接受相同的事物。根据兴趣特点进行分层作业,可以避免传统作业的“一刀切”现象,重视学生个体的自主发展,让他们各尽其思,各展其能,提高作业的质量,促进全班学生都能得到最大限度的发展,从而提高学习积

教育与教学篇

极性。

例如,在学习了 Insects 后,笔者设计了如下作业:

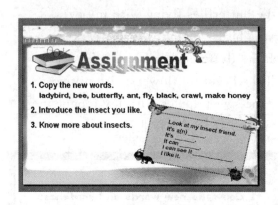

第一项抄写作业让学生对课堂上学过的新授单词进行了巩固,第二项是介绍他们各自喜欢的一种昆虫,运用了 Look at my insect friend. It's a(n) ____ . It's ____ . It can ____ . I can see it ____ . I like it. 这五句课堂上学习的句型。学生们可以自由选择一种在课堂上学过的昆虫(butterfly, bee, ant, ladybird)。由于选择了一个学生喜欢的话题,他们的兴趣就被激发了,话匣子也就随之打开了,他们通过自身自主的实践和思考活动,了解了语言知识,体验了成功。有的同学还可以介绍一下自己喜欢的别的昆虫给班级里的同学听,例如 dragonfly, firefly, moth 等,当他们介绍山老师没有讲过的昆虫时,他们心中的满足感肯定是更甚于别的同学的。第三项作业是根据自己的兴趣去了解更多的昆虫信息,老师在课堂上推荐了一些歌曲、动画、书籍,学有余力的学生可以通过图书馆或网络进行知识的扩充,为下一课时的学习做了铺垫。这样的设计不仅培养了学生自主搜集信息的能力,使学生涉猎到了多方面的知识,也在不知不觉中增加了学生的知识储备。

三、关注作业品质,提高学习效率

作业是英语教学中提高教学质量的重要方式。作业品质不仅指老师布置作业的质量,也包含了学生完成作业的质量。作业品质是提高学生学习积极性与有效性的重要因素。作业的设计应统筹规划课堂教学的所有环节,注重学生全面素质的培养。

1. 口语交际,提高学生交际能力。

英语是一种语言工具,学习英语就是为了与别人交流沟通。因此,教师在设计作业时就应尽可能地鼓励学生在课外与同学、家长用英语交流,提高他们的口语表达能力。这些口头作业不仅是朗读、背诵,还要在实际生活中做一些交际运用。如:情景对话、角色表演等活动。

我们常常看到一个画面:老师在讲台上说 How are you? 学生统一回答 I'm fine, thank you. And you? 老师又回答 I'm fine too. 诚然,I'm fine, thank you. And you? 是一个非常完美的回答,可是如果一直强调这一回答,是否会给学生造成思维定式,只有这一个回答呢? 实际上还有 Just so so. Very well.等回答。笔者让学生在课后与同学或家长根据自己的实际情况进行问答,并在课上利用 daily talk 这一环节进行问答练习,久而久之,学生也能够流利地表达符合实际情况的回答。比起统一的回答,交际能力有所提高。

每次设计口头作业前,老师要根据上课教学内容,设计与之相对应的口头作业。因此,我经常设计这样的作业:听录音,模仿朗读对话;小组交换角色,表演对话;仿照课文对话,创编新的对话文本。当然在设计此类作业的时候也要充分考虑到学生的学习水平,我们可以要求口语能力较强的学生,模仿课文内容创编新的对话内容;要求学习水平中等的学生根据课文表演对话;要求口语能力较差的学生看书朗读课文内容或复述课文内容。这样设计,一方面抓住了本课重点,另一方面知识得到及时的巩固,学生对所学内容印象深刻。

比如:三年级 Three Little Pigs 一课学过后,可以让学生以教材中的情景为蓝本,分组扮演教材中的一个个人物,交给学生自己组织、编排,排练课本剧,既提高了学习兴趣,锻炼了他们的组织能力,也培养了他们口语表达,形体表演等能力。

再如:针对语言表达能力比较强的学生,结合主题以及他们的兴趣做一段简短的"演讲"。在学到三年级 seasons 一课时,可以让学生在课前 2 分钟围绕季节进行朗诵,班级里有的学生还在家长的帮助下制作了精美的 PPT,并配上优美的音乐进行朗诵:

It is spring.
Spring is nice and warm.
I can see spring.
I can see the flowers.
They are colourful. They are so nice.
I can hear spring.
I can hear the bird.
I can go to the park in spring.
I like flying a kite in the park.
Oh! I like spring!

  这需要孩子在家精心准备。这样的活动为他们提供了展示自己的舞台,他们的自信心也得到了加强,还可以激励更多的孩子参与演讲表演,提高他们的口语交际能力。

  2.单元整合,培养学生语用能力。

  单元整体教学就是教师在明确单元教学目标的前提下,通过对教材和学情的分析,针对一个单元,整体组织教学内容,整体设计教学方法,整体设计单元主题作业。近年来,单元整体教学一直是上海小学英语的热点问题。作业作为教学的重要环节之一,贯穿于课前、课中、课后的整个教学过程,具有承上启下的作用,获得了较好的效果。

  在设计分课时作业的时候,我们就一定要关注到整体设计和分课时作业的衔接。还是以三年级 Insects 一课为例:这一单元的主题是 Insects,可以设计这样三个分课时话题:

Period 1:Insect Friends;

Period 2:Insect Museum;

Period 3:Insect Files。

  整个单元的单元任务就是课时 3 中的制作昆虫档案。学生为了完成昆虫档案,需要了解部分昆虫的外形、能力和喜好。并在此过程中,初步培养学生收集信息、归纳信息、提取信息,并利用这些信息进行语段表达的能力。针对三个课时,笔者分别设计了以下三个分课时作业:

Period 1:Copy the new words.

      Read the text about the insect friends.

Period 2:Copy the new words.

      Introduce the insect you like.

Know more about insects.

Period 3：Read our class Insect File.

Write about one more insect for Insect File.

这三个课时的作业逐层递进,第一课时要求学生朗读课文,了解昆虫各种特征,从外形上了解自己喜欢的昆虫,学生通过朗读提炼语言知识。我们常说语言输入应大于语言输出,要有一定量的语言输出必先做到大量的语言输入;第二课时要求学生能运用已掌握的语言知识对自己喜欢的昆虫简单地介绍,为最终修改昆虫档案的任务做好准备;第三课时要求学生在昆虫档案的制作过程中培养团队合作意识,在语言输出中培养学生的表达力和自信心。这三个课时的作业相互联系,逐层递进,促进了学生知识的记忆与提取,促进了学生的语言综合运用能力,促进了单元整体目标的达成。并且很好地调动学生的学习兴趣,有效巩固了课堂的语言知识,真正做到学以致用,课后他们也会为完成这一有趣的"任务"而感到高兴,享受到成功的喜悦。

3. 反馈评价,激发学习热情。

作业的反馈评价可以让教师及时发现教学过程中的问题,改进教学方法。如果作业完成后得不到教师的检查或批改,那么学生对于下一次的作业就没了动力,打消了他们的学习热情。每一个学生都期待教师的肯定,只有经过教师及时有效的评价,这样才会激发学生学习热情。在评价过程中,我们应积极关注学生参与各项活动的态度,针对不同形式的作业采用不同的评价方式。

抄写、默写作业:老师在评价学生作业时,除了 ABCD 常用的方式外,还可以加入一些笑脸、哭脸、大拇指等简笔画,这些简简单单的图案,不仅可以使学生在理解上降低了难度,同时又拉近了老师与学生之间的距离。

贺卡、绘画等作业:老师可以将那些精美的作品拍下照片,传到班级群,让其他孩子学习;也可以把优秀作品贴在教室墙壁上进行展示,让做出这些优秀小制作的学生产生心理满足感,同时也激励了别的学生,使他们以更高的热情完成下一次的作业。

背诵、表演等作业:以小组为单位,哪一组完成得最棒,结合我们校的奖励机制,发放小荷币,总结奖励。这样的方式可以鼓励成绩较好的学生主动去帮助一些学习困难的学生。这也是学生合作能力提高的

教育与教学篇

培养途径,让他们在合作中共同进步,建立学习的兴趣,学习更有效。

在作业反馈评价过程中,教师要肯定学生的闪光点以及学生取得的进步,对不足之处及时纠正。除了传统的教师批改之外,也可以组织学生自批或互批,在批改自己或别人的作业中培养他们自我检查能力。在反馈评价之后,还可以鼓励学生自制一本《英语错题集》,家长督促、教师检查、同学交流,那么在复习的时候,学生有的放矢,有针对性的复习,提高了学习效率。

在小学英语教学中,我们不仅要重视怎样教、教什么,更要重视课后做什么、怎么做,做好后期的学习反馈和评价,这样才能使学生开心学,乐意学,在学和做中有所收获。教师在设计作业时,应该以培养学生的学习兴趣为前提,让学生积极动口动脑动手,发展学生想象力、创造力、交际能力等综合素质,让学生在作业中感受到快乐,让学生在作业中有所收获,养成良好的作业习惯,提高英语学习能力,以达到事半功倍的效果。

浅谈小学英语课堂有效提问

杨　佳

英语课程的性质——就工具性而言,学生通过英语课程掌握基本的英语语言知识,发展基本的听说读写技能,初步形成用英语与他人交流的能力……新课程标准的核心是教学要以学生为中心,从教学目标的设定到课程资源的整合,再到教学活动的设计,都要体现学生为主体的原则。课堂提问是课堂活动实施中的重要环节,它是教师进行英语课堂教学的重要方法和手段。好的提问可以调动学生学习的自主性,激发学生探究问题的兴趣。小学英语课堂有效提问,将直接影响学生用英语表达交流的能力,下面我结合小学英语课堂教学,从提问的作用、要求和方式进行探讨,从而培养思维能力,提高课堂实效。

一、深刻认识提问的作用

(一)集中注意力,激发兴趣

上课铃响了,学生往往还未平复下课时兴奋的心情,尤其是小学低年级学生,往往注意力分散。教师一个简单而有趣的提问,有利于集中学生的注意力,有利于激发学生积极地、独立地思考,迅速处理信息并积极探索问题的答案。这样就把注意力分散的学生带回了课堂并且使其有成功感,从而投入学习中。比如我会在一年级的课堂中提问:How is the weather? 学生们会看一眼窗外,眼神立马聚集到我身上,并且举手发言,这样就可以让学生在短时间内把思想集中到课堂中。

(二)温故而知新,激发思维

如果教师在讲授新课时穿插提问,运用学生的已有知识,利用学生的社会、生活实践经验,启迪学生,使教学内容与学生已有的知识联系起来,使新旧知识相互联系起来,从而获取、形成新知识,这样能调动学生思维的积极性,刺激程度和效果往往会超过一般的讲解。

二、明确要求创新方式

(一)提问要兼顾各类学生

教师要根据学生的能力和水平不同来设计提问去兼顾各类学生,不要只让少数学生,尤其是优秀学生回答所有问题。问题设计可以分三类,一类是为优秀学生,一类为中等学生,另一类是给学困生准备,要让基础较差的学生也多参与到课堂中。《义务教育英语课程标准(2011版)》英语课程基本理念之(二)面向全体学生,关注语言学习者的不同特点和个体差异。一些教师不能根据学生学业水平进行"分层提问",不能使每个学生都有表现、发展的机会,更不能根据学生性格、思维等特点进行提问。课堂上教师最多提问的是成绩好而又听话的学生,对一些害羞或是学习比较困难的学生往往是举手也不提问,不举手更不提问,导致这些学生成了游离于课堂的"边际人"。我曾遇到这样一个

学生,成绩不好可是上课举手非常积极,等你真的叫他起来回答问题时,他却又不会了。后来我找他了解情况,他委屈地向我道出了原委:由于成绩不好,同学们老是看不起他,爱嘲笑他,说他笨。他就很不服气。于是老师提问时,不管会不会他都会把手举起来。听完后,我没有批评他,而是和他达成了"协议"。以后老师提问时,要是他真会,就举左手,不会就举右手。后来我就经常利用他举左手的机会提问他,并且及时表扬他,慢慢地他爱学习了,成绩也好起来了,同学们也不再嘲笑他了。通过这件事我知道,提问不仅仅是一个教学问题,更是学生的自尊心、自信心的问题。它能很好地激发学生的学习兴趣,激活思维。

(二)提问要把握好难度和时机

一般说来,提问要由易到难,由浅入深。同样提问的时机也很重要。如果没有把握好学生的思维流向,没有创设好一定的情境,就仓促而问,这种提问的针对性就不强。好的时机应该在学生想弄懂但又无法弄懂,学生意识中的矛盾激化,产生欲罢不休的心理,从而激起学生回答问题的积极性。问题一旦解决了,他们又会有"柳暗花明又一村"的感觉,在精神上得到满足。

(三)紧扣式提问:导入新课,激发学生求知思维

新课导入的方法多种多样,我们因材施法,有些课用提问的方法导入,激发学生渴求知识的强烈愿望,往往能收到一石激起千层浪的好效果。

例如:牛津小学英语 3A My family 时,我用提问导入新课,结合新课内容,我设计了以下教学步骤:教师指着前面一节课的 CAI 图片让学生回答:

What's this? It's a family photo.(各人的头遮住)

How many people are there in this family? (Seven)

Guess,who are they? (学生议论纷纷,猜想照片中的人是谁,启发思维)

(教师指着第一个男的)Who is he? 直接引出问句并帮助学生回答:He's my dad.

教师问完男的以后,紧接着马上问女的:Who is she? 并帮助学生

回答：She's my mum.最后教师根据板书,让学生自己归纳 he 与 she 的搭配,学生觉得此句型非常简单。

（四）自由式提问：打开思路,发展学生创新思维

教师在教学中,知识点一个个地过去,能否让学生在新知识习得以后能把新旧知识学以致用,提问就有技巧了。因此,在教学中,我特别注意知识点的衔接,多角度、多方位设计各种问题,发挥学生横向、类比、递进、联想与思维技能,使学生不只是停留在理解和掌握内容的层面,而是充分利用已有知识,结合已学的知识去创造,去探索,培养创造思维,增强创新能力。比如：学生已学了很多问候用语,我让学生看一幅图画,图画上有一只小猫和一只小兔,我设计了一个问题：Guess, what are they talking about? 此时,学生可热闹了,他们以四人小组为单位,为这两只动物设计了对白,同学们各抒己见,一个个争先恐后地说出各种各样的问候用语,如"Good morning. Nice to meet you! ／What's your name? ／My name is ..."等等,几乎把所有的句子都用上了。这种自由式的提问,突破传统的紧密性问题,既可复习旧知识,又能扩展知识量,进行大量输出与输入,有利于突出知识的整体性与连贯性,学生的兴趣也大大提高。同时,问题的提出可穿插各种有关德育教育内容,如：当教授有关食物的内容时,插入环境、卫生健康等德育教育,一举两得。提问的方法多种多样,本人仅作这两点简单介绍。但需要注意的是,提问之后的评价一定要及时,肯定好的表现,用赞扬的语气和表情说："Never mind, you can do better next time, OK? ／Try again! ／Come on, next time!"切忌否定评价等。

三、因材施问,灵活运用

当然,课堂提问的实效性如何,最终应当以能否在单位时间内更好地实现教学目标来衡量,每位教师都有自己的个性和教学特色,每个班级的学生也会有不同的个性特点,不能一概而论,所以,课堂提问的设计与实施也应因人、因时、因地、因内容而异。总之,课堂提问是一种教学方法,也是一门艺术,我们要因材施问,灵活运用。

浅谈一年级学生良好英语
学习习惯的培养

陈 扬

英国哲学家培根曾这样说道:"习惯是一种顽强而巨大的力量,它可以主宰人生。"教育就是习惯的养成,良好的学习习惯为孩子一生的学习奠定了重要的基础。尤其对于一年级学生来说是习惯养成的黄金关键期。英语是一门语言,一年级小朋友大多数都是英语零基础,刚刚接触英语,踏进英语学习的大门,小朋友对其有着很强的新鲜感和好奇心,这时候老师的引导尤为重要,就从引导学生养成良好的英语学习习惯开始。在英语学科上,学的过程即是习惯养成的过程。一年级学生良好的英语学习习惯主要是指良好的听、说、读、适当地写这四方面的习惯。

一、听的习惯至关重要

任何一门语言的学习都需要从听开始,听是说的前提,听清了、听懂了才能模仿着去说。培养、引导学生认真听教师或者录音的发音是至关重要的。但是一年级小朋友活泼好动,爱模仿而又缺乏自控力,常常一听到老师发音就急于模仿,很多时候并未真正听清楚听准确,从而影响到了发音的准确。所以,教师要注重训练学生精心听的好习惯。

例如:可以给学生定下规矩,只要一听到 Listen 就马上坐端正眼睛看着老师,久而久之形成条件反射,听老师的发音看老师的嘴型,教师先将音多发几遍,再让学生仔细观察嘴型的变化,最后让学生来试着模仿教师适当纠正,效果会更佳。这是在课堂上听的训练,而学生回去的听录音跟读就不怎么注重语音语调了,所以教师还需要在每次听录音之前讲清要求,让学生每次的听英语都是有高质量的收获,一点点养成良好的听英语的习惯。

二、说的习惯重在培养

在听的基础上开口说,培养每个学生大胆开口说英语。一年级小朋友积极性都很高,都很愿意开口说,但也有小部分学生不太敢开口。这就需要教师营造轻松、愉悦的课堂氛围,帮助学生克服开口说英语的紧张心理,哪怕说错也同样鼓励再做辅导,增强学生说英语的信心和兴趣,久而久之让班里学生形成爱讲英语的好习惯。同时,在学生说英语的时候教师要注重训练他们声音响亮,语速适中,口齿清晰,连贯流利。这些说英语的好习惯都需要从刚开始说英语的时候就慢慢培养起来。虽然一年级小朋友还很难做到这样,但是每次的开口说英语都要以此为目标来训练,渐渐地学生在说英语时就会自觉地形成这些好习惯。此外,教师还要培养学生将课堂所学的英语运用于课外,在日程生活中说英语的习惯。

例如:从每天早上的英语打招呼开始,早上老师站在教室门口,每个小朋友进来都说声"Good morning",进行简单的师生对话,养成每天说点英语的习惯;同时,每次课上学过的新知可以运用于平时学习生活中,像互相借文具就可以运用英语来说,一来是巩固所学知识,二来培养学生说英语的兴趣和习惯;课间休息的时候可以与小朋友一起用英语来玩猜人的游戏,运用所学句型 Who is he/ she? He's/ She's …这种游戏方式对小朋友来说新颖又有趣,不经意间又培养了学生说英语的习惯;学生对英语儿歌和歌曲尤为感兴趣,平时有意识地运用儿歌的方式推动学生说英语,有次下雨天看到小朋友站在走廊唱着"Rain rain go away"可见平时有意识地训练学生说英语起到了效果。当然,在训练的同时是需要一些奖励措施来辅助的,经常说英语的小朋友奖励"小荷币",以此形成说英语的氛围,为学生说英语创造条件,从而让学生从小就养成说英语的好习惯。

三、读的习惯重在训练

在学习英语的初始阶段就培养学生良好的朗读习惯有利于英语语

教育与教学篇

音、语调、节奏、语感的把握,同时,也可以使说的能力进一步提升。

读的习惯重在训练。首先是教师的示范,一年级第一学期主要以认读单词、句子为主,第二学期则开始进行单词的拼读,以便于接下来的记忆单词,无论是认读还是拼读,无论是读单词还是句子,都需要注重一点,那便是教师的示范作用。因为学生自身对英语朗读没有什么概念,很多时候读书只是走马观花,小和尚念经有口无心,而且在读的过程中掌握不好节奏和语音语调,全班一起朗读时易出现拖音,不整齐的情况。这就需要教师先带读,让学生试着模仿。其次,训练有要领,指令清晰。一开始要求学生用手指着,读到哪点到哪,眼到心到口到。训练朗读的过程中可以配有特定的手势,例如停顿的地方、升降调的时候来指导学生,哪些地方该重读哪些地方可以轻声带过,这些重音也可以配有特定手势来强化。有了这些特定的要领之后,学生朗读的时候看到手势便会明确,无须老师再多言,是训练学生朗读的有效方式;最后,则是纠正。在这过程中还需及时纠正学生朗读时的一些不良习惯,将不良习惯扼杀于萌芽之中。一年级小朋友很容易出现拖音,有时语速过慢,有时含糊带过,节奏总是掌握不好,朗读无感情等各种状况。针对语速过慢拖音这种普遍情况,老师可以采用略微夸张的方式来教学,将单词句子都读得快速短促,到学生这里就会拖半拍,这样一来语速就差不多了。教师需要根据实际情况对症下药,不断变换教法。一年级学生的朗读习惯是靠老师用良好有效的方式训练出来的,所以需要在起步阶段就开始逐步培养学生良好的朗读习惯。

四、写的习惯不容忽视

虽然一年级学生英语学习主要以听、说、读为主,但适当地动笔书写也是不容忽视的。

培养学生正确的书写姿势和方式,以及如何规范地书写斜体字母是为接下来的英语学习打下扎实的基础。但对于一年级学生来说,刚开始书写英语字母会容易和汉语拼音搞混淆,所以在这个阶段一定要对学生的英语书写严格要求,每个字母的笔顺、每一笔在四线三格中什么位置,每个字母都向右倾斜一定角度。学生刚开始书写字母会有一定困难,教师可以采用手把手握着学生的手找感觉的教学方式来指导学生正确书写,务必让学生养成规范书写英语的好习惯。

良好的学习习惯养成对学生来说是受益终生的。当然,好习惯的养成并非一蹴而就的,而是一个循序渐进的过程。作为教师,要有目标、有计划且有恒心地去培养学生,做到严格要求,耐心指导,及时纠正,持之以恒,在平时的教学过程中"随风潜入夜,润物细无声"地去培养学生良好的学习英语的习惯,为学生未来的英语学习奠定扎实的基础,成为他们习惯养成道路上的引路人。

小学英语中高年级课堂话语
评价促进教学初探

是凤丹

随着《小学中高年段英语学科基于课程标准评价指南》的进一步推进,我们基层教师的教学也在随之悄悄变化,在学习了相关理论知识和实践案例后,慢慢对教学评价有了初步的感受。新课程改革提出"评价伴随教学过程之中"的理念:对于课堂教学,教师在教学过程中根据观察到的学生表现,及时给予相应的表扬性、鼓励性、指导性或矫正性评价。教师的课堂话语会影响学生学习动机和自我效能感,从而影响学习成就。课堂中教师与学生间的话语互动是创设评价活动并发挥其促学作用的简便、直接又有效的方式。在课堂中如何进行运用课堂话语进行评价促进教学,本文试就这个问题,以笔者设计的牛津英语 4AM3U2 Nanjing Road 一课为例,谈一些粗浅看法。

一、课堂话语评价引起任务兴趣

在 Nanjing Road 这一课中,首先要求学生通过阅读,探讨南京路的

教育与教学篇

地理位置。为了完成这个学习任务,进行教学设计,课堂语言如下:

　　T：Linda wants to visit Nanjing Road, but she doesn't know the place. So she asks "＿＿＿＿＿＿ is Nanjing Road?"

　　S1：She asks "Where is Nanjing Road?"

　　T：Yes?

　　All Ss：Yes.

　　T：Good job. So where is Nanjing Road? Can you help Linda find the answer?

　　罗杰斯认为:"人有一种积极的自我肯定的需要,或者来自自我体验的肯定性对待的需要,当人们经历了来自他人的肯定性对待,并对自身产生积极的态度时,积极的自我肯定就建立了。"在上述教学课堂话语中,学生们就是经历一个肯定性对待的过程。教师的教学目标是要学生去探索南京路的地理位置,教师利用课堂提问,通过学生1的回答,用一句"Yes?"来追问全体学生,从而不仅对学生1更是对全体学生的回答进行表扬,帮助学生建立一个积极的自我肯定过程。在此基础上,学生去探索南京路的地理位置,不仅学习目标明确,学习的积极性也被调动起来了。

二、课堂话语评价巧妙渗透学习方法

　　本课的教学目标是要学生能在图文、板书的提示下,叙述南京路的地理位置、人们在南京路的活动体验。在课堂中,教师并不是直接布置给学生任务,而是创设了一个话题:Nanjing Road is a good place to visit.在这个话题的引导下,学生思考"Why is Nanjing Road a good place to visit?"这个问题具有一定的开放性,需要学生综合运用所学语言进行表述。所以如何帮助学生在课堂最后语用输出,进行了如下设计:

　　T：(指着板书)Look! Nanjing Road is …

　　All Ss：in the centre of Shanghai.

　　T：And it is a …

　　All Ss：shopping centre.

　　T：So, every day many people …

All Ss：visit Nanjing Road，buy many things

T：And shopping on Nanjing Road is …

All Ss：happy!

T：People can also …

All Ss：eat in the restaurants, stay in the hotels.

T：And food on Nanjing Road is …

All Ss：yummy／nice!

T：Then in the evening，many people …

All Ss：watch the lights.

T：And lights on Nanjing Road are …

All Ss：bright and beautiful!

T：So Nanjing Road is a _____ place to visit. (教师出示板书，学生思考回答)

Ss：Nanjing Road is a good／nice／super … place to visit.

T：Wow！So excellent! And I think you can tell "Why is Nanjing Road a good place to visit?" very well now! Please have a try!

在这个教学过程中，看似教师前面并没有用评价性的语言来肯定学生的回答，但事实上，在教师与学生的互动中，学生回答完后，教师利用"and""so""then"等语言来推进学生下一步的学习，其实也就是肯定了学生的回答，而且在这一系列肯定的评价的过程中，学生也自然地学习到了如何用英语来叙述南京路相关内容的方法。在教学中，面对课堂中已经生成的资源，教师通过连续的隐性评价来帮助学生体验，形成思维的互动，实现教学预期的目标。

三、课堂话语评价促进学生发散性思维

南京路是上海的一个缩影，它展现了上海的繁华。在学习了南京路的基础上，利用视频帮助学生进一步体验上海，并且为了引导学生能更深层次思考问题，关注上海繁华的原因，教师提问"Who makes Shanghai so great?"一听到这个问题，很明显感觉到学生产生了疑惑，有点无从下手的感觉，于是教师顺势鼓励引导，在层层激励下，课堂擦出了思维的火花，过程如下：

教育与教学篇

T：Who makes Shanghai so great?

（课堂短暂冷场）

T：Do the cleaners make Shanghai great?

S1：Yes.

T：Why?

S1：Because they make Shanghai clean.

T：You are so clever. So，who else makes Shanghai great，children?

S2：The doctors and the nurses. Because they help people.

T：Great. And I think you like helping others too.

S3：Shanghai people.

T：Good point! People in Shanghai work hard. They make Shanghai great.

S4："Xi Jinping."（班级有个别学生笑起来）

T：With Xi Jinping's good leadership（在习近平的领导下），Shanghai is so …

Ss：Great.（全班齐声回答）

T：You are so smart!

在此基础上教师引导学生理解"We are great. Shanghai is great."感情升华,提升学生素养。从这个过程中发现：刚开始学生对问题无从解答,教师通过提示性的问题进行引导,对答对的学生给予肯定,在教师的话语评价下,开始有了信心,思维开始发散,继而接连产生了独特的新思想。

课堂话语评价,能引导学生不断追求,促使学生学得有兴趣,学得有质量,并让我们的课堂熠熠生辉！如何利用课堂话语评价进一步提升课堂品质,值得我们进一步研究！

小学英语课堂中发展学生思维能力的初实践

奚丽静

一、绪论

"关注学生思维能力的发展"一直都是教学研究和实践中比较热门的话题,在《小学英语课程标准》中也提到:英语课堂承担着培养学生基本英语素养和发展学生英语思维能力的任务。那么何为英语思维?在我看来,它是人们组织语言表达时的一种角度。对于绝大多数的中国孩子来说,小学是他们的英语启蒙阶段。于我而言,在激发学生热爱这门语言的同时,培养他们的英语思维能力也是极其重要的,因为思维能力对于人的终生学习起着良好的促进作用。那么如何引导学生们用他们有限的话语系统来表达自己,如何让学生在表达自己想法时说出地道的英语,一直是我在教学过程中不断摸索与研究的问题。

今天以上海牛津英语 4B M2U3 Home Life 第四课时的实践课为例,其中的一些教学环节与设计方法,对于培养、促进小学生英语思维能力有着一定的促进作用。它们分别是:铺垫式法、引导式法、提问式法、迁移式法。

二、"以旧引新"铺垫式——培养学生类比性思维能力

本节课的话题是 A happy holiday,我从自己旅行时的照片入手,引出 holiday 的话题,并创设语境:The Chens 一家也去了海南三亚旅游。对于新授词组:The Chens,我在课堂中是这样处理的:

T：Look！Whose family is it?

S：It's Peter's family.

T：Yes. It's a photo of Peter's family. They are having a holiday in Sanya too. Look！She is Mrs Chen. He is Mr Chen. She is Sally Chen. He is Paul Chen. And he is Peter Chen. They are a family.

（期间我用手指着PPT上的人物，学生依次说出他们的名字）

T：So we call them ...?

Ss：The Chens.

此环节中，我采用了"英英解释"的方式，很自然地让学生跟着我一起介绍人物的名字，在说的同时，学生们会发现每个人的名字后面都有个"Chen"，那么多个"Chen"组成了"The Chens"一家。这个问题看似简单，但是学生在这个过程中能否根据相关的信息自主地说出答案，需要教师的层层铺垫，学生才能通过旧知，挑战新知，这样得到的答案就不是从教师那边"直接拿来"的"不劳而获"，而是"劳而有获"。所以，获得新知的过程，就是学生在主动思考中能知其所以然，这样他们会理解得更深刻。

再比如：在教授单词 beach 的发音时，我先帮助学生复习单词 meat 和 teacher，通过对两个单词的铺垫，让学生自己归纳字母组合 ea 在单词中的发音，然后再对新单词 beach 进行试读。经过教师这样的精心铺垫，学生通过这样的类比方式，积极思考，动用思维，自主解决新知的能力就可以得到促进，他们的类比性思维能力也会被慢慢地培养起来。

三、"思维导图"引导式——培养学生发散性思维能力

本课的文本是 The Chens 一家在沙滩度假。那么沙滩是怎样的？沙滩上有些什么？他们一家又在沙滩上做些什么？在课文文本出现前，我用了以下思维导图和课堂语言来引导学生、激发学生思维：

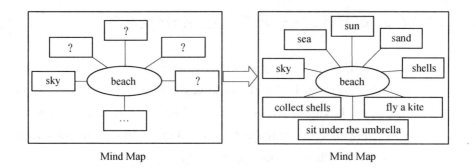

Mind Map   Mind Map

T：The Chens are having a holiday at the beach in Sanya. Look at the word "beach". What do you think of the beach? For example, I think the beach is nice because I can see the blue sky there.

S1：I can seemany shells.

S2：I can see the sand.

S3：I can seethe blue sea.

T：Wow! The beach is so beautiful! Let's enjoy a video of the beach in Sanya.

T：What color is the sky? What else is blue?

What's on the beach? What can you do on the beach?

在 Pre-task 环节,我就出示了这样一张"以 beach 为中心"的思维导图,配合简单的提问,再配以生动形象的视频、音频后,一步步有针对性地提问,逐渐丰富这张思维导图,使它串联起整堂课,为语篇的推进作服务。思维导图的方式,能让学生充分发挥想象力,开展头脑风暴活动,自主联想关于沙滩的信息。学生头脑中的知识结构组织得越好,就越有利于保存与应用,特别是面对新的学习情境时,原有的知识经验就越容易提取出来,以适应新知的学习。此外,思维导图也能够很好地表达发散性思维,提高学习效率,还能兼顾到不同层次需求的学生,使得"人人有话说",点燃了学生思维的火花,鼓励学生积极参与,培养了他们的想象力和发散性思维。

教育与教学篇

四、"激思起疑"提问式——培养学生英语思维习惯

在出现人物交谈的对话文本前,我设置了这样的问题:

T：Look! Mum and Peter are talking about the beautiful scenery in Sanya. Is the beach beautiful? What can you see? How do you think of those things? Can you make a dialogue with your desk-mate? Please work in pairs.

S1（Mum）：What a beautiful day! The beach is so nice. Do you like Sanya?

S2（Peter）：Yes，I do. The sea is so blue. I like swimming in it. The sand is so soft. I like sleeping on the sand. I'm so happy!

想象是人脑在原有表面的基础上加工、改良形成新形象的过程,它是发展儿童思维和语言能力的一条重要途径。人的思维是从问题开始的,有了提问才能引发思考。设置这样的疑问,可以激起学生积极探索的欲望,创编对话的形式可以引导学生展开想象力,培养他们的英语思维习惯,也能将语言和思维紧密地联系在一起。

在看视频前,我先抛给学生以下几个问题,让他们带着问题去观看:

T：Everyone is having a good time at the beach. Let's enjoy a flash. Then answer my questions.

1. What is Paul doing?

2. And what is Sally doing at the beach?

3. Can you find Dad? What is he doing?

学生在课堂教学中的每一个活动,都不是盲目、没有目的性的,以任务驱动的形式,可以让学生带着问题、带着任务,更有针对性地积极思考,培养他们良好的思维习惯。问题的启发,始终贯穿于整个课堂的教与学中。因为启发的过程就是一种诱导,诱导学生打开思路,这也是教会、培养学生如何思考的过程。

五、"由此及彼"迁移式——拓宽学生思维道路

Post-task 环节,我在 PPT 上展示 The Chen's holiday 场景,让学生进行描述:

T:Can you talk about the Chen's holiday?

S1:The Chens are having a holiday at the beach in Sanya. The sky is blue. The sea is blue too. There are many shells on the beach. What a beautiful beach! Look! Sally is collecting shells on the sand. Peter is swimming in the sea. What a happy holiday!

...

之后,我又展示了一张"The Zhang's holiday"的场景图片,这次没有任何的文字提示,上面只有张家的成员们,他们分别在做不同的事。

T:The Zhangs are also having a holiday on the beach. They are all very happy. Can you say something about their holiday?

S:The Zhangs are having a holiday on the beach. The sky is blue. The sea is blue too. There are many shells on the beach. What a beautiful beach. Look! Mary is swimming in the sea. Mum is running on the beach. Tim is eating ice-cream. What a happy holiday!

一堂课下来,学生们能在特定的语境中较好地谈论、叙说 The

Chen's holiday。为了能将所学语言灵活运用,真正地走进孩子们的内心,我又设定了一个全新的家族、全新的 holiday,没有任何文字的提示,只有一张场景图片,学生们能够尽情地发挥。经过之前的学习、铺垫、引导、提问后,学生已经能够比较流利地表达、描述 The Zhang's holiday 了,这正是运用了"由此及彼"的迁移方式,它不仅拓宽了学生们的思维,也增加了他们的语用机会。

六、结论

教育不是灌满一桶水,而是点燃学生思维的火把。老师教什么,学生就说什么,而他们内心的想法真的都是一样的吗?学生们往往被动地接受多,主动的学习少,更谈不上主动思维了。我们在操练语言知识和技能的同时,往往会忽略了语言与思维是相辅相成的关系。

美国著名语言学家道格拉斯·布朗曾说过:语言的最高境界不是掌握语言形式,而是掌握语言形式以完成语言交流功能。良好的思维能帮助语言的习得,加快其掌握语言功能的速度,方便其更好地进行交流。但学生的思维能力的养成不是一蹴而就的,需要教师在日常教学中一点一滴的渗透与引导。我们要合理使用学生们的已知、恰当的引导、适时的提问、巧妙的迁移,逐渐拓展新的知识。学生的脑海中应逐渐形成一张"语言蜘蛛网",这样的话,即便是低年级的学生,也能利用有限的语言来说、来讲。另外,教师要起到"拐杖"的作用,尤其是对于低学段的孩子,在设计让学生表达的活动时,要想一想,他们能说吗?说得出来吗?如果不能,我们要适当地扶一扶他们,想办法给予他们一些引导。在这样的过程中,学生们会慢慢地掌握正确的语言表达,也会拓展他们的思维,让他们知道,原来对于这个话题,我还可以说这些话。真正地使他们做到"可言可语,能言能语,有言有语,你言我语"。

培养、激活学生思维能力的最终目的与最高境界,就是提高学生的英语素养和语言的综合运用能力,最终让学生成为课堂真正的主人。培养思维能力的方式有很多,只要我们善于思考研究,大胆的实践,就会找到适合老师教、学生学的方法。以上实践案例,让我尝到了些许甜头。在今后的教学中,我还会不断地摸索,不断地实践,不断地思考!

英语课堂有效评价设计的初探索

张　文

【摘要】　课堂教学评价是小学英语课程的重要组成部分,科学的评价体系是实施课程目标的重要保障。小学英语课堂评价应根据课程标准的目标和要求,实施对教学全过程和结果的有效评价。通过评价,使学生在英语课程的学习过程中不断体验进步与成功、认识与自我、树立自信,促进学生综合语言运用能力的全面发展,使教师获取英语教学的反馈信息,对自己的教学行为进行反思和调整,促进教师不断提高教育教学水平,促进英语课程的不断完善和发展。

有效的教学评价是英语教学过程中不可或缺的重要一环,为提高教学质量提供了可靠的信息和科学依据。因此,构建有效的英语教学评价体系是教学成功的重要保证。本文主要从传统英语教学评价的局限性出发,并以评价过程中的学生、教师作为研究对象,试图设计出更全面的、客观的、科学的、准确的、有效的英语教学评价模式,来促进学生和教师的双向发展。

【关键词】　有效　教学评价　师生　发展

一、研读评价指南,领悟实施理念

纵观过去,在基础教育阶段,教师在实施英语课程评价的过程中较少采用形成性评价,而是以终结性评价为主。如此将会导致在评价过程中仅仅注重对学生学习结果和老师教学结果的评价,而忽略对老师教学过程中输入性的评价和对学生学习过程中输入性的评价。

"小学中高年级英语学科基于课程标准评价指南"中指出小学中高年段英语学科评价基于课程标准设立了五个主题模块:"语音""词汇"

"词法""句法"和"语篇",并从"学习兴趣""学习习惯"和"学业成果"三个维度设计评价内容和观察点,并提出了评价方式建议。

通过研读评价指南,我领悟到:在新形势之下,英语学科的确应该更关注学生语言能力的提升、学习习惯的形成、学习兴趣的激发、思维的培养和语言文化的感受。在日常教学中,依据课程标准中的基本理念,改变以往的分数评价制,逐步将评价有机融于课堂教学,并且依据评价内容进行分项评价,紧紧围绕五个主题模块内容,采用等第和评语相结合的评价方式,及时、明确、有针对性地反馈出学业成果,最大限度地保护并激发学生的学习兴趣,从而进一步培养学生良好的学习习惯。

二、依据评价指南,科学设计有效评价

1. 走向多元化的评价。

建构主义理论指出:教学评价的主体离不开教师,但更重要的是被评价人,即学生,也应对自己的学习过程和学习成果进行合理的评价。在教学过程中,教师可以通过课堂讨论、学生作业等随时对学生的成绩进行有效评价,同时还要了解学生在课外学习英语的情况。教师应及时了解学生在课堂和课外的英语学习情况,指导学生对自己的学习情况作出正确的评价,鼓励学生建立合理的、可实现的学习目标。教师要有效地引导学生主动接受评价,并且能够对自己作出合理的评价。例如,对于不同程度的学生,就可以采用分项评价,运用多把"尺子"进行评价,例如在 3B Module2 Unit3 Warm clothes 第一课时中:

评价维度	评价内容	观 察 点	等 第 标 准	评价主体
学习兴趣	表达兴趣	扮演 Peppa 进行描述的情况;朗读或者表演故事的情况。	☆能在给出的句子和句型结构的帮助下扮演 Peppa 对本节课所学的衣服进行简单描述。 ☆☆能够在同伴或老师提示下完成小组分角色朗读或表演故事。 ☆☆☆能够独立完成自己角色部分的朗读或表演。 ☆☆☆☆能够独立且乐意完成小组朗读或表演。 ☆☆☆☆☆能够完成朗读表演并主动思考完成课后问题。	教师评 + 学生互评

完成这样的任务,可以使不同程度的学生能在课堂上乐学、善学,可言可语,还能得到教师和同伴最及时有效的评价;完成这样的任务,学生能现学现用,能用课堂所学内容在真实的语境下及时地运用语言,既生动有趣又能得到及时的随堂反馈性评价。

2. 走向多点化的评价。

从自身角度出发,即引导学生展开"自评"。美国著名心理学家杰特的研究表明,自我评价是一个从外部评价到内部评价逐步过渡、逐步内化的过程。也就是说,人们往往通过别人对自己的态度和评价来知觉自己,然后做出相应的自我评价。在课堂教学中,学生通过对自己的学习状态和课堂表现进行评估,一方面能够有效地调整学习状态,另一方面也能够督促自己更积极地参与课堂教学,提高学习效率。在英语教学的过程中,教师一方面要帮助学生建立合理、可实现的学习目标,另一方面还要让学生能够以建立的目标为标准检验自己的学习成果,并在检验成果的过程中学会思考,通过自我反思、自我完善和提高来提高学生的学习兴趣,增强他们的想象力和创造力,使之"从乐中学,从学中乐"。

从教师的角度出发,展开"师评",给学生及时有效的评价。评价伴随教学,在教学过程中,教师的评价十分关键。对学生的评价应遵循"激励性原则",用发展的眼光来评价学生。小学生正处在身心发展的关键时期,他们的自我意识和独立意识不断增强,十分注重自己在别人心目中的地位。教师应善于发现学生的闪光点,多用激励性评价引导学生,使学生产生自豪感,从而激发其学习英语的兴趣。

从同学的角度出发,即展开生生"互评"。学生之间具有平等的地位,由于看法不同会碰撞出思辨的火花,学生之间的互评过程,不仅检验了学生对内容的掌握程度,也可以促进学生对听说读写能力评价标准提出自己的看法。与此同时,也能促使学生学会尊重他人,尊重不同的意见与建议,另外小组的互评也有助于培养学生的团队合作精神。例如可根据教学内容设计如下评价表:

	自评	互评	师评
学生 A	☆☆☆	☆☆	☆☆

这种多点化的评价,也有助于家长充分了解孩子的学业情况。

3. 走向多样化的评价表达方式。

课堂教师观察评价,在课堂教学中,教师可根据学生表现,给出口头性的生成性评价,及时反馈学生的学习情况;师生互动进行评价,能更好地活跃课堂气氛,提高学生学习兴趣;生生评价;亲子评价,例如设计家庭亲子作业评价等。在小学英语教学过程中,家长既是教育活动的参与者,又是教育成果的监督者,调动家长参与评价活动的积极性,有利于更好地激发学生的学习兴趣,深入开展学生学习评价活动。

三、实施有效评价,促进学生发展

1. 内容丰富的评价设计,促进学生发展。

在课堂上运用自评、他评、互评等方式。例如学生在表演课本剧等活动中,让学生们共同评价谁表演的好,谁说得好,谁的语音语调好,其中考查了学生自己的组织能力、表演能力、合作能力等,都可以作为评价的一项,而不是这个孩子说得不好,就哪方面都不好,也许会在其他方面更好呢?要从全方位给予孩子能力的认可,评出信心。例如评出语言之星、表演之星等。也可以让学生自评,说说自己哪里还不够,使学生在活动中得到反思,更利于发挥自己的优势。

2. 评价的有效实施,促进学生发展。

通过有效评价,学生可以及时修改学业;有针对性的评价、个性化评价,也可促进不同程度的学生获得成功。课堂教学评价,不仅可以激发学生的学习兴趣,调动他们学习的积极性,还可以使他们获得成就感,增强自信心,培养合作精神。另外有效评价,能够帮助每一个学生都得到发展,这就需要关注学生的个体差异和不同的学习要求,根据情况作出恰当评价。在教师的评价中,学生往往能产生积极向上的情感体验,从而自主学习,主动发展。

四、实施有效评价,促进教师发展

科学实施有效评价,也就意味着对教师提出了更高的要求。

1. 教师充分学习,领会评价指南的精神。

2. 积极参与实践,不断完善自身的学科素养。

3. 进行阶段性的反思,提升教学能力。

课堂教学评价在功能上淡化评比和奖惩,突出其发展性价值,也就是发挥其改进课堂教学质量和促进教师专业成长的功能。注重教学后教师自我反思与同事研讨。更好地关注了教师的成长。

小学中高年级英语学科基于课程标准评价工作还在紧锣密鼓地进行中,我们仍在不断实践中继续摸索,在不断实践中继续体验,与学生一起将评价融于课堂、将评价进行到底,带着评价任务在大路上勇往直前。

浅谈课堂巡视的有效性

朱晓珍

课堂教学是由一个个细节点组成的。课堂巡视,看似教学过程中一个不起眼的细节点,却是有效教学不可缺少的重要点。

一、巡视的目的在于发现

在我们平时的课堂实践中,有时我们会碰到这样的情景。

例如:我们要设计一节试卷分析课。教师课前先把学生做过的试卷批改好,之后,进入试卷的课堂讲解。教师希望通过分析课的详细讲解、课堂提问和强化练习,教会学生如何认真审题、仔细答题、独立完卷的好习惯。待到课堂详细讲解之后,学生们就会进入到强化练习的阶段。孩子们会认真地做相关练习题:如"看图连线,将正确的单词与图片连起来",这时,学生们有的会轻声地读题,有的会拿着小尺子比画,有的会不假思索地提笔圈圈写写了,其中不排除匆忙答题者。

又如:课堂上,老师们会布置抄写单词的作业,有时看书抄,有时

看老师所给的手写体样张抄。老师也会在学生们抄的时候在教室里来回巡视……

如果，老师在巡视的过程中只是来回走动，即使走动得很频繁，那么巡视的作用只是一个——"监督纪律，维持课堂秩序"，这显然是远远不够的。

巡视的主要作用就是要"巡"下去"视"上来，就是在于发现问题，把问题反映上来，个性问题个别指导，共性问题收集后一起指导。

就以上举例可以看出，深入的巡视是可以发现一些问题的。如有的孩子在做看图连线题目的时候，没有按照由上而下的做题顺序做，而是中间或下面的先做，再将漏做的一个个补充。那么，这时，如果老师在巡视中发现了，可以询问他为什么要这么做？假如，他的回答是，第一个我做不出，我先做会的题目。那么，老师应该先表扬他：做题蛮有方法的。再提醒他，千万不要遗漏另外的题目。但如果孩子说不出个所以然来，那就说明他很有可能是在瞎做。原因也有两个，一个不排除这个孩子是学困生，的确做不出才瞎做；另外也有可能孩子的做题习惯不好，不按照顺序做，随意地挑题目做。这样很容易漏题，也不易于良好做题习惯的养成。

当以上问题被发现了，也做了进一步的调查和了解了，那么对症辅导，对孩子的帮助是显而易见的，也就起到了"巡而辅之"的重大作用。

再如抄写单词过程的巡视，如果我们仔细深入了也会发现，有的孩子的抄写习惯有些问题。看书抄时，老师可以适当关注孩子的手写体和印刷体的转换是否正确；看样张抄写时，老师可以关注孩子在抄写时是否会串行。更重要的是，有很多孩子抄写单词时是看一个字母写一个字母，头和眼睛一直在样张、书本和簿本间不停地移动，且移动频率很高，这是一个非常值得关注的抄写坏习惯，必须要及时地纠正过来。正确的抄写单词好方法应该是用心默记，拼完整个单词后再抄，才能强化记忆。只有在抄的过程中忘了下一个字母是什么才可以回头再去看看。包括抄写句子、抄写短文，都应该教学生一个整体观，千万不能一个个字母或一个个单词的抄，否则单词、句子会失去意义，今后做阅读理解时断章取义就会时有发生，不利于学生记忆能力和理解能力的培养。

因此，巡视不在于走动多么频繁，走马观花不能看到真问题，所起的作用也很有限。在巡视中,还是强调一个细细观察、由点及面、抓个性谋全局。如果教师能站在某个孩子身边看着他做题,看得时间久一些,从他的擦擦改改抑或犹犹豫豫的答题过程中,你会看得出他的答案是怎么思考出来的,从而可以判断出他的思路是否正确可行,也便于教师更全面地了解学生,甚至了解教师所设计的这道练习题的恰当性。

二、巡视的评价在于激励

在一次教学展示活动中,我听了我校一位美术老师的课——《小饼干》。

老师借助课件、橡皮泥饼干,意欲通过孩子们的观察、认识、学习,到最后一关动手做一做,充分发挥他们的想象、尽情创造出自己的作品——一块块形态各异的小饼干。

在老师的指引下,孩子们从一步步地认识小饼干的形状、制作工具、制作方法,最后进入到亲手制作橡皮泥小饼干的过程。

我看到老师手里拿着五颜六色的漂亮的粘纸,在教室里一组组的开始巡视,不时地低下头进行指导,也不时地说着夸奖的话儿:"×××小朋友做得真棒,奖励一个小五角星。""×××小朋友很有创意,奖励他一张粘纸。""×××小朋友做得真仔细,送你一颗五角星。""×××小朋友虽然因为橡皮泥不多,只做了一个,但是在一块饼干上有多种图案,有创意,给你一张大粘纸。"……诸如此类的鼓励声、表扬声不时地在耳畔响起。

伴随着美妙的音乐或欢快的《小饼干》歌曲,孩子们时而处在老师的亲临指导中,时而处在自己的身临其境中,发挥着自己的创意,展示着自己的才华,成功的喜悦溢于言表。

这位美术老师的巡视过程,伴着及时、有力的评价,不要说受表扬的学生有多得意了,就是底下听课的老师们也忍不住站起身去看看那些受了表扬的作品和那个受了表扬的孩子。师生互动,其乐融融。教学气氛、教学效果可想而知!

当然,巡视中的评价还是根据教学情境而用,根据学科特点而用,可以表扬为主,激励个体。对于个体的错误产生一定要采用合适的方

教育与教学篇

法加以指导与纠正,取得孩子的信任,让他感受到老师真诚地帮助比什么都重要。

三、巡视的关键在于深入

课堂巡视是有效教学的重要组成部分,老师不只是监督者,更是一个指导者与参与者。巡视时不能走马观花,要抓住巡视的机会,给予学生手把手地指导机会。巡视,可以让学生真正体会到老师对他的关心和指导;巡视,可以让老师真正深层次进入孩子的思维方式和思维途径,从而作出最及时的批评指正或表扬肯定;巡视,可以让老师真正深入地学会如何站在学生的角度创造出优质的课堂教学环境。

总之,有效的课堂巡视,不仅能很好地沟通师生的感情,督促学生端正学习态度,培养学生良好的学习习惯,维持良好的教学秩序,提升学习气氛,优化课堂精神面貌,还能使教师准确地获得来自学生的反馈信息,捕捉和发现学习活动中学生反馈出来的生动、鲜活的教学问题,便于教师灵活调整教学行为,及时调整教学内容,改进教学方法,优化教学过程,有利于学优生"吃饱",学困生"吃好",从而提高学生学习活动效率,切实提高课堂教学效果。

因此,我们不能把课堂巡视作为象征性的教学手段,而要把巡视落到实处,实实在在地对学生"巡而亲之,巡而视之,巡而辅之"。

小学英语课堂中学生
学会提问之初探

朱晓珍

无论在哪个学科的教学过程中,课堂提问的设计都是非常重要的环节。在小学英语课堂上,教师适切、精巧、富于艺术性、富有幽默感的提问会对教学起到积极的推进作用。所以作为教师的我们,理所应当为学生精心设计好一个个问题,通过恰当的提问,把学生的思维活动和语言训练吸引到问题情境中,使学生思想集中、思维活跃、思维导向正确,更积极主动地参与到语言学习中来,从而有效地提高课堂效率。

然"学起于思,思源于疑"。要想让学生更主动地投入到自主的学习层面上,我们教师除了为学生设计好可行的问题之外,还迫切需要做的就是引导学生如何思考、如何起疑、如何组织语言发问、如何解疑……这正是我近年来在教学实践中逐渐摸索着的课题。

为此,我在自己的任教年级以及整个学校教研组中尝试着提问教学——"教师精心设计提问"和"学生努力学习提问"双管齐下。学生除了在老师的问题设计下进行英语语言学习外,还可以向老师、向同学用所学的英语句型提出问题,充分体现学习的主动性,也不用一味地局限于传统的、教师设计好的课堂提问中学习。所以,在实施过程中我觉得,这两者的有机结合更有趣也更受学生欢迎,当然也更为有效。

在小学英语单元整体设计方向指导下的课堂教学实践中,我认为能把握提问时机,就能提高课堂实效。

一、双方需求,提出问题——整体感知前的提问

小学英语教学,提倡内容整合。整合的内容往往囊括了本单元的语法点、核心内容等,也包含了整合者的良苦用心。一番苦心怎样让学生领会呢?——双方提问!

在文本内容整体感知前提出恰当的问题,可以起到引领整堂课和初步感知文本整体的作用。这个时候的提问,往往就是教师引领下的提问和学生迫切需求下的提问了。

1.教师提出引导性问题。

教师的提问,必须是精心设计了的,或有明确引导性的,或有强烈针对性的,或有抛砖引玉作用的提问。

例如我在上 2A Module4 Unit1 Animals I like 时就是比较恰当地

运用了提问的功效,提出了一个引导性的问题。本课时教材上的话题是 Wild animals。基于教材,我进行了内容整合,我将核心单词和句子整合在一个故事文本中,并将课时话题改编为 Who eats my meat? 以此引入一个个小动物,进入学习。

　　非常明显,这是一个针对课题的提问,是一种问题式话题的表现形式,非常直接,也非常吸引学生的眼球。之后的学习过程,学生们将始终带着这个问题浸润在整个学习过程,直至寻找到答案。如此一来,学生的神经始终处于兴奋状态,思维的活跃程度将被提到最高处。学习的效果应该是不言而喻,奏响课堂"兴奋、活跃、有效"三重奏。

　　2. 学生提出需求性问题。

　　学生对新的学习内容总是充满强烈的好奇感、充满强烈的求知欲望的。让学生带着问题进入英语学习语境、有效地感知文本,除了教师为他们设计问题外,学生本身也可以自行提问。

　　如小杨老师,在上 5B Module4 Unit1 The Louvre Museum 的时候,他让学生通过观看视频初步感知内容,然后针对自己迫切需要了解的内容提出问题,从而带着问题进入学习过程。教师以学生的问题为教学主线,带着学生边解决他们的提问边学习新的内容。实践下来,这个鲜为学生接触的教学内容,他们真的是有很多迫切需要知道的问题的,如 Where's the Louvre Museum? What's in the Louvre Museum? How's in the Louvre Museum? What can we do in the Louvre Museum? What can't we do in the Louvre Museum? 等等。一连串问题提下来,整个班级的思维立刻被调动了起来。虽然,这些问题在有一定英语知识水平的人看来非常的简单,但是,要让小学生们在已有的知识水平下,将所思所想通过英语语言组织成问题提出来,作为教师的我们应该感到非常欣慰的。因为,这是学生将知识从习得转化为语用了。学习英语的最终目标就是能达到语用境界。那节课,学生始终带着自己的问题,在迫切需要解决问题的学习目标指引下进行着,学习状态非常好,可以说真正进入到了任务驱动下的有效学习境界中。

　　可见,整体感知前的提问学习多么神奇!

二、孜孜渴求,解决问题——分段推进中的提问

　　1.教师提出过渡性问题。
　　从整体感知前的提问过渡到分段推进中的提问,这一点儿也不难。
每节课,每个英语老师总会设计很多的问题来组织教学。其中及时且
有针对性的问题,可以帮助学生理解文本,提高整体感知效果。解决问
题的过程就是教师引导、组织,教的过程,也是学生孜孜渴求,学的
过程。
　　因此,分段推进中的提问是教与学过程必不可少的使用方法,它用
以训练学生的听课能力,培养学生良好的听课习惯,帮助学生快速、有
效地进入课堂参与学习。例如那些有深意的问题、那些开放性的问题
等等,都是学生发散性思维能力的培养过程。
　　如上文提到的小杨老师的课,在进行文本分段推进的教学过程中,
学生在教师的指导下,在精美课件的辅助下,在多种形式的活动带动
下,他们一个一个地寻找到了自己所提问题的答案,了解了卢浮宫的所
在位置、卢浮宫的镇馆三宝,感知了卢浮宫的文化氛围、体会了卢浮宫
的伟大。
　　紧紧抓住这个学习时机,教师又给学生提出了两个更深层的问题:
Why do thousands of people come here? Why do thousands of people
come again and again? 课还没有结束,这两个问题是教师精心设计的,
估计学生自己提问涉及不到的问题,教师的用意是等待学生继续学习
后再回答。
　　我们看到了,当学生已经沉醉在自我之中、沾沾自喜于自己的一个
个问题解决了的喜悦之刻,教师转而提出了新的问题,为学生缔造了一
个新的更高一级的台阶,激励着学生继续攀登,并且勇于攀登更高峰。
所以说,能抓准有利时机的老师才是最聪明的老师,有利时机带给聪明
老师的是高效的课堂质量。
　　2.学生提出应用性问题。
　　在分段推进过程中,学生同样有机会提出自己的疑虑!
　　例如,小李老师在她所教的 3B Module2 Unit3 Warm Clothes 的第
一课时教学内容时,就抓住了推进教学过程中的提问时机。

第一个学习阶段是学习三个单词：jacket，socks，shoes；第二个学习阶段是学习另外三个单词：hat，gloves，scarf（scarfs，scarves）。每个阶段中都有不同的语句结合新授单词展开学习，分层、逐段推进。在推进学习的过程中，有一个环节，学完 What are these? 新句型之后，出现的是故事人物 Peppa 和 George 特殊的不同于常人的那些 lovely clothes，估计学生心中会产生疑问，这些是什么呀？是衣服吗？怎么不像我们穿的呀？所以这时，教师安排了第三次引导学生提问的环节：Look at these things. What do you want to know? Any questions? 教师站立在板书旁，顺手指点一下。如果学生说 S1：What are they? 老师说 You can also say：… What are these? Are they …? 希望用这些句子引导学生学会用上新学的句型提问。有胆大的学生问：Are they big lovely stars?（因为 Peppa 和 George 那副手套是星星状的。）更有聪慧的学生领会了教师的指点，用刚刚学过的 What are these? 作为他的提问了。而且在他的这个问题提出之后，大多数学生有种恍然大悟的反应，老师则欣慰地体会到起码有一部分学生对这句新学的句型有了语用的意识。

感叹，分段推进中的提问学习多么重要！

三、学习研究、留下问题——整体理解后的提问

1. 教师提出探究性问题。

常常，学生会带着自己的问题或老师的问题精神十足地度过整节课，学生语言得到了锻炼，思维得到了训练。但是，完美的课堂应该会留给学生美好的回忆和无尽的思考。虽然没有十分的完美，但是我们应该有追求尽可能完美的勇气与决心。

如：在教学好 2A M4U1 In the sky 之后，我最后提了一串问题：Why can't we see the moon in the day? Why can't we see the sun at night? What can we see at night? What can't we see in the day? 这几个问题，不仅仅是对二年级学生的挑战性问题，也是他们积极探索大自然的引领性问题。他们要在有限的知识学习中找出答案，必须有一个后续的自主学习方向和动力。

还是以小杨老师的那节课为例子。在教学设计中，让老师纠结的

是对 culture(文化)一词的教学。如何全面的理解 culture 的意思,这将是留给老师的问题,更是留给学生的问题。对 culture 的认知,需要后期更多更进一步的学习、理解、体会。所以,设计中留下了这样一个问题:What is culture???（多媒体呈现三个连续性的问号,旨在引起学生充分重视。)教师希望学生们通过今后不断地学习、研究,甚至用一生的时间去体会、领悟 culture 深刻而丰富的内涵。

我们的老师们用心良苦地给学生留下的不仅仅是新的问题,也是留下了更深层的思考,更是留下了一个个值得不断学习研究、不断探求的新课题。

2. **学生提出理解性问题。**

继续例举小李老师教的 3B Module2 Unit3 Warm Clothes 一课。教师最后用听故事、讲故事的形式,将整个故事整合一遍,为学生进行整堂课的学习内容梳理。在梳理的过程中,她安排了第四次引导学生提问环节。引导学生提出了这些问题:How is Daddy? Where is Daddy's hat? How is the snowman? 充分告诉我们整节课,学生对整合内容的理解程度是很高的了。

惊喜,整体理解后的提问多么难能可贵啊!

每一堂优秀的课,都有或多或少的提问时机。不同的时机,有不同形式、不同层次、不同作用的提问,但相同的是时机的把握要准确、要明了、要到位,那样,课堂的教学就是高效的。

虽然,有时候学生提的问题有点凌乱,但都是他们经过思考得来的,在初步的尝试过程中也实属不易。当老师给了他们一定提示,而提问过程中出现的语法问题、表达问题也都接受了老师一一的指导与纠正,收获很多呢。而且令人欣喜的是,之前课堂接触过的:I think ... Maybe ... Because ...等新句式,好多学生都能运用。说明,学生的学习需求得到了满足,他们真正地运用着所学语言进行学习、交流,从而让老师们也看到,英语语言的交际性在此刻体现得淋漓尽致、自然贴切,值得老师们大为欣慰。

同时,在一次次地尝试"教学生学习提问"的过程中,也给了我很多的启示。

首先,如何做到面向全体?

当学生提不出问题时,教师按着自己的设计思路给予了一定的提

示,如给他们一个疑问词,聪明的学生马上心领神会。但是普通的学生还是想不出问题。多次之后,我领悟到:平时,教师应该经常地给学生梳理一下他们学过的英语常用句型。初次尝试的话,可以把问题通过板书展示,这样,会大大降低学生自己提问的难度。而且可以让大部分学生有思考的方向,有提高的兴趣,不把他们吓倒、不让他们止步不前。

其次,如何处理突发问题?

当学生的提问并没有按照教师的教学思路前行的时候,教师的引导、指导作用就应充分发挥出来。对于学生提出的突发问题,教师应先以认可的评价方式鼓起学生提问的勇气,再用一个过渡性问题引入到教师设计的教学进展思路,充分鼓励学生继续发问。即师生互动式的提问也是必需的。

而且,作为教师,应该为学生的突发性提问感到欣慰,因为他们在非常积极地开动脑筋思考,哪怕用中国式的英文思考,也应鼓励、保护他们的积极性。因为这些往往就是学生和教师双方都应该重视并想方设法当堂解决的生成性问题,直接而有用,更为整堂课增色不少。其实,突发性的问题就是课堂的生成问题,有了它们,课堂才有生气,学生才有灵气,教师才有灵感。

再次,如何把控好课堂进度?

学生自主地发问,在时间的控制方面有较大的难度。因为学生的发散性问题太多、太散了之后,会在一定程度上浪费一些时间。这就需要教师在备课方面多做一些预设方案,尽量考虑到学生在他们的已有知识水平下所提问题的多种可能性,便于在课堂上做好应对措施,较快地导入正轨。

英语课堂提问是小学英语课堂教学的重要手段之一,是师生之间传递信息和情感的重要途径,在小学英语课堂教学中起着重要作用。它作为一种有效的教学形式承担着课堂教学的重任,也影响着课堂交际。研究"学生如何学会提问"与研究"教师如何设计课堂提问"对课堂教学同样具有重要意义。

学海中快乐畅游
生活中情感升华

——小学英语课堂词汇教学课案例

蔡林雅

【背景】

　　本案例是一节小学英语课堂的词汇教学课,内容来源于《牛津英语(上海版)》(试用本)一年级 Module4 Unit2 In the zoo。

　　根据一年级学生的情况,在单元统整、内容整合的基础上,创设了 Kitty 和 Eddie 参观动物园的生动情境,为孩子们整体感知文本内容做了事先的铺垫。

　　首先,为了帮助学生更好的认识故事情节,我将本堂课的题目定为《A visit to the zoo》。其次,为了丰富故事内容,加深情感体验,我在课堂过程中增添了 Free Talk 环节,让孩子们自己发挥想象,想想动物园里除了老师今天教授的几个核心动物的单词,让孩子们自己说说其他小动物。最后,为了提高学生们对动物园学习的兴趣,我设计了看动物园动物表演,让孩子们说说动物们的特征,自然而然帮助学生感受到动物们给我们带来的快乐。让孩子们发自内心地产生喜爱动物、保护动物的浓厚情感!

【教学设计说明】

　　本课堂的执教对象为本校一年级的学生,这些孩子有着强烈的好奇心,喜欢思索,探讨问题,对英语学习有着浓厚的兴趣。但由于学生所积累的英语词汇量过少,所以在设计时,往往通过我用夸张语调的语言加之丰富的易于孩子理解的肢体语言,独特但又不失真的语音语调,动听的歌曲夹带滑稽的背景音乐与精致的多媒体展示相结

教育与教学篇

合,吸引学生们的注意力,帮助学生体验和领悟所学内容及背后蕴含的教育情感。

本课的一大特点就是"基于课标、聚焦词汇"进行教学设计。整堂课都融入在 Kitty 和 Eddie 参观动物园的生动情境之中进行教学,学生随着故事情节的发展进行探索、思考与学习。

整个情境以两个小朋友参观动物园的路径为线索,大致分为三大板块。第一板块故事以进入动物园遇到的第一个动物——bear 为切入点,通过 Eddie 向 Kitty 介绍 bear 这个动物展开对话,通过对 bear 的介绍和了解,结合上一单元重点语句 What's this? It's a ... 的一问一答形式对比结合完成第一段故事情节。第二板块故事通过 Eddie 和 Kitty 路过 bear 区之后的 panda 区,通过 What's that? It's a ...的类似上一段情节故事围绕展开对新重点词汇 panda 的学习。第二板块故事则通过对新句型的引导渗透 Is this a panda? No, it's a ... 带领学生学习第三段故事的学习。我通过不断地以不同方式训练孩子们朗读学习,如:一列列开小火车、同桌朗读、横着一排排朗读、一组组小组朗读、男生女生分开朗读等机制通过不同形式地竞赛,奖励并鼓励学生朗读文本核心内容,引发学生进行思考、比较,体会故事含义,鼓励学生正确对待与动物之间的相处,使喜爱动物、保护动物的浓厚情感油然而生。

【情感价值的探索】

小学英语的课堂中,不仅要在有限的上课时间内达成教学目标,更要求老师在过程中,多多渗入学生学习习惯的养成和情感目标的达成。学生在校学习收获的不仅是知识,更重要的是要学会做人、懂得道理。这就要求教师在设计教学内容的时候,在把握好教材的同时,恰到好处地渗透每堂课所赋予的情感价值。

本案例体现了在组织教学时作为一名教师,如何通过创设有逻辑性但却又很容易让学生们理解的情境,一点点引导学生明白每堂课所蕴含的情感价值,并且通过本堂课,相信孩子们对动物又有了全新的认识,也对身边的动物们心生了更多的喜爱保护之情。

【案例叙述】

案例片断(一)

第一板块的故事先通过 Eddie 向 Kitty 介绍 bear 这个动物展开对话,通过对 bear 的介绍和了解,结合上一单元重点语句 What's this? It's a ... 的一问一答形式对比结合完成第一段故事情节。对他们俩的对话有了最初步的认识和记忆。

案例片断(二)

第二个情节,通过此处练习的设计,帮助学生们进一步加深认识。通过 Pair work,让孩子们变换形式地对新授知识进行更进一步的记忆。对于新授单词的记忆也比较老师带读、学生跟读等多种单方面的训练形式有了难度上的跨越和思维上的跳跃。

案例片断(三)

第三部分,通过对故事文本的听力训练和语句阅读,学生们能自己整理故事第三段情节的推演,真正理解并掌握此堂课的文本脉络。

从难度上,对孩子们是一种挑战的同时,对于此堂课的情感目标的达成也起到了很大的推动作用。逐步突出了本堂课所赋予的情感目标的践行作用。

教育与教学篇

【个人反思】

　　本堂课充分体现了多媒体课件的应用,极大地激发了学生的学习兴趣,促进学生变被动学习为主动学习;采用绕口令、儿歌、歌曲等多种方式,通过个人带读、小组合作、自主学习等各种方式,使学生在学习了课本中的核心语言知识的同时,也无形之中提升了语言交际能力,同时也使孩子们在潜移默化中,最终得到了自身情感的提升,让学生意识到应当在平时的生活中,从身边的点点滴滴做起,让孩子们重视心灵美,喜爱并尽己所能保护小动物,给它们一个温暖的家,让它们和自己一样也能健康快乐成长!

　　当然,在这节课的设计中,也存在着待改进之处。比如:在课堂中,可以让孩子们用学一学、做一做、演一演的不同方法让操练词汇的形式更加多样化,毕竟这也正好迎合了低年级小学生的爱表演、爱动的特点。对于情境的合理性也可以再做斟酌,毕竟去动物园的大背景下,若创设的是小动物的形象,那就更适合,能达到更加引人入胜的效果。

　　同时,在低年级课堂中,还应该要充分利用各种资源,调动孩子学习的兴趣和积极性,让形式更加多样化,让课堂的氛围更加热烈的同时也能进一步增加课堂的趣味性,点燃学生的参与热情。

　　总体,这节课在教师营造的快乐、自由的课堂学习下,学生还是能经过自身的感知、理解与思考后,学会本课的核心价值内容以及感受到与动物之间的相处之道。学生通过联系自身,想到身边的小动物,也潜移默化间接受了本课的情感价值目标,并相信他们会在日常生活中不断践行!

浅析小学英语"主题式"教学基本方式在课堂中的运用

——观摩 3B M3U1 Shapes(1st)教学有感

奚丽静

一、案例背景

尤记得第一次接触热词"基于课程标准的教学与评价",到如今,我已能熟练说出朱浦老师的"七个汤圆"理论。在这个过程中,我体会最深的是教师在英语教学中为提高学生综合运用语言能力所做出的不懈努力,"主题式"英语教学则是其中最为重要的内容。正因为语言不是一些简单的语言形式规则组合,而是一个动态的、以注意为中心的开放系统,掌握一种语言不只是学得,主要靠习得,靠学习者去体验,所以为了实现语言的"学以致用"的功能,教学需要围绕教材中的各单元确立相关的主题,组织教学内容,设计教学环节。

在上学期的市英语研修班的培训中,我有幸观摩了闵行区七宝明强小学钱琴老师的"My shape book"这节课。接下来,我将以"主题式"教学的基本方式为切入点,来谈谈在这节以 shapes 为主题的第一课时中,教师是如何运用一些"主题式"教学的基本方法,如导、读、练、用来组织课堂教学,达到教学效果。

二、片段描述

片段 1:导——感知文本

在课的导入部分,钱老师向学生展示了一本书的封面,上面有许多各种形状拼接的有趣图形,十分夺人眼球,学生们一下子被它们吸

教育与教学篇

引住了。钱老师抓住时机,随即发问:"Can you guess the name of the book?"让学生来猜一猜这本书的名字,这立刻激发了学生们的求知欲,孩子们纷纷给出了答案,但是钱老师并不着急公布答案,而是设置了悬念,让学生带着这个问题在整节课的学习过程中去体会,去总结。

这段 Warming-up 后,钱老师直接切入文本内容"We are shapes!"让学生整体感知本堂课将要学习的文本内容,随后根据文本,展开词汇教学,做到了以文本内容推动词汇教学。值得注意的是,钱老师的文本通篇采用了拟人的手法,让形状变成了一个个人物进行自我介绍,立马使得课堂童趣倍增。整个导入文本的过程顺畅自然,既符合学生的认知规律,也迎合了学生的情感需求。

片段 2:读——获取信息

在这堂课中,钱老师充分利用"读图"来串联新旧知识,新授完单词 star 后,一首已学歌曲 Twinkle, Twinkle, little star 出现,其中 star 和 diamond 的地方换成了图片,这一转换成为 Picture reading,它能帮助低年级学生快速直观地建立起五角星、星星以及钻石之间的联系,在旧知中学习新知,同时也为学生用句型 I'm like … 说话提供了素材。

对于课堂中的"读",我的理解是能在所给材料中找到所需信息,这里的材料可以是一段话,一首歌,一张图,一张表格等等。本堂课,钱老师利用图片、歌曲、视频等方式,促使学生在旧知中发现"问题",即新的单词和句型,从而引发求知欲,促进学生思考、发现和尝试。

片段 3:练——学习语言

在教授 triangle 这个核心词汇时,钱老师通过一首耳熟能详的 chant:One triangle, two triangles, three triangles …来操练其发音,但不是单纯的读一读,而是画一个复杂的三角形,让学生像做数学题一样,认认真真地数一数这个复杂的大三角形中到底有几个小的三角形。

在英语课堂中,每完成一次新授,之后的操练环节总是必不可少,可是如何避免机械式的重复操练,让学生能积极主动地围绕主题进行语言表达呢?那就需要教师的精心设计。在这个操练环节中,钱老师注重的是语言的习得,而不是学得。借助学习生活中的真实情景——解数学题来调剂英语课堂，不知不觉中把操练变得十分"有用"。

片段4：用——体验交流

本节课的最后，钱老师组织学生在纸头上画出并剪下自己制作的图形，拼贴出有趣的图案，粘贴在 shape book 上，在小组内讨论，用所学句型：I'm a _____. I'm _____. I have _____ sides. I'm like _____. 向组员介绍自己制作的图案。

钱老师愿意用课堂时间，充分让学习体会图形之美。通过动手实践，在课堂上创建出一个真实的情境，引导学生在此情境中运用所学向全班介绍自己的图形，从而提高学生的语用能力。

三、案例分析

首先，我将从朱浦老师的"七个汤圆"来分析本节课。

1) T-Topic 话题：本单元的话题是 Shapes，钱老师根据话题，设计出三个主题：My shape book、My shape work、After School。本节课为第一个主题即第一课时。

2) O-Objective 目标：钱老师整合教材各个板块，本课时主要解决有关形状的词汇，如 circle、square、triangle、rectangle、star、side，通过拓展句型：I'm ...、I'm like ...、I can make a picture with ...的辅助，完成了以情境带动句型教学，以句型带动词汇教学的过程。

3) C-Content 内容：作为"半条命"的文本，钱老师最大的特点是运用了拟人的方式，巧妙地降低了文本难度，给予学生理解语言，表达运用的机会。

4) P-Procedure 教学过程：钱老师以 Shape book 作为贯穿始末的主线，带领学生一起欣赏、学习，最后制作。

5) Use of language 语用：学生通过本课的学习，能用所学词汇和句型对自己创作的形状进行介绍。

6) Board Design 板书设计：图文并茂，架构清晰，对学生完成语言输出起到指示作用。

7) Evaluation / Emotion 评价与情感：在了解图形的过程中，体会图形之美。

教育与教学篇

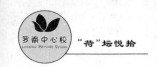

另外,钱老师这节课处处体现了"主题式"教学的基本方式,所以给我们留下了过渡自然,材料丰富,边学边用的深刻印象。课堂的每个环节都能流畅衔接,从旧知到新知,在学生最想得到答案的时候进行新授,符合学生的认知规律,取得不错的教学效果。本课时的文本内容也十分有趣,不再是简单的句型堆砌,而是一段带有感情色彩的图形的自我介绍,激发了学生的表达欲。在 post-task,甚至在 While-task 的操练环节,都能将学和用紧密结合,做到了"学以致用"。

四、案例反思

我在平时的教学过程中,时常会出现转折生硬,操练单一,只学不用的情况。根本的问题在于没有对教材进行一个整体的规划,导致知识点零散,学生的语用能力没有得到提高。通过观摩这节课,我得到的启发是:

1)在改编文本时,要做到基于课标,在学生原有的知识体系中选择词句,组织文本,同时要从学生出发,关注学生的情感表达。

2)在课堂中,要多给予学生"读"的机会,多给他们一些图片、表格和影像等,锻炼他们搜寻信息和理解语境的能力。

3)在操练环节,要组织不同形式的活动,使学生的操练不仅具备实际意义,而且为学生完成语言的运用做一些铺垫。

4)在语言输出环节,要提供以真实交际为目的,而不是以教学为目的的语言材料,运用各种实践,如:画图、制作、欣赏等,让学生经过自身体验,感悟语言的生产过程。

"主题式"英语教学的基本方法看似简单,但是如何把这些方法融会贯通地运用到自己的课堂中,需要我不断地去实践、体验。课堂是师生共度的一段生命历程,作为教师的我们,应该不断付出努力,在课堂中弹奏出美丽的生命华章。

单元统整　创设情境　搭建支架

——小学英语教学中运用支架式教学模式探微

沈金霞

　　"支架式教学"是在维果斯基的"最近发展区"理论基础上发展起来的一种教学模式。在教学中，"支架"的搭建可以帮助学生实现知识建构，提升现有发展水平。教师可以根据实际教学需要，在英语课堂上为学生搭建不同类型的"支架"，把儿童的智力从一个水平引导到另一个新的更高的水平。下面以 4A M4U1A visit to a farm 为例来说明如何在实际小学英语教学中运用支架式教学模式。

一、单元统整，创设合理情境，搭建学习支架

　　本单元的主题是参观农场。农场是孩子们非常熟悉的地方，但是学生们并没有真正的参观过农场，只是靠动画、视频等知道在农场中会看到的东西。因此，在设计教学过程时，根据学生已有的学习经验，将本单元内容进行整合，创设 Miss Fang 和学生参观农场的情景，细分农场能看到的内容搭建学习支架。

　　首先，农场动物大多数学生都非常熟悉，但还有个别动物在一至三年级教材中未出现过，因此把第一课时的话题定为农场中的动物，以复习巩固农场动物为主。然后，在农场中除了能看到农场动物外，还可以看到许多的标志，这些标志告诉了我们农场中应该遵守的规则，因此第二课时的话题定为农场中的规则。其次，农场规则中有 Don't feed the animals.就可以引出第三课时农场动物喜欢的食物的教学。最后，以 Old MacDonald 的猪 Big 的一天来整合运用前三课时的内容。

　　调整课本中的教学顺序，重组整合教学内容，搭建学习支架，将四

个课时划分为：

第一课时：

Animals on the farm (Listen and enjoy)

第二课时：

Rules on the farm (Look and learn, Look and say, Learn the sound)

第三课时：

Feed the animals (Say and act, Look and learn, Think and write)

第四课时：

Old MacDonald's pig Big (Read and match)

(Play a game 作为回家作业，让学生在课余时间玩)

根据教学内容确定单课时目标：

第一课时：

1. 掌握各种动物叫声，能用 They go … 句型来描述各类农场动物的叫声。

2. 能够拼写动物类名词的单复数形式。

3. 能够吟唱并欣赏歌曲《Old MacDonald has a farm》。

第二课时：

1. 掌握单词 litter, rubbish, bin 和词组 throw stones, walk on the grass, pick flowers。

2. 掌握句型 Don't … 及其回答。

3. 能够看懂农场规则，并遵守规则。

第三课时：

1. 掌握单词 hay, grass, corn, meat, feed；理解单词 bone, pen。

2. 能够准确运用句型 What do they eat? 提问并回答。

3. 能够复习巩固句型 These are …，准确掌握 Here be … 表述(这儿)有……

4. 能够从食性上进一步描述农场动物。

第四课时：

1. 能够掌握单词 pen，区分 swing 的不同意思。

2. 会用 outside, inside 表示事物的方位。

3. 能够运用 feed … with …表述如何喂养。

4. 能够根据图片复述故事 Old MacDonald's pig Big。

二、具体课例说明如何搭建学习支架

以第二课时：Rules on the farm 为例，教学内容包括课本 Look and learn，Look and say 和 Learn the sound。

Pre-task：

1. 复习歌曲《Old MacDonald has a farm》，引出 Miss Fang、Scarlet 和学生们要参观农场。

2. 单元内容整合，介绍 Scarlet，学习 Learn the sounds：sc-sk-的发音。

While-task：

1. 支架一：利用视频介绍农场规则（初步了解农场规则）

利用 look and say 的动画视频，通过 Old MacDonald 和老师的话，让学生感知农场中的规则。

2. 支架二：利用农场标志介绍农场规则（深入了解农场规则）

(1) T：What can you see on the farm? 问题引出标志。由于 pick flowers，walk on the grass 在 1—3 年级中已有过接触，学生大多已经掌握这两个词组，因此在这里就只是简单的让学生看着标志图片，利用 read and choose 的方式猜一猜标志的含义，由 We can't ... 来引出句型 Don't ...

(2) T：Is the farm clean and nice? There is no rubbish on the farm. 引出 rubbish，rubbish bin，以及句型 Don't litter。

其中单词 rubbish 的教授也是运用感知—理解—运用的支架式教学：

第一步，出示垃圾的图片，感知 rubbish 的意思，但部分学生可能会看不懂图片的含义。

第二步，利用教室中的实物演示，让那些还未懂单词含义的孩子能直观地看懂单词的含义。

第三步，将单词运用到句型中，put the rubbish in the rubbish bin。教室中总有个别学生的身边有一些垃圾，这时，老师就该利用好这些资源。走到孩子的身边，捡起垃圾说 There is some rubbish beside you。再让这个学生将垃圾扔进垃圾筒：Please put the rubbish in the rubbish bin。在具体

教育与教学篇

的情境中运用句型。然后让学生们自己找找同学身边是否有垃圾,并告知他运用句型 …,please put the the rubbish in the rubbish bin.

(3) Scarlet:I can throw the stone in the rubbish bin.由调皮的 Scarlet 看到地上的石头,把石头扔进垃圾筒引出词组 throw stones,及句型 Don't throw stones.

3. 支架三:根据图片说农场规则

复现整个故事,出示标志的图片让学生说出规则 Don't …

Post-task:

1. 支架四:任务一:出示图片,找出农场中学生们的错误,说出应该要遵守的农场规则:Don't …

2. 支架五:任务二:Make rules for our school

出示一些学校场景的图片,如操场、草地、教室、图书馆等,小组讨论为学校设计一些规则。

通过小组活动,让学生活学活用今天所学的句型,并不是只有农场里需要遵守这些规则。如学校的草地也可以制定规则:Don't walk on the grass.教室里也可以制定规则:Don't litter.等。

Homework:

1. 读书本 P48 的 Look and learn 及 Look and say,P51 的 Learn the sound。

2. 完成练习册内容：P72,P74：B,C

P72：   P74：B,C：

　　作业的设计也体现了支架结构,先是简单让学生看图选择相应的规则内容,再是让学生根据已学内容设计警示牌,最后让学生总结出农场里的规定,并写下能做的事与不能做的事。

多元评价　促学生核心素养之发展

陈　扬

　　当前随着"中国学生发展核心素养"的正式出炉,教师除了知识的传授,需更加注重对学生核心素养方面的培养。教师和学生都要以文化知识为基础,着重培养学生的自主发展,并逐步培养学生社会参与的

意识与热情,实现全面发展的核心素养之目标。核心素养综合表现为人文底蕴、科学精神、学会学习、健康生活、责任担当、实践创新六大素养。明确核心素养,一方面可通过引领和促进教师的专业发展,一方面可帮助学生明确未来的发展方向,激励学生朝着这一目标不断努力。同时,结合小学英语学科的核心素养:语言能力、思维品质、文化品格和学习能力四个维度,在实际的英语教学中采用不同的策略,有效教学,更好地实现对学生核心素养的培养。

近年来,英语新课标倡导评价机制,遵循学生身心发展规律,促进学生健康、可持续地发展。设立评价机制是为了更好地改进学生的学习,激发学生学习英语的兴趣。我以此为立足点,根据班级情况和学生特点,丰富评价形式,激发学生的学会学习能力和责任担当意识,从而培养学生的核心素养。

我任教的是二年级学生,在设计评价时我会注意学生的年龄特点,合理设计评价目标、内容与方式。二年级学生属于低年级,所以在评价时我较为注重评价对学生的激励作用,尽可能地多多鼓励学生,同时,我也会注重评价是否对学生的问题起到改进作用,通过合适的多元化的评价方式,给予学生针对性建议和精准指导,促进有效教学,促进学生核心素养的有效发展。

在实施教学评价时,我主要分为以下三大板块:

一、课堂即时评价——学生核心素养之参与意识与责任培养

1. 关注个体,兼顾全面评价。

作为小学英语教师,需灵活运用课堂教学评价手段,掌握课堂教学评价艺术。在实施课堂评价时,我较为关注个体,尽可能地丰富激励形式,促进学生学习英语的热情与自信心。在组织教学活动时,我不仅关注接受能力好、表现欲强、积极参与活动的学生个体,对于基础较差的学生个体,我同样通过各种评价激励形式加以鼓励,保护他们的兴趣和热情,从而让所有的孩子都能轻松愉快地学习英语,在活动中让学生掌握综合运用语言的能力。对于学生课堂上的表现评价也是多方面的,不只局限于对学生知识与技能的评价,还要关注学生在整个课堂过程中的参与度、主动性、合作与交流能力的评价。

2. 巧用竞争，实施分组评价。

二年级小朋友课堂专注度不够，但是好胜心却特别强。根据学生这个特点，我采用了比赛活动形式，实施分组评价。就是将全班小朋友分为四组，采取黑板上画星、小组比拼的评价方式。低年级学生，最重要的是从学生的课堂听讲习惯方面入手进行相应的评价：比如是否能认真听老师讲课、听同伴发言等；也要从学生的学习兴趣方面入手作相应的评价：如举手发言是否积极、是否能主动与同伴开展活动等；还要从学业成果反馈方面入手，如语用输出、小组合作、角色扮演等方面来即时评价学生。表现好的小朋友所在小组获得一颗星星，若过程中有小朋友不遵守课堂纪律或不认真听讲，则该小组摘掉一颗星星，一堂课结束后星星最多的小组每人可以获得一枚章。"小组比赛除了将星星直接画在黑板上"这种最简单直观的表现形式之外，有的时候，我也会变化一下小组比赛表现形式，如设计"小组爬梯比赛"的图示作为教具，采用彩色吸铁石爬格子的方法进行小组比拼，一个小组一种颜色一座梯子，表现好的小朋友代表该小组爬一级梯子，最后比一比哪个小组的梯子爬得高，哪个小组就获胜。这种变化的形式为学生带来的是耳目一新的感觉，他们都非常感兴趣。

分组评价的评价方式能够很好地激励学生参与到课堂中来，培养学生的集体荣誉感，从而潜移默化地培养学生的责任感和担当意识。分组评价在收获了良好的课堂即时效果的同时，更收获了学生的核心素养熏陶与培养；在发展了学生英语语言能力的同时也发展了学生的学习能力，即重视了小学英语学科的核心素养的发展。通过小组间的竞争分组评价方式，学生的责任担当感被激发了出来，每个小朋友都想着为自己的小组争光，通过自己优异的表现来为小组赢得星星，也能更好地约束自己，不想因为自己的不好上课习惯而连累小组摘去星星，这样的课堂效率更高、效果更好。在此过程中教师则有意识地渗透了核心素养的培养，学生在改进自身学习习惯和能力的同时，团队精神、合作意识的责任担当感也逐渐建立了起来。

3. 记录课堂，实行综合评价。

全班 41 个小朋友，一堂课 35 分钟，教师很难亲自兼顾到每个小朋友。为了让班里每位小朋友都长久保持学习英语的能动性，我会先准备一张记录单，上面记录有：课堂认真程度（一共 5 星，给自己本堂课的表现画星星）、举手次数（根据一堂课发言次数填写数字）、遵守课堂纪

律(共 5 星,老师讲认真听、同伴讲认真听、不随意插嘴讲话,根据自己表现画星星)、课堂朗读表演(共 5 星,根据朗读优美程度、是否拖音、语音语调是否准确、表演是否生动给自己画星星)、同伴合作(共 5 星,Pair Work 环节、Group Work 环节,是否能与伙伴们互相交流完成任务)。每个小朋友根据自己本堂课的全方位表现给自己做个评价,同时,让你的小伙伴也为你评一评,老师再根据综合情况,给表现优异的小朋友敲章。所以通过"自评、互评、师评"这样的综合评价,既能兼顾到每个小朋友也能有利于打造高效课堂,激发小朋友学习英语的主观能动性。这样一来,既有自己对自己的评价,也需接受同伴对自己的评价,自己也需给同伴做出相应的评价,多方位的评价会让学生意识到需要对自己的课堂表现负责,从而养成认真听课、积极参与到课堂活动中来的好习惯,并不断完善自己的表现以争取更高的评价。同时学生也会意识到对同伴作出评价也需负责,教师则可以有意识地引导学生认真倾听同伴发言、观察同伴的表现并吸取他人身上的优点的好习惯。从小培养学生的参与意识与参与热情,使学生更具责任感和担当意识,不知不觉中即培养和发展着学生的核心素养。

二、课后表现评价——学生核心素养之自我发展培养

课堂上的及时评价固然相当重要,课后的学习活动是课堂教学的有效延伸,这方面的评价也应紧紧跟进。因为课后任务是学生巩固课堂学习内容的有效方式,也是教师、家长检查学生学习效果的有效手段。

二年级的课时较少,一周两节英语课,我采用的评价方式是根据每堂课的单词、句型、语用输出小语段、合作对话、阅读文章等核心内容——罗列出来,设计一张学习任务单,并附有自评、互评、家长评三个评价栏。学生完成任务单上的口头任务,依据自己的表现圈星,首先是使学生对自己所掌握的内容以及表现有个客观认识,激发自主学习的能力;与同伴合作完成对话,伙伴之间圈星互相评,在自评的同时具备考查评价别人的能力;学生回家后将所学内容说给家长听,家长作出评价,让家长对于孩子在校学习情况有及时地了解。每项评价都设有五星,具体的评价标准都会列在任务单上,一目了然。充分发挥学生自我评价、互动评价和家长督促的积极作用,有效保障英语课后任务的完

成,在评价过程中也增加了趣味性,提高了学生完成任务的积极性。

课后任务单的评价主要以学生的自评、同伴间的互评和家长评为主,学生可以综合看到多方面的评价,自己为自己的学业成果负责,为同伴的学业成果评价负责,公正、客观地对己对人,同时诚恳地接受他人的评定,形成谦虚好学之优良品质,激励自己往更好的方向发展。

三、口头考查评价——学科核心素养之四维度培养

由于二年级没有笔头考查,为及时了解学生学习掌握情况,依据学情和班级情况,我会定时地进行口头考查。常规的口头考查评价方式是:每周我会挑十名左右的学生将本周的听读录音上传,根据每位学生的录音听读情况一一评价,对于好的方面给予大大的表扬,针对出现的问题提出意见与建议,帮助学生有所进步并及时地反馈给每一位家长,实现家校联系,合力评价促进孩子成长。家长们纷纷反映这个方法很好,学生因此每天养成了自觉听读英语的好习惯,逐步让学生明白学习是自己的事,应自己对自己的负责。此外,例如一单元学完后,出一份口头的单项练习,通过学生自行朗读作答、师生合作问答、表演小儿歌等方式完成考查。在练习单上我会依据孩子的情况给予客观、公正的评价(A 优秀,B 良好,C 合格,D 须努力)并写上评语。评语一般包含两部分:一部分是对学生的肯定,让评价起到激励作用,激发学生学习兴趣、助其树立信心;另一部分是对学生提出改进建议,根据学生存在的问题,给予学生有效的学习方法,在评价中体现出精准指导,使学生有明确的努力方向,更快进步。

以上三大板块的评价有班级特色也有学校特色。我根据班级英语课堂习惯实行敲章制,课堂、课后、口头评价表现良好的小朋友均能得到一枚章,敲在英语书扉页,再结合学校小荷文化特色——"小荷成长银行"积点评价制度,满十个章换得一枚小荷币奖励,小朋友将小荷币贴在"小荷成长银行存折"上,按照小荷币的数量去"小荷超市"换取对应的学习用品。这样的操作,可以充分发挥评价机制作用,以此激励学生学习英语的兴趣,让学生充分体悟到通过自己努力得来的成功喜悦。当然在实施评价的过程中,会出现部分学生因自身的不努力得到的评价不是那么理想而没能得到想要的奖品,教师这时候应引导学生对自己学习上做得不到位的地方负起责任,无论结果好坏都应自己承担;个

别学生对自己要求较高,对于得到的评价还不够满意,说明该学生已有较强的责任担当感,教师则应从正面肯定、鼓励他要有健康良好的心态来应对学习上出现的种种情况,在具备责任担当的同时学会健康学习和生活,这也正是教师对学生核心素养培养与发展的体现。

在教学过程中使用课堂、课后、口头评价等多元化评价,对于学生学习英语给予了精准指导,实现了有效教学,促进了学生核心素养培养与发展。在实施评价过程中,核心素养随之渗透、潜移默化、久而久之之后,学生一定会变得充满自信,更具团队意识和担当意识,自觉学习英语、热爱英语学科。

显然,学生英语学科素养的形成并非一朝一夕之间。"路漫漫其修远兮,吾将上下而求索",我会在教学过程中不断探索和创新学生核心素养培养的有效方式、合理方法,促使学生从小形成正确的人生观、价值观,逐步提升他们的各方面素质,愿我们的基础教育能让学生受益一生。

基于课标　多元实施
细化标准　促进学习
——浅谈英语课堂教学评价之实践感悟

陈　扬

【概述】

现如今,评价已渗透于英语日常教学中。依据《小学中高年段英语学科课程标准评价指南》的内容与要求,淡化评价的甄别、选拔功能,强化改进与激励功能,以教学目标为依据选用适切的、可操作性的多样评价形式,使用多元评价主体开展多维度评价,以此来促进学生更高效地学习英语。小学三年级的评价以激发学生学习兴趣、培养学生良好的学习习惯和树立学生学习英语的信心为主要目的。本案例以《英语》(牛津上海版)三年级第一学期 Module2 Unit1 My friends 的学习为例,实施多元评价,细化评价标准,促进学生的英语学习。

【案例呈现】

1. 评价目标——基于课程标准,紧扣核心内容。

本课时的核心是能在语境中正确运用核心词汇 fat,thin,tall,short,boy,girl 和句型 He's／She's … Is he／she …? Yes, he／she is.／No, he／she isn't,Who's your friend? He's／She's …询问关于朋友的信息,能在语境中做出正确流利的应答,语音语调正确优美,语法正确。并能在语境中运用核心词汇 fat,thin,tall,short,boy,girl 以及核心句型 He's／She's … He／She can／can't …熟练地介绍自己的朋友,语音语调正确优美,表达流畅。

2. 评价过程——实施多元评价,细化评价标准。

◆ 教师评价

评价内容:将核心单词与核心句型相结合,操练单词句型,引导学生 Make a chant,注意问句上扬与答句下降的声调,教师先做示范,学生再自己尝试练习。

评价标准:Make and say correctly-将 chant 说正确,得 1 星。

Make and say nicely-语音语调优美地说出 chant,得 1 星。

Make and act vividly-说 chant 时表现生动的,得 1 星。

评价示例

评价方式：第一次操练,采用教师评价的方式,针对学生回答的情况根据评价标准,给予合适的评价结果,以激励为主,口头评价学生,适当提出建议,帮助学生进步。

◆ 同伴互评

评价内容：运用对话的形式,主人公 Ken 与他的妈妈之间展开对话,在核心句型的基础上适当拓展,注意朗读的正确性、语音语调以及表现性,教师带读,学生模仿操练。

评价标准：Read correctly：将对话说正确,得 1 星。

Read nicely：语音语调优美地说出对话,得 1 星。

Read and act vividly：说对话时表现生动,得 1 星。

评价示例

评价方式：前面第一次采用教师评的方式,这一次采用同伴互评的方式,教师引导学生认真倾听同伴的发言,根据评价标准给予同伴相应的评价,并说说理由,让学生参与到评价中来,真正成为评价的主体。

◆ 自我评价

评价内容：课堂中插入适当练习,辅助教学,巩固新知,学生根据每大题的要求,进行听读、填写、说说等,注意填写的正确性以及说说时描述的正确性、流畅度、表现性等方面。

评价标准：Task 1: Listen and circle. (听一听,圈出括号内你所听到的单词)：每填对一空格,得 1 星。

Task 2：Read and fill. （读一读，将文本填写完整）：每填对一空格，得 1 星。

Task 3：Let's talk. （说一说，选一位你自己的朋友进行描述并完成对话）：每填对一空格，得 1 星。

评价示例

3A M2U1 My friends (Period 1) Ken's friends

Name_____ Class_____ No._____

***Task 1:* Listen and circle. (听一听，圈出括号内你所听到的单词)**

Look at the _____. (boy   girl)
He's my friend.
He's _____. (tall   short)
He's _____. (thin   fat)

I can get _____ (每填对一空格得 1☆)

***Task 2:* Read and fill. (读一读，将文本填写完整)**

> Look at the girl. She is not tall. She is short. Is she thin? Yes, she is. She's my good friend! We play games together. I like my friend! She's so nice!

Look at the _____. She's my friend. She's _____. She's _____. I like my friend!

I can get _____ (每填对一空格得 1☆)

***Task 3:* Let's talk. (说一说，选一位你自己的朋友进行描述并完成对话)**

A: Look at the boy/ girl.
   He's/ She's my friend.
   He's/ She's _____.
   He's/ She's _____.
B: Is he/ she _____ (name)?
A: Yes, he/ she is. (No, he/ she isn't. He/ She is _____ (name).)
B: He/ She's so _____ (nice, kind, sweet ...)

I can get _____ (每填对一空格得 1☆)

A——10☆-11☆	B——8☆-9☆	C——6☆-7☆	D——6☆以下

Totally I can get	☆	Score	(A/B/C/D)

341

评价方式：这一次采用的是学生自我评价,根据评价内容以及评价要求与标准,针对自己完成的情况,对自己做出相应的评价,将每部分的评价填入相应的空格内,并在最后 Totally I can get 后填入星数的总和,相对应的 A、B、C、D 评价即为这部分的自我评价结果。

◆ **课堂评价**

评价内容：将评价贯穿于整个课堂之中,对于学生的表现给予及时性地反馈评价,评价内容有学生课堂习惯、坐姿、举手发言、听课认真、回答问题情况等方面。

评价标准：针对学生表现情况,例如坐姿端正、听课认真等,每次加 1 星,过程中例如回答问题、同桌 pair work 等,将教师评价与同伴评价融入其中,老师评价、同伴评价给的星数都体现出来。

评价示例

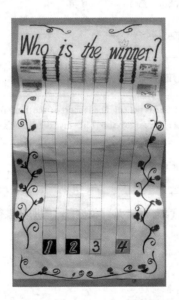

评价标准：将全班分为四小组,进行小组 PK,哪位小朋友获得的星数加在他所在的小组中,最后统计哪个小组获得的星数最多,这组即为 Winner。

◆ **家长评价**

评价内容：根据本堂课所学的核心内容,设计相应的 Homework,Read the words and text,Say about your own friends,其中是本堂课的核心句型,进行及时复习巩固。

评价标准： Read the words and text, 正确流利有感情地将本课的单词与课文朗读出来, Say about your own friends 则要求 Read correctly 得 1 星、Read and act vividly 得两星。

评价示例

评价方式： 这是回家任务, 采用的是家长评价, 让家长对于孩子在校学习的内容与掌握情况也有个了解。请孩子根据评价内容, 将单词课文读给父母听, 并用核心句型来介绍自己的朋友, 家长根据孩子说的情况做出相应的评价。

3. 评价要点。

(1) 学生了解评价内容、明白评价标准。

在评价活动开始前, 教师应根据班级学生的认知水平、班级特点情况等方面, 设计符合本班学生学情的相应评价内容与形式, 并清晰地告知学生如何开展评价活动, 每个评价相对应的星数, 最后如何反馈评价结果, 以及兑现相应的奖励, 让学生对评价内容、标准、操作方式等方面有详细了解, 让评价实施起来更有效, 也更具意义。

(2) 教师实施多元评价、细化评价标准。

朱浦老师曾强调评价的核心在于由单一维度评价向多维度的评价的转变。在英语教学中实施多元评价, 例如教师评价、同伴互相评价、自我评价、课堂及时性评价、家长评价等。在实施多元评价的过程中, 教师还应注意细化评价的标准, 不能笼统地一概而论, 例如细化学生朗读标准, correctly、nicely、vividly 等, 这样的细化评价标准让学生更清

教育与教学篇

楚知道自己的不足,教师也能更客观地评价学生。

（3）评价成果及时反馈、有效促进英语学习。

在教学中实施的评价,要及时向学生反馈结果。例如,每次课堂结束后,哪个小组是最终的 Winner,要及时反馈并给予相应的奖励;每次的任务单评价也应及时反馈,给予一定建议,让学生知道自己的优点与不足。结合我校开展的"小荷成长银行"积点评价制度,根据评价反馈结果奖励学生相应的"小荷币",促进学生学习英语的兴趣与动力,让评价达到更好地促进英语学习的效果。

【评价总结】

基于课程标准实施评价是近年来一直在探讨的热点。在实施评价改革的过程中,作为青年教师的我,应不断地学习与探索,转变观念,注重学生学习的过程以及培养学生的核心素养,让评价伴随着教学,以期做到基于课标、多元实施、细化标准、促进学习。当然,在实施评价的过程中,我也会碰到很多困惑,例如:学生之间存在较大差异,如何让每个学生都能从评价中获益? 如何让全班学生有兴致又有效地参与到评价活动中来,并且从中丰富学习体验? 如此一系列问题,在评价的道路上可谓"路漫漫其修远兮,吾将上下而求索",希望用一名英语老师的智慧与努力点亮英语教学评价之路!

巧搭支架,建构高效课堂

——支架式教学在小学英语故事教学中的尝试

许国珍

一、支架理论

支架(scaffold)原本是指建筑工地上使用的脚手架。从教学角度而言,"支架"指的是教师通过与学生的良性互动来引动学习者学习的一种方法。它是一种教学策略,教师和学生合作,参与一个解决问题的合作,由教师提供例子、支持、指导和输入,然后随着学习者逐渐独立,教师再逐渐撤出。(Collis, 1998)

"支架式教学法"是建构主义教学模式下已开发出的基于支架理论的一种比较成熟的教学方法。"支架式教学法应为学习者建构对知识的理解提供一种概念框架——事先要把复杂的学习任务加以分解,以便于把学习者的理解逐步引向深入。"(张朵,2008)这种"概念框架"就是学生学习过程中所需的"支架",建构主义者形象地称之为"脚手架",即为学生的知识建构搭建如建筑行业中的"脚手架"。

二、教学实施步骤

《英语课程标准(2011年版)》(教育部,2012)对小学英语教学的语言技能、语言知识、情感态度、学习策略和文化意识五个方面规定了具体的教学目标。这充分表明,这五个方面是一个统一的整体,它们之间不存在主次。它要求教师以学生的整体发展为出发点,围绕单元话题制定单元目标,既要强调语言技能目标与语言知识目标,又要突出情感态度、学习策略与文化意识等目标,将多方面要求整合在一起,形成综合性语言能力要求,进而体现单元目标的多元化。

1. 学情分析。

本节课的教学对象为一年级的学生,他们活泼好动,好胜心强,有着强烈的表现欲,并对英语学习很有兴趣,他们能听懂、认读一些单词和句子,能用英语做些简单的交流,但他们对语言的掌握能力还不是很强,而且课堂中注意力的持久性相对比较低,需要老师在课堂中创设多一些的活动让他们反复学习,同时形式上要多样化,并且能够牢牢吸引他们的眼球。

在本节课前,学生已经完成本单元第一课时的学习,已感知并懂得初步使用单元目标语言:能用几句话来描述眼中的春天:Spring is ... In spring, I see/ hear/ smell ... I like spring.

2. 目标设定。

本课教学内容是牛津英语上海版 1B Module3 Unit1 Seasons。在

了解四季的说法和简单特征的基础上,重点学习有关春天和夏天的特征,并且通过视觉、听觉、味觉、触觉等各个感官来学习这两个季节的相关内容。

单元总目标:① 初步感知四季,能听说、认读:spring, summer, warm, hot

② 能理解并且会表达句型:Spring/Summer is ...

I see/hear/smell/drink ... in spring/summer.

③ 能理解故事内容,并且流畅朗读故事。

④ 通过不同感官感受春天和夏天的特征,感受这两个季节带给人们的快乐,热爱我们的生活。

单元课时数:2

分课时话题:第一课时:I like spring

第二课时:A frog in summer

分课时目标:

	语言知识与技能	过程与方法	情感态度
第一课时	1. 在语境中初步感知四季,并且学习重点单词:spring, warm 重点句型:In spring, I see/hear/smell ... 2. 能用几句话来描述眼中的春天: Spring is ... In spring, I see/hear ... I like spring very much. 3. 能理解故事内容,并且进行正确朗读。	1. 主题引入,理解文本内容。 2. 以听说带动对语言的感知与理解。 3. 能把新学的知识替换到旧的儿歌和歌曲中表演。	感受春天的勃勃生机和五彩缤纷,感受它带给人们的快乐,用自己的方式表达对春天的喜爱。
第二课时	1. 在语境中学习重点单词:summer, hot 重点句型:In summer, I eat/drink ... 2. 在故事中描述夏天的特征: Summer is ... In summer, I see/hear/eat/drink ... How ... I like summer very much. 3. 能理解故事内容,并且进行正确朗读。	1. 能模仿说出单词和句型。 2. 能在教师的引导下理解故事内容。 3. 以故事情节的发展为主线,在语境中引导学生边学边练,边学边用。	通过故事的学习,感受夏天的丰富多彩,感受勇于尝试带来的喜悦。

三、教学案例探析：在故事教学中搭建支架

本文以《牛津小学英语》(上海版)1BM3U1 Seasons 第二课时：A frog in summer 的故事教学为例，探究在小学英语故事教学中，教师如何在课堂教学的各个环节根据学生不断变化的"最近发展区"，适时、巧妙地为学生搭建形式多样的教学支架，从而提高故事教学的有效性。

◆ 故事教学之前搭建支架：

支架 1：以 Homework 为支架——作业反馈，学习准备

(   ) Colour and say   (   ) Complete and say

Spring is _____. (green, warm, nice, colourful ...)

In spring, I see _____. (flowers, trees, bees, birds, butterflies...)

In spring, I hear _____. (bees, birds ...)

In spring, I _____. (fly a kite, smell flowers, sing a song ....)

通过反馈第一课时学习的春天相关内容，说说自己眼中的春天，唤起学生的已有知识经验，发展他们的语言表达能力，从而为本课的教学做铺垫。同时，分层作业设计，既体现了学习目标，又兼顾了学生之间的差异性。

◆ 故事教学之中搭建支架：

支架 2：以图片和标题为支架——导入单词 summer，揭示故事背景。

在讨论眼中的春天之后，展示下一个季节的特征图片，提问：What season is it? 帮助学生带着问题去观察与聆听，引导学生主动参与，激发学生的学习兴趣。在教学中，注重单词的语音教学，通过与 rubber, duck 的比较，完成单词 summer 的拼读。通过简单的儿歌朗读：

教育与教学篇

Summer, summer, I like summer. 引出故事 A frog in summer.

支架 3：以视听材料作支架——整体感知，弄清大意。

整体语言教学理论认为，"语言是一个整体，语言能力的发展和培养是整体性的，而不是可分割性的。任何企图把语言肢解成语音、词汇、语法等的行为都会使语言失去其真实性和完整性。"（宫文胜，2009）因此，我们应该运用适合学生年龄特点的课文动画、课文录音、课文插画等视听材料，调动学生的视、听等感官，以直观形象的形式呈现故事，化解故事理解难度，将故事作为一个整体完整地呈现给学生。

在本课时的故事教学中，笔者将教材内容进行整合，结合旧知，再构文本，以视听的形式呈现给学生，帮助学生从不同的感官上来感受夏天，从而理解故事大意。

第二课时文本：
R -- Little Rabbit   P -- Little Pig   F -- Little Frog
R&P: Hello! Little Frog. Come and play.
F: No! No! No! It's summer. Summer is hot.
R: Summer is hot. But in summer, I see flowers. I hear birds. How nice! I like summer! Come and play!
F: No! No! No! It's summer. Summer is too hot!
P: Sumer is too hot. But in summer, I eat watermelons. I drink cold juice. How yummy! I like summer! Come and play!
F: Summer…Nice? Summer… Yummy? Hmmm…OK! Jump! Jump! Jump! I'm coming!
F: Summer is hot. But in summer, I see flowers. I hear birds. I eat watermelons. I drink cold juice. How happy! I like summer very much!

任务一：图文结合，语用尝试，总结故事的第一部分。

通过图片、歌声、声效、对话进入故事情节,帮助学生体验单词 hot,感受夏天特征。随着故事情节的发展,小兔向小青蛙介绍自己在夏天的所见所闻,在经过聆听、跟读、交流后,学生在故事过程中不仅学习重点句型: In summer, I see/ hear …同时在不断的反复又符合情景的方式下呈现夏天特征来突破本课重点单词 summer 与 hot 的教学。最终能表达对夏天的喜爱之情: How nice!

任务二:朗读对话,整体回顾故事的第一部分。

通过演一演、说一说,帮助学生复习故事的第一部分,同时为引入故事的第二部分做铺垫。

支架 4:以问题作支架——巧妙引导,语段输出。

在故事的第二部分推进,由问题引导。启发学生在已有生活经验的基础上,进行思考。

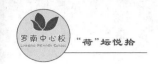
任务：Brain storm：品味丰富美食，体验夏天魅力。

在小兔劝说无果后，小猪进一步表述自己"舌尖上的夏天"来邀请小青蛙出来一起玩，通过 Brain storm，学生学习重点句型 In summer, I eat / drink ... 并且通过层层递进的语段描述 "Summer is hot. In summer, I eat ... I drink ... How yummy! I like summer." 来帮助学生更进一步体验夏天的魅力。

◆故事教学之后搭建支架：

支架 5：以板书、框架作支架，复述故事内容。

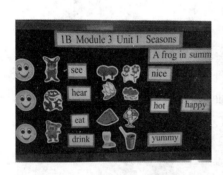

在 post-task 环节，引导学生根据黑板上图文结合的板书以及 PPT 呈现的框架复述小故事。为学生的思考提供可借鉴的参考或提示，提高了学生自主学习的质量和效率。

支架 6：以情感作支架，实现情感升华。

《英语课程标准》(2011 版)明确提出英语"具有工具性与人文性"的

双重性质。这就要求教师在故事教学中挖掘故事内涵,注重学生在人格情感方面的协调发展,追寻有意义的人性教育。通过本课时的故事学习,不仅带领学生感受夏天的丰富多彩：nice, yummy and happy,重要的是让学生感受勇于尝试带来的喜悦。

四、结束语

小学英语故事教学中,教师应立足教学实际,以生为本,找准学生的"最近发展区",为学生搭建合理的教学支架,充分调动学生思维,提升故事教学的有效性,培养学生"用英语做事情"的能力,从而在培养和发展学生能力的同时,能有效达成使学生形成初步的综合语言运用能力,促进心智发展,提高综合人文素养的总目标。

精细中出等第 评价中见成长
——英语学习评价纸笔测试初探

杨 佳

【概述】

学校依据评价指南的要求,考虑本校的实际情况,确定在学期的平时阶段以及期中、期末阶段,学校英语学科从口头评价、纸笔评价两大形式入手,对学生的学期阶段的学业成果作出公平、公正、客观的评价。其中纸笔评价又分为读写评价和听力评价两方面,涵盖了低年段的语音、词汇和句法三个模块的主题内容,又在中高年段增加了词法和语篇,所以中高年段有五个模块的主题内容。

本案例以五年级第一学期牛津英语期中读写分项评价为例,阐述如何基于课程标准以精细化的评价内容和评价目标为依据,编制评价细目表、设定评价标准,并通过等第制方法的评定,让学生的阶段性评

价了然于目,最后通过教师详细地评价分析和补充练习的评价,使学生得到一步又一步地成长。

以下是一个五年级《英语》(牛津上海版)第一学期期中读写分项评价中案例的详细情况。

【案例呈现】

一、评价目标和评价内容

	评 价 内 容	评 价 目 标
Look and learn	first, second, third, fourth, fifth, sixth; taxi, underground, zebra crossing, traffic lights, pavement; worker, pilot, farmer, cook, shop assistant; write an e-mail, go shopping, play chess; same, different, both, all; east, south, west, north.	• 能够准确掌握单词、词组的发音。 • 能理解单词、词组在具体语境中的意思。 • 能熟练掌握并正确使用单词、词组。
Look and say Say and act Read a story Look and read	P2,8,12,17,22,27 P4,9,14,19,24,29 P5,15 P10,20,25,30	• 能正确朗读课文。 • 能读懂课文并获得关键信息。 • 能掌握一般现在时态,尤其是第三人称单数的使用。 • 能理解核心句型。 When's your birthday? It's on … How do you come to school? I come to school … What do you want to be? I want to be a/ an … How often …? … both(do) … Why …? Because … • 能结合实际情景运用核心句型,进行同桌问答对话。
Listen and enjoy	P6,7,21,26,31	• 能在理解课文的基础上诵读儿歌。
Learn the sound	P6,11,16,21,26,31	• 能认识音标/i: / / I/ /e/ /æ/ /p/ /b/ /t/ /d/ /k/ /g/ /f/ /v/ /θ/ /ð/ • 能准确掌握相关的字母或是字母组合的发音。 • 能根据单词的发音规律准确辨音。

二、评价方式

纸笔测试。

三、评价细目表

测试命题细目表是评价目标和评价内容之间的关联表,体现评价的基本要素,有助于教师决定选择哪些方面的题目以及各类型题目应占的比例,起到了增强计划性,减少盲目性的作用。

测试项目	题型	评价目标	题号	语言知识点	记忆识别	理解表达	综合运用	预设难度
I. 判断划线部分的发音是否相同,用 T, F 表示		能使用学过的语音正确地辨别出单词中划线字母的发音	1~6	元音字母 a 和字母组合 ea, oo 的不同发音,辅音字母 th, f, v, ck, c 的不同发音	√	√		低高
II. 写同类词		能朗读句子理解之后,正确写出相同类别的单词	1~10	方向类,交通工具类,序数词类和 the same, different 类别		√	√	中高
III. 用所给单词的适当形式填空		阅读后能根据语境和句子灵活运用语言知识和交际用语	1~5	紧密结合课文内容,考核学生的第三人称单数的掌握情况		√	√	中高
IV. 选择最佳答案填空		能读懂句子,根据平时的词汇、句法的学习实际运用	1~5	M1、M2 的综合性知识考查。如:疑问词 How often,词汇:both, 词组:be good at doing 等		√	√	中高
V. 改写句子		了解简单句的基本形式	1~5	主要考查的是 M1 和 M2 的核心特殊疑问句: How often...? Why...? When...? 等		√	√	中高

续　表

测试项目	题型	评价目标	题号	语言知识点	能力要求			预设难度
					记忆识别	理解表达	综合运用	
	VI. A. 阅读短文,判断正误	能读懂短文的主题和情节,并对相应的信息进行判断	1～5	整体理解、细节理解、判断正误		√	√	中高
	B. 根据对话内容,选择恰当的句子补全对话	能读懂对话,并根据不同的阅读目的运用简单的阅读策略获取关键信息完成任务	1～5	综合理解、归纳理解、细节理解	√	√		低高

四、评价题示例

I. Read and judge：(判断划线部分的发音是否相同,用 T,F 表示)

(　　) 1. br<u>a</u>nch　sh<u>ar</u>p　　　　(　　) 2. r<u>oo</u>m　g<u>oo</u>d

(　　) 3. wi<u>th</u>　nor<u>th</u>　　　　(　　) 4. s<u>a</u>fe　s<u>a</u>ve

(　　) 5. si<u>c</u>k　<u>c</u>arrot　　　　(　　) 6.br<u>ea</u>d　<u>ea</u>t

II. Read and write (朗读句子,写出对应的同类词)

1. The room faces _____. Wow, lots of sunshine! _____

_____, _____.

2. They're in the _____ school. But they're in _____ classes.

3. Many people go to work by _____, by _____ or by _____.

4. Teachers' Day is on the _____ of September. Mother's Day is on the _____ Sunday in May every year.

V. Change the sentences. (改写句子)

1. She goes to work by underground.(同义句) _____

2. There is one study in our house.(复数句) _____

3. I like it <u>because it faces south</u>.(划线提问)_____

4. Her birthday is <u>on the ninth of January</u>.(划线提问)_____

5. He visits his grandma <u>twice a month</u>.(划线提问)_____

VI. Reading（阅读理解）

A. Read and judge.（阅读短文判断，用 T／F 表示）

Fishing is my favourite sport. I often fish for hours without catching anything. But this does not worry me. Some fishermen are unhappy. Instead of catching fish（没有捕到鱼），they catch old boots and rubbish. I am not lucky because I never catch anything, not even（甚至）old boots. After having spent（花费）whole（整个）mornings on the river, I always go home with an empty bag. "You must give up fishing!" my friends say. "It's a waste（浪费）of time!" But they don't think one important thing. I'm not really interested in fishing. I am only interested in sitting in a boat and doing nothing at all!

(   ) 1. I often go fishing but I often catch old boots and rubbish.

(   ) 2. I often spend hours in fishing but I don't mind（介意）whether（是否）I can catch fish or not.

(   ) 3. I like fishing because I enjoy sitting in a boat and doing nothing at all.

(   ) 4. I want to give up fishing at last.

(   ) 5. My friends think, "It's a waste of time."

5. 评价标准及参考答案示例

1）评价标准

错误≤4 题的评价为 A，　错误≤8 题的评价为 B，

错误≤16 题的评价为 C，　错误≥17 题的评价为 D

2）参考答案

II .Read and write（写出划线单词的同类词）

1. south(不可写其他)(north, east, west 可以选择其中任意两个)

2. same, different(不可互换)

3. (bus, bike, underground, train 可以选择其中任意两个)

4. tenth, second

V. Change the sentences.（改写句子）

1. She take an underground to work.

2. There are two (three... some) studies in my new home.

3. Why do you like it?

4. When is her birthday ?

5. How often does he visit his grandma?

6. 评价讲解及补充练习示例

5A 期中读写分项评价讲评课教案

教师：杨佳

【讲评班级】五(3)班

【讲评目标】

1. 语言知识与技能(略)。

2. 过程与方法(略)。

3. 讲评重点。

重点分析"改写句子"和"读短文做判断"，明白严重失分的原因。

【教学课时】1 教时

【教学准备】五(3)班批阅后的试卷，相关数据，补充练习纸

【教学过程】

PROCEDURES	CONTENTS	METHODS	PURPOSES
Pre-task preparation	总体分析	学生听取教师的总体分析： 教师：本次评价一共有五大题型，其中做得比较好的题型是辨音，写同类词和阅读理解中的"根据对话内容，选择恰当的句子补全对话"，但是阅读理解中的"阅读短文判断题"和"改写句子"两项做得不是很理想。教师简要说明一下各等第人数： 等第 A B C D 人数 5 11 23 7 　　 11 15 13 6 这里下面数字是五(4)班的等第评价结果。比较而言，我们 3 班的 B 档孩子们要努力蹦一蹦，争取前进一步，赶上 4 班的同学们。	通过总体分析进入讲评课听讲的学习状态。 总体了解班级情况，以及各人学业水平，表扬优秀的学生，并提出今后努力的目标。

PROCEDURES	CONTENTS	METHODS	PURPOSES
While-task procedure	一、发放评价结果,学生先自查并试订正	1. 学生快速浏览自己的评价结果,心中衡量自己的评价水准。	验证自己的错误情况,形成迫切需要解决问题的学习欲望。
		2. 学生在老师的要求下先进行试订正。不会订正的留着更认真地听讲。	许多学生的错误往往是自己在审题时的疏忽而导致,他们能自我排解。
		3. 学生交流自己的错情。 (老师根据问题的实际解答情况,或让其他学生再补充或是老师进行讲解)	学生订正后需要再次核对自己的订正准确情况,得到老师或同学对解题思路的认可,因此,给学生发言交流是学生们需要的活动。
	二、分析班级典型错情	以下三个部分做得不错,简单说一说。 第一部分:语音部分(略) 第二部分: 用所给单词的适当形式填空 学生听老师分析:这个大题是一篇基于教材的小短文,大部分学生能填出,错误最多的在单词 stay 的第三人称单数的变化上,有的忽略了,有的写成 staies 了。 第三部分:阅读理解题 B 补全对话: 学生听老师分析:大部分学生做得不错。 以下四个大题错误比较多: 朗读句子,写出对应的同类词 (1) 学生听老师分析: 这个大题的同类词,与以往不同的是:需要大家读懂句子,理解之后才能做出答案。例如第 1 题的错误在于一小部分学生将 by... 的词组格式变为了复数: by cars ,造成错误。 第 4 题的错误产生原因是对这两个节日的具体时间不明确,尤其是母亲节更不清楚了。 (2) 学生核对刚才试订正的准确率情况或再订正。 (以下三个大题讲解略。)	针对学生的典型错情重点讲解、重点辅导,集体纠错。

PROCEDURES	CONTENTS	METHODS	PURPOSES
Post-task activity	个别问题的再解答 课堂小结	订正好的学生先着手整理错题集。个别学困生在教师点对点的帮助下,完成订正。 学生听取教师小结: 这份评价题,大家做得如何,每个人一定要心中有底。本堂课,大家听得是否认真,听懂了多少,老师将在你们的订正情况中评定,请大家认真完成订正作业。	整理错题集是我们班级一个比较好的学习方法,在时间允许的情况下当堂完成,效果最好。
Assignments	完成没来得及订正好的题目,同时将错情与正确答案一起写出来。 发放补充练习纸。(内容见相关 word 文档——《5A 期中读写分项评价补充练习》) 示例: 一、按要求改写句子 1. He goes to the park by bus.(同义句) 2. He takes a plane to Beijing.(同义句) 3. There's one library in our school.(复数句) 4. She likes the teacherbecause she's kind. 5. His birthday ison the twenties of Februray. 6. She visits her grandparents every week. 二、读短文作判断 (略)	通过写错情的订正方法,进一步加深对知识点的理解、识记。 所选补充练习都是针对以上错情严重的举一反三题。

【案例尾声】

　　以上案例中,非常完整地呈现了五年级第一学期的这次期中阶段性的分项评价目标、评价内容、评价细目表、评价标准、评价解析及评价补充,使学生能在教师设计的精细化的评价题中既得到了客观、轻松的等第制评价,又保护了他们作为高年级孩子的自尊心,也就保护了他们学习英语的持续兴趣,保证了他们学习习惯的良性循环,使他们逐步成长、成熟,坦然接受自己的学业成果,从而正确对待自己的学习。

三年级信息科技课中审美教育的实践探索

姜海伟

一、引言

上小学三年级信息科技课,许多老师家长学生说是上"电脑课",这种观点是把信息科技的教学匡死在"用电脑学习各种软件的使用方法",而忽略了技术以外的一些因素。

上海市《基础教育课程改革纲要(试行)》明确要求我们在教学中应注意培养学生的信息素养。它包括搜集和处理信息的能力、获取新知识的能力、分析和解决问题的能力以及交流与合作的能力。从纲要中不难看出,学生要掌握两点,一是"信息技术能力"的获得,即对数据信息的处理能力。二是"信息素养",即数据本身对人的帮助。

纵观信息科技教育研究的现状,对通过教学方法提高技术获取能力的研究比较多一点,对如何在信息科技教学中进行美育教育的研究比较少。在信息科技课中进行美育教育,是我近几年一直在考虑的问题,并围绕此问题在实践上作了一些探索。

二、概念界定

审美是人类掌握世界的一种特殊形式。人之所以需要审美,是因为世界上存在着许多的东西,需要我们去取舍,找到适合我们需要的那部分,即美的事物。

人之所以审美,除了愉悦自己的目的之外,在很大程度上也是为了完善自己。通过一代代人对周遭世界的评判,不断进化,形成了更为完善的对事物的看法,剔除人性中一些丑陋的东西,发扬真、善、美。

三、实践的探索

(一)把审美作为一种情趣

艺术美产生特殊的审美愉悦,在这种愉悦的体验中,既有对形式的赞美和情感意味的共鸣,又有洞察事物的欣慰。欣赏者和参与者会产生一种深沉博大的快乐享受,最终上升到对精神人格的激动与领悟。

案例一:早前看过中央电视台主持人鞠萍的访谈录,她说到自己小学的时候参加过美术班的学习,在美术上的成就暂且不说,但她学会了颜色的搭配,这对她成人后穿着打扮方面有很大的帮助。

在学习画图软件的过程中,我发现学生的色彩感觉非常差,这个问题一直延续到小报制作和演示文稿的学习中。比如学生会用很深的背景叠上黑色的文字,导致看不清文字。学生喜欢用大红大绿,喜欢用花哨的背景,丝毫不考虑背景与文字主题的关系。联想到鞠萍的访谈录,我想到了"服装色彩搭配"的 flash 游戏。

玩法是选择游戏中不同的衣服、裤子,然后配上颜色进行搭配。在学生搭配好后,我会选择几个让学生点评,并讲出理由,然后老师加以解释。通过一段时间的游戏,学生大致掌握了一些颜色使用的技巧。比如"同色搭配""冷暖色调搭配"……

多做做类似的色彩游戏,学生在以后的生活中,也会如鞠萍姐姐一样,显得更有气质、更高雅。

(二)想象与审美

在一切心理因素中,唯有想象才是推动审美过程中的美感不断进发的力量。审美想象是一种情感的想象,它是按主体情感要求展开的,然后创造出来符合主体审美需要的意象。想象力的作用,常常使对象变得不可思议,但却更符合主体的审美理想。

案例二:在"曲线"工具的运用一课,我又是这样设计的:在学生经过初步的尝试,掌握了曲线的基本画法后,引导学生去观察、去想象,曲线像什么？在略加提示之后，让学生大胆地去发挥想象、去发散性的尝试曲线可以帮我们画什么：

曲线有三种画法：

弧形的曲线 $\frown$ 　　浪形的曲线 $\sim$ 　　水滴型的曲线 $\lozenge$

以弧形曲线举例，一条小小的弧线学生想象出了无数种造型：

弧形曲线 $\smile$ 　微笑、小船、下巴、篮子……

换个方向 $\frown$ 　山坡、屋顶、馒头、帽子、桥……

竖起来 $)$ 　把手、柳枝、耳朵、大肚子……

组合在一起

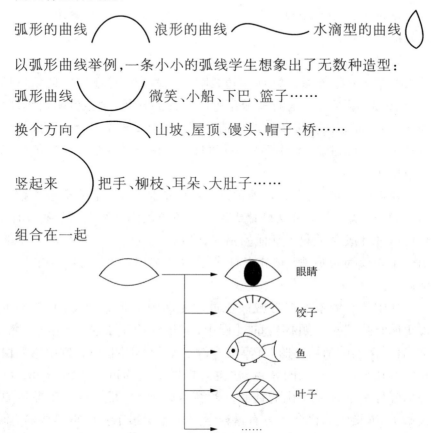

眼睛

饺子

鱼

叶子

……

有了生活经验的帮助，有了基础知识的辅助，学生的这些尝试变得实际而有效。特别是当他们借鉴了别人的成果后，还会创造出更为丰富的内容。这种发散性的尝试真正地验证了一句话"想象力无限，创意无限"，既帮助学生训练了思维能力，也暗示了学生一种联想式的学习方法。

（三）为孩子接近美德作准备

利用任务驱动，我们可以用一个个生动有趣，蕴含着人生道理和智慧的小故事来设置授课内容，组织教材。引导孩子，帮助他们树立正确

的人生观、价值观和世界观。故事虽小,但它从孩子的情感出发,囊括了自信、乐观、坚强、亲情、勤奋、努力等诸多与青少年健康成长关系密切的各个方面。

案例三:《让形式更生动》一课,我用"新龟兔赛跑"来串引,达到了很好的教学效果。

在课的引入中,我问学生,在"龟兔赛跑"中,兔子为什么会输给乌龟呢?学生:兔子因为轻视乌龟,比赛中途睡觉而输给了乌龟。那么"新龟兔赛跑"会发生怎样的故事呢?在课的开始,学生就明白了,骄傲使人落后,虚心使人进步。做事情要踏踏实实,这样才会取得成功。而老师新设置的悬念,又让学生在猜测,老师在这节课中又会告诉我们什么道理呢?

在课的结尾,我有意识地创设了不同的情景,让龟兔赛跑的结尾有了不同的结果,学生可以设计成这一次兔子因为认真对待赢得了比赛,也可以设计成兔子犯了其他的错误,又错失了胜利。总之,学生都能得出一个积极的价值观,充分发挥了学生的扩展性思维,培养了学生的情商。

法国著名雕塑家罗丹曾经说过:"生活中从不缺少美,而是缺少发现美的眼睛。"在主题探究的过程中,学生经历了交流、合作、探究、思考,有了深刻的情感体验,并享受一种主宰和驾驭事物的自由感。由于审美客体具有多元化的特点,学生会根据个人的审美情趣、知识经验、经历爱好来进行多元化的体验。教育不是说教,而是给学生提供更多接触美、感受美的机会。只有这样学生才能积累丰富的审美经验,全面提高自身素养。

案例四:《救治大熊猫》一课中,在运用画图工具为"受伤"(没有涂色,漏色)的熊猫"疗伤"(修补图画)的过程中,贯穿我国濒危野生动物的知识,包括造成濒危现象的原因、采取救助的方法等等,将学生的受知面从信息科技学科向自然科学学科迁移和外化;在"疗伤"的过程中,引导学生一定要细心,不要发生漏色或画笔出头现象,否则熊猫会越治越伤,同时引申出我们做任何事都要细心、耐心,遇到困难还要有恒心,将学生的行为习惯从信息科技学科向生活实践迁移和外化。

案例五:《垃圾分类》一课中,我先问学生知不知道垃圾分类的方法。学生七嘴八舌地说了一些分类方法。然后老师引导学生说:"据我了解,小区中的居民对垃圾分类的方法也不是很了解,所以需要我们制作一张宣传海报,张贴在楼宇里,向居民们宣传。"三言两语就让学生知道了垃圾分类的方法,知道了环保的重要性。然后开始引导学生用表格制作海报,在制作的过程中,要配上宣传环保的图片,要加上环保的宣传语等。"随风潜入夜,润物细无声",对生活美的熏陶竟然和信息技能无缝对接了。

四、结论

信息科技课不是冷冰冰的机器语言课,它和其他学科一样,有着丰富的美育内容,只要教师善于挖掘,它同样有着特殊的教育地位。长期以来,人们只看重实践"如何使用合理的教学方法来提高教学效率",却对信息科技课中实施美育相当忽略,即使在教学中美育贯彻得较好的老师,也往往缺乏理论的自觉。因此,一提起美育,首先想到的是音乐、美术而不是信息科技。固然,音乐、美术在美育中各有其不可替代的地位和价值,但相比之下,现代科技的发展,赋予了信息科技教学更广大的美育空间。

以"生活化教学"为载体,提升
《品德与社会》学科育人价值

王文静

《品德与社会》是一门活动型综合课程。因此,课堂教学要从不同年级段学生的实际出发,以学生的生活为基础来精心设计、组织课堂和课外教学活动,使学生在活动中学习,去感悟和领会各种道德要求和生活中的常识,逐步形成良好的行为习惯与道德品质。在平时的品社课堂教学中,通过对教法、学法的初步研究,我认为可以从以下三方面入

手,帮助学生在品社学科中将知识内化为自觉的言行,从而真正彰显其育人价值。

一、以活动体验为载体,关注方法指导

　　学生能力的培养、发展不是一蹴而就的,一般都需经历几个阶段或步骤,因此教师作为学生学习的主导者,要分解难度,分层设计每个阶段的训练内容,逐一排除障碍,直至目标达成。例如:在执教《我会理东西》一课时,我设计了以下教学活动:

　　(一)利用教具,整理书桌。

　　1. 学生动手摆教具。

　　2. 指名上台交流。

　　3. 教师点评:东西能分类放,看上去很整洁。

　　有效地利用书桌的空间,找起来很方便。(板书:整洁、方便)

　　(二)运用方法,整理书桌。

　　1. 学生动手整理书桌。

　　2. 教师小结:在整理物品的时候,我们要学会把相同类型的物品放在一起,这样便于要用的时候能很快找到。

　　(三)巩固训练,整理教室。

　　1. 过渡语:小朋友,动动我们勤劳的双手,冬冬的书桌、我们自己的书桌都变整洁了。可再看看我们的教室,你们觉得怎么样? 生活在这样的环境里,你觉得心情怎么样? 那就让我们也来动动手,让教室变个样,变得整洁又漂亮!

　　2. 小组讨论交流:教室里哪些东西是同一类的可以放在一起? 教师随后采访。

　　3. 小组派代表来整理教室。

　　4. 教师、学生分别点评。

　　5. 教师:你们都完成得不错。看看现在的教室,你有什么感受? 怎样使教室里的这些角落一直保持现在这样干净整洁呢?

　　6. 学生讨论交流。

　　我认为,通过教师这样细致有序地指导,无论是学生的动手操作能力还是合作与交流的能力都有了一定的提高。

作为教师,作为学习活动的组织者、引导者、合作者的职责就是为学生创设多样化的情境和学习机会,同时给予适时的指导与激励的评价。让学生多一点自信,多一点快乐。让学生在情境中求知,在求知中体验,在体验中自然和谐地发展。

二、以回归生活为延续,重视实践巩固

能力发展不可能靠外部传授,必须经过学生自己的亲身体验。因此,我们就必须在学习过程中给学生提供"内化"知识经验、技能技巧的时间与空间。

在执教《一年之计在于春》一课时,我就充分关注到了这一点。例如在"一分钟大收获"这个教学活动环节中,设计了动手写一写、做一做、算一算、画一画,通过让学生亲自体验,知道每一分钟都可以做很多事,从而让学生体会到珍惜时间的重要性。

当然,对于珍惜时间,每个学生都懂,嘴巴上都会说,但是真正要让学生学完课文后有所收获,这也是个比较困难的事情。为了能让学生有所触动,有所行动,在教学资源方面,我比较注重利用学生身边的事例,如"明明不抓紧时间做作业""消防员等特殊行业分秒必争为人民"等视频片段……选取的都是学生生活中的事例,学生看得见,摸得着的,这样才能引起共鸣,使他们知道该怎么做,不该怎么做,从而真正起到引导学生生活的作用。同时,作为课后延伸,又给学生设计了一张"我和春天有个约定"的惜时自评表,让学生以一周为限进行比一比、赛一赛:谁是最懂得珍惜时间、遵守时间、抓紧时间的人。最终评选出班中的"惜时小达人"。

这样就将课堂教学与学生生活紧密结合起来,让学生在环境中体验实践,既有利于学生与社会的融合,又会在实践中发现新的问题,通过解决问题掌握新的方法、形成新的能力,让学生的道德形成和社会性发展成为现实。

三、以争章活动为抓手,促进行为养成

良好行为习惯的养成对学生的健康成长有着重要的作用,同样以培养少年儿童良好素质的少先队争章活动中,许多争章的内容对于学

生良好行为习惯的养成提出了十分具体的要求。基于此,在教学活动中我把"雏鹰争章"中的"自理章"和"小岗位章"与《品德与社会》学科教学活动有机地结合起来。例如:在执教《我会理东西》一课和《我的岗位》一课时设计的教学活动:结合争章,提出希望。

《我会理东西》教学片段:

1. 老师知道我们班的大部分小朋友都学会了自己刷牙、洗脸、穿脱衣服、系鞋带,这是争自理章要闯的第一关!今天这节课,让我们通过努力,学会自己理东西,拿到小红花,闯过第二关,你们有没有信心?

2. 通过今天的学习,我们班的小朋友都学会了一项本领,是——理东西。大家都知道:自己的事情——自己做,而且学会的事情要——坚持做。老师希望大家能坚持自己整理书包,主动整理教室,拿到第二朵、第三朵……甚至更多的"小红花"。

3. 下节课,我们再来一起学习整理自己的小天地,房间里的衣柜、书桌、玩具箱……使房间整洁、美观,争取早日贴上金星星。

《我的岗位》教学片段:

1. (出示猫头鹰模型图)这是什么动物? 生:猫头鹰。

2. 师:猫头鹰有什么本领? 生:猫头鹰会抓田鼠……

3. 师陈述:猫头鹰是益鸟,它是捕捉田鼠的能手。到了夜晚,它就像一名哨兵,睁着两只闪闪发光的大眼睛,坚守在自己的岗位上,警惕地看着田野。猫头鹰是我们人类的好朋友,"小岗位章"就是用猫头鹰作为图案。小朋友,你们愿意同"小岗位章"交朋友吗?要和"小岗位章"交朋友,必须像猫头鹰那样认真负责、不偷懒,在自己的小岗位上为班中的同学服务、为班级做好事。

4. 学生自由选择小岗位,教师颁发小岗位奖章。

通过借助争章活动的形式,把学科教学内容充实到奖章活动中去,增加奖章内涵。在评价中,借助奖章的激励手段,把行为规范的养成内化成学生的自觉行为,这样既有效的促进学生对学科知识的追求,同时又增强了《品德与社会》学科育人的实效性。

当然,"教学有法而无定法",无论用什么教学手段,我们都不能脱离《品德与社会》学科的育人原则。作为《品德与社会》学科的任课老师,应该学会用心去关注生活,关注社会,关注学生。在教学中勇于创新,善于思考,在不断改善学习方法的过程中,充分发挥《品德与社会》学科不可估量的育人价值!

课内外结合下的口琴教学实践

陆春泓

【摘要】 十多年前关于口琴教学我曾撰写过一篇《三具合一,激发兴趣》的小文,发表于某教育刊物。如今我已由一名青年教师磨炼成了一名中年教师了,口琴教学也断断续续地陪伴着我的教学生涯,在音乐教学的成败得失中我对它又有了新的认识和更深的体会。关于口琴,教师如果能够认真探究其教学方法,那么它不仅可以培养、提高学生学习音乐的兴趣,而且能提高教师自身的教学热情,更重要的是它可以丰富、充实小学课内外的音乐教学活动,使口琴教学更具有效性,更好地服务于音乐课堂。

【关键词】 口琴教学 课内课外结合 教学内容和形式 因材施教

美国著名的音乐教育心理学家詹姆士·莫塞尔曾说过:"器乐教学可以说是通往更好体验音乐的桥梁。"本校地处农村,近年来一大半学生是外地打工者子女,由于各种条件的限制,相对于城区的学生来说家庭音乐氛围不浓厚,孩子们学习音乐和乐器的机会也少。同时,在音乐课教学实践中发现学生随着乐理知识的加深,高年级学生在学习教材上的内容和歌曲时积极性不是太高,个别学生甚至不喜欢音乐课。口琴因其体积小,便于携带且有固定音高等优点深受孩子们的喜爱。二期课改中更是把器乐教学明确地写在了新的中小学音乐学科的课程标准里。针对这样的现状,我校从三年级起在各班音乐课堂中开展口琴教学。通过教学实践与探索发现:在每堂音乐课上利用十到十五分钟的时间学习口琴,能激发

学生学习音乐的兴趣,开拓音乐视野,并从很大程度上丰富了音乐课堂教学。下面就谈谈自己的一些做法和想法。

一、课前：充分准备,事半功倍

众所周知,万事起步难。先不说教学生,如果自身都不会吹,怎么去吸引学生赢得学生的青睐呢?所以我在自身方面,自购了雅马哈口琴,并买来了专业书籍学习,有时间就积极练习,以便提高自身的口琴吹奏能力。

在教学方面,课前我准备了一系列的直观的教具。例如为了使学生掌握口琴音阶的排列,制作了口琴音阶排列示意图,并用不同颜色标出吹、吸记号,便于学生清晰的掌握;为了使我校的口琴教学系统化、层次化,我也根据各年级的特点,制定了不同的学习要求,汇编了不同程度的练习曲目。

二、课堂：教学内容和形式多样化,激发学生对器乐学习的积极性

(一)口琴教学要与教材紧密联系

口琴教学不仅是让学生学习一种乐器,更重要的是通过口琴教学进一步学习音乐、表现音乐,从而增强学习兴趣,全面提高学生的音乐素质。因此,不能把口琴教学孤立起来,而应与教材紧密、有机结合起来。

1. 口琴教学与视唱练耳教学相结合。中高年级的学生对视唱听音练习感觉比较枯燥、乏味,也是音乐课中比较难的环节。在课堂中我就经常会弹奏单音或简单的旋律请学生听辨后并吹奏出来,这样效果就不一样了。课堂气氛活跃,大家都跃跃欲试,学习的主动性大大增强。在唱完视唱谱时我也会让学生用口琴演奏,久而久之,就提高了学生的听辨能力,也训练了学生的识谱能力。

2. 口琴教学与唱歌教学相结合。在教授新歌曲前或学会歌曲后,让学生用口琴视奏,学生是非常感兴趣的。合唱教学在唱歌教学中是一个难点,常常会出现音不准,声音不和。但通过合奏练习后再进行合唱教学,合奏与合唱相互作用,使学生进一步感受音的立体感、和谐感。如我教四年级轮唱歌曲《老爷爷赶鹅时》,为了更好地让学生感受轮唱

的特点,我就先请一个吹得好的学生和我用口琴轮奏,让学生对轮唱有初步的感受,等学生学会歌曲后,再用钢琴和全体学生的口琴合作,最后学生就能分成两个声部用口琴轮奏了。在这样的学习过程中,学生的体验一步步加深,音准及情感表达就有了新的提高,学习的热情也很高涨,使课堂教学更丰满。

3. 口琴教学与欣赏相结合。让学生用口琴吹奏乐曲的主题音乐,进一步加深对作品的理解和感受,从听、唱、奏、说、表演等多种形式,调动学生欣赏音乐的积极性,提高学生对音乐的想象力和创造力。如欣赏《长城谣》这首歌曲,学生欣赏完歌曲后,让学生利用乐器吹奏出歌曲旋律,学生不但学会了歌曲,而且也加深了对歌曲的理解,同时也进行了一次很好的德育教育。

(二)选择学生喜爱的流行歌曲

在我的音乐课中,总是争取从每一个方面向学生传递美。我一直认为,美的流行音乐为什么就不能让孩子感受呢?而且随着高年级学生心智的成熟,他们接触流行歌曲的机会很多,学唱的愿望也很强烈。当学生对演奏书上的内容已经有点厌倦了的时候,演唱、演奏健康有益的流行歌曲无疑会给课堂增加活力。一次课上我给学生演唱《虫儿飞》,学生演唱时的那种投入是他们唱书上歌曲从没有过的,让我惊讶的是很多学生课后都能熟练地吹出歌曲。后来我又查寻了一些给学生,如《DO RE MI》《最好的未来》等,并进行了小组间的比赛。这一切都让孩子们感到新鲜和自己选择学习内容的一种自豪感,也促使他们学习口琴的劲头越来越大了。

(三)教学形式灵活多样

选择合适的教学内容很重要,如果教学形式上还能多样化一点,那么会让学生学习的热情更高。

1. 打击乐渲染。

结合教学内容的特点,配以简单的打击乐器,打节奏、拍手、拍肩、跺脚等,以增强创设情境的趣味和愉悦感。如在吹奏三拍子歌曲《小白船》一课时,运用简单的打击乐器让学生参与,来体现三拍子歌曲强弱弱的节奏特点,增添了歌曲优美宁静的气氛。学生熟练地用口琴吹奏出旋律,配

合上三角铁和小铃清脆的声音烘托出梦幻般的情景,也把夜晚美好的景色很好地表现出来了,形成融洽的教学氛围,收到了较好的效果。

2. 创编伴奏谱为歌曲伴奏。

每当学完一首歌曲时,有的学生能顺利吹奏完整的乐曲,但有相当一部分学生是无法完成的,这样会让他们对乐器和所学内容失去兴趣。编配伴奏谱就能让这部分学生也能体会演奏的乐趣,或者全班一起伴奏,体会歌曲的节奏训练的节奏感。

3. 进一步说,在口琴教学中,运用许多小游戏小方法无形中还可以训练学生的音乐基本素质。如模仿吹奏:学生凭听觉跟老师演奏乐句,教师吹一句,学生跟一句,培养了学生的反应能力。上下句对接:借助学生熟悉的旋律,由教师吹上一句,学生接下一句,或分成若干组,自由对接。创作旋律:由教师吹奏上一句,学生根据节奏等音乐要素创作后一句。多媒体辅助:用幻灯、电视、多媒体课件等创设情境,激发学生的学习兴趣。

三、课外:因材施教,多姿多彩

1. 以点带面,培养"首席"。

每个班都会有吹得特别好的学生,那么他会被学生推为"口琴首席"。一般这样的学生总能在第一时间吹奏出乐曲,我在课上及时和他用钢琴合奏,或独奏。榜样的力量是无穷,其余的学生也会有所触动练得都会很认真。我还和同学一起选举演奏得好、接受能力强的学生担任班中的小组长,同学们可以在课后到组长处去吹奏,小组长及时地指出其不足之处,充当老师的小助手。这样,教师就可以利用仅有的上课时间通过抽查了解到全班同学的演奏水平情况,也激发了学生的上进心和竞争意识,达到共同提高的目的。

2. 个别辅导不可少。

为了促进学生的整体吹奏水平,我定期对每个学生进行逐一考查。对于那些接受能力较弱的学生,如果加上个别辅导,这些学生会精力更集中,学习的积极性会马上提高上来,可以避免"两极分化"。我曾经辅导过这样一位学生:刚开始的音阶练习按顺序他还会吹,可让吹简单的曲子就不会了。每次上课轮到单独吹时他都很着急,每次他们班的音乐课后,我都重点辅导他,教给他方法、技能,让他反复地练习。这样时间一长,他就能自己吹出曲子了。在一次班级表演中竟获得了阵阵掌声,最后成了全班同学的佼佼者。

3. 给学生搭建展示的舞台。

口琴教学与课外活动相结合,如果能定点、定时开展口琴课外活动,开设第二课堂,既发展学生的特长,又是音乐课堂教育的延伸,使口琴教学在普及的基础上得到提高,那是最好的方法了。在学校的各项艺术活动中也要给学生展示的舞台。比如每年我校举办"十月歌会活动"时,我就安排学生用合奏或独奏的形式展示他们的才华。推荐优秀的学生参加区"艺术单项比赛"。通过这些活动更加增强了学生们学习口琴的积极性,最重要的是给学生创设了锻炼的机会。

口琴教学是音乐课的重要组成部分,它不仅提高了教学的趣味性和实效性,同时能促进学生身心健康发展,是学生终身受益的事。口琴是一种学具,利用这个学具自学歌曲,利用这个学具表达心情,利用这个学具感受美的旋律,让音乐改变孩子们的生活。让美的音乐在每个孩子心中流动! 口琴教学的成功,也会使得音乐课取得事半功倍的效果!

助力低年级学生审美判断
能力提升的实践感悟

周英姿

什么是审美?"审美是人类理解世界的一种特殊形式,指人与世界形成一种无功利的、形象的和情感的关系状态。审美是在理智与情感、主观与客观上认识、理解、感知和评判世界上的存在。审美也就是有审有美,在这个词组中,审作为一个动词,它表示一定有人在审,有主体介入;同时,也一定有可供人审的美,即审美客体或对象。"在我们的美术教学中审美无处不在,势必会存在特有的看法与判断,而审美判断能力正是我们美术学科核心素养中必不可少的一种美术能力。学会审才能更好地创造美,有美才能更好地审。随着教育理念的不断推进,周围孩子们从小便能接触到绘画,部分家长还会送孩子们专门去学画。那绘画到底给孩子们带来了什么呢?单单是美术中的技能技法吗?如何更好地学习美术呢?就我的教学经验而言,个人认为首先需要助力低年级学生的审美判断能力,才能使其在今后的美术学习中真正有所收获。

一、树立正确审美判断意识

低年级学生普遍都非常喜爱画画,画中往往编织着自己的故事,或甜蜜或搞笑或热闹……至于效果如何? 他们从来没有固定的思维去判断,原本也没这个必要。但成人在看见孩子们的作品时往往忍不住"即兴"评价。画得"像不像"是最通用的一种评价方式。当孩子顺着你那"不像"的评价观点观察时,他会发现果真画得不像,那种失落、羞涩难以表达,明明欢快的画时心情一落千丈。没画像是自己没本事,是自己不会画,一系列的心理活动换来的是我不会画画,我画不好;更有自尊心强的孩子会直接撕毁或藏起作品,慢慢变得不敢画了。

孩子们不知道那些大大小小、歪歪扭扭、抽象幼稚、涂色不匀的画面本就是属于他们这一年龄的画风,充满童真稚趣,毕加索都求之不来。因此,在课堂巡视环节中,我从来不以画得"像"作为评判准则。当学生问我画得"像不像"时,我从不直接回答像或不像,而是赞扬他画得好的地方。比如,形状漂亮,颜色搭配真好看,非常有创意或者看得出用心在画等。与此同时,我会适宜地跟孩子解释不是

"像"就代表你画得特别好,关键用心努力,在学会方法的情况下遵从自己的内心画出与众不同来。时间一长次数一多,孩子们便不会再问原先的问题了。常常会改问"我画得怎么样?"我想这就是审美判断意识的改变之初吧!

二、多种评价巩固审美意识

每一幅画面的完成都将迎来评价环节。在有了审美判断意识之初后，我想这便是巩固孩子们判断意识的最好环节了。根据教学的重难点确定作业要求，围绕作业要求开展评价活动并采取多样的评价方式，如学生互评、教师总评，学生自评和教师点评，学生完全自主评价等等。在学生的自评和互评环节中，教师充分尊重学生的"看法"引导其根据具体的作业要求组织语言进行评价。

如一年级第 12 课《花衣服》的作业要求：花纹漂亮，方法正确。学生边看作业要求边观赏自己的作品，说出花纹的美，美在点线面，美在颜色，美在排列等等。随后又评价绘画方法，如奶牛运用了块状花纹，豹子运用了点状花纹，方法正确。最后让学生说说对自己作品有无不满的地方？当每个学生都完成自评或互评之后，教师还会及时跟进，肯定他们评价之精彩的地方，纠正其不足片面的地方。在这一课中，有个小朋友画了一只大大的绿恐龙，以点状花纹装饰，非常可爱，充满童趣。可创作它的小朋友却没那么自信，觉得自己画得并不好看。于是，在教师评价的环节中我着重表扬了这只绿恐龙，形状虽有些不像但相当有趣，方中带圆的巨大身体，圆脑袋，锋利的小牙，短而粗的尾巴，小巧的恐龙爪。既画出了恐龙的强壮又不失可爱。深绿色脑袋，蓝色点状淡绿的身体，颜色搭配恰到好处，是一幅非常棒的作品。这样的评价不但让其他小朋友学会正确的"看法"，也让这位不自信的小家伙重拾信心。不同的评价方法有助于审美判断意识的巩固，逐步让其自主地向正确的判断方向继续迈进。

三、自主发挥审美判断能力

在形成之初，巩固之后，就是孩子们自主发挥的时刻了。单纯可

爱的低年级学生会围绕教师给出的主题"奋笔疾画"，回到他们最初的状态，却增添了不少底气。家长开放日的公开课上，有的爸爸妈妈会对孩子嘀咕："你怎么画成这样啊？"孩子理直气壮："我们老师教的！"爸妈又补上："不好看不太像呀？"这时，人家会大大方方送你一对"白眼"。有的爸妈特别不放心，会问我："画成这样，好吗？"这时，我会非常支持我的学生，答道："画得非常好！"因为我为孩子表现出的自主审美判断能力感到高兴。其实，学生在有了正确的审美判断能力之后，画得好不好还与学生的绘画能力、性格特点等有关。哪怕绘画能力强的孩子也不是张张都能画好，谁不知好的东西往往来之不易，好画也一样难得！所以我们应该宽以待之，不必过分苛求一时的好坏，只要方向正确，只要比原先有进步就是最棒的。对孩子们来说画画本身就是开心的事情，作为美术教师的我更应该多多鼓励、肯定孩子们的付出。愉悦的心情，自信的能量才能让孩子自主地发挥正确的审美判断，在正确的意识下才能帮助孩子形成真正的学习品质，才能让其受用一生。

那画得"像"是不是就代表"不好"了呢？也未必，有些"像"显得呆板，而有些"像"有它的漂亮之处，但"像"绝不是唯一的评价标准。因为审美有着主观性强的特点，随时会迎来不同的看法。因此，除了上述几点外，平时的教学还应做到让学生多看即多多欣赏大师的作品，同龄人的作品，其他好的作品。凡是有助提高审美判断的都品茗一番，开拓学生的眼界，甚至走出校园，因为美丽的大自然更是拓展视野的"佳园"。多视角多体验，画中学，学中画，构筑良性循环，帮助低年级学生形成正确的审美判断能力，培养其真正的美术核心素养。

有效利用多媒体
促进美术教学更高效

周英姿

随着时代的发展,我们的教学工作不再局限于传统的教学方式,多媒体的广泛运用带领着美术教学向现代化教学不断迈进。我们地处郊区,资源相对匮乏与闭塞一些。学生结构大部分由本地生与外来务工人员的孩子为主,学生视野较小,学生接触外面世间的渠道少,路途远,或家庭教育意识薄弱。生活体验与美术教学内容有时不相符,导致学生绘制作品时,容易"闭门造车"或"依葫芦画瓢"缺乏自己的个性。这时,如何更好地发挥学校教育的作用成为我们每位教师不可懈怠的责任。作为学校的一分子,作为一名美术教师,我该怎样更好地开展美术教学呢?我想多媒体的利用是解决上述问题的有利切入点。就教师而言,有效利用好多媒体,能帮助我们快捷地解决教学中的一些困难,促进美术教学更高效。

一、利用多媒体　提高整合速度

在备课中我们会发现美术课的内容常常跨越古今中外,需要大量的图画资料。如果单纯地靠教师手绘,那需要多少精力与物力?假设教具准备简单,那学生的学习又从何多多受益?所以多媒体的运用,能让我们更为便捷地收集到所需资料,节省教具制作的时间。另外由于二期课改后,每节课设定的时间为 35 分钟。有时在上课时间紧内容多的状态下就更需我们迅速、精准地整合有用资源,确保教学步骤的紧凑性。PPT 的运用比人工展示要省时,如在本学期的教研课"器皿上的花边——青花瓷"中大量的青花瓷图片、青花瓷

制作录像需供学生欣赏,多媒体无疑帮了大忙,让从未接触过青花瓷的学生能迅速了解中华民族艺术瑰宝的制作过程以及大量的优秀作品。合理利用多媒体,提高了资源整合的速度,提升了教学的速度。

二、利用多媒体　教学化繁为简

在中高年级的美术课中会涉及相关的专业技能技法。教师的示范是学生最好的学习途径。但有时教师在黑板上画得"起劲",学生却未必学得会,究其原因还是"看不清"烦琐的步骤。此时,实物投影仪的运用就可以帮助我们解决这一难题。教师不用再在黑板上成倍放大着画,不用对于重难点重复着绘制,不用再怕学生看不懂,不用再吃力不讨好。实物投影仪让学生看得更清楚,印象更深刻,降低了学习难度,消除了不必要的学习障碍,大大提升了学生学习的效率。

此外,在传统教学过程中,上过课的教具经过时间的洗礼,逐渐"黯然失色",又得重新制作,烦琐不言而喻!但有了多媒体就不同了,虽然时常还需改进教学过程,但其可用资源相对而言保存的时间会更长久一些。对于平行班众多的美术学科来说是很受益的,不必要的重复制作过程会被有效简化。

三、利用多媒体　创设绘制意境

"美术是视觉艺术。"课堂中我们所呈现给学生的也往往是大量的图像资料,殊不知适宜的听觉感受能让学生的绘制过程充满享受。如在"器皿上的花边——青花瓷"一课中,当学生绘画时,我设置了古筝作为背景音乐,营造了一种恬静的学习氛围,学生们犹如回到了古代,正在细致地完成手中的工作。在这样的意境中学习无疑是件令人高兴的事情。动静相宜,多官感受,学生学得更投入。有效利用多媒体不仅是教师化解教学难题的手段,是为学生创设绘制意境的途径,也是拓展学生视野、提高学生审美能力、给学生留足自主空间的有效方法。

四、利用多媒体　拓展学生视野

"器皿上的花边——青花瓷"一课中相关的录像和丰富的青花瓷图片,让学生们"惊讶不已"。在拓展学生视野的同时也感受着中国民间艺术之美,激发了学生民族自豪感。只有眼中拥有真实、美好的事物,内心才能丰富,作画资源才不会匮乏。在欣赏的过程中,学生们能敏锐地捕捉到青花瓷的美,美在造型,美在花纹,美在独一无二的颜色。视野的拓宽无形中也提高了他们的审美能力,为下一步的创作奠定了基础。我想,"何谓青花瓷"对于二年级小朋友而言,已有了一定的感官认识,在大量的图片支持下,学生们画得孜孜不倦。

五、利用多媒体　留足自主空间

假设"青花瓷"一课中没有合理利用多媒体,那教师将在展示、复习、新授演示环节中花费更多的时间,学生的绘制时间便得不到有效的支撑。更重要的是学生的参与度,自主学习的机会也会因时间的紧张而大打折扣。如,在复习如何设计花纹这一环节中,我运用 PPT 作引导,学生们自主回答顺利完成复习工作,快速而高效。又如在新授花纹布局时,通过点击大量的图片作对比,让学生自己发现方法。假设在这些环节中都由教师将画面一个个摆上黑板,我想势必会浪费孩子们"动脑筋"的时间。因此,有效利用好多媒体,能帮助我们在 35 分钟的课堂中给予学生更充足的自主学习的空间。

有效利用多媒体,使我们的课堂变得无限宽广;有效利用多媒体,使教师的教授变得更高效;有效利用多媒体,让学生的学习时间、思维空间得到延伸、拓展。当然多媒体的利用也应遵循适度、科学的原则,过分依赖多媒体,容易削弱教师的教学魅力。因此,我们要合理、恰当地运用它。

教育与教学篇

农村小学美术教学中生活化
学习材料应用的实践

王　婷

【摘要】　本文指出了目前沿海发达城市农村小学美术教学中存在的问题,针对这些问题提出了将生活化材料在农村小学美术教学中选取与运用,选用适合沿海发达城市农村小学美术教学特点的生活化学习材料,力争解决客观问题,达到良好的课堂效果。以学生和教师两方面,对实践的初步成效进行了总结,并就实践中遇到的问题和今后实践的方向进行了阐述。

【关键词】　农村小学美术教学　生活化学习材料应用　实践　初步成效

一、农村小学美术教学中存在的问题

(一)部分家长观念陈旧

现今沿海发达城市的农村小学,大部分生源都是来自全国各地的农民工子女和本地所辖村庄农民的孩子。近年来虽然一些家长已经认识到美术教育的重要性,但还有相当一部分家长的观念还很陈旧,这部分家长本身受教育程度不高,家长自身也没有接受过专业的美术教育,因此对美术这类学科的重要性认识少之又少,致使一些学生在美术课堂上,连最起码的美术学习用具都无法配备,经常会听到学生说:我爸爸妈妈不给我买材料。另外,这部分家长都是农民工,家庭经济状况也比较困难,能给孩子买齐基本美术学习用具已经很不易了,更何况配齐其他的材料和工具。由于家长认识的偏颇,对美术学科的不重视,以及家庭经济条件的客观限制,所以,在一定程度上影响了美术课教学任务的完成,阻碍了美术教学的顺利进行。

(二)教学设备缺乏

虽然现在农村小学也设立了美术专业教室,但是因为领导对美术学科的不重视,只有一两间美术专业教室,对于办学规模大一点的学校来说往往供不应求,对于教室的需求量还是不能得到解决。一些硬件资源距离美术办学标准还有较大距离,教室里只见几排画夹,资料柜内只放几个石膏模型,教师常用必备示范工具、材料微乎其微,教学设备不尽如人意。

(三)年级升高,兴趣降低

低年级的学生对美术课所表现出的兴趣往往要比高年级学生浓厚得多,他们天真、大胆,想象力丰富,敢想敢画,就算只给他们一张纸一支铅笔,他们也能兴致勃勃地画画。但是随着年龄的增长、年级的升高,一些学生对美术课却表现出兴趣平平,甚至毫无兴趣。常见的油画棒、水彩笔涂色等表现技法不再吸引高年级的学生;因为经济条件的限制,让学生再准备其他的绘画工具也不太现实。但如果在高年级的美术课堂上再继续千篇一律的使用这些技法和材料的话,学生必然会产生厌倦的情绪。

二、农村小学美术教学中生活化学习材料的选取与应用

著名教育家杜威说过:"教育即生活,即生长,即经验改造。"中国教育家陶行知也从中国的实际出发,提出"生活即教育"的思想,把教育同整个生活联系起来,通过各种社会实践真正做到"教、学、做合一"。人类社会的一切活动离不开现实生活,社会需求和实践使我们充分认识到生活化的重要性。《新课程标准》要求教师"创造性地设计贴近学生实际的教学活动,吸引和组织他们积极参与""在用中学,在学中用"。

因此根据农村小学美术教学中出现的问题,我尝试从美术教学中的生活化学习材料入手。我校地处沿海发达城市的农村,情况比较特殊,农村正在城市化,一些往日随处可见的乡土资源早已不复存在。因此我对一些生活化材料进行了适当的选取与应用,希望可以克服客观

教育与教学篇

存在的问题,找出解决问题的办法,制定一套可行的适合农村小学美术的教学方案。

（一）选用的生活化学习材料的来源与类型

1. 与教材紧密结合型。

我校现用的美术教材是书画版,这套教材的教学内容本身就比较生活化,教材中许多教学内容和生活紧密联系在一起,因此,根据教学内容需要,选取的生活化学习材料是与教材紧密结合的。比如:《拓印的趣味》《彩色的棉签》《胶带纸能作画》即是一年级教材中的教学内容,学习材料的选取又很生活化,有树叶、棉签、胶带纸。这些学习材料的类型多种多样,也比较容易收集,要么是经济实惠的,花一两元就能买到,要么是不花钱就可以在日常生活中收集到的。因此,即便是农村孩子实施起来也是很可行。

2. 拓展型。

除了教学内容中对生活化材料的要求,在课外拓展中,我也一直在寻找对于农村学生来说切实可行的生活化材料,既经济实惠,农村孩子的家庭经济也能够承受得起,又可以很容易收集起来。随着生活条件的不断改善,生活废弃物越来越多,品种也越来越丰富,这之中有许多就可以成为我们工艺教学中的材料。比如利用一些废弃的瓶瓶罐罐,可以在瓶身上重新进行工艺制作,将瓶子进行美化;绳子也是生活中比较常见的材料,一些妈妈织毛衣时剩余的毛线也都可以成为用来作画的材料。这类材料的特点是可以随意制作出想要的形状。瓶子、绳子等这些材料正是适合农村学生的生活化的学习材料,教师应引导学生在平时的生活中进行收集。

3. 媒介型。

媒介型学习材料必须是贴近学生生活的。同农村学生生活体验有关的一些媒介,可以让学生感到亲切、自然、易学,能使他们适应学习、获得经验。如:一些影片、画面、图片等。

（二）应用生活化学习材料进行教学

这些收集来的生活化学习材料,在课堂教学中我主要运用在以下三个方面:

1. 情景激趣。创设情景的目的是唤起学生的兴趣,让学生体验美术与生活的联系,调动学生的感情,从而激发学生学习美术的兴趣。

以上海书画出版社出版的美术第七册《夸张的五官》的教学为例。这一课中我采用了许多学生熟悉、喜爱的明星漫画,这些漫画人物的五官虽然经过夸张,但是人物五官特点鲜明,学生一眼就能认出是哪位明星,并且能说出人物五官中哪个部分最有特点。学习氛围浓厚,学生的学习兴趣高昂。

案例:《夸张的五官》

教学过程:

导入

(1)(出示名人的漫画像)师:同学们看多媒体上的漫画,你能认出他们是谁吗?

(2)师:这几个人物形象我们已经很熟悉了。你们瞧,作者寥寥几笔就画出了他们的漫画像! 那么,你是通过什么方式认出这些人的呢?

(3)学生交流:人物的部分五官进行了夸张,从而突出人物的标志特征,让人一眼就识别出来。

(4)欣赏:这些人物的五官中哪个部分最有特点?(这是漫画艺术,对人物的五官进行夸张处理,给人新的感受)

2. 学生模仿。"艺术源于模仿",学生模仿的目的是为了更好地创作。教师根据学生的生活、学习经验,引导学生模仿,在模仿的过程中解决问题。

在三年级第二学期《游泳真快乐》一课中,学生都有游泳经历,没有游泳经历的学生也通过其他途径看过、感受过游泳。但是大部分学生没有经受过专业的训练,我用动画的形式出示四种竞技游泳项目,请学生猜猜是什么泳姿,接下来请学生模仿泳姿。学生在模仿的同时,既掌握了一些体育知识,又体验了各种泳姿的不同之处,也能间接感受游泳时的快乐。学生在模仿的过程中,对各种泳姿有了形象地、直观地了解,解决了本课的难点,为后面的创作起到了铺垫作用。

案例:《游泳真快乐》

教学过程:

......

新授

（1）欣赏动画，学生猜猜是什么泳姿。

（2）简单介绍竞技游泳：蛙泳、自由泳、仰泳、蝶泳。

（3）学生进行模仿，比较各种泳姿的不同之处。

3. 进行创作。用收集来的废旧材料，引导学生进行创作，将看起来是"废品"的东西，经过创作，变废为宝，变成有用的东西，既培养了学生的想象力和创造力，又增强了环保意识。

以三年级第二学期第五课《我们的扇子》为例，教材中以多种表现方法体现了二期课改的精神。在教材的呈现方式上有图片、文字、照片、学法提示图等形式与内容。扇子，学生在日常生活中有颇多接触，学生通过结合生活已有的知识经验进行简单的造型表现、设计与创造。课程内容紧密联系学生的学习和生活经验，学生能利用从生活中收集来的各种材料，有创造性地表现学习与生活中常见的事物，形成设计与初步创作的能力，美化环境与生活。

案例：《我们的扇子》

教学过程：

新授

……

扇子的制作：（多媒体演示分析）

（1）步骤：设计扇面

　　　　　装饰扇面

　　　　　设计装订扇柄

（2）分析扇面造型：

师小结：简单几何造型

　　　　小动物造型

　　　　其他造型

（3）分析扇面装饰：

利用所带的各种材料装饰扇面或扇柄。收集的材料有：吸管、棉花、叶子、花瓣、绳子等。

（4）分析扇柄装订

一年级第一学期"学习准备期"第六课时《做做美术袋》这一课，

是新入学的一年级小朋友进入小学美术课堂的第六课时,是要让学生知道美术课需要一个美术袋,要制作一只美术袋来装每一次的美术作品。因为经济条件的制约,我因地制宜地利用了配套美术材料袋作为美术袋,学生利用材料袋里的材料以及自己的照片和收集来的装饰品,为自己的美术袋设计一个写有"我的作品"的封面,方便今后相互交流自己的作品,以此培养学生积累作品、爱护作品的好习惯。

案例:《做做美术袋》

教学过程:

导入

(1)谈话导入,让学生明确,美术作业积累的重要性。

(2)揭示课题:《做做美术袋》

新授

(1)把照片修剪修剪,去掉多余的部分,变成自己喜欢的形状。

(2)将照片粘贴到材料袋的合适位置。

(3)添加修改设计代表自己个性的小标志。

(4)用材料袋里的材料和收集来的装饰品装饰材料袋,设计自己喜欢的封面,完成美术袋的制作。

(5)学生操作,教师巡视指导。

三、农村小学美术教学中生活化学习材料应用实践的初步成效

(一)学生方面

1. 学习兴趣提高。

生活化学习材料的内容是丰富的、大量的,具有开放性的,它以生活化、亲近学生为切入点,给学生多方面的信息刺激,调动学生感官参与活动,激发学生兴趣,使学生身临其境,在愉悦中增长知识,培养能力,陶冶情操,培养学生学习的积极性与兴趣。经过一段时间的实践,我发现学生对美术的兴趣大大提高了。

2. 美术技能提高。

在美术教学中应用生活化学习材料,学生的多种能力得到了培养:① 培养学生的观察能力、记忆能力、想象力;② 提高学生的模仿能

力、创作能力、欣赏能力;③ 学以致用,美化生活环境,提高学生的表现能力、创造能力和实际应用能力。

学生作业欣赏:

① 一年级第一学期《做做美术袋》

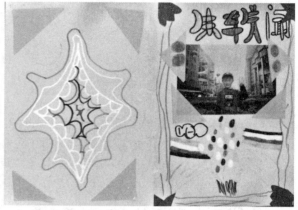

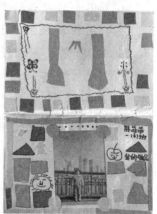

② 一年级第二学期《胶带纸能作画》

③ 三年级第一学期《彩色的玻璃纸》

④ 三年级第一学期《黑与白》

⑤ 五年级第二学期《夸张的五官》

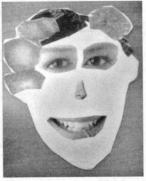

（二）教师方面

生活化学习材料运用到美术课堂教学中,不但将美术教学中存在的问题逐渐化解,也为教师的课堂教学提供了良好的环境。教师在课堂教学中没有了客观上的条件约束,就能将心力全身心地投入到课堂教学中,能更加关注学情,一些重要环节也能把握得更好了,营造了良好的美术课堂氛围。

四、实践中遇到的问题和今后实践的方向

在实践中,目前我对于农村小学美术教学生活化学习材料应用的实践还趋于与教材紧密结合型和媒介型这两种,对于生活化学习材料所涉及范围还没有拓展全面,身边的一些本地有利资源没有成为实践的内容。

今后,要在拓展型材料上多作实践,引导学生将身边的生活化学习材料运用到美术创作中。如:充分利用校园环境。校园环境轻松愉悦,可以增设一些写生课,包括风景写生、静物写生等,让学生去写生自己的学校,感受校园的美。写生的形式是多样的,可采取素描、钢笔、水彩、蜡笔、钢笔淡彩、线描等多种多样的形式;利用地方特有的民俗活动。罗店龙船节、宝山区国际民间艺术节等都是为我校学生熟悉和喜爱的民俗活动。可以通过学生走进节日,了解家乡的民俗活动,感受节日气氛,对民间文化进行审美体验,亲身去体验民间美术的魅力。经过教师的引导,去创作更多描绘家乡民俗文化的优秀作品。

要使生活化学习材料更好地应用于农村小学美术课堂,就要让美术课堂教学涉及更多课本以外的教学内容,让学生关注自然、社会和生活,围绕自己感兴趣的问题,在教师的指导下,进行学习实践活动,把生活资源变成美术资源。

浅谈小学读书节活动的组织与实施

张建明

【摘要】 自 2003 年起,罗南中心校就有了自己的读书盛典活动——读书节,迄今已举办了十四届。该校每年读书节都有详细的读书计划、主题、规划与细则,全力做到知识性、趣味性和激励性"三性"并举。通过教师"悦"读、名作家进校园、图书跳蚤市场、国学经典演绎、"读经典 传礼仪"读书征文、表彰"读书之星、书香班队"、亲子阅读、家长学校等活动,有力地推动了校园读书活动的开展,丰富了孩子们的学习生活。

【关键词】 小学 读书节

On the Organization and Operation of Primary School Reading Festivals

Zhang Jianming

Luonan Central Primary School of Baoshan District, Shanghai

Abstract: The past fourteen years have witnessed the grandeur of Luonan Central Primary School's reading festival, an annual activity with detailed reading lists, themes, and clear procedures for organization and operation. Its main aims of providing knowledge for,

教育与教学篇

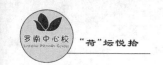

arousing the interest of, and motivating the students are reached through teachers' instruction, renowned writers' lectures on campus, flea markets, talks on Chinese classics, "Reading the Classics, Learning the Rituals" Writing Competition, honoring model readers and model classes, reading sessions attended by both students and their parents, and the training camp for the parents. The abovementioned activities guarantee the effectiveness of the festival and enrich students' learning experience.

Key words: primary school; reading festival

宝山区罗南中心校成立于 1916 年,是一所百年老校,现由罗南镇原有老校区和美兰湖两校区组成。罗南镇上居住的大都是本地的原住民,美兰湖校区位于近年开发的北上海高档社区,居民素质普遍较高。作为一所有着百年文化底蕴的老校,读书已是师生学习生活的一部分。正如莎士比亚所说:生活中没有书籍,就好像没有阳光;生活中没有书籍,就好像鸟儿没了翅膀。

1995 年,联合国教科文组织把 4 月 23 日确定为"世界读书日"。每年的这一天,世界上众多的出版机构、学校、图书馆、社区各界人士都要开展丰富多彩的阅读庆典活动,读书日成了读书人的欢乐节日。自 2003 年起,罗南中心校也有了自己的读书盛典活动——读书节,迄今已举办了十四届。读书节活动是每年读书系列活动的高潮,它有力地推动了校园读书活动的开展。接下来我就向大家简述一下罗南中心校读书节活动的组织与实施。

一、营造书香氛围(读书节前的准备)

1. 制定读书计划,让学生有序读书。"读书节"重要的内容就是要读书。然而到底读什么书? 怎么读? 一定要有个大局观、要有总体规划。学生们读的书总的来说分为两类:第一类是科技及文学类书;第二类是国学书。书虽天天读,年年读,但在我校不同的年级,不同的月份是各有所侧重的。国学书的阅读我们是这样安排的:一年级《弟子规》,二年级《三字经》,三年级《千字文》,四年级《千家诗诗选》,五年级

《论语》。按天来分：每天有晨诵：即晨读时间朗读课文与经典；午看：即每周一次的午会课 10 分钟经典诵读指导，并会定期举行教研活动，交流各自的指导经验，共同提高；暮读：每天晚上至少阅读半小时课外书。按年来说：每季度的阅读又有各自的侧重点。如：第二季度，配合学校的红读活动，读文学类及红色经典书籍为主。第四季度，配合学校的科技节活动，重点读科技类书籍。

2. 营造书香氛围。营造良好的读书环境，能较好地调动学生的阅读积极性，激发学生的阅读兴趣，所以我校一直把营造浓郁的书香氛围作为读书节活动的一个重要组成部分。为此，学校门口的大屏幕上时常滚动播出着读书节的宣传图片；教学大楼前悬挂着"与经典同行，打好人生底色；同名著为伴，塑造美好心灵"等宣传标语；升旗仪式上进行以读书节为主题的国旗下讲话；每个班级利用黑板报、学习园地宣传读书的意义，展示学生的读书心得；引导家长建立家庭小书库参与读书；各班进行"读书口号"的征集及好书推荐活动，推好书，读好书；少先队大队部，举行名作家进学校签名售书活动。读书节结束时举行"小荷读书之星""书香班队"等颁奖活动。

3. 创造开放宽松的阅读空间。小学图书馆的书，是用来读的，而不是用来藏的。为给学生营造宽松的阅读空间，学校特意改造了学校长廊，40 多米的长廊两侧玻璃墙上，布满了国学经典及学生的书画作品。地面上摆放了许多漂亮的小书架，书架里插满了学生们喜爱的图书，五颜六色的小桌子小椅子整齐地放在书架边，成为学校一道亮丽的风景线，也成了孩子们课间和饭后最爱去的地方。每个教室里，也都有各自的图书角，摆满了学生们喜爱的图书。学校的阅览室藏书室，每天都能早早地开门，很晚关门，随时欢迎孩子们来阅读。

二、制定读书节主题、规划与细则

每届读书节都要以"丰富校园文化"为理念，紧扣时代，紧紧围绕学校的发展目标，使之成为学校内涵发展的有机组成部分。因此，在举办读书节活动之前，应该明确主题，并做到知识性、趣味性和激励性并举。

1. 明确主题。每一届读书活动的具体主题，要充分体现读书节

活动与其他校园文化活动的不同指向。主题要简洁明了、朗朗上口，使学生能够铭记心中。罗南中心校第14届读书节活动的主题是："读书使人明智，读书使人深刻，读书使人高尚。"通过本届读书节的开展，引领师生在诵读中明德知礼，展示读书成果，进一步激发学生阅读的兴趣，增强民族自豪感和文化自信心，引导学生从广泛"阅读"走向深度"悦读"，养成"好读书，读好书"的习惯，形成正确的人生观、价值观，构建富有特色的书香校园文化，提升学校的文化内涵，彰显学校办学特色。

2.知识性、趣味性和激励性"三性"并举。[1]如果为了活动而活动，为了读书而读书，必定不能激发学生的阅读兴趣。因此，在策划读书活动时要尽量做到"三性"并举。我们既要开展"经典诗文"诵背、"经典书籍"阅读、读书征文这样知识性很强的读书活动，同时也应顺应学生的发展实情，开展讲故事比赛、国学朗诵比赛、书签制作比赛、电脑小报制作、图书义卖、国学情景剧表演等学生喜爱的与读书相关的活动。与此同时，还对各项评比活动打分，进而进行"小荷读书之星"和"书香班队"评奖活动，以激发学生阅读的积极性。

三、组织实施

读书节最重要的内容就是读书活动的组织开展，如何点燃"第一把火"就显得尤为重要。学校要着眼于学生的终身发展，以内容新颖丰富、形式活泼多样、具有时代特征的读书活动为载体，积极开展阅读推广活动。

1.开展教师"悦"读活动。每年读书节前夕，学校都要组织老师到上海书城去购书，每位老师可精选两三本图书带回家认真阅读，并开展"我最喜爱的一本书"的推荐活动。活动仪式上安排教师代表进行发言，他们结合自己阅读的书籍，畅谈阅读体会，感悟教育真谛，引导教师养成"爱读书、会读书、读好书"的好习惯，努力使"阅读"成为"悦读"。此类活动，为读书节创设了良好的学习氛围。随之，学校开展图书漂流活动，老师们把自己反复阅读过的、心中的好书推荐给同事，助推了学校读书节的蓬勃开展。有的班级也开展了"我最喜爱的一本书"推荐活动，让学生向同伴介绍自己读过的一本好书，同学间交流阅读心得，畅谈阅读体会。

2．开展作家进校园活动。

第12届读书节时，中国优秀原创儿童文学作家《大头儿子和小头爸爸》的作者郑春华来到了罗南中心校，与师生直接交流创作心得，激发广大师生的阅读兴趣。第13届读书节时，中国作家协会会员、中国科普作家协会会员、中国原创少年侦探小说领军人物谢鑫带着他的侦探小说来到了孩子们中间，介绍创作心路，勉励孩子们多观察生活，多学科学本领。今年第14届读书节之际，罗南中心校校园又迎来了中国作协全国优秀儿童文学奖、陈伯吹儿童文学奖大奖、冰心儿童图书奖获得者谢倩霓与莘莘学子畅谈儿童文学，品味文学精髓。一次次的与作家面对面的交流，零距离地亲密接触，聆听大作家的精彩讲课，品味大作家的文学素养，在校园里掀起了一个又一个阅读的浪潮。

3．开展图书跳蚤市场活动。

现在的孩子，或多或少都有一些看过的图书，这些图书扔掉可惜，放着又没有多大的作用。因此，我校在读书节期间都要开办图书跳蚤市场，让学生带上阅读过的图书，互通有无，好书共享。"跳蚤"书市活动不仅盘活了学生的闲置书籍，让同学们把读书的快乐分享给大家，而且锻炼了学生的胆量、口才与交际能力，学会经营，学会与人合作。活动结束后，各班捐出义卖所得用于对口援助的手拉手学校，传承勤俭节约、助人为乐的美德。整个活动热闹而有序，进一步营造了我校书香校园的良好氛围，也让全校每一位师生更深刻体验到了"最是书香能致远，读书之乐乐无穷"！

4．国学演绎助推读书节浪潮。

读书节年年有，国学演绎年年伴。本次读书节，一年级举行的是"讲演经典　知晓礼仪"讲故事比赛，经过初选，共有16位选手参加了讲故事决赛。他们个个落落大方，声情并茂，故事内容有声有色。二年级是"悦纳经典　习得礼仪"国学诵读比赛，句句富含哲理。"人之初，性本善，性相近，习相远……"，读《三字经》，让我们学会了用榜样的行为规范自己的举手投足；"羊有跪乳之恩，鸦有反哺之恩""千经万典，孝悌为先"让我牢记要孝顺自己的父母亲……孩子们神采飞扬、表演极富张力和感染力。他们或先声夺人，慷慨激昂，或细腻灵

动、沁人心脾,或深情款款、真挚优美。三年级:"手绘经典 规范礼仪"绘画比赛,佳作迭出,惟妙惟肖。四年级:"手制经典 传承礼仪"手抄报(电脑小报)比赛,参赛学生个个心灵手巧,入选作品份份精美异常。五年级:"演绎经典 争当美德少年"国学情景剧表演入情入境、感人至深。《张良拜师》,《曾子杀猪》等剧目,尤为出挑。还曾受邀参加了上海书展暨"书香中国上海周"的表演,这些都极大地激发了孩子们的读书热情。

5. "读经典 传礼仪"读书征文活动。

每届亲子征文活动都能得到广大家长的积极支持,各家庭踊跃投稿。参赛作品,精品迭出,今年也不例外。马雨晨、王之宇等20个家庭在本次"读经典 传礼仪"亲子征文比赛中获奖。

(6) 举行读书节闭幕式,表彰"小荷读书之星""书香班队"。(注:书香班队包括书香班级和书香中队。一年级学生还未加入少先队,如获奖就获得书香班级称号。)

在六一节的庆典活动暨读书节闭幕式上,学校邀请家长和学生代表,齐聚多功能教室,举行了热烈隆重的文艺会演。《张良拜师》《曾子杀猪》等颇具教育意义的优秀国学情景剧一一亮相,受到了广大师生的一致好评。二(5)中队、三(2)中队、四(1)中队、五(2)中队等获得了书香中队的荣誉;朱家悦、徐文燕等35位同学被评为了本年度的"小荷读书之星"。

四、三位一体、家校联动、合作共进

读书节既要成为学生的节日,同时也要成为教师和家长的节日。只有全民阅读,才能真正推动读书活动的开展。因此,读书节应以"以校为主、教师示范、学生主体、辐射家长"为宗旨。

1. 指导阅读、知行合一。利用晨读时间朗读课文与经典;利用课前五分钟进行课前一吟;利用中午课前时间与习字练习结合,进行诗文书法练习;利用活动课,进行诗文欣赏、鉴赏、讲故事等;利用每天晚间十分钟,开展亲子读书交流;利用周末开展经典阅读拓展活动。开展主题队会、撰写体会、做手抄报等;利用午会课开展国学经典讲故事比赛、情景剧会演,联系自己的生活,结合身边的事例,说说我们的行为,纠正行为偏差等。向圣人学习,用经典指导生活,知行合一。

2. 引导教师阅读。"腹有诗书气自华,最是书香能致远。"教师的"悦读"不仅是整个读书节的重要组成部分,更是整个读书节的推进剂。

3. 亲子阅读。家庭是学生课外阅读的重要支持者,家长要正确看待学生的课外阅读,不能认为课外阅读就是看闲书。在本届读书节活动中,我们把"读经典 传礼仪"亲子共读同写读后感,作为读书节的一项重要内容。此举,得到了家长们的积极响应,踊跃参加。亲子共读,让父母与孩子共同学习,共同成长;通过共读,为父母创造与孩子沟通的机会,分享读书的感动和乐趣。

4. 家长学校。现在许多家长,都有着较高的学历,有的爱看军事方面的书,在这方面颇有造诣;有的爱看天文方面的书,对天上的星星如数家珍;有的在银行、证券公司工作,对投资理财颇有研究;有的善于烹饪,做出来的糕点美味无比;有的精于园艺,对种花养草颇有研究……于是学校就把这些有特长的家长请来给孩子们上课,让孩子们感受他们的魅力,从小激励自己好好读书,长大和他们一样有才。

习近平总书记说:读书可以让人保持思想活力、读书让人得到智慧启发、读书让人滋养浩然之气。愿读书之风在我校长盛不衰,永结硕果。

幼儿园教师与小学教师对幼小衔接看法的调查

曹沁乐

【摘要】 本研究采用问卷调查法对上海市宝山区五所幼儿园68名幼儿园教师以及五所小学81名小学教师进行了调查,并对其

中个别教师进行访谈。结果显示：目前没有一本关于幼小衔接的教材，也没有一门相关的对幼儿小学教师的培训课程；幼儿园教师与小学教师对五大领域的重要性判断都存在显著差异；幼儿园与小学幼小衔接工作的开展没有系统的组织，导致许多教师缺失参与感；幼小教师肯定家长在幼小衔接中的作用，但是联系并不密切；幼小教师忽略了儿童在幼小衔接中的主体作用。本研究就以上问题的改进提出了建议。

【关键词】 幼小衔接　幼儿园教师　小学教师

一、分析与讨论

本研究主要针对幼小教师对幼小衔接相关问题的看法以及对幼小衔接五大领域的看法进行调查，随机选取了上海市宝山区五所幼儿园70名在职教师分发问卷，回收到68份，有效问卷68份；随机选取了五所小学81名在近两年中教过一年级儿童的小学在职教师分发问卷，收回81份，有效问卷81份。

（一）研究对象基本情况统计

本次研究的调查样本中教师年龄分布广，调查样本较全面，使结果更具可信度。

在教龄方面，幼儿园年轻教师较多，虽然教学经验不足，但是观念会比较新颖，能跟随时代变化；小学经验丰富的教师较多，观察到的现象也会更多，但是不可避免一些陈旧的思想。

在学历方面，参与调查教师基本无本科以上学历，本科学历占大多数，因此从理论上来说，也具有较高的教学素养和专业技能水平，对幼小衔接的问题会有比较科学的看法。

此外，笔者针对小学教师增加了"是否为班主任"以及"任教学科"的调查。由于班主任和学生相处的时间是最多的，他们也就会有更多的机会观察到学生在课上、课下的行为习惯、学习习惯，也会有更多的机会和孩子、和家长进行交流，提高了调查的可信度，使结果更具参考价值。

（二）对幼小衔接相关问题看法的比较

1. 对主要承担责任主体的认识。

幼儿园教师与小学教师对主要承担责任主体认识的比较

项 目	分 组	幼教人数（人）	幼教百分比（%）	小教人数（人）	小教百分比（%）
主要责任主体	A 小师	4	5.8%	8	9.9%
	B 幼师	33	47.8%	7	8.6%
	C 家长	29	42.0%	62	76.5%
	D 儿童	1	1.4%	3	3.7%
	B 幼师 C 家长	2	2.9%	/	/
	A 小师 C 家长	/	/	1	1.2%

由上表可见,幼儿园教师与小学教师都肯定了家长在儿童幼小衔接中的重要作用,其中小学教师更为强调。此外,认为儿童在幼小衔接中同样承担责任的小学教师多于幼儿园教师。笔者认为儿童是幼小衔接的主人公,所有工作都是围绕儿童开展的,所以儿童在幼小衔接中承担十分重要的角色,教育工作者应加强对儿童在幼小衔接中看法的重视。

2. 对幼小衔接学习准备的认识。

幼儿园教师与小学教师对学习准备认识的比较

项 目	分 组	幼教人数（人）	幼教百分比（%）	小教人数（人）	小教百分比（%）
需要哪些学习准备	A. 正确的书写姿势	62	24.2%	71	21.6%
	B. 认识常用字	18	7.0%	45	13.7%
	C. 认识拼音字母	13	5.1%	52	15.9%
	D. 书写拼音字母	8	3.1%	13	4.0%
	E. 会数 100 以内数	41	16.0%	48	14.6%
	F. 10 以内数分与合	48	18.8%	33	10.1%
	G. 计算 10 以内加减	45	17.6%	25	7.6%
	H. 认 26 个英文字母	10	3.9%	30	9.1%
	I. 背 26 个英文字母	5	2.0%	11	3.4%
	J. 其他	6	2.3%	/	/

由以上表分析可得：在学习准备方面,幼小教师均认为"正确的书写姿势"是最为重要的,而学科方面学习准备稍有差异。幼儿园教师选择的学习准备项目都在大纲要求范围之内。

问题"您希望幼儿园教师(小学教师)在幼小衔接的哪些方面可以做得更好?"中,大多数小学教师都提到了希望幼儿园教师能培养幼儿良好的习惯,其中行为习惯的提名率最高,其次是良好的学习习惯,再次是生活习惯。

由此可见幼小教师之间观念的差异。小学教师并不了解幼儿园的教学要求,也能看出小学教师希望幼儿能有一定的拼音基础,这就需要有幼教与小教专业的团队共同来商讨,制定出一个最佳的方案。

(三) 幼儿园教师与小学教师幼小衔接工作的现状

1. 是否与对方教师进行过交流。

幼儿园教师与小学教师是否与对方教师进行过交流

项 目	分组	幼教人数(人)	幼教百分比(%)	小教人数(人)	小教百分比(%)
是否与对方教师进行过交流	是	32	47.1%	35	43.2%
	否	36	52.9%	46	56.8%

与对方教师进行过交流比例对比

由以上两张图表可以看出,幼儿园教师方面与小学教师进行的交流要多于小学教师向幼儿园教师进行的幼小衔接交流。

问题"您希望幼儿园教师(小学教师)在幼小衔接的哪些方面可以做得更好?"引起了幼儿园教师的强烈反响。幼儿园教师希望小学教师能够多到幼儿园来交流;组织有关进小学相关内容的主题班会;能给幼儿家长一些培训和指导等。在课程方面的建议有:希望幼小教师多多进行关于课程的交流,小学教师多了解幼儿园课程内容,也可以进幼儿园利用课内10分钟进行幼小衔接相关的课程。他们希望可以出版幼小衔接的相关教学用书。另外,他们也希望能够被邀请进小学参加活动,也想了解小学的实际教学情况和生活环境。还有一些教师从儿童视角出发,希望幼儿园小朋友能够与小学生互动一段时间,让孩子和孩子之间用他们自己的方式来沟通学习。

2. 与对方教师交流的频率比较。

幼儿园教师与小学教师与对方教师交流的频率

项　目	分　　　组	幼教人数（人）	幼教百分比（%）	小教人数（人）	小教百分比（%）
与对方教师的交流频率	A 一个星期1次	1	3.1%	/	/
	C 一个月1次	6	18.8%	/	/
	D 一个学期2—3次	2	6.3%	1	5.6%
	E 一个学期1次	2	6.3%	2	11.1%
	F 两个学期1次	3	9.4%	6	33.3%
	G 其他	18	56.3%	9	50.0%

(注:无选项即无人选择)

由表可见,幼儿园教师方面找小学教师交流的频率较高;双方教师均反映出虽然这些教师有过交流,但是双方教师之间的交流并不固定,次数也不多。

3. 幼儿园或小学是否对教师进行过指导。

幼儿园或小学是否对教师进行过指导

项　目	分组	幼教人数（人）	幼教百分比（%）	小教人数（人）	小教百分比（%）
是否对教师进行过指导	有	48	70.6%	63	77.8%
	无	20	29.4%	18	22.2%

对教师进行过指导比例对比

以上两张图表可以看出:学校会对大多数教师进行培训,说明幼

儿园和学校认为幼小衔接也是比较重要的一个方面。

4. 开展幼小衔接工作的方式。

幼儿园教师

项　目	分　组	人数(人次)	百分比(%)
幼儿园开展幼小衔接工作的方式	A. 与小学教师交流	38	17.5%
	B. 去小学参观	60	27.6%
	C. 听过小学的课	47	21.7%
	D. 进入小学主题班会	34	15.7
	E. 小学教师进园活动	36	16.6%
	F. 没有联系过小学	2	0.9%

　　在幼儿园教师开展幼小衔接工作的方式中,"B. 去小学参观"选择人数最多,这样的方式不费时费力,同时也可以初步了解小学的构造,但是没有办法进行深入的了解;选择人数其次的是"C. 听过小学的课"这一项,幼儿园教师听小学的课程是很必要的,这样可以了解小学的授课形式、课程内容、上课要求的行为习惯等,有助于幼儿园教师在班级开展幼小衔接工作。

小学教师

项　目	分　组	人数(人次)	百分比(%)
小学开展幼小衔接工作的方式	A. 与幼儿园教师交流	22	14.6%
	B. 被邀请进园活动	27	17.9%
	C. 幼儿园来校参观	59	39.1%
	D. 幼儿园进班听课	24	15.9%
	E. 没有联系过幼儿园	17	11.3%
	F. 其他方式	2	1.3%

　　在已有的幼小衔接工作中,形式多样,参观成为最主要的衔接工作进行方式。另外,可以看出小学教师面向幼儿园教师的幼小衔接比较少,多为幼儿园联系小学进行工作。

　　综上分析可得,宝山区幼儿园和小学对幼小衔接有一定的重视程度,其工作开展形式多样化,但教师之间关于幼小衔接的交流并不频繁,没有交流过的人数占总人数的一半之多。在访谈中笔者发现,即便是交流过的教师,一般也没有系统的组织以及固定的时间来进行,并没有形成体系和制度,所以许多教师会缺失参与感,认为幼小衔接工作和他们的关联性不大,可有可无。

（四）幼儿园教师与小学教师关于幼小衔接入学准备观念的比较

笔者在问卷中将幼小衔接入学准备分为健康与运动领域、社会性发展领域、学习方式领域、言语发展领域和认知发展领域五个维度。为了解幼儿园教师与小学教师关于幼小衔接入学准备的观念是否存在差异,笔者针对双方对幼小衔接入学准备五个维度 40 个项目的重要性判断进行了比较。

1. 幼儿园教师与小学教师关于幼小衔接入学准备五个维度重要性判断的整体比较。

幼儿园教师与小学教师关于幼小衔接入学
准备重要性判断的平均分与 T 检验

	$\bar{x}$	Sig
幼儿园教师	4.592	0.000
小学教师	4.306	

由此可见,幼儿园教师对幼小衔接入学准备重要性判断高于小学教师的重要性判断,而且较之前的研究整体上都有所提高,看出幼小教师对幼小衔接的关注程度日益上升。经过 T 检验,$P<0.05$,说明幼儿园教师与小学教师对幼小衔接五个维度的重要性判断从整体上来说存在显著差异性。为了进一步了解,笔者进行了以下分析。

2. 幼儿园教师与小学教师关于幼小衔接五个维度观念的比较。

幼儿园教师与小学教师对幼小衔接
五个维度的平均值比较与 F 检验

	健康与运动领域	社会性发展领域	学习方式领域	言语发展领域	认知发展领域
幼儿园教师$\bar{x}$	4.592	4.785	4.722	4.74	3.406
小学教师$\bar{x}$	4.306	4.551	4.372	4.324	3.887
Sig	0.046	0.034	0.025	0.000	0.000

以上表格可以看出,除了言语发展领域和学习方式领域之间的顺序有所差别,幼小教师都认为社会性发展领域最重要,健康与运动领域以及认知发展领域相对次要一些。

结合调查后的访谈,小学现在教学任务紧,学业要求过重,教师根本没有心思管理幼小衔接的问题,对其他方面的重要程度判断就相对降低了。然而不论是自理能力、良好的学习习惯还是语言能力都是对幼儿顺利适应小学生活极为重要的,所以,还需要进一步提高小学教师对其他四个领域的关注程度。

3. 幼儿园教师与小学教师关于幼小衔接五大领域 40 个项目重要性判断比较。

幼儿园教师与小学教师对幼小衔接五个领域中共同项目的平均值比较

项　　　　目	幼儿园 $\bar{x}$	小学 $\bar{x}$
能系鞋带和纽扣	4.57	4.43
能手眼协调地连续跳绳 10 个以上	4.47	4.10
跑、跳、投等动作协调性较好	4.79	4.11
能主动跟认识的人打招呼	4.78	4.74
能与其他小朋友友好地相处	4.84	4.84
能较好地与小朋友合作游戏和做事	4.81	4.58
能较好地与老师、父母接触	4.78	4.67
做错事能承认,不对父母和教师撒谎	4.87	4.72
能控制自己的情绪,不经常发脾气	4.69	4.46
能养成良好的生活卫生习惯	4.87	4.56
能自觉整理自己的文具和书包	4.76	4.45
能够爱护自己和别人的东西	4.76	4.56
能具有躲避常见危险和自我保护的基本知识	4.75	3.59
上课时能主动回答老师提出的问题	4.72	4.48
上课时能认真听讲,不做小动作	4.79	4.48
能较长时间地专心从事一件事情	4.79	4.42
能主动并按时完成老师布置的任务	4.72	4.59
在学习上遇到不懂的问题能主动提出来	4.76	4.30

项　　　目	幼儿园x̄	小学x̄
做作业时能不拖拖拉拉	4.84	4.73
在学习中遇到较难的任务能不退缩	4.69	4.37
能具有正确的坐姿和握笔姿势	4.72	4.64
对新事物能表现出很强的好奇心并经常提出问题	4.59	4.15
能喜欢独立做事情和独立思考问题	4.68	4.16
能初步管理时间	4.65	3.93

经过笔者对 40 个项目的重要性判断进行数据分析,在健康与运动领域、社会性发展领域、学习方式领域和言语发展领域中,幼小教师对大多数项目重要性判断无明显差异,个别项目幼儿园教师的重要性判断高于小学教师。而在认知发展领域方面,个别项目小学教师的重要性判断高于幼儿园教师。由此可见,幼儿园教师认为健康、言语、行为习惯等更为重要,小学教师则对认知发展领域提出更高要求。

二、对策与建议

(一)设立幼小衔接专门小组,开展课程研究

在本研究的访谈中,幼小教师都反映了对于幼小衔接统一化标准化的渴求。希望有关部门能够成立幼小衔接专门小组,由幼儿园及小学经验丰富的教师和各领域专家组成,在固定的时间有组织地展开教研活动,共同商讨相关事宜。最主要的是开展幼小衔接课程的研究,在透彻分析幼小教材的同时,编写出真正适宜幼小衔接的课程教材,使幼小衔接课程统一化标准化,让幼儿园与小学的教学过渡有据可循、有理可依。

(二)教育管理部门进入校园,了解教育实情

现在的教育现状是:新教材的安排让小学不得不加快教学进度,而忽视幼小衔接的过渡阶段;同时为了减负,防止"小学化"倾向,抑制幼儿园加快教学进度,这其中就势必会有脱节现象产生。因此,教育管理部门应走进校园,真正地了解教育教学的实际情况,从而慎重的做出

决策。而且至今为止管理部门并没有一个明确的实行纲要来指导幼小衔接工作的进行。在 40 个幼小衔接项目中重要性判断分数较高的正确的坐姿和握笔姿势,上课认真听讲,能整理文具等有关儿童良好学习习惯都可以成为幼小衔接学习准备中的纲要标准。

（三）幼小实现双向衔接,多加交流

在幼小衔接的实际操作中,通常社会和教育部门会对幼儿园教师提许多要求,对小学教师则没有多少要求。小学这一方总希望从幼儿园升上来的孩子可以是拥有良好习惯,他们只需要专心学业即可,就现在的情况而言,这可是理想化的愿望。如果想要接近这样理想化的状态,小学教师也必须付诸努力。比如小学方面主动派教师去幼儿园给幼儿园教师与家长做讲座与培训,教导正确的学习习惯和方法;主动加强沟通,把握互相交流的机会,了解对方的想法,才能有教学的方向。

（四）与家长保持紧密联系,共同助力幼儿过渡

教师与家长的关系越正向,沟通就越有效,也就越有助于幼儿能力的发展。在问卷调查中可以发现,幼儿园教师与小学教师都认为家长在幼小衔接中承担重要的责任,家长是与幼儿相处时间最长的人,也是他们影响最大的人。在笔者对教师的访谈中,幼儿教师提到现在公办幼儿园对"小学化"也是管理很严的,比如宝山区的公立幼儿园小中大班都是不允许教英语的,但是大多数的孩子都会报课外的英语学习班,家长也会在家里自己教孩子,有时这样做只会适得其反,可能会因为不规范的教学导致孩子接受不正确的知识和学习方法。访谈中,一位小学语文老师说,班级里很多孩子的写字握笔习惯,在他们进入小学之前都形成了,很难改过来,也没有时间去一一纠正。她认为应该要对幼儿园教师及家长做关于习惯的培养讲座,习惯在养成的时候最重要。小学教师说她们知道很多幼儿园是不允许写字的,所以家长会为了孩子能更好的适应小学学习就提前教孩子写字,然而很多家长不注重写字的姿势,不注重好的习惯的养成,造成孩子不良的学习习惯。

访谈说明家长对幼小衔接认识具有片面性,所以家长和教师一定要保持密切联系,不仅是幼儿园教师与家长,小学教师与家长也必须密切联系,充分了解学生的现状,才能因材施教,帮助儿童顺利地渡过幼

小衔接的适应期。

（五）关注儿童的想法，从儿童出发

一切幼小衔接工作、就幼小衔接讨论的问题都是围绕儿童开展的，儿童是幼小衔接的主体，在其中应当承担十分重要的角色。我们往往会忽略儿童的想法，认为儿童由于年龄过小，不谙世事，一切都由成人来包办就可以了，这样的思想并未从儿童出发，也没有以儿童为本，违背了正确的教育理念。教育工作者应加强对儿童在幼小衔接中承担角色的重视，通过了解儿童的想法，了解儿童对于进入小学的情感态度，调查儿童对入学有何期待等，进行深入的教育研究，最后结合教育现状建立一种有利于儿童身心健康全面发展的幼小衔接方式。

三、研究的局限与展望

本次研究虽已尽笔者最大力量去分发问卷，选择十所学校的教师，力求样本的全面性，但数量仍旧不足，而且十所学校均为公办学校，使研究结果受到局限。另外，本研究的问卷虽通过事先访问和预测进行过多次修改，但在数据分析过程中仍然发现了一些需要完善的地方，略有遗憾。在研究时笔者发现，还可以根据被调查者的信息来研究影响幼小衔接观念的因素，还有家长、儿童这两个重要的责任主体在幼小衔接中的作用，这些都可以成为以后的研究方向。

音乐课上学口琴

——"口袋钢琴"教学初探

金晓冬

器乐教学是音乐教学中的一大类，在音乐教学中有着重要的作

用。口琴是小学生学习器乐中较普及的一种,是音乐百花园中一枝婀娜多姿的小花,被人们亲切地称为"口袋里的钢琴""带着走的音乐"。它不仅能培养学生学习音乐的情趣,还能全面提高掌握音乐知识的能力、开拓音乐视野,引导他们走向器乐台阶,进入神奇的音乐殿堂。

新课程标准要求乐器进入课堂。怎样进行课堂器乐教学,如何使集体性的乐器——口琴教学达到"有效性",使乐器能成为一件学具而为音乐教学服务,值得广大音乐教师探讨。

以前,常听到这样一种说法:"我们喜欢音乐,却不喜欢音乐课。"不喜欢的原因,主要是对现行的教材歌曲不喜欢,或者是对音乐教师的不喜欢,这样的音乐课不能很好地激发他们的学习兴趣;另一原因是教师自己喉咙不好,怕唱出来被学生笑,所以不怎么喜欢唱歌,但是在内心深处,却是喜欢音乐的。

自从学了口琴以后,学生喜欢上音乐课了。每当在课间休息或者每次音乐课前,我早早地来到教室,就能听到学生拿着口琴在演奏。因为对口琴的喜爱,同学们也爱上了音乐课。很多同学经常向我要歌曲歌谱,有的干脆吹起了他们自己喜欢的流行歌曲。

一、要循序渐进,不急于求成

在平时的教学中,我发现开始教学的时候学生兴趣很高,第一节课下来,感觉学生吹个 1、2、3、4、5、6 还是很容易,不用多少时间,学生就学会了。但是在后面的乐曲教学中发现,学生其实并不是已经学会了这几个音,对每个音所处的位置、孔的大小以及吸和吹的演奏方法都不是很熟悉,特别是口琴音阶的特殊排列顺序,不加以认真训练和自觉的练习,学生是很难真正掌握吹口琴的技巧的。所以,我们不要被这种假象所迷惑。我们在教学中要循序渐进,不急于求成。

二、要个别指导,不抓大放小

经过一段时间的教学,学生学习掌握的情况有了距离,慢慢地分出层次来了,好的越来越好,差的是越来越差。作为音乐教师绝对不能放过这个机会,特别是刚开始学习的时候决不能放弃每一个人。每个人都要好好的过关,要多了解学生学习产生困难的原因,尽量让每个人都能挺过来。要多鼓励学生在课外时间到教师的办公室以及其他地方来演奏,尽量激发他们的学习积极性。

三、要活泼多样,不枯燥乏味

1. 学习口琴与练习歌唱发声相结合,使学生在富有趣味性的学习中提高歌唱发声水平。学习口琴开始,有的学生错误地认为口琴要用力地去吹,但不知,吹奏时过分用力,就会发出尖叫音。于是刚开始学习口琴时,就要教学生运用气息的方法呼吸,吐气。在教学中,我先找一些相对熟悉的歌曲来让他们吹奏。如《两只老虎》《闪烁的小星》等这类儿童喜爱的歌曲。这些曲子旋律简单,节奏也不复杂,因此学生在吹奏时能在教师提示指导下不断注意吹奏姿势,纠正吹奏方法,使气息运用自如。全班同学也可以分组边唱边奏,使口琴练习与唱歌有机地结合在一起,提高了学生学习的兴趣。

2. 口琴曲与视唱练习是紧密结合的,提高了学生视唱、视奏、识谱的能力。在音乐课堂上,有些同学对唱歌不是很感兴趣,而且信心也不够,怕在同学面前出丑,不愿意唱。有的自身的条件不是十分好,嗓音差异、音准节奏差异等,导致他们羞于开唱。如果让他们学习口琴情况就会不同,通过器乐教学的路子将他们引进音乐大门,使他们爱上音乐课。我们还紧紧利用口琴教学让学生自学视唱,让他们借助口琴的音高来学习视唱。

3. 口琴教学在欣赏中的渗透,丰富了学生的想象力,启发了学生的创造力,也发展了学生的专注力,促进学生智能的全面发展。

当学生欣赏一首乐曲或歌曲时,音乐通过听觉逐渐渗透、诱导,最终引起学生的共鸣,学生在优美的旋律中有一种"身临其境""唾手可得"的感觉。在音乐课堂上,让学生当主角。如在欣赏《音乐之声》时,我叫学生用口琴来吹奏一些简单的主旋律,这使他们成了课堂上的主体,也使他们更准确的理解曲子。

教育与教学篇

评价融入教学过程,学生获得成功体验

——《四小天鹅舞曲》教学案例

陆春泓

【概述】

《音乐课程标准》指出：课程评价是课程的基本组成部分,在课程体系中起着重要的激励导向和质量监控的作用。通过科学的课程评价,有效地促进学生发展,激励教师进取,完善教学管理,推动音乐课程的建设与发展。

在小学低年级唱游课中,将评价融入教学过程,实质上是在教与学的过程中开展"即时性评价"。其主要目的是帮助学生发现并改进学习中的问题,不断完善学习方法,提升学习效果。最终确保学习向着"达成目标"的方向发展。在实施这种即时性评价时,一是要在内容和设定评价环节的过程中具有明确的目标导向意识;二是在实施评价的过程中要采用比较简单易行的方式;三是重视评价过程中,对学习的反馈和对学习问题的指导。

【案例呈现】

本案例以《唱游》二年级第一学期第三单元"快乐的歌",欣赏《四小天鹅舞曲》为例,通过确定教学目标和重难点、明确评价内容与评价要点,把学生对乐曲的体验活动、节奏练习以及律动表演融入教学过程中,并根据评价反馈及时给予学习指导。通过评价促进学生更好地掌握了学习内容,提高学习效果,提高学生学习自信心。

一、教学目标

1. 情感态度价值观。

引导学生感受乐曲所表现出小天鹅天真可爱的形象。感受乐曲欢快跳跃的情绪,领略世界经典名曲以及芭蕾所具有的魅力。乐于同伙伴一起合作,分享音乐表演的快乐。

2. 知识与技能。

欣赏《四小天鹅舞曲》,认识芭蕾舞,初步掌握手拉手的动作,模仿芭蕾基本动作,学会合作表演《四小天鹅舞曲》。在教师指导下判断出乐曲主要旋律。

3. 过程与方法。

在听听想想、看看跳跳、敲敲演演的音乐活动中,帮助学生进一步感受乐曲所表现的欢快情绪,并在音乐中创设情景、小组合作模仿芭蕾舞的动作,让学生感知乐曲所描绘的四小天鹅的音乐形象以及情绪。

二、教学重难点

1. 教学重点:感受乐曲活泼欢快的旋律所表现出小天鹅天真可爱的形象。

2. 学习难点:在认识芭蕾的基础上掌握芭蕾中手拉手模仿芭蕾舞曲,并尝试与伙伴一起合作表演。

三、评价方式

本课的评价内容围绕教学过程,在欣赏中对音乐基本要素和相关知识展开聆听、体验、辨别、律动等活动,从而学会音乐欣赏的基本方法。主要采用自评的方式,用学生喜爱的“五彩小星星”的形式让学生进行自我学习评价。在自评过程中有利于学生对自己的表现作出判断,逐步由概括性评价向具体性评价发展,提高学生自我监控的能力,找出自己的进步与不足,培养学生养成反思的良好习惯。

四、评价内容及其要点

教学环节	评价内容	评价要点	目标指向
1. 初听乐曲	专注聆听,听出相关音乐要素	听出乐曲速度、情绪	(2)
2. 打击乐伴奏	用小乐器为乐曲伴奏	掌握节奏性准确为乐曲演奏	(1)(3)
3. 舞蹈体验	律动模仿	模仿手拉手动作能随着音乐做弹簧小跑步	(2)(3)
4. 记忆分辨	判断主题旋律出现次数	哼唱乐曲主题旋律听出主题旋律出现了几次	(1)

五、教学过程与评价示例

教学环节与过程	评价时机	指导要领	实施意图
一、聆听感受 1. 揭示课题 2. 初听 关键设问:我们仔细听听乐曲的速度如何?乐曲又带给你一种怎样的感受? (1) 学生安静聆听 (2) 回答老师问题 3. 打击乐伴奏 (1) 出示节奏,全体模仿演奏,教师唱乐曲主要旋律 (2) 分组小乐器演奏,合作学习	1. 在第二环节中,评价要点:安静聆听,并听出相关音乐要素。 2. 在第三环节中,评价要点:用小乐器准确演奏,体验乐曲欢快的情绪。	1. 根据评价要领,请学生听出乐曲速度、情绪。 学生自评获取第一颗五彩小星星。 2. 用小乐器根据节奏为乐曲伴奏。 (1) 请个别学生用小乐器按节奏演奏,互评,师评,引导学生正确演奏 (2) 分小组分别为乐曲伴奏,教师即时评价 (3) 各小组合作表演 学生自评获取第二颗五彩小星星。	此环节评价主要指向目标2中敲敲演演感受乐曲欢快的情绪。 同时也指向目标3中听听想想、敲敲演演的音乐活动,进一步感受乐曲的情绪。

教学环节与过程	评价时机	指导要领	实施意图
二、舞蹈体验 1.看图片模仿手拉手的动作造型 (1)请个别学生模仿动作造型 (2)全体学生一起学习手拉手动作 2.视频观赏,认识芭蕾 关键设问:舞蹈演员们用什么在跳舞? 3.学跳芭蕾 (1)认识文化,了解芭蕾 (2)学跳舞步,体验芭蕾 (3)自由组合,表现芭蕾 4.师生谈谈跳后感受	1.在第1环节学习造型中,评价要点:准确模仿手拉手造型。 2.在第2环节中,评价要点:掌握弹簧小跑步,能跟着乐曲节奏律动。	1.通过观察图片手拉手造型,学生模仿 (1)学生观察,教师用口诀指导造型特点 (2)请两组学生模仿,教师即时评价 (3)全体学生四人一组学习,成功的小组自评第三颗五彩小星星 2.体验芭蕾 (1)看视频,了解芭蕾是足尖的舞蹈 (2)全体学习弹簧小跑步,即时评价 (3)随着音乐节奏律动,学生自评 3.教师抓住评价中生成的好的表演效果和具体的学习反馈信息,及时对学生进行提高性指导。 学生自评第四颗五彩小星星。	此环节指向目标2中初步掌握手拉手的动作,模仿芭蕾基本动作,合作表演。同时也指向目标3中看看跳跳演演,帮助学生进一步感受乐曲欢快的情绪。
三、体验与分辨 关键设问:你能听出乐曲主要旋律出现了几次吗? 1.学生用da模唱乐曲主要旋律 2.再次完整听赏,学生用手指数出主要旋律出现了几次?	在此环节中评价要点:跟着钢琴准确模唱主要旋律。 能听出主要旋律在乐曲中出现了几次。	1.教师引导学生用轻巧的声音演唱。 2.用钢琴伴奏和手指的动作模仿来模唱主要旋律、熟悉旋律。 3.教师评价中学会有弹性的声音演唱。 学生自评第五颗五彩小星星。	此环节指向目标1听出乐曲主要旋律。

续　表

教学环节与过程	评价时机	指导要领	实施意图
四、综合表演 1.听、奏、演结合 2.拓展欣赏与教师总结		1.在评价结束后，再为学生提供一次完整表演的机会，让学生选择喜欢的一组，在原有基础上改进表演效果。 2.最后评出今天自己得了几颗音乐五彩小星。	此环节指向目标1、2、3

【案例分析】

　　将评价融入教学过程，最根本的目的是为了帮助学生不断完善学习过程，改进学习方法提高学习效果，最终达成教学目标。因此，评价的设计要体现"基于教学目标，导向目标达成"和"掌握重难点，自然融入过程"。

　　本案例的评价有以下特点：

　　1.基于学情，评价方式符合学生年龄特点。二年级的学生思维比较活跃，具备相应的音乐常识，有一定的音乐感受能力和表现力，能在音乐情境中运用自己的语言和各种方法来进行表达。结合这些特点，本课的评价内容围绕教学过程，在欣赏中对音乐基本要素和相关知识展开聆听、体验、辨别、律动等活动，从而学会音乐欣赏的基本方法。在课堂中我也发现学生与教师的沟通较好，师生互动比较融洽。但是学生在以小组开展群体活动时往往都比较被动，缺乏交流的方法，合作能力相对较弱。用即时性的自我评价为主要方式来诊断学生的学业成果，同时在学习过程中运用同伴之间的合作成功而得到星星来提高学生的学习积极性和自信心，并增进与他人的合作能力，这种形式也活跃了课堂气氛。

　　2.教学内容设计合理，评价融入教学过程的每个环节。此案例中我针对教学目标，在教学内容的每个环节都有自评或者互评和师评，根据学习重难点的预设，有针对性地确定了评价的内容并设计了评价要点，体现了"评价设计先于教学过程设计"的特点。同时，每个主要环节中的评价设计,均具有明确的"目标指向"。因而,评价合理、自然地"嵌入"了教与学的过程,引导学生不断达标。同时,在每个主要环节,教师均提供学生表现学习成效的机会,使评价成为帮助学生改进学习的重要手段。

3. 自评为主其他评价为辅,愉快学习成功体验。把评价的主动权还给学生,改变教师是评价权威的现象,真正使学生成为课堂教学的主体,成为教学最直接的感受者。在这个案例中我设计了每个环节对自己的学业成果评出五彩小星星的方式,有利于学生对自己的表现作出判断,提高学生自我监控的能力,找出自己的进步与不足,培养学生养成反思的良好习惯。在请个别学生演奏或表演时采用互评方式,使学生能正视自己、尊重他人,同时提高学生的鉴别能力、分析能力和表达能力,逐步培养其良好的评价水平。教师即时的评价穿插其中及时抓住学生身上的"闪光点",对学生评价以正面鼓励为主,帮助学生树立自信心。通过评价传递给学生一种信息,那就是让学生感到自己能行,只要自己敢尝试、敢说、敢做,就能得到老师的肯定与同学的认可。使评价成为帮助学生改进学习的重要手段。

投其所知　快乐学练

——《各种单、双脚跳》教学设计

金　兰

一、指导思想

本课通过以"跳跳乐园学本领"为主题,根据低年级儿童身心发展特点,现有的课程资源、本校特点和学生的兴趣爱好,同时对形象思维比较强,对技术的细节要求不高,又易于模仿的教材与现实生活相整合,创设生活情景,让课堂教学与学生已知的生活实际相连,以激发学

教育与教学篇

生学习兴趣,主动参与学、练,营造快乐的学习氛围,让学生在有趣有序的环境中学练,从而优化课堂教学。

二、相关分析

教材分析:跳跃是人类的基本技能之一。尽管人类科学文明的发展突飞猛进,作为生存的基本技能及运动锻炼的手段之一,跳跃依旧有它存在的价值。本课是第一课时,是在创设各种情境中使学生尝试各种单双脚的跳跃。本课通过"跳跳乐园学本领"引申到主题,让学生在欢乐的情境中自主能动的学习。本课预计学生能积极参与活动,在练习中获得愉快的成功体验和感受。

学情分析:本次课教授对象是我校一(2)班的学生。一年级的孩子这学期正处于适应小学学习生活的转换阶段。这个班的孩子活动积极,课堂的适应能力也较强,但是也有着低年级孩子的特点。因此在课堂中,教师通过各种适合他们的语言以及游戏等来引导孩子掌握所学动作要领"起跳有力,屈膝缓冲,落地轻巧"的概念。运用个人、小组合作的多种学习形式,使他们主动练习,互相合作,从而达到学会知识技能的目的。

三、教学目标

1. 在学学、试试、练练中,初步学习单双脚跳的动作技术。85%的学生能学会屈膝缓冲,落地平稳,发展弹跳能力及身体协调能力。

2. 体验游戏活动的规则和方法,在游戏中培养协调能力和团队合作能力。

3. 喜欢并积极参与活动,逐步形成有序活动、遵守规则的意识,养成团结合作的习惯。

四、主要教学环节

1. 设计导入语,激趣引练。

通过和学生问好将学生带入本课,创设"请你快乐一起学"的情境部分,带动学生积极活跃地参与,使学生消除紧张情绪,以愉快的心理状态进入本课的学习内容。

2.投其所知,快乐学练。

在跳跃练习前,教师用学生喜欢的小动物形象将学生引入学习基本部分。同时结合低年级学生喜欢模仿的特点,把双脚跳部分设计成模仿各种小动物的跳跃方式,在无形中学习了动作技术,也激发了学生的学习热情。让学生在欢乐的气氛中很快地进入角色,充分体验体育活动的乐趣。

教学过程中,采用练习内容由易到难的安排。让学生在体验简单基本动作的基础上,逐步提高难度。学生通过观察、体验、试一试、学生演示等教学环节,提高自身观察、判断及思考能力。

同时也充分采用一物多用,让学生在体验的基础上,通过自身尝试,教师提示,从而提高学生观察、判断及思考能力。同时,采用语言启发学生掌握基本动作的方法,培养积极主动参与的热情。在练习过程中,不但要注意安全,更要利用教材对学生进行安全教育。

五、问题预计

1.学生在练习过程中为了显示自己的跳跃水平,忽视了动作要点。
2.在游戏过程中可能会出现为了争取胜利而忽视游戏规则的现象,需要及时提醒。

课后反思:

跳跃是人体的基本活动能力之一。低年级跳跃教材内容是一些简单的单脚、双脚跳跃练习和基本的跳跃方法。对培养学生跳跃的正确姿势,发展学生的跳跃能力具有重要作用。通过教学,促进学生身体机能的发展,提高学生灵敏、速度、力量和协调素质与能力,发展思维的敏捷性和有序性,培养学生勇敢、果断和勇于克服困难的意志品质。

"跳单、双圈"这节课教学时,我根据一年级儿童兴趣广泛、活泼好动、善于模仿的心理特点,采用情境教学形式,将"跳单、双圈"基本教材通过创设"小动物学本领""小船儿开"等富有情趣的情景,把情、景、人物在活动中融为一体,让学生达到一定的身心感受和情绪体验,从而克

罗南中心校体育与健身课时计划

年级	一	人数	36	日期		执教	金兰
班级	2	组织形式	自然班	周次	12	课次	1

内容主题	主题:"跳跳园里学本领" 1. 跳跃:各种单、双脚跳　2—(1) 2. 综合活动:开得快、钓得多 1—(1)	重点	起跳有力,屈膝缓冲
		难点	落地平稳,轻巧

学习目标:
1. 在学学、试试、练练中,初步学习单双脚跳的动作技术,85%的学生能学会屈膝缓冲,落地平稳,发展弹跳能力及身体协调能力。
2. 体验游戏活动的规则和方法,在游戏中培养协调能力和团队合作能力。
3. 喜欢并积极参与活动,逐步形成有序活动,遵守规则的意识,养成团结合作的习惯。

课序	时间	教学内容	次数	时间	强度	教与学的活动	组织与队形
			运动负荷				
一	1'	课堂导入: 1. 师生问好 2. 引出课题				◎:师生问好,语言引导,激发兴趣 ◇:认真听讲,积极投入 ☆:精神饱满	队形:
二	3'	热身活动: 音伴小圈操	1	2' 30"	中	◎:教师语言引导提示,师生共同练习 ◇:在教师带领下积极,投入练习 ☆:动作有力,热身充分	队形:

课序	时间	教学内容	运动负荷			教与学的活动	组织与队形
			次数	时间	强度		
三	16'—18'	跳跃:单、双脚跳 1. 跳跳园里学本领 (1) 我的跳跳本领:单脚跳	1—2	30"	中	◎ 教师引导学生:"我会这样跳,你能试一试吗?" ◎ 教师提出要求,注意左右脚轮换 ◇ 学生练习,积极尝试 ☆ 尝试积极,落地平稳	队形:(见图)
		(2) 小兔跳跳 儿歌: 耳朵竖,膝盖弯 用力跳,落地轻 屈膝缓冲,落地稳	7—8	2'	中	◎ 教师语言引导学生观察,边讲解动作要领边示范 ◎ 学生跟教师一边念儿歌一边在师指挥下横下横轮换练习 ◇ 学生练习,个别指导 ◇ 教师根据教师要求个别指导 ◇ 学生演示,大家观察"起跳有力与落地方法" ☆ 学生听哨声一起练 起跳要有力,屈膝缓冲,落地要轻巧	队形:(见图)
		(3) 青蛙跳跳	7—8	2'	中	◎ 教师引导学生"跳荷叶",示范并提要求 ◇ 学生2人一组合作练习,相互鼓励,学会评价 ◇ 教师巡视提示指导,强调屈膝缓冲,轻巧落地 ◇ 教师及时点评 ☆ 起跳有力,落地轻巧 ※ 注意小圈的摆放间隔要合理	队形:(见图)
		2. 跳跳本领秀			中	◎ 教师语言激励,讲解本领秀方法 ◇ 学生领取发展示任务卡,并观察 ◇ 学生根据展示任务务卡结伴练习 ◇ 出色的小组来秀一秀 ☆ 积极尝试,互相合作,大胆秀	队形:(见图)

教育与教学篇

续 表

课序	时间	教学内容	运动负荷 次数	时间	强度	教与学的活动	组织与队形
四	10'—11'	游戏:"开得快,钓得多" 1. 小船儿开	1	2'	中	◎:教师讲解示范开荷叶船方法 ◇:学生一人一叶,体验荷叶船 ☆:积极尝试,动作协调	队形:
		2. 开得快、钓得多	2—3	2'	大	◎:教师讲解游戏方法和规则 ◇:学生分组进行比赛 ☆:互相配合,团结协作 相互鼓励,全力争胜	
五	1'	放松: 星星的心	1	1'	小	◎:引导学生身心放松 ◇:学生分散进行练习身心放松 ☆:心情舒畅,轻松愉悦	队形: ★
	1'	小结与评价				◎:引导学生回顾全课,并进行交流 ◇:认真进行交流,互相评价 ☆:师生呼别 ★:积极发言,认真听讲	队形:同上

场地器材	呼啦圈37个 录音机1台		
安全保障	做好充分的准备活动,提醒学生在练习时注意距离,避免活动中撞到同伴。		
预计	练习密度	强度
	全课 约46%	内容主题 约43%	中

服一定的困难和障碍,以丰富的想象力和创造力去达成自己的学习目标。通过语言情景、场地情景,使学生产生强烈的角色体验和浓厚的学习兴趣,从而激起学生参与体育学习的主动性和积极性。为了更好地发展学生的个性,培养和建立良好的交往与合作能力,促进学生创造力、思维力和跳跃基本活动能力的发展,在教学过程中,采用了个体——结伴——群体的教学组织和活动形式。在游戏活动中,为学生提供个体发挥、促进个体发展的时间和空间,又强调了同伴间的交往与合作,让学生从小就感受到集体的意识与价值。

在活动过程中,我还让学生对"跳单、双圈"进行创编,每个小组都各不相同,都有自己的特色。在创编游戏活动过程中,让学生运用讨论、思考、探索和尝试的方法,经教师的指点或帮助,能顺利的完成简单的创编活动。给学生多一点自我表现的机会,让学生多得到一些成功的喜悦,使学生的自主性、创造性多一点发挥,使其真正成为体育学习的主人,是设计该内容的出发点;让学生通过学习产生体育活动的兴趣,并能从不会到会,从学会到会学,则是本课教学活动的归宿。

在多种音乐活动中丰富学生体验的音乐教学

——《音有长有短》教学案例

顾鸿岚

【案例背景】

音有长有短是一年级第一学期"玩"的内容。通过前一阶段的学习,学生们听辨音有强有弱的能力有所提高,这堂课,音有长有短的辨别又是一次培养学生灵敏听觉的好机会,而且能为下一阶段音符的学习打下良好的基础。

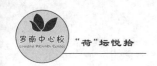

【学情分析】

　　一年级学生经过几周时间的学习,行为习惯方面进步较大,学习目的性也有所增强,多数学生的音乐学习习惯有所改进。他们对音乐的学习积极性较高,上课纪律也不错,举手发言的学生较多。学生在音准、对歌曲的接受能力和音乐表现能力方面相对可以,有部分学生在音乐的听觉上稍有差异,也有一些表现非常棒的学生,他们在音乐活动中起到了很好的带头作用。

【教学目标】

　　1. 情感态度价值观:学会合作完成多种音乐活动,在活动中学习新知、感受学习的快乐。
　　2. 过程与方法:在学一学、说一说、听一听等一系列活动中感知和体验音的长短。
　　3. 知识与技能:学会用沙球为乐曲伴奏,学会合作完成游戏"快快传",巩固音的长短。

【教学重点】

　　听辨《风和雨》,并进行简单的表演。

【教学难点】

　　能准确地听辨和模仿音的长短,学会为乐曲伴奏。

【教学片段一】

音有长有短

　　导入

　　1. 听辨音的不同。
　　师:你们知道吗,音不仅有强有弱,还有其他的不同吗?请仔细听听老师模仿的蚕宝宝吐丝,音有什么不同?
　　si_____　　si si si si ___ ___ ___ ___
　　生答:第一个音是连着的,第二个音是有点断的师小结：×××回答得非常好,连着的音我们称这个音是长的,有点断的音我们称这个音是短的。

2.出示课题:音有长有短。

师:今天我们就一起来学习音有长有短(出示课题)。

3.图形表示音的长短。

师:小朋友们,音的强弱可以用不同的圆圈表示,那么音的长短呢?

生:长的音用(学生边模仿声音边用手指画出了一条直线),短的音用(学生边模仿声音边用手指点了几下)。

师:真棒! 掌声送给他! 长的音用直线表示,短的音用点或者短线条来表示。

(出示图形卡片)_____ __ __ __

4.学生边画线边模仿蚕宝宝吐丝。

学习要点:在听蚕宝宝吐丝的声音中,了解音的区别。

教学意图:通过让学生听辨蚕宝宝吐丝的声音,引出课题——音有长有短。知道音的长短可以用线条表示,并学会模仿。

【教学片段二】

探索活动

1.学一学。

师:下面我们再来学学这两组图片中的声音,分辨谁的声音长? 谁的声音短? 第一个是火车汽笛的声音,第二个是汽车喇叭声。

生:火车汽笛的声音长,汽车喇叭的声音短。

2.听一听。

师:人声能模仿很多声音,乐器也同样可以。听,下面两段音乐分别模仿的是什么声音? 谁的声音长? 谁的声音短?

公鸡和小鸡 大钟和小钟

听第一段音乐:

生1:是公鸡和小鸟。公鸡的声音长,小鸟的声音短。

生2:是公鸡和小鸡。公鸡的声音长,小鸡的声音是短的。

师小结:两位小朋友听得都非常认真,回答基本正确。这是公鸡

和小鸡的声音。小鸡的声音和小鸟的声音很相似,是短的;公鸡的声音一开始是短的,后来才是长的。

听第二段音乐:

生1:我听出来是钟的声音,前面一个是大钟,声音是长的,后面一个是小钟,声音是短的。

师:完全正确,掌声送给他。这段音乐模仿的是大钟和小钟,大钟的声音长,小钟的声音短。

3.敲一敲。

分辨各种打击乐器的声音

师:刚才听到的这些声音都是由不同的乐器演奏和模仿的。现在老师这儿也有几种乐器,你们谁会敲一敲,分辨一下它们的声音,谁的声音长? 谁的声音短?

师:指导学生正确地演奏各种打击乐器,分辨其声音的长短。

学习要点:在学一学、听一听、敲一敲的过程中,感受音的长短。

教学意图:通过学一学、听一听、敲一敲等一系列音乐活动,使学生能进一步感知音的长短和准确分辨音的长短。

【教学片断三】

认知体验

1.听一听《风和雨》。

师:仔细听这段音乐表现了谁和谁? 谁的声音长,谁的声音短? (PPT视频播放)

2.学一学。

师:风和雨来了,风的声音长,雨的声音短。你们能用人声来模仿它们吗?

3.演一演。

师:想一想,还可以用什么方法来表现风和雨。

(1)模仿风的动作　(2)听音乐表演(听风的音乐)

(3)模仿雨的动作　(4)听音乐进行情景表演(听雨的声音)

4.奏一奏。

师用铃鼓为风伴奏,部分学生用沙球为"雨"伴奏,其余学生模仿伴奏。

5.**完整表演。**

学习要点：听辨《风和雨》，表现音的长短。

教学意图：通过听、学、演、奏四种不同的方法，让学生能根据音乐要素"音有长有短"准确听辨《风和雨》不同的音乐形象，并学会边听边表演和为乐曲伴奏。

【教学反思】

"音有长有短"是上海音乐出版社一年级第一学期《唱游》第三单元第五课中的知识点。本课主要是通过学一学、听一听、敲一敲、演一演等方法，让学生体验音的长短，并通过寻找生活中的长音和短音，让学生说一说，学会感知生活，体验生活中的音响之美。

低年级学生以形象思维为主，好奇、好动，比较适合引导、探索、合作式的学习方式。抓住学生的年龄身心特点，为了更好地让学生感受听辨音的长短，我分四步走，第一步：用有强有弱的声音唱唱《小雨沙沙》，复习旧知"音的强弱"，再通过模仿蚕宝宝吐丝引出新知"音的长短"。一开始学生的回答并不能准确地用长短来表示声音的区别，而是采用描述的语言来表述。通过老师的小结，学生知道了音有长有短这个知识点，在接下去的活动中都是围绕这一知识点展开教学；第二步：在学一学、听一听、敲一敲等音乐活动中进一步感受音的长短；第三步：听辨风和雨的声音，体验音的长短。《风和雨》是一首短小的乐曲，乐曲分为两段，前段旋律起伏连贯，描绘了"风"的形象，后段旋律短促跳跃，描绘了"雨"的形象。乐曲短小精悍，形象生动，为儿童所喜爱。听赏这首乐曲只为了让学生更形象地认知音的长短在音乐中的表现；第四步：用身体动作和节奏乐器来表现这两种音的长短。整个教学过程通过听辨音的长短，用线条记录音的长短，用身体动作和节奏乐器体验音的长短，使学生在脑中初步建立起"音的长短"概念；最后，带领学生玩一玩，在合作活动中进一步巩固音的长短，让学生通过亲身参与和体验，把抽象的声音具体化，形象化。

在这节课中，我更加深刻地认识到，音乐知识的教学一定要结合学生具体形象思维这一特点，开展丰富的游戏和练习，学生才能快乐的学习并掌握音乐知识和音乐技巧。

语言的艺术　艺术的语言

——读《教师如何激活学生潜能》有感

金宇虹

　　语言功能是每一个正常人都能掌握的一种交流方式,人们通过语言彼此交流沟通、了解熟悉。教师更是语言文字的工作者,熟练、恰到好处地运用语言为教育工作服务,是每位教师必需的一项技能。人们常说:"言传身教。"言传是第一位的。尽管教育手段和途径丰富多彩,但最常用最重要的仍然是教师的课堂语言,这是任何教育手段都无法替代的。因此,不断提高语言文字的修养是教育工作者必须解决的首要问题。

　　教师的语言应该像一种美妙的音乐,回荡在学生心灵的上空,以声传情、以声动心、以声育人,美妙的音乐必能获得众多的知音。所以多多锤炼我们的语言,就能谱写愈加美妙教学的乐章。每个教师都拥有35分钟课堂时间,但怎样才能随着教师讲课,使学生在课堂上妙趣横生、气氛活跃、兴趣盎然呢?语言的选择极其重要:

　　首先要注意语言的正面性。语言的正面性就是指有意义的、积极的、正面的语言。这些语言要有正面的引导作用,能激励学生健康、进步、向上乃至成功,而不是选择那些消极的,无进步意义的,甚至错误的反面语言。比如,学生回答一个问题,都希望老师能给予他一个肯定,一个表扬。如果老师只是在他回答完问题后"嗯"一声,或"请坐下"来敷衍了事,就会让他失去信心和动力。在下一个问题中他就不会那么主动去思考、去回答。我们应该多用激励性语言,去鼓励他,赞同他。比如:"你真棒!""你的想法和老师的一样。""我就知道你能行。"……一石激起千层浪,激励的语言不仅能拓展学生的思维,还能激发学生的学习兴趣。

第二要注意语言的准确简明,富有示范性。教师是学生的楷模和榜样,这就要求教师能熟练的说普通话,用生动的语言,富于感情色彩的语调,表达流畅、完整、清楚。在教学活动中,教师只有运用准确严密而简明的语言表达才能保证知识传授的科学性和学生正确理解知识的可能性。比如,在课堂上教师提问时常常会说:"请你想……""再想想?"要求学生回答时会说:"你来读。""你来背。"……这些语言简短扼要,富有指令性,学生一听就十分明了,马上就能开展学习活动,同时也提高了课堂的学习效率。

　　最后要注意语言的启发性。教师的语言要幽默、含蓄、富于启发性。启发其实就是我们课堂中的提示。启发性的语言,就好似一盏明灯,在黑暗中为你照亮前进的方向;启发性的语言又好似一个舵手,在你快要触礁的时候,让你转变航向,顺利驶向彼岸;启发性语言又好比一支号角,在你疲乏的时候,能激起前进的动力。教师如果在课堂中运用启发性的语言准确的引导学生,不仅能激发孩子思想的火花,还有利于促进学生对课文的理解。比如在教《曼谷的小象》时,为了让孩子们明白小象之所以如此聪明,是由于阿玲的教导和指挥得当。作者称赞小象,其实是赞美阿玲。就在学生们为"是赞美阿玲,还是赞美小象?"争论不休时,我这样启发他们:"小象的技艺真是精湛,但它精湛的技艺又是从哪儿来的呢?"经过这样小小的启发,孩子们顿时领悟了作者是通过写小象来赞美阿玲的指挥有方,同时也很快地理解了课文的内容。

　　每一堂课,授课效果的好坏,并不取决于教师的话讲的多少,而是看教师的语言是否直达目的地。一个教师讲课声情并茂,那么,她的声音便会像"润物细无声"的春雨潜入学生的心田,把学生带入艺术的境界。语言也是一种艺术,我们要更优化地运用这种艺术,让它最大限度地提高课堂的有效性,使课堂更加受到学生的欢迎!

对于学习困难学生的教育策略

——小学生心理辅导案例

王玲婕

【问题呈现】

从小学教育的现状来看,学习困难学生的存在已是一个不争的事实,并且是长期以来困扰着广大教育工作者的亟待解决的问题。

每个学习困难学生的形成,除了智力因素外,还有心理方面的因素。学生学习困难的心理表现有:自卑心理;依赖心理;虚荣心理;逆反心理。学习困难学生的教育转化是一项长期而艰巨的任务,是一个系统工程,社会、家庭和学校教育必须共同作用,密切配合。因此,"针对学习困难学生的心理表现,可以采取哪些教育对策"成为作者想要探究的重要问题。

【案例情况】

"小孙,你的声音能响亮一点儿吗?"

"小孙,你来回答这个问题,可以吗?"——一脸茫然地看着我。

"小孙,你能告诉我这里你为什么会填这个答案吗?"——沉默不语。

这是班级中一个 7 岁小男孩。他叫小孙,是一个性格比较内向的孩子。课堂上,他虽然坐姿很端正,也不会做些小动作,但是思维总是跟不上老师和其他同学。几乎从来不会主动举手回答问题。即使老师上课时请他回答一些比较简单的问题,他的声音也总是很轻,或者就是沉默不语,极度缺乏自信。

【案例分析】

因为他的问题我观察了很久,也和他多次谈心,可是收效甚微。于

是我开始反思。为了能尽快帮助小孙的成长,我开始有针对性的家访,并多次和他父母沟通,试图了解他的真实情况:

1. 父母工作忙碌。

小孙的父母工作十分繁忙,每天早出晚归,几乎没有时间关心小孙的生活和学习。所以小孙一直由爷爷奶奶照顾长大。一方面,老人年纪大了、文化水平比较低,没办法指导孩子学习;另一方面,长辈们往往会溺爱孙子、孙女。看到孩子做作业累了,做得晚了或者不会做时,就干脆把作业本一收让孩子明天再做或者第二天直接去问老师。长此以往,孩子变得越来越懒惰,也越来越不会动脑筋、不会自己独立思考了。

2. 性格内向,不懂如何与同学相处。

其次,由于小孙一直跟着爷爷奶奶生活,平日里生活的一切都由爷爷奶奶一手包办。这就导致了小孙的自理能力极差。而且,他的爸爸妈妈工作过于繁忙,几乎没有时间带他出去游玩、参观,增长见闻。这就使得小孙的性格十分内向,更不懂得如何与其他小朋友相处、交流。所以在班级中他几乎没有几个要好的朋友。学习上遇到困难,更是不敢向同学请教,怕同学们会嘲笑他。

3. 恶性循环,缺乏自信。

因为平日没有养成好的学习习惯,学习上遇到困难不敢请教老师、同学,家里又没人能够指导小孙,所以小孙的学习成绩越来越差,在同学眼中他慢慢就变成了一个学习不好的学生。本就与他疏远的同学就更不喜欢和他一起玩耍了。所以小孙变得越来越孤僻、自卑。

【辅导过程】

了解了他的成长经历,分析了他的症结所在,我开始在生活中渗透教育,走近他,影响他,从而改变他。

1. 学校教育。

多数学困生本来也有很高的学习欲望和热情,但由于兴趣、爱好、学习方法不当等原因导致了学习上暂时的失败。这时如果家长或老师采取简单粗暴的方式对学生怒斥、讽刺、挖苦或以失望、不理睬、歧视等态度对待他们,就会伤害学生的自尊心。孩子的心理还不成熟,容易走极端,往往破罐子破摔。在这种心态支配下,你越是逼迫他学习,他越是反感。因此,转化学困生必须满足他们的自尊的心理需要,特别注意

以平等、尊重、信任、友好、关怀的态度对待他们。学困生学习成绩差，心理压力也大，更需要教师的理解、尊重和关心，所以要和学困生多接触谈心，和他们交朋友，满足他们的心理需求，形成一种融洽的师生关系。

2. 家校合作。

家庭教育是孩子的第一学校，父母是学生的第一任老师。家庭教育作为启蒙教育，它的作用日益引起人们的重视。对于学困生来说，家庭教育比其他教育有着更加重要的作用，成功的家庭教育为学困生树立信心、全面发展打下良好的基础，反之则会严重影响他们的身心健康和成长。就目前情况而言，多数学困生的家庭教育能与社会教育、学校教育同步形成合力。但也有为数不少的学困生家长或因思想认识不足，或因方法不当存在许多问题，应引起每个教育工作者的充分重视。所以学校和教育工作者必须对学困生家庭教育进行必要研究和指导，帮助家长掌握正确的教育方法和先进的理论知识。

通过家访、开家长会、学校讲座等方式，劝说小孙的父母和孩子多交流，及时了解孩子的学习生活情况。建议家长对孩子多鼓励少批评，多关心少打骂，为孩子营造一个温馨、和睦、充满爱的家庭环境。这样促进了家长与孩子间的沟通，有利于减轻孩子与家长交往时的紧张感，消除家长和孩子的隔阂，增进家人间的亲情与温暖。同时也能帮他树立自信心，增强自尊心，这是促使孩子自信地与人交往的起点。

3. 同学关心。

另外，我还鼓励小孙要主动和班级同学交流。如果同学在学校里遇到了什么小困难，比如忘记带橡皮或尺之类的，应该主动帮助同学。同学们都喜欢乐于助人的好孩子，你经常帮助别人，别人也会真心帮助你。以后学习上有不懂的地方，可以向同学们请教，他们一定会乐于解答的。

【辅导效果】

进行了一段时间的心理辅导后，小孙的性格明显变得活泼开朗了，也越来越有自信，家庭作业能按时完成了，上课时也能积极举手发言了。在班级中，他交到了很多好朋友。学习上遇到不懂的地方，也敢于向老师和同学请教了，学习成绩也有所提高。家长反映他不再孤僻、自卑了，能主动和父母谈学习上的事。

【辅导感悟】

总之,只要我们坚持不懈地做好"学困生"的教育和转化,多一些表扬鼓励,少一些批评责备,往往可以使落后的孩子,学习困难的学生找回自信,进步得更快。对于他们,老师千万不能放弃,而是要心中始终充满爱,要努力发觉他们的闪光点,要点燃他们心中进步的火花。实践告诉我们,要善于发现学习困难学生的闪光点,精心呵护与引导,关怀每一个学生,让每一个学习困难学生在自己原有的基础上都有所进步,让每一个学习困难学生都享受学习的快乐。

从友善开始

——队会课案例

苏 丽

活动年级: 四年级

活动目标:

1. 队员通过活动了解"友善"的真谛,体验友善给自己、给他人带来的快乐。

2. 学会友善对待他人之道,以实际行动践行社会主义核心价值观。

活动准备:

1. 队员从日常生活中收集素材,拍摄视频。

2. 准备诗歌——《友善之花》。

3. 每人准备一张树叶状的便笺纸。

4. 歌曲《左手右手》的伴奏带。

活动过程:

一、观看 TV,导入话题

1.(出示队员活动照片)我们一起学习生活三年多了。早晨,一起

在阳光下锻炼身体,课间,一起阅读嬉戏……可是,同学之间也会发生让人意想不到的事情,瞧,食堂那边怎么啦?

播放——《一碗汤的风波》,故事梗概:食堂里,学生正在低头吃饭。小俊吃完了碗里的饭后,端着盘子去盛饭,可是盘子没有端稳,盘子里的汤洒了出来,滴到了阳阳的头上。正在吃饭的阳阳很生气,站起来就骂小俊。小俊不甘示弱,扯着嗓门,两个人互相谩骂起来……

2. 队员们,他们这种行为正确吗? 想一想,他们为什么会这样做? 缺少了什么?

队员交流,贴:谅解、宽容、礼貌、友爱、善良、文明……

是呀,阳阳和小俊之间发生了争执就是缺少了——友善(贴)

3. 引出课题:从友善开始。

【设计说明:老师从学校生活中汲取事例,拍下视频,让伙伴们感到故事的真实,容易进入课堂话题,引出了活动主题。队员交流行为的正确与否,关系到能否帮助他们了解自己的行为,为后面行为习惯的纠正做好铺垫。】

二、回忆生活,感受友善

1. 阳阳平时一直是这个样子的吗?

出示表格。

我眼中的阳阳,说说生活中的实例	
学习上	
上课时	
写作业时	
体育课上	
与同学相处	
……	

2. 队员交流。(同桌交流、个别交流)

3. 队员代表小结,赠诗《友善之花》。

我眼中的阳阳在学习上很努力,上课专心听讲,按时完成作业,还乐于帮助别人,作为行规示范员,我们想送给阳阳和大家一首小诗《友善之花》。

【设计说明：联系实际，让队员在踊跃发言中感受阳阳的善良品质，为引导阳阳转化行为做铺垫，后面故事结局的转变埋下伏笔。】

三、再现情景，强化认识

1. 阳阳向大家表述此刻的心情，并向小俊道歉。

2. 当意外发生时，如果我们能够保持冷静，友善待人，相信《一碗汤》不会再惹起风波。

小品表演：《一碗汤》结局的转换，现场表演。故事梗概：重演开头部分，结局换成当汤洒在阳阳头上的时候，小俊及时地向阳阳道歉，主动掏出手帕帮阳阳擦干头发。食堂里很安静，只有铁勺敲击盘子的声音。

【设计说明：一节课能高质量地完成目标就可以算是一节理想的课。这节队课设计目的就在于改变队员的行为，引导阳阳的行为变化，所以，请当事人表述感受后，再来演绎《一碗汤》的事例，不仅强化了学生自己对友善行为的认识和行为，而且可以拓展到中队中其他友善行为的话题。】

四、联系生活，知行合一

1. 拥有友爱和善良，铁勺和盘子都能敲击出这么美妙的乐曲，生活是多么的美好呀！在我们的校园生活中，你们还遇到过哪些磕磕碰碰的麻烦事？又是怎样做的呢？

2. 小队内讨论。

3. 各小队交流、汇报。（讲述、情境演示等形式）

(1) 吃好菜饭，在教室里分水果，遇到烂的。

(2) 早操排队下楼手甩到同学。

(3) 跑步时，队员脚崴了。

(4) 下课了，有的队员要看书、写字，有些在一旁玩耍，影响到了他。

……

交流过程中及时点评（队员评、辅导员评、现场互动评）

【设计说明：这一环节就是由点到面的拓展，达到与队员生活共鸣的效果，是真正联系队员生活的环节设计。】

五、交流作业，歌唱激情

1. 著名作家雨果在《笑面人》中写道：善良的心就是太阳。在我们中队一定也有许许多多的友善的行为，请队员们拿出笔来写一写，完成这份特别的作业。

2. 全中队交流,贴上特别的作业。

要求:不仅要交流到别人具体怎样地帮助自己,还要真切地说出自己当时的感受,或大家的快乐感受。

(事先做好大树的主干和枝条,队员写的叶子作业再往上面贴。)

3. 伴乐曲歌唱《左手右手》。

【设计说明:队员们在树叶便笺纸上记下伙伴的善行,贴在大树上,感受友善之树的"生机"。全场互动,辅导员和队员们一起手拉手唱起《左手右手》再次体验友善的美好。相信,生活中学生的友善行为将会延续,《从友善开始》将引导队员以后的友善之路。】

六、辅导员结束语

我们中队就是这样一棵茂盛的大树,每个人就是其中的一片树叶,只要大家心中充满了友善,这棵大树也就会越长越茂盛!

活动延伸:

学生在看、听、说、写、唱、演等诸多活动形式之下参与到课堂中来,有所悟、有所感。为了存留这份美好的记忆,学生当天还记了日记,我也认真读了每篇日记,并摘录了其中的一些段落。

2014 年 12 月 24 日 星期三 晴
特殊的一天

今天是星期三,苏老师告诉我们要上录像课,我很激动。课堂上,很多次我都积极举手了,可是举手的同学特别多,老师只叫到我两次。不过我很开心,因为老师在黑板上画了一棵大树,说我们是"树叶",并让我们上去贴树叶,还带我们一边唱《左手右手》,一边跳了起来,这是我最开心的一节课。

下午,体育王老师教研活动去了,苏老师还带我们去操场上做游戏,今天真是特殊的一天。噢,今天晚上还是平安夜啊!

(严 莹)

2014 年 12 月 24 日 星期三 晴
精彩的一天

今天,苏老师说要上区级公开课,我积极回答问题,表现得很好。中午苏老师给我发了奖品,我感到很高兴,心里比吃了蜜还要甜。下午苏老师带我们到操场上玩耍，我们跳绳、做游戏，同学们个个面带微笑，这一天简直是在天堂。

（徐玺旻）

2014年　12月24日　星期三　　晴
难忘的周三

今天区里领导要来听课，天气还不错，碧空如洗，万里无云，天空蔚蓝。

很快第三节就到了，后面坐满了领导，还架上了摄像机，我心里很紧张。上课了，小朋友表现得很积极，我也举手发言了。苏老师叫了我，我站起开始是支支吾吾的，脸也红了，后来我渐渐地平静下来，就顺利地回答了问题。苏老师给我们上的这节课特别热闹，也很联系我们的平常生活，最开心的是我们全班人一起手拉手唱歌跳舞，它将会永远留在我的记忆中。

（朱筱雅）

……

队员们签订中队友善协议，为维护友善的中队环境作出自己的承诺与贡献。

事实证明，不仅在学校生活中，他们在家庭、社会中也都乐做一个友善的人。这些友善的行为也带动了其他中队，大家一起从友善开始，共同培育和践行社会主义核心价值观！

基于教材　立足生活　掌握知识

——《多民族大家庭》教学案例

王文静

【案例背景】

教材分析：

《多民族大家庭》是《品德与社会》学科四年级第一学期第四单元

《中华一家》的第一篇课文,课文由"快活林""聪明豆""七色光""故事园"和"小舞台"等五个栏目组成。课文通过让学生了解我国是个统一的多民族国家,从而使他们体验到各民族人民的亲密团结。同时,通过让学生知道我国各族人民在共同创建中华文化中融合为中华民族,从而感受我国是一个多民族的大家庭。作为第四单元的首篇课文,它在整个单元中起到了引领的作用,为学生能更好地学习后面的几篇课文打下基础。

学情分析:

课前,我通过调查发现,班中大多数的学生通过电视、广播等媒体以及生活的实践,对我国的少数民族有了一定的了解。比如说,学生了解一些民族的名称、文化、特产等。但是这种了解相对而言比较零碎,学生并没有机会对已知的信息进行梳理,因此通过本课的教学,我们可以将学生已有的生活实践调动起来,从而顺利地达到本课的教学目标。同时,由于我国民族风情多姿多彩,学生对此兴趣颇浓。因此,在教学设计中,我力图将教材中比较深奥的教学内容转换为学生通俗易懂的教学内容,同时通过增加学生感兴趣的教学素材来调动起学生探究问题、了解民族文化的积极性。

目标分析:

根据《课程目标》中关于"知道我国是一个统一的多民族国家,尊重不同民族的风俗习惯,增强民族团结的意识"的要求,结合本篇课文的教材内容,将本文分为两课时进行教学。其中第一课时制定的教学目标为:1.知道我国是一个统一的多民族国家。2.辨认几个有代表性的民族,观察与分析地图,了解各民族分布特征及一些民族的主要生活区域。3.联系生活,初步体会我国各民族文化的相互融合。

【案例描述】

教学片段一:小探究,了解我国是个统一的多民族国家。

1.师:我们国家到底有多少个民族呢?(生——56个民族)所以说,我国是个多民族的大家庭。

2.你知道哪些民族?(学生交流)

3.师:看来我们班的同学对我国的民族已经有了一定的了解,但要说全我国的 56 个民族,那可不容易。老师这里有一张关于各民族人口的表格。请同学们边观察边讨论,看看你能发现什么?

民族名称	人口数(万人)	民族名称	人口数(万人)	民族名称	人口数(万人)	民族名称	人口数(万人)
汉 族	115 940	白 族	185	土 族	24	京 族	2.2
壮 族	1 617	哈尼族	144	仫佬族	20	基诺族	2
满 族	1 068	哈萨克族	125	锡伯族	18	德昂族	1.7
回 族	981	黎 族	124	柯尔克孜族	16	保安族	1.6
苗 族	894	傣 族	115	景颇族	13	俄罗斯族	1.5
维吾尔族	840	畲 族	70	达斡尔族	13	裕固族	1.3
土家族	802	傈僳族	63	毛南族	10.7	乌孜别克族	1.2
彝 族	776	仡佬族	57	撒拉族	10.4	鄂伦春族	0.8
蒙古族	581	东乡族	51	布朗族	9.1	门巴族	0.8
藏 族	541	拉祜族	45	塔吉克族	4.1	独龙族	0.7
布依族	297	水 族	40	阿昌族	3.3	赫哲族	0.4
侗 族	296	佤 族	39	普米族	3.3	高山族	0.4
瑶 族	263	纳西族	30	鄂温克族	3	塔塔尔族	0.4
朝鲜族	192	羌 族	30	怒 族	2.8	珞巴族	0.2

4. 小组讨论交流。

师:我国的 56 个民族中,汉族的人口最多,约占全国人口的 92%,其他 55 个民族约占人口总数的 8%。因此,我们把另外 55 个民族统称为——少数民族。

(简要分析:《品德与社会》课的教学方法要改变传统的教师照本宣科式、单一说教式或语文教学式的原有教学模式,教师应该在课堂中组织学生多观察、多思考、多质疑,启迪学生思维,开发学生智力,培养学生的探究能力。在本节课的教学中,有几个知识点非常重要,比如说:少数民族的含义、少数民族分布的特点等。少数民族的含义是相对于汉族而言的。如何让学生理解这一点呢?如果是教师用数据灌输给学生,学生同样能够理解,但是却缺少了自己去探索的意义。因此,我在教授这一概念时,先请学生看一张关于我国 56 个民族人口与名称

的表格,让他们自己去观察去思考。通过对表格的比较思考,学生能够感受到汉族与少数民族人数之间的巨大差异。在这个发现的基础上,再通过一组数据加以说明,学生自然而然地就了解了少数民族的含义了。)

教学片段二:做游戏,了解我国各民族的分布及特点。

1.师:我国有那么多美丽的少数民族,那么他们究竟分布在我国的哪些区域呢?先让我们来认识一下这些少数民族。

2.多媒体出示贴图游戏。

以小组为单位将几个少数民族贴到你们认为他们生活的区域中去。

(1)师:这些少数民族都分布在我国的边疆地区。其实不仅是这几个少数民族,我国其他的少数民族也主要分布在西南、西北和东北等边疆地区。

(2)师:他们聚居生活的地方都被称为自治区。那么什么叫自治区呢?(学生读自治区的解释)

(3)师:我国大部分的少数民族都相对集中分布在一个区域中,这种民族分布特征就叫作小聚居。(板书:小聚居)

3.师:除了"小聚居"这种民族分布特征外,课本上还介绍了哪种民族分布特征呢?让我们打开书本,翻到第64页,读一读。

4.理解"大杂居"。

(1)出示表格:上海现在有55个民族居住……

师:看了这张表,你能说说什么叫大杂居吗?

(2)师小结:大杂居是指汉族与少数民族杂居在一起的现象,全国各省、自治区和直辖市几乎找不到单一民族分布的地区。

(3)师:在你的生活中,你看到过大杂居的现象吗?

(4)举例:班级中回族学生——小韩

师:其实我们周围生活着不少来自少数民族的人们。我们班级中就有一位少数民族同学,你们猜猜是谁?你们知道她是来自哪个少数民族吗?我们请她来给大家介绍一下她的民族文化。

5.看,这些是——人民币,上面有五种民族文字蒙古文、藏文、维吾尔文、壮文和汉语拼音。从这一现象中,你能体会到什么?(学生回答)

6. 师小结：我们都是一家人,中国是一个统一的、团结的多民族大家庭。(板书:统一、团结)

(简要分析:《品德与社会》学科以活动为教学的主要方式,让学生在丰富多彩的活动中重视课程资源的开发和利用。因此,在教学中,我设计了一系列的活动,而不是选择简单枯燥的照本宣科。通过动手贴图,使学生了解我国各民族分布的主要特征。基于大杂居、小聚居的概念对于四年级的学生来说比较难以理解这一情况,在教学中,先让学生观察民族分布图,通过对自治区的理解感悟到小聚居的含义;又通过对上海市少数民族数量统计的观察,让学生理解大杂居的概念。这些活动,有的动手,有的动脑,不仅活跃了课堂气氛,而且让学生在充满童趣与乐趣的学习中,结合自己已有的社会经验解决了较深奥的教学内容,做到寓教于乐。)

【案例反思】

《多民族大家庭》是《品德与社会》学科四年级第一学期第四单元《中华一家》的第一篇课文。本节课的内容与日常生活联系密切,民族方面的知识是常识性的知识,是学生必备的,各个民族的风情知识对于拓展学生的知识面是很有意义的。同时,民族教育还是爱国主义教育的重要篇章。

然而,教材中无论是文字还是图片都非常有限,远远不能满足学生学习的需要。因此,在课前准备时,我收集了大量有关民族服饰、民族风俗、民族节日的介绍内容、图片和视频,制作了课件,更加直观、形象的表现民族风情,有效地调动学生的学习兴趣,丰富学生的知识,满足学生的好奇心。

在本节课的教学中,有几个知识点非常重要。比如说:少数民族的含义、少数民族分布的特点——大杂居及小聚居。少数民族的含义是相对于汉族而言的,如何让学生理解这一点呢?如果是教师用数据灌输给学生,学生同样能够理解,但是却缺少了自己去探索的意义。因此,在教学这一概念时,先请学生看一张关于我国56个民族人口与名称的表格,让他们自己去观察去思考。通过对表格的比较思考,学生能够感受到汉族与少数民族人数之间的巨大差异。在这个发现的基础上,我再通过一组数据加以说明,学生自然而然地就了解

了少数民族的含义。这样的教学手段既充分体现了教师和学生相互协作的互动作用，又培养了学生观察思考、归纳总结的能力。另外，大杂居、小聚居的概念对于四年级的学生来说比较难以理解。因此在教学中，先让学生观察民族分布图，通过对自治区的理解感悟到小聚居的含义；又通过对上海市少数民族数量统计图的观察，让学生理解大杂居的概念。通过观察探究，让学生结合自己已有的社会经验来解决较深奥的教学内容，在增加学生学习自信心的同时，也对教学内容有了较深刻的记忆。

《品德与社会》课程，其中非常重要的一点就是让课程内容贴近学生的生活，达到教学内容的生活化。我们班上刚巧有一位回族的女生，于是我就利用这个现成的资源，让她给大家讲述了回族的一些风土人情。孩子们发觉身边就有着很多的少数民族，也更深刻地体会到了我国是一个统一的多民族国家。

在讲授完课后，同学们兴趣仍然很浓厚，课下也一直在追问我有关民族民俗的知识，由此可见，同学们对这样的课还是很感兴趣的。那如何激活学生已有的生活经验，培养学生探究能力，积极引领学生生活，让他们了解社会、参与社会，是《品德与社会》课力所追求的目标。

蹲下身子去陪伴

——小学生不良行为矫正案例

朱丽华

一、基本信息

皓，男，小学三年级学生。活泼好动，做事情没有耐心，喜欢惹事。皓从小被寄养在姑姑家。性格张扬的姑姑对皓"超常"疼爱，孩子有不当行为被指责后,她竟会带着孩子到对方家责骂。读一年级后,皓和爸妈一起生活。爸妈工作繁忙,皓爸教育信奉"棒打出孝子",自言对皓寄予厚望。皓妈在孩子做错事时,态度相比父亲平和一些,言语指责批评为主。二年级,皓家又添新成员:弟弟。

在班级中,皓不受同学欢迎。任课老师们一致认为他思维敏捷,但极度缺乏自控力,对于言语教育充耳不闻。

二、简要分析

1. 缺失关爱,希望获得关注和接纳。

和皓接触后,我了解到皓认为爸妈不喜欢自己,他也不喜欢这个家。在学校,他觉得上课时不好玩,不自由。课间一般没有同学愿意和他一起玩,而当他拿了同学东西时,就会有同学围着他,找他说话。自己分给同学东西时,同学也会和他一起玩。他多次偷偷地从家里拿钱买玩具、吃的分给同学,同学不要他就藏起来或扔掉。私拿钱的事从没有被爸妈发现,而老师发现后告知父母,爸爸打一顿,过后就没事了。在家里,有时他会自己整理书桌,帮助家里扫地……但父母很少会夸他,他记不起父母表扬过自己。在家里爸妈问得最多的话:今天在学校有没有犯错误?皓希望自己能成为爸妈眼中的好孩子,希望能和喜欢的同学成为好朋友。

2. 缺乏自制力,对自我行为没有正确认识。

皓比较幼稚。看到好玩的,听到有趣的,他不分时间、地点随心所欲发表自己意见,或者模仿。他对于自己所做的不认为是错误的,根本不知道已无形中影响甚至伤害了别人。他惹是非引起大家注意的行为并没有因为家长的棍棒教育,同学的疏远,老师的引导教育而有所改变,甚至有点变本加厉。从这可以看出皓对自己行为并没有正确的认识,对不良行为所造成的后果也没能够清晰认识。

通过观察和言语沟通,我觉得皓的行为既因不当的爱,又是对爱的需要的不当表现。姑姑家和爸妈对他的天壤之别的爱都是过于极端的爱的方式。父母和他缺少言语的沟通,学校同学对他的不接纳,让他迫切想获得大家的关注,获得友谊、信任和爱。皓自己能积极想办法争取获得关注和接纳,但行事的方法欠妥当。他的因美好愿望

教育与教学篇

而采取的错误交往方式使他自己行为也越来越出格,越来越不被接受。这样就形成了恶性循环,皓越来越不控制自己,大家越来越不愿意接纳他。

心理咨询目标：

1. 通过倾听、角色扮演等,帮助皓分析身边人对自己态度原因,引导他认识自己行为,学会自己判断行为的对错;引导他接受大家不是很喜欢自己的现实;

2. 运用行为矫正技术进行不良行为矫正,同时努力塑造其好的行为,逐步养成好的习惯;尝试可行的与同学交往的方法,愿意为了目标去努力改变自己,力争能和一些同学成为好朋友;

3. 引导他学会克制自己,感受父母、同学对他的关心爱护,树立自信。构建健康认知模式,促进其心理健康发展。

三、辅导过程

第一阶段：共进行两次咨询。第一次咨询主要是和皓建立良好的咨访关系,为了解皓做好铺垫。皓是由班主任介绍过来的,在没有见面之前,他的一些行为表现我已有所耳闻。班主任在一天中午如约带来孩子后自行离去。进入咨询室的皓立即被室内的布置所吸引,径直拿起沙发上向日葵靠背玩起来,全然忽略我的存在。我在一旁静静地等待观察着,三四分钟后,当我坐到旁边的另一张沙发上叫他名字时,他才抬头看我一眼,又低下头去忙靠背。我和皓的话题由向日葵靠背开始。在我和他交流的过程中,那靠背一直在他的手中,或抱,或挤,或压,或折……一直在变化着造型。我笑言："今天,我的向日葵可开心了,它交了一个新的朋友,你能对它做个自我介绍吗?"皓毫不拘谨说开了。他不仅对向日葵做了自我介绍,还说自己喜欢这房间,喜欢手里的向日葵。"刚刚你进来的时候,我也挺开心,今天你是我的第一个客人。"他没有出现对我的抵触情绪,这使咨询可以顺利进行。我们约好三天后的这个时间他自己再来这儿。第二次咨询主要是了解皓对自我的看法和认识,和皓一起分析他行为背后的原因,让他体验不同行为造成的影响。皓在讲述自己和同学相处时,觉得同学都不愿意和他一起玩。在咨询的过程中,我采用创设情境、角色扮演的方法还原他做过的一些事情,引起他思考他的行为造成的结果,尝试描述不同情境引导他自我选择。

第二阶段:咨询每周一次。第二阶段的第一次约见了皓的父母。约见很顺利。在交流中,我了解了他们眼中的皓。皓父母对孩子教育方式存在分歧。我和他们一起分析孩子行为背后的目的,指导他们在家庭中正确表达对皓的关心和爱。引导他们认识到自己对孩子爱的方式存在的问题:男孩子自尊心特别强,一定不能采取暴力,要来软手段,让他服你;要根据他的兴趣进行正确的引导,培养孩子自我克制的能力;指导父母从孩子感兴趣的事做起,如抽出时间陪孩子玩棋类游戏,单腿站立等训练耐性的运动游戏。[在进行这类游戏时,先让孩子自己定一个目标(如数若干数才能停止),让孩子为达到这个目标而努力]发现孩子的优点,多鼓励孩子的努力,培养孩子的责任感,促进孩子对自己的行为加以理智的控制。第二次咨询主要听取皓近期在学校和家庭中自己观察到的父母和同学对自己的方式、态度等,自我在尝试改变时遇到挫折的想法,了解这些想法对自己行为和情绪的影响,然后引导他学会区分自己的哪些行为是进步了的,哪些是自己的过分要求。引导分析同学或爸妈和他相处时的因他的变化而表现的不同态度,共同协商制定了交往行为评估表(自评,五角星等级制)和交往行为矫正强化等级表,一周进行一次测评汇总交流,同时布置家庭作业:每天睡前和父母分享今天一天生活。

交往行为评估表(第一周)

行　　为	表　现　评　价					
	星期一	星期二	星期三	星期四	星期五	综合星级
穿戴整齐	√	×	√	√	×	☆☆☆
课堂举手发言	×	√	√	×	√	☆☆☆
同学学习不打扰	√	×	×	×	×	☆
同学出错不起哄	×	×	×	×	×	☆
同学活动不捣乱	×	×	√	×	×	☆
不藏或损坏物品	√	√	×	√	√	☆☆☆☆
参加游戏守规则	×	×	×	×	√	☆

矫正交往行为强化等级表

玩 具	学习用品	活 动	优 惠	表 扬	自我强化
气球	橡皮	涂色	自由活动时间	口头	我进步了
卡片	尺子	凑数	差使	五角星	我做的好
橡皮泥	迷你本子	飞行棋	收或发作业本	小荷币	我做的棒
陀螺	彩色铅笔	找宝	值日班长	表扬信	我很棒
← 具体 抽象 →					

第三阶段：和皓一起探讨如何养成自己的好习惯,树立自信心。

四、个案评价

评估效果：经过前后近一学期的咨询,皓发生了一些变化。在校园里见到他,衣服不再是这有一个洞,那儿衣领没有整理好,脖子上红领巾总能陪伴着他。每次见到我,他都会主动走过来叫我,看着那脸上的笑容,那和我对视着的清澈的眼神,让我感觉很舒服。他自己觉得现在比原来开心一些,爸爸很少打他,即使打,他也知道了爸爸为什么要打他;回家他有时帮着妈妈照看小弟弟,妈妈也总是表扬他,小区的叔叔阿姨见到他带弟弟也说他懂事。课间,经过他们班级时,能看到他和同学一起玩耍。偶尔还会看到他和同学一起放学、在校门口等候家长,看不到他面红耳赤的叫喊。班主任老师也反映皓有了进步,与班级里那些行规好的孩子比,他还有许多的不足,但现在他不再藏同学的物品,不再偷偷从家中带来玩具和零食分给同学,课堂能够在座位上,一天的座位基本能做到整洁。

咨询感悟：对皓开展的个别咨询取得了一定的效果。但在咨询中我时时感到自己的理论知识不扎实,技术应用跟不上,特别是采用技术时有效方法匮乏,自己不能很好地把握他言行中的反馈信息,及时合理采用有效的咨询技术。参考《矫正课堂行为的实用强化等级》给皓做了一张《矫正交往行为的实用强化等级表》并干预实施时,我自己只能是按照自己的理解给孩子制定出案例中所呈现的表格。

教育心理学领域有一句经典名言:"播下一种思想收获一种行为,

播下一种行为收获一种习惯,播下一种习惯收获一种性格,播下一种性格收获一种命运。"儿童的成长是诸多因素交织影响着的。形成良好的品行,建立良好的行为模式;规避不当学习,避免形成不良的行为方式,我们需要全方位的去观察了解孩子,引导他们发现问题,愿意塑造自己行为,指导并帮助他们制定方案,施行自我监督和鼓励。同时,也要加强父母、班主任和其他老师的沟通联系,形成全方位的结构模式,这样才能使咨询起效快速和长久。皓的改变让我想起了《窗边的小豆豆》中"我"对小林校长的敬重:这是唯一一个愿意用这么长的时间听我话的人。孩子的心灵需要足够的阳光雨露,让我们蹲下身子,去听,去陪伴他们,引导构建美好的心灵花园。

探 究 育 人

——一年级第一学期探究型课程《比手》案例

龚卫东

【背景介绍】

手是每个人身体的重要组成部分,然而每个人的双手都有差异。比如:两手之间的指纹不同,每个手指的大小、长短、粗细不同。一年级的小朋友虽然对自己的手有一些认识,但还没有完全认识和理解这些差异。本主题的学习就是要让小朋友在游戏探究的过程中了解自己的手。

一年级的学生求知欲正处在旺盛的时期,老师完全可以让学生在观察比较中,动手、动脑,通过自主探究学习去体验如何发现问题、解决问题,从而培养他们探究的兴趣与方法。

【活动设计思路】

1. 活动目标设定注重育人价值的体现。

任何课程的存在都有它的育人价值所在。作为新兴学科的探究课

程,它更具有超越一般学科课程知识体系和学科框架的特点,即:明显、突出、独特的育人价值。探究课就是在不断丰富学生生活经验的同时,能够完善他们的学习方法和方式。探究学科的主要教学目的之一,就是要促进学生在"教学过程中的学习和发展",重新建立学科教学价值观,将培养目标从单一传递教科书上呈现的现成知识,转为培养能在当代社会中实现主动、健康发展的一代新人。由此我认为"比手"这个主题在本次探究活动中,不仅仅是一次一般的探究活动,而且是通过这个比较活动,变成一个育人的载体,明确"手"是可以创造财富、丰富知识、学会生活的工具。但由于年龄的关系,他们又不完全了解手的功能和构造,所以,我设想通过游戏的介入,培养学生的观察、思考、探究的能力,又能吸引学生好奇心。

2. 活动设计中体现育人理念。

著名教育家杜威说过:选择什么样的教育,就是选择了一种什么样的生活方式。探究型课程面向的是学生的整个生活世界,只有充分培养他们的自主能力和探究兴趣,学生才会有更浓厚的探究兴趣,自然而然地就会主动地、自主地学习探究课程。所以在活动的开始,我由一首"拍手歌"和一个拍手游戏引出课题,这样能增强学生的学习兴趣,然后让学生在纸上画出自己的手,观察自己的双手,看一看有什么发现?接着又让学生玩了一个翻手的游戏。通过观察比较,学生就会发现,双手的纹路不一样,每个手指的长短、粗细不一样……接着我又让他们自主结伴,找一个伙伴玩"石头、剪子、布"的游戏,在做这个游戏的时候我有一个要求,要求他们在玩的时候,一边玩,一边和小伙伴的手比一比又有什么新的发现。学生就能说出他们的发现:手的厚薄、肤色、大小、纹路、冷暖、软硬等不同之处。我问学生,你们用什么观察方法来发现手的这些秘密?(摸、看、量、扳的方法)然后让学生用一句话来描述自己的手。接下来我又设计了让两位学生上台表演扳手腕,由此让学生发现手的另一个不同——力量大小的不同。最后我设计了让学生用今天学到的方法回家去和自己的家人比一比手,把课堂的育人价值延伸到生活中。

【教学片段】

(一)游戏导入

1. 听,今天老师给大家带来了一首欢快的歌曲(放音乐:拍手歌),

跟着老师一起唱,好吗?

2.看到大家玩的真开心,老师也开心! 刚才我们玩了唱了拍手歌,手还可以做哪些事情?

3.今天就让我们一起来研究研究我们的手。(出示板书:手)

4.看看老师给大家带来的手(出示手的图片),下面请大家用记号笔在老师给你们的纸上画一只手。(教师在黑板上演示。)

(二)观察发现

1.小朋友们观察的可真仔细! 老师要奖励大家再玩一个游戏,我说1,大家翻右手,我说2,大家翻左手,我说3,大家两手一起翻。要求:一边玩一边请大家仔细观察你的左手和右手,然后在做完游戏后说说你的发现。(请两个小朋友一起到上面来翻,增加活动效果)

2.谁来说说你的发现。(板书出示:纹路……)

问:你是用什么方法发现的?(板书出示:看……)

今天我们就好好比一比手,看看谁的发现最多。(课题出示完整:比)

(三)观察记录交流质疑

1.游戏"石头、剪子、布"。

2.要求:自己和小伙伴玩,一边玩游戏一边和同学的手比比,你们又有什么新的发现。

小朋友们说说自己的发现。说到的不同之处,老师一一板书。(长短,厚薄,肤色……)

3.师:我们把刚才的不同做个记录。

4.出示比的要求:

1)和自己组内小伙伴们比一比手。

2)说说有什么不同,并把观察的结果记录下来。完成学习单。(教师巡视学生学习单完成的情况)提示:可以使用老师提供的工具。

5.请小朋友交流。(学生说到的板书出示:宽窄、软硬……)

问:你是用什么方法发现的?(出示:摸、捏、量……借助工具)

6.请大家用一句话描述自己的手。(如:我有一双勤劳的手、灵巧的手……)

7. 游戏：扳手腕

说说你为什么会赢？（板书出示：扳、力量大小）

【教学反思】

要实现探究课程的育人价值,就需要理解探究教学活动的性质,理解探究教学过程中教师与学生的关系。在这些理解基础上,建立起我们的探究课堂教学过程观,把握探究学科对于学生成长而言有着独特的发展价值,即认识探究学科的独特价值在于育人,在于学生的发展,而不在探究学科知识自身的创造和突破。探究学科育人价值要从学生的发展需要出发,来分析学科对学生个体而言能起的独特发展作用。

本次活动的目标是通过看一看、比一比、摸一摸、画一画等观察方法的实验,学生发现每个人的手都是有差异的。并能通过观察、测量等不同途径体验发现自己的左手和右手,自己与他人的手存在的不同之处;尝试借助工具进行观察,敢于和他人交流自己的发现,能针对他人的发现提出自己的想法,并能根据观察发现提出一些问题。重点和难点是用不同的方式进行观察,并能用自己的语言表达自己的发现。考虑到小学生的认识特点,教师在制定、设计活动计划时就利用儿歌、游戏来导入课题,继而又用小游戏引导学生对自己的左右手进行比较,让学生去观察和发现自己手上的秘密,得出自己的手和别人的手也存在着许多差异。

授课过程中,我发现教师预先设计好的问题,学生不一定都能理解和配合。看来要让学生的思路和老师的思路进行碰撞,还需在平时对学生进行多方面的训练和培养,还要注意育人价值和育人理念在教学中的体现。这也是我努力的方向。